D1665691

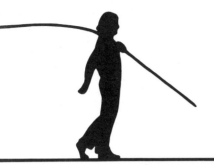

Menschen

zwischen Himmel und Erde

Aus dem Leben berühmter Hochseilartisten

*Herausgegeben von
Gisela und Dietmar Winkler
im Henschelverlag
Kunst und Gesellschaft
Berlin 1988*

ISBN 3-362-00260-9

1. Auflage
© für diese Ausgabe Henschelverlag
Kunst und Gesellschaft, DDR – Berlin 1988
Lizenz-Nr. 414.235/29/88
LSV-Nr. 8424
Schutzumschlag- und Einbandgestaltung: Klaus Rähm
Typografie: Barbara Schulz
Printed in the German Democratic Republic
Gesamtherstellung: INTERDRUCK
Graphischer Großbetrieb Leipzig,
Betrieb der ausgezeichneten Qualitätsarbeit, III/18/97
625 860 5
01850

Inhalt

Vorwort

Wenn Artisten schon im allgemeinen eine gehörige Portion Mut und Kaltblütigkeit für ihren Beruf mitbringen müssen, so ist dies in besonderem Maße Voraussetzung für die gefahrvolle Arbeit der Hochseilartisten. Auf schwankendem dünnen Draht in schwindelnder Höhe kann ein Ausgleiten des Fußes, ein winziger Moment des Gleichgewichtsverlustes den Tod bedeuten, denn in vielen Fällen verzichten die Artisten – aus unterschiedlichen Gründen – auf eine Sicherung durch Netz oder Longe. Und doch wagen sich seit Jahrtausenden Menschen immer wieder auf diesen unsicheren Pfad, trotzen der Gefahr und denken sich immer neue unglaubliche Tricks aus, mit denen sie ihre Zuschauer verblüffen und in Atem halten.

Was sind das für Leute, die täglich ihr Leben aufs Spiel setzen um der Show willen? Treibt sie die Lust am Abenteuer, der Nervenkitzel des Risikos? Gehört nicht eine gewisse Verrücktheit dazu? Und wie geht diese überein mit der unbedingten Exaktheit, Disziplin, Nüchternheit der Berechnung, dem unaufhörlichen Training, der Selbstbeherrschung, die für solche Arbeit unerläßlich sind? Der Traum vom Lauf zu den Sternen und die ausgeklügelte Technik, die das Seil der Wolshanskis hebt und senkt, sind eine untrennbare Einheit. Und so sind auch die Seilläufer selbst sowohl verwegen wie präzise, sind sie Träumer und Phantasten wie hart arbeitende Artisten.

Seit der Antike balancieren Menschen auf Seilen hoch über dem Erdboden. Und für die Zuschauer hat die Kunst der Seiltänzer in den Jahrhunderten nicht an Reiz verloren. Trotzdem gibt es nur wenige Berichte über das Leben dieser ungewöhnlichen Artisten und fast gar keine Selbstzeugnisse. Das allerdings ist nicht verwunderlich, denn nur in Ausnahmefällen, wie ihn beispielsweise Philippe Petit darstellt, wird ein Hochseilkünstler gleichermaßen gut die Balancierstange wie die Feder des Schriftstellers handhaben. So waren es zumeist Journalisten, die sich mit dem Leben eines Seilläufers so weit vertraut machten, daß sie seine Biographie zu Papier bringen konnten. Unsere Anthologie vereint Lebensberichte von acht Hochseilartisten aus einem Zeit-

7

raum von zweihundert Jahren. Sie werden ergänzt durch einen Anhang von 67 Kurzbiographien bedeutender Hochseilartisten unseres Jahrhunderts. Sie spannten ihr Seil auf Marktplätzen und im Londoner Kristallpalast, in Zirkusbauten, zwischen Schiffsmasten, den Wolkenkratzern des New-Yorker World Trade Center und den Türmen von Notre-Dame. Sie überquerten die Niagarafälle, die Seine und die Themse. Sie drehten Salto, jonglierten, liefen auf Stelzen und balancierten in dreistöckigen Pyramiden über das hohe Seil. Ihre Kunst wurde in ganzen Seiltänzerdynastien von Generation zu Generation weitergegeben, und sie fasziniert die Zuschauer heute genauso wie im alten Griechenland. So ist zu hoffen, daß auch die Berichte über das Leben der Seiltänzer ihr interessiertes Publikum finden werden.

Die Herausgeber

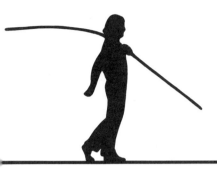

Madame Saqui

Die Königin der Seiltänzer

Erzählt von Paul Ginisty

Marguerite-Antoinette Lalanne, Tochter des Artistenehepaares Jean-Baptiste Lalanne und Hélène Masgomieri, wurde am 26. Februar 1786 in Saint-Sever (Hérault) geboren. Ihr Vater war als »freischaffender Heilpraktiker« über die Märkte gezogen und hatte da die talentierte Tochter Hélène der Akrobatenfamilie Masgomieri kennengelernt; eine wildromantische Liebesgeschichte entwickelte sich, und die beiden machten sich als Artisten selbständig. Als Marguerite fünf Jahre alt war, holten ihre Eltern, mittlerweile bei der Truppe des berühmten Nicolet engagiert, sie aus Béarn, der Heimat des Vaters, nach Paris, und der Prinzipal verpflichtete die Kleine als Kinderstar für seine Pantomimen. Ihr älterer Bruder Laurent brachte ihr die ersten Akrobatenkunststücke bei, und ihr Drang zur Bühne war nun nicht mehr zu bremsen. 1792 hatte ihr Vater, als »Navarin der Großartige« ein beliebter Seiltänzer, einen Unfall, Nicolet kündigte das Engagement, und die Familie mußte Paris verlassen, um wieder über die Märkte zu ziehen. In Caen bemühten sie sich, eine bürgerliche Existenz aufzubauen. Marguerite lernte von der gleichaltrigen Françoise Bénéfant, die später die berühmte Malaga werden sollte, den Seiltanz und trat als »Mademoiselle Ninette« auf. Ihr Erfolg bewog die Familie, wieder als Akrobatentruppe auf Wanderschaft zu gehen, wobei bald Marguerite die einzige verdienende Stütze der Familie war. Sie vervollkommnete sich immer mehr und zeichnete sich bald durch unvergleichliche Kühnheit in ihren Vorführungen, Erfindungsreichtum und ein sicheres Gefühl für den jeweiligen Publikumsgeschmack aus.

Sie heiratete den Artisten Julien Saqui und ging mit ihm nach Paris, um in Konkurrenz mit dem bekannten Seiltänzer Pierre Forioso zu treten. Als jener einen Unfall hatte, bot sie sich als Stellvertretung an, und es gelang ihr, durch ihre wagemutigen Darbietungen auf dem Schrägseil ihr Publikum zu erobern. Auf den Gipfel des Ruhms gelangte sie, als sie von Napoleon durch ein langes Gespräch öffentlich ausgezeichnet wurde. Sie nutzte die kaiserliche Gunst und verstand es, durch entsprechende Kostümierung und szenische Gestaltung der Auftritte die enthusiastische Verehrung des Militärs zu erringen. Später wandte sie sich von dieser betonten Militarisierung ihrer Vorstellungen wieder ab und wählte nun mythologische oder Genreszenen als Sujet.

1816 erwarb sie auf dem Boulevard du Temple ein Café, das sie zu einem Theater umgestalten ließ und »Le spectacle des acrobates de Mme. Saqui« nannte. Hier wurden kleine, anspruchslose Stücke gespielt, in denen sie in verschiedenen Rollen ihre Künste zeigte. Um ihren Bruder, der als Theaterdirektor in Roux gescheitert war, finanziell unterstützen zu können, verkaufte sie 1830 ihr Theater und ging erneut auf Tournee. Sie war gezwungen, bis ins hohe Alter immer wieder aufzutreten, um ihren Lebensunterhalt zu bestreiten. Es war ein beklemmender Anblick, den einstigen umjubelten Star nun als gealterte Ruine im Flitterkleid sich um den Beifall der Menge mühen zu sehen, wobei sie aber von ihrer früheren Elastizität und ihrer Waghalsigkeit nichts eingebüßt hatte. 1853, also fast siebzigjährig, überquerte sie noch auf dem Hochseil das Pariser Marsfeld und schob ein Kind im Schubkarren übers Seil.

Madame Saqui starb 1866 in Paris.

Bei Nicolet in Paris

1852, als sie schon eine alte Frau war (das Schicksal hielt allerdings noch Abenteuer für sie bereit), versuchte Madame Saqui
tatsächlich, ihre ein bißchen wirren Erinnerungen – und sie
brachte auf höchst merkwürdige Weise die Daten durcheinander – einem Redakteur der Zeitschrift »Der Blitz« zu erzählen.

Sie erinnerte sich ihrer Ankunft in Paris. Sie war damals ein
Persönchen von fünf Jahren, das bis dahin in Béarn, der Heimat
ihres Vaters, aufgezogen und nun nacheinander Kutschern, Post-
meistern und Postillonen anvertraut worden war und ganz allein
die weite Reise gemacht hatte. Ihr Vater und ihre Mutter, die seit
einiger Zeit in Paris ansässig waren, erwarteten sie nicht ohne
Unruhe. Sie gehörten zukünftig zu der Truppe der »Grands
Danseurs du roi«[1], die von dem genialen und berühmten Nicolet
geleitet wurde. Vater Jean-Baptiste Lalanne, ein Virtuose des
Seiltanzes, gehörte als »Navarin der Großartige« zu den besten
Mitgliedern der Compagnie. Sein Ruf war so groß, daß ihn eines
Tages der Graf von Artois – der zukünftige Karl X. – auser-
wählte, ihm Stunden zu geben; als Bruder des Königs hatte er
den Einfall, sich auf dem Seil zu üben, was er für eine hervorragende Vorbereitung für einen Mann hielt, der eines Tages dazu
berufen sein könnte, Souverän zu werden. Als er es dann war, erinnerte er sich leider nicht mehr gut genug an diese Lektionen.

Das Kind, das ein bißchen berauscht und geblendet war durch
das Treiben der großen Stadt, aber vor allem ein großes Bedürf-
nis nach Schlaf hatte, wurde nach einem Marsch, der ihm unendlich lang vorkam, in das väterliche Logis in der Rue Mazarine gebracht. Dort traf sie ihren Bruder Laurent wieder, dem man
schon die ersten Begriffe artistischer Kunst eintrichterte, wobei
man die Ehre der Familie hochhielt.

Am nächsten Tag war die Kleine noch im Bett, als ein alter
Mann, groß und hager, in ihr Zimmer trat. Ein langer blauer
Überrock schlug an seine Fersen, wobei weiße Strümpfe, oder zumindest solche, die es mal gewesen waren, in großen Schuhen,
die mit Schleifen versehen waren, sichtbar wurden. Seine

---

[1] Die großen Tänzer des Königs – d. Übers.

schlecht gepuderte Perücke, die noch dazu schon viel zu lange im Gebrauch war, lief aus in einen kleinen Schwanz, dem sogenannten »Salfisis«, den die ständige Bewegung seines Halses und seiner Schultern auf bizarre Weise hin und her bewegte. Unter seinem breitkrempigen Hut, den er kaum einmal ablegte, nahm man zunächst nur seine Nase wahr, die weit ausladend war und kühn hervorsprang. Seine Augen, gewöhnlich halb geschlossen, öffneten sich plötzlich für Momente, wie um ein paar Flammen auszusenden, dann schlossen sich seine Augenlider wieder fast ganz. Er stützte sich auf einen Stock mit einem Knauf aus Büffelhorn, der an mehreren Stellen ausgebessert war. Diese originelle Erscheinung war kein anderer als der illustre Monsieur Nicolet selbst, der eine ruhmreiche Vergangenheit als öffentlicher Unterhalter hinter sich herzog. Was hatte er sich nicht alles als Unterhaltung ausgedacht, um die Neugier anzustacheln, damals auf dem Jahrmarkt von Saint-Laurent, wo er entgegen allen Gesetzen nach und nach seine Vorstellung erweitert hatte? Er hatte seine Willensstärke ganz gut unter Beweis gestellt, als er gegen tausend Widrigkeiten sein Theater auf dem Boulevard du Temple baute und es zur Blüte brachte trotz aller Verfolgungen durch die privilegierten Theater; als er sich durch nichts abbringen ließ und die Protektion des Königs selbst erhielt; als er geschickt die Ausgaben für die Verwaltung so einsetzte, daß er den Tänzern und Kunstspringern den Auftritt in den Komödien ermöglichte, die Beauvoir und der legendäre Taconnet arrangierten. Bei all dem fand er seine Inspiration nur im Wein, und wenn er seine letzte Verachtung für jemanden zum Ausdruck bringen wollte, sagte er: »Ich verachte ihn wie ein Glas Wasser.« Zu dieser Zeit war er ein wichtiger Direktor, der dreißig Schauspieler und Akrobaten zu besolden hatte und ein Orchester von zwanzig Musikern unterhielt. Die Chronik dieser Epoche bestätigt, daß er überdies ein großer Experte war mit seinen sparsamen Gewohnheiten, in Form von Bußgeldern diese Besoldung wieder zurückzuholen, die er auf dem Papier großzügig gewährte. Alles war ihm Vorwand für Bußgelder, und er verstand sich selbst sehr nett darauf, Anlässe dafür zu provozieren. So begann er mit einem seiner Schauspieler kurz vor einer Probe eine Partie Dame und arrangierte es so, daß sie unter munteren Späßen verlängert werden mußte. Er gewann sie, sah auf seine Uhr und runzelte die Brauen: Der Probenbeginn war seit einigen Minuten überschritten. Was den Dienst anbetrifft, so verstand Monsieur Nicolet keinen Spaß: Der Schauspieler, der gerade verloren hatte, wurde gnadenlos zur Kasse gebeten. Das war es, was Nicolet eine gute Verwaltung nannte. Im Gegensatz dazu war er großzügig mit Komplimenten, und da er die Seele der Theaterleute gut kannte, schmeichelte er oft ihrer Eitelkeit, was ihn ja nichts kostete.

Man stand am Beginn der Revolution, und Monsieur Nicolet, der früher soviel Kunstgriffe anwenden mußte, um die Empfindlichkeiten der großen Bühnen zu schonen, begann sich völliger Freiheit zu erfreuen. Das Alter hatte seinen Eifer eines Impresarios nicht gedämpft, und er hatte noch große Pläne. Vielleicht träumte er schon davon (da ja die königliche Gunst aufgehört hatte, die höchste Empfehlung zu sein), sein Theater umzutaufen, so wie er es später tat, als er ihm den Namen »Théâtre de la Gaieté«[1] gab und sich dabei mit allen Regimen gutstellte.

Monsieur Nicolet hatte die Gewohnheit, seinen Künstlern morgens, ganz auf familiäre Art, kleine Besuche abzustatten, wobei er es dem Zufall seiner Spaziergänge überließ, bei dem einen oder anderen vorbeizugehen. Dabei kritisierte er die Vorstellung vom vorigen Abend und versuchte, außerhalb der Feierlichkeit des direktoralen Arbeitszimmers seine Ideen zu formulieren oder sie in seinen Gesprächen mit den Schauspielern zu suchen. Auf diese Art und Weise war er bei Lalanne-Navarin eingetreten.

»Heute abend werden wir ein großes Publikum haben, mein Lieber«, sagte er. »Da heißt es also, sich die Wirbelsäule mit Schlangengift gut schmieren.«

Das war einer seiner üblichen Späße mit den Akrobaten, die in seiner Vorstellung immer noch einen bedeutenden Platz einnahmen, ebenso wie er auch die Tradition der Parade beibehalten hatte. Navarin der Großartige hatte zu diesem Zeitpunkt auf Anregung seines Direktors waghalsige Schwierigkeiten in seinen Seiltanz eingebaut, und sein großer Triumph war der gefährliche Sprung über das »Feuerbrett«. Monsieur Nicolet bemerkte die kleine Marguerite und neigte sich zu ihr.

[1] Theater der Heiterkeit – d. Übers.

»Mein Gott! Was für ein hübsches kleines Püppchen! Mein Kompliment, Navarin.«

Und übrigens zögerte Monsieur Nicolet selten, auf Gefühl zu spekulieren. Er betrachtete von neuem aufmerksam das Kind.

»Du solltest sie heute mit ins Theater bringen«, sagte er zu dem Tänzer.

»Wenn Sie es wünschen, aber warum?«

»Ich habe eine Rolle für sie.«

»Für sie? ... Aber sie kommt gerade vom Lande, sie weiß nichts, sie spricht zur Zeit nur den Dialekt von Béarn.«

»Das tut nichts zur Sache. Es geht nur darum, daß sie lacht und weint und zweimal 'Mama!' ruft.«

So also wurde Marguerite Lalanne am ersten Tag nach ihrer Ankunft im Theater von Monsieur Nicolet engagiert, um Benoni zu spielen, das Kind der Geneviève von Brabant, in einem Stück, das dieser unglücklichen Heldin gewidmet war.

Acht Tage später gab sie ihr Debüt auf den Brettern, denn mit Monsieur Nicolet ging alles wie am Schnürchen. Das war übrigens kein glückliches Debüt, ohne daß sie daran die geringste Schuld träfe. Es gibt da eine Hirschkuh in der Geneviève von Brabant, auf die unter keinen Umständen verzichtet werden kann. Die Rolle der Hirschkuh wurde aus Gründen der Bequemlichkeit einer Ziege anvertraut, die sich während der Proben sehr anstellig und brav gezeigt hatte. Aber unter dem Licht der Scheinwerfer packte sie die Angst; sie zeigte angesichts des Publikums die Nervosität eines Künstlers, die sich in bedauerlicher Weise äußerte. Sie machte sich von dem Kind, das sie zu halten versuchte, los, und da Marguerite nicht die stärkste war, fiel sie der Länge lang auf die Bühne, während die Ziege in den Souffleurkasten stürzte.

Dieses unglückliche Abenteuer hatte der Kleinen aber keineswegs den Geschmack am Theater genommen. Sie spielte im Kostüm des Amors in der Apotheose mit; sie übernahm alle Kinderrollen; sie war eine der lebenden Blumen in der Wiederaufnahme des »Tempel der Hymen«. Eine Künstlerseele erwachte in ihr, und obwohl sie nur ein Dreikäsehoch war, träumte sie doch schon von einem Applaus, der für sie höchst persönlich bestimmt war.

In der Wohnung in der Rue Mazarine wurde ihr Bruder, der ganz stolz war auf seine frischerworbenen Kenntnisse, ihr erster Lehrmeister und brachte ihr die elementaren Geschmeidigkeits- übungen bei, indem er sie lehrte, sich zu beugen, die Hüften zu verdrehen, kleine Geschicklichkeitsnummern einzustudieren. Ihre Berufung zeichnete sich ganz deutlich ab. Navarin machte sich gezielt an ihre Ausbildung, ganz entzückt in seinem väterli- chen Stolz von den Anlagen, die er bei seiner Schülerin fand. Und nach sehr kurzer Zeit hatte Marguerite ihren kleinen Platz auf dem Programm unter dem Namen »Die kleine Basquaise«, den ihr Nicolet gegeben hatte.

Ein feierlicher Abend! Als niedliche Schäferin, ganz mit Qua- sten und Bändern geschmückt, kam Marguerite in Begleitung ihres Vaters auf die Bühne, und alle beide grüßten gemessen das Publikum. Auf einem Tablett brachte man Navarin ein Zwei- Sous-Stück, was er zwischen die Zähne legte, dann stellte er seine Tochter in seine hohle Hand und hob sie auf die Höhe seiner Schultern. Marguerite lehnte sich nach hinten, beugte sich lang- sam zu einem Halbkreis, und ihr Mund nahm das Geldstück aus dem des Vaters. Das machte sie mit soviel Grazie und Sicherheit, daß die Menge ihr freundliche Zustimmung zukommen ließ, ge- rührt von der extremen Jugend der Debütantin, obwohl sie si- cherlich an weit größere Wunder gewöhnt war. Madame Nicolet, die damals die Rolle der Jeanne d'Arc in der Belagerung von Or- léans gespielt hatte, umarmte sie, wie sie in die Kulissen trat, und sagte ihr eine schöne Zukunft voraus. Monsieur Nicolet ver- sprach eine Belohnung, wobei es beim Versprechen blieb; Tat- sache ist, daß er mehrere Male davon sprach, wobei die Summe immer größer wurde, die Realisierung aber immer wieder aufgeschoben. Zumindest hatte er prachtvoll erfaßt, daß dieses Kind von der Rasse derjenigen war, die die großzügige Verrückt- heit in sich tragen, sich der Versuchung der Gefahr zu stellen. Sie hatte sie tatsächlich bei den Proben, wenn sie versuchte, die Kühnheiten der Äquilibristen zu imitieren, der »Tourneure« und Akrobaten, die in den Pausen der alten Devise des Hauses Rech- nung trugen: »Vom Stärksten zum noch Stärkeren«. Nachdem er begonnen hatte, sie auf das Metier vorzubereiten, bemächtigte sich Jean-Baptiste Lalannes eine Art von Scheu, und während er für sich selbst keine Kühnheit scheute, geschah es, daß er zögerte, sie »arbeiten« zu lassen. Da flüchtete sich die Kleine verdrossen zu Desvoyes, der im Kostüm eines Jockeis mit ungeheurer Leichtigkeit auf dem Seil die Anglaise tanzte. Desvoyes hatte Marguerite freundschaftlich angenommen und wurde gern ihr Lehrer. Ein Jahr verging mit diesem Tasten, den ersten Versuchen, sich dem Publikum vorzustellen. Aber die Revolution nahm ihren Lauf. Was die Theater anbetraf, so hatte sie zur Folge, daß die letzten Restriktionen, die ihre Freiheiten beschränkten, aufgehoben wurden, daß sie befreit wurden von der althergebrachten Trennung nach Genre und Spezialitäten. Und mit dem Sinn für Opportunität, den er immer gehabt hatte, fühlte sich Monsieur Nicolet jetzt, so alt wie er war, als patriotische Seele. Je nach den Umständen gewannen die akrobatischen Einlagen immer mehr Raum. Monsieur Nicolet entließ die meisten seiner Spaßmacher. Kam ihm nicht der Gedanke, ihm, der früher so sehr unter der Tyrannei der französischen Schauspieler gelitten hatte, ihrer Eifersucht auf ihre Privilegien und ihrem Recht der Kontrolle über die kleinen Theater, auf der Bühne das Repertoire von Molière zu spielen! Der Hanswurst Becquet, eine wichtige Gestalt, der alt geworden war, ohne etwas von seinem Charme einzubüßen, kommentierte die Stücke mit wahrhaft unerwarteten Possen.

Eines Abends war Navarin dem Großartigen ein Mißgeschick geschehen: Als er sich selbst übertreffen wollte, um mit der Grazie und Kühnheit seines Spiels gegen diese merkwürdigen und für ihn unverständlichen Neuerungen des Impresarios zu kämpfen, war er gestürzt und hatte sich das rechte Bein gebrochen. Monsieur Nicolet, der zu gewieft war in Geschäften, um darob nicht ungnädig zu werden, profitierte von dem Unglück, was seinen Artisten getroffen hatte, um dessen Engagement ungeniert aufzukündigen. Übrigens kam Jean-Baptiste tatsächlich nur mühselig wieder auf die Beine, und es war nur zu sicher, daß das Seiltanzen für ihn in der Zukunft vorbei wäre. Nach ein paar Jahren des Wohlstands fiel die Familie Lalanne plötzlich wieder ins Elend. Jean-Baptiste entschloß sich schweren Herzens, Paris zu verlassen und eine neue Karriere als Medikus zu beginnen. Er verkaufte sein Mobiliar aus der Rue Mazarine; Hélène ihrerseits versetzte für Geringes – angesichts der Härte der Zeiten – die wenigen Schmuckstücke, die sie besaß, und sie kauften einen kleinen zweirädrigen Wagen, der für Operationen im Freien dienen sollte und ausgestattet war mit ein paar Tüchern in lebhaften Farben.

Die Familie machte sich erneut auf den Weg nach Abenteuern. Am 3. September 1792 um die Mittagszeit überquerte der schäbige Wagen die Straße Saint-Antoine, als er von einer großen Bewegung der Menge aufgehalten wurde. Eine Schar von wütenden Männern stürmte herbei, und einer von ihnen trug auf der Spitze eines Spießes einen blutigen Kopf, ein anderer trug als Trophäe am Ende eines Stabes einen Hemdenfetzen. Einige Momente vorher war diejenige, die einst die charmante Prinzessin von Labelle war, gerade unter schrecklichen Umständen massakriert worden.

Es war an diesem Abend des Volkszornes, unter dem bedrückkenden Ereignis dieses unerhörten Schauspiels, daß die Familie Lalanne durch den Schlagbaum ging und sich wieder von neuem ins Unbekannte begab.

Aus der »kleinen Basquaise« wird Madame Saqui

Nachdem Jean-Baptiste ein bißchen überall herumgeirrt war, hatte er sich in Caen niedergelassen. Er erfreute sich einer gewissen medizinischen Reputation für Kuren, bei denen wohl der Zufall beträchtlich geholfen haben muß. Ein drittes Kind, Baptiste, wurde geboren, und man nahm eine bescheidene Unterkunft, Rue de Jaule, neben der Boutique einer Spitzenhändlerin, Mademoiselle Cornu, bei der man Marguerite in die Lehre gab. Seit seinem Unfall wurde derjenige, der einst Navarin der Großartige war, von bürgerlichen Träumen heimgesucht; er hielt seine Kinder fern von einer Karriere, die ihm schließlich und endlich ungnädig war, und er wünschte für die Seinen eine ruhigere Zukunft. Eine Kundin der Boutique von Mademoiselle Cornu wurde manchmal von einem großen jungen Mädchen begleitet, dessen braune Haare in Locken über den Nacken fielen, mit einer Nase, die ein wenig lang war, blaßblauen Augen und einer Stimme mit harmonischem Timbre; ihr Name war Marie-Anne-Charlotte de Corday. Im Juli 1793 kamen Neuigkeiten aus Paris: Dieses junge, so zarte Mädchen, das seit drei Tagen nicht mehr in Caen gesehen worden war, hatte gerade Marat ermordet! Man kann sich vorstellen, daß Mademoiselle Cornu lange noch nach diesem ungeheuren Ereignis, während sie die Nadel führte, Anekdoten zu erzählen hatte! Auf diese Art und Weise sollte die spätere Madame Saqui – sehr weitläufig zwar nur – in große Episoden der Revolution verstrickt werden. Aber Jean-Baptiste, der empirische Chirurgus – hatte er nun irgendeinen Fehler begangen, der plötzlich seinen Ruf untergrub, oder folgte ihm irgendein anderer Scharlatan in der öffentlichen Gunst? Auf jeden Fall wurde die Verlängerung seines Aufenthaltes in Caen schwierig. So spannte man von neuem den kleinen Wagen an und fuhr ihn nach Tours, das damals der große Treffpunkt der Schausteller war. Dort traf man einen alten Freund wieder, den die Kinder bald vertraut Onkel Barraut nannten. Barraut leitete eine Gruppe von Akrobaten, die er, um sich auf die Höhe der Zeit zu bringen, mit Trikolorebändern ausstaffierte und genialerweise die »Patriotischen Kunstspringer« nannte! Jean-Baptiste richtete sich neben der Bude von Barraut ein und zog dort, obwohl weniger fröhlich als früher, munter die Zähne heraus. Sich so mitten zwischen Tänzern zu befinden, ließ bei ihm sicher bedauerliche Erinnerungen hochkommen, und er, dem alle Kühnheiten vertraut waren, hatte das Erlebnis des Mißerfolgs.

Während er operierte und Laurent auf der Trommel ausgeklügelte Trommelwirbel ausführte, schlich sich die kleine Marguerite neugierig in den Zirkus des Bürgers Barraut. Sie fand dort die Emotionen wieder, die sie bereits bei Monsieur Nicolet genossen hatte; und vor allem beneidete sie ein Kind ihres Alters, Françoise Bénéfant, die später die berühmte Malaga werden sollte. Françoise war schon eine Künstlerin und wurde als solche behandelt. Marguerite träumte nur davon, es ihr gleichzutun, sie verbündete sich mit ihr; und mit der Komplizenschaft des Hanswursts von Barraut, Mann des Vertrauens und Bedienter im vertrauten Kreis, der auf den bizarren Namen Sacajou hörte, führte Françoise die Freundin nach ihrer Probe in die Prinzipien des

Seiltanzes ein. Marguerite war dabei in ihrem Element. Die Berufung, deren ersten Anflug sie schon in Paris wahrgenommen hatte, zeichnete sich ab: Bei der dritten Stunde bereits warf sie sich auf die »Kreuzschritte«, denn sie verachtete die Zeit des »Grundtrainings«, das nämlich darin besteht, ganz einfach vorwärts und rückwärts zu laufen. Bald ging sie auf das »Beinkreisen« zu, was bereits beginnt, Kunst zu werden.

Onkel Barraut überraschte sie eines Morgens, hob den Kopf eines Kenners, billigte die Bewegung, applaudierte.

»Ja, aber!« sagte er schwergewichtig, »da ist ja Stoff vorhanden ... Das ist nicht schlecht ... absolut nicht schlecht ...«

»Ach, na ja!« antwortete Marguerite, »mein Vater und meine Mutter werden niemals zustimmen, mich weitermachen zu lassen ...«

»Na gut!« meinte Barraut, »wir werden ja sehen!«

In großer Heimlichkeit befaßte er sich nun selbst mit einer Schülerin, die so voller Versprechungen steckte, und er ließ sie pausenlos arbeiten. Eines schönen Abends klebte er ein Plakat an »Erster Auftritt von Mademoiselle Ninette«. Er hatte ihr ein hübsches Kostüm machen lassen mit vielen Trikolorebändern, seiner Methode entsprechend. Das Orchester intonierte die Weise, die Marguerite begleiten sollte: Mit heftig klopfendem Herzen, aber ihre Gefühle beherrschend, trat sie auf; Sacajou, das Barett den Riten entsprechend in der Hand, machte ihr einen Steigbügel; sie sprang auf das Seil, stützte sich einen Moment auf die Lehne des rückwärtigen Querbalkens, dann begann sie ihre Nummer. Es waren zunächst Leichtigkeitstricks, sozusagen als Vorspann; dann folgten fließende Schritte des Menuetts und Reverenzen, wobei sie sich mutig übereigte. Man applaudierte; sie begann eine Gavotte, das Bravourstück der Tänzerinnen; dabei ging sie so schnell, sprang mit soviel Kraft, daß das Orchester gezwungen war, seinen Rhythmus zu verdreifachen; sie improvisierte leichtfertige Variationen – man spendete Beifall. Völlig trunken vor Begeisterung gab sie sich ihrer heftigen Leidenschaft hin, und sie riskierte einen gefährlichen Sprung. Was hätte sie nicht noch alles fertiggebracht in dieser Art von Delirium, wenn der brave Barraut, der über ihren Überschwang an Kühnheit beunruhigt war, nicht dazwischengetreten wäre und sie gezwungen hätte,

Das Debüt von Marguerite Lalanne

hinunterzusteigen? Die Lalannes waren unter den Zuschauern. Sie hatten ihre Tochter in dieser bemerkenswerten Künstlerin wiedererkannt, und sie waren völlig überrascht und entzückt, ja ganz hingerissen, und sie träumten plötzlich jenseits jeglicher Vorsichtsmaßnahmen nur noch davon, auf ihre Tochter stolz zu sein. Eine solche Berufung diskutierte man nicht mehr: Künftig gab es nur noch eins, ihr Mut zu machen. Im Grunde ihres Herzens bewahrten sie die Leidenschaft ihres alten Metiers, und wenn sie dem Seile grollten, dann war es, weil es ihnen abtrünnig geworden war, aber sie bewahrten ihm doch die alte Zärtlichkeit, die sie noch in ihrem Blute spürten.

Mademoiselle Ninette erregte in Tours Aufsehen. Ihre glücklichen Anfänge hatten ein merkwürdiges Resultat: Sie erweckten bei Madame Lalanne wieder den Wunsch nach eigenem Applaus. Man beschloß also, eine Truppe zu gründen, deren Stars Mutter und Tochter sein und die Jean-Baptiste leiten sollte, der immerhin ein guter Prinzipal war, wenn sein Hinken ihn auch hinderte, selbst zu arbeiten. Man engagierte einen Jongleur namens Simono, der vorgab, sehr vielseitig zu sein, einen Kraftspringer, der sich Yvorel nannte, und einen Taschenspieler und Bauchredner, genannt Ripaille, der darüber hinaus die Rolle des Rekommandeurs an der Budentür übernehmen und in seinen freien Stunden kochen sollte.

Vier Jahre lang durchstreifte die Compagnie mit wechselndem Glück Frankreich in allen Himmelsrichtungen. Es stellte sich allerdings bald heraus, daß der Kraftspringer in Wirklichkeit ein nach einer Verwundung ausgemusterter Soldat und halb untauglich war, allerdings ein perfekter Säufer, der Jean-Baptiste in sein Schlepptau nahm. Simono hatte ein bißchen zuviel übrig für die Prinzipalin; Ripaille war ohne jedes Talent und mit Hingabe faul; Laurent, der ältere Bruder, verschwand zuzeiten, vagabundierte herum und überließ sich beunruhigenden Fantasien. Doch zu einer Zeit, wo alles, was jung und gesund war, bei der Armee war, durfte man nicht zu wählerisch sein, wenn es um die Qualität der Künstler ging. Nur Marguerite brachte Einnahmen und rettete die in Unordnung geratene Truppe. Das Ehepaar Lalanne, das einst durch einen hübschen Liebesroman zustandegekommen war, entzweite sich. Einmal war der früher so schneidige Jean-Baptiste so betrunken, daß er von der Polizei aufgelesen wurde. Und seine Frau – sicherlich auf Anraten von Simono – überschlug sich absolut nicht, um ihn abzuholen. Nach Jahren voller Abenteuer die melancholische, gnadenlose Auflösung einer Idylle von gestern! Hélène Masgomieri, die »Schwarze Jungfrau« von einst, war fett geworden, sie bestand nur noch aus Eitelkeiten, die ein bösartiger komischer Kerl auszunutzen verstand. Es gab nur noch nicht enden wollende Zerwürfnisse, Konflikte, Zwistigkeiten. Der arme Jean-Baptiste hatte sich sehr verändert, und da er sich schamlos betrogen fühlte und zu schwach war, um zu wüten oder zu brechen, ertränkte er seinen Kummer in Wein.

Marguerite Lalanne war fünfzehn Jahre alt und blühte auf in einem Milieu, was doch recht trist geworden war. In Clermont-Ferrand, wo man einige Zeit Station gemacht hatte, gab ein gewisser Laruelle, Sekretär des Verwaltungsbezirkes, Anzeichen von Verliebtheit. Das war ein kleiner duckmäuserischer Mann, schon in reiferen Jahren, von abstoßendem Aussehen, über den üble Geschichten umgingen. Er hatte es immer verstanden, sich gut zu informieren und Waffen gegen alle Parteien im Rückhalt zu haben; und so hatte er, obwohl völlig verabscheut, auch in der Zeit der Reaktion seine Funktionen beibehalten. Bis dato hatte er kaum an etwas anderes gedacht, als sich mit allen Mitteln zu bereichern; aber ein neues Gefühl bemächtigte sich seiner, als er die junge Tänzerin gesehen hatte: Das war etwas wie eine wütende Leidenschaft. Eines Abends machte er sich an sie heran, als sie gerade leichtfüßig von dem gespannten Seil gesprungen war. Er richtete grobschlächtige Komplimente an sie, die keineswegs angetan waren, Marguerite zu entzücken. Er bekam einen Korb, doch angestachelt durch sein Verlangen und in der Annahme, sicherlich ein wunderbares Angebot zu machen, schlug er sich als Ehemann vor.

Als Antwort bekam er nur schallendes Gelächter zu hören.

»Meine Kleine«, sagte er sehr verletzt, »dieses Gelächter wirst du mir büßen.«

Einige Tage später wurde Jean-Baptiste in das Büro von Laruelle bestellt, der dort seine Papiere überprüfte, sie als nicht in Ordnung erklärte und schließlich kraft seines Amtes brutal die Bude zumachte … Das bedeutete das komplette Elend zu einer Zeit, in der die Geschäfte ohnehin nicht gerade gut liefen. Marguerite hatte Charakter: Sie entrüstete sich, suchte Laruelle auf, und mit ihrer kleinen Hand backpfeifte sie ihn. Als die Stadt von diesem Skandal erfuhr, war des Lachens kein Ende, aber Laruelle rächte sich auf niedrigste Art und Weise. Er machte aus den armen Seiltänzern mit Hilfe von bösartigen Berichten Verschwörer, was zu einer Zeit, in der halb Frankreich von Verschwörungen voll war, ein leichtes war. Die Absurdität der Anklage verhinderte nicht ihre Festnahme, auch wenn sie nur kurzzeitig war, wobei es allerdings unmöglich wurde, den Prozeß aufrechtzuerhalten. Das ganze Material der Schausteller aber wurde konfisziert, und Laruelle wandte tausend Kunstgriffe an, um seine Rückgabe zu verhindern. Die Angst vor neuen Verfolgungen, so ungerechtfertigt sie auch sein mochten, veranlaßte die Sippe, hastig abzubauen und sich unverzüglich zu zerstreuen. Simono, Yvorel und Ripaille zogen jeder in seine Richtung; die Familie Lalanne fand sich allein wieder, entmutigt und verunsichert.

Marguerite, die sie mehr schlecht als recht unterhielt, mußte sich damit bescheiden, in Cafés zu tanzen, und machte nach ihren improvisierten Tricks ihre Sammlung, wobei sie häufig behelligt wurde. Alle Träume vom Ruhm schienen dahin zu sein!

Aber in Valencia kam ein bißchen Glück zurück, man traf eine Truppe, die ziemlich gut etabliert war und deren Direktor Houssaye zustimmte, sein Personal zu erweitern, indem er Marguerite als Seiltänzerin engagierte und ihre Mutter als Mitwirkende in den Vorstellungen, die sich aus Ikarischen Spielen, Kraft- und Geschicklichkeitsakten und Vorführung dressierter Tiere zusammensetzte. Der arg enttäuschte Jean-Baptiste wurde als Requisiteur angestellt. Mit einem Kunstgriff wurde Marguerite in den Provinzen ohne Zögern mit einem Namen getauft, der dem eines damals sehr bekannten Künstlers ähnelte, der der Star der Feste vom Tivoli war; sie wurde Mademoiselle Forzioso – für Leute, die nicht allzugenau hinsehen, konnte sie also als eine Verwandte des illustren Forioso gelten. In der Truppe von Houssaye konnte sie sich in ihrer Kunst vervollkommnen, frei von drängenden Sorgen, und hier eroberte sie sich ihren ersten Ruhm. Sie war ein schönes junges Mädchen geworden, schlank, hochaufgewachsen, mit irgend etwas Energischem in ihrer ganzen Person, was ausgeglichen wurde durch ein hübsches Lächeln. Die grau-braunen Augen sprachen von Entschlußkraft, ihrem Mund mangelte es nicht an Grazie; die Nase, die sich später in einem reifen Gesicht etwas krümmen und ihr Aussehen dann verändern würde, war erst nur stark, so als wolle sie das Leben besser einatmen; die Stirn war weit, von reiner Zeichnung und wurde gekrönt von einer kühnen und triumphierenden Mähne von dunklem Kastanienbraun. Der Fuß, klein und kräftig, gewöhnt an die kühnsten »Spitzen«, schien ständig bereit, sich von der Erde abzuheben. Ein halbes Jahrhundert später wird Theodore Banville ein Porträt von ihr zeichnen, das trotz der Magie der Worte den Eindruck des völligen Verfalls nicht aufheben wird, aber in dem dieser physische Charakter von früher wieder auflebt mit seiner Schönheit des Auges, »dem höllischen Auge, das wild, lebhaft, furchtlos, liebevoll ist«, was den Ruin überleben wird, beschwörend, bedrohend, exaltierend in der Erinnerung an den Triumph.

Jetzt in ihrem jungen Glanz, in ihren antikisierenden Kostümen, wie sie dem Zeitgeschmack entsprachen, flößte sie Leidenschaften ein, gegenüber denen sie selbst unempfindlich blieb. Von der Truppe Houssaye war Marguerite mit dem nicht gerade bescheidenen Namen der »göttlichen Basquaise« zum Zirkus Roussi gegangen, der seine guten Tage unter dem Konsulat hatte. Einer der Künstler, ein Kunstreiter, der sich stolz Norestan nannte, versuchte sie unter romantischen Umständen zu entführen. Er wandte sogar ein bißchen Gewalt an, aber das Ganze ging auf Kosten seiner melodramatischen Einbildungskraft: Er hatte es mit einer Heroine zu tun, die zu einer bemerkenswerten Verteidigung fähig war, und schrecklich hergenommen, mit zerkratztem Gesicht und halb blind mußte er nach dem Mißerfolg seiner Hinterlist kläglich die Compagnie verlassen. Doch in Epinal erwachte das Herz von Marguerite. An jenem Abend hatte sie, hingegeben in einem berauschenden Delirium, die eigentliche Offenbarung ihres Talents. Sie hatte nicht nur getanzt, sie war in frenetischen Inspirationen zur Elfe geworden; sie wurde hinweggetragen von einem Taumel, sie wollte Flügel, sie berührte das Seil nur mit ihren Fußspitzen, um sich abzuheben wie jenseits von jedem physikalischen Gesetz, bis hin zu außergewöhnlichen Höhen; das Orchester mußte aufhören zu spielen, damit sie den Kontakt zur Erde wiedergewann. Sie stand noch unter dem Eindruck einer Art Ekstase, als ein junger, gut aussehender Mann sich nicht ohne Schüchternheit ihr näherte, um sie zu beglückwünschen. Er hieß Julien Saqui, war selbst Akrobat (aber was für ein Abstand zu der Kunst der unerschrockenen Tänzerin!), und er war der Sohn des Prinzipals einer rivalisierenden Truppe. Seine Komplimente wurden gnädig entgegengenommen: sie waren gut formuliert und frei von Banalität; sie waren von der Sorte, daß sie eine Virtuosin auf dem Seil, wie Marguerite sie war, berühren mußten. Sie antwortete mit Grazie darauf. Und Julien Saqui war wie vom Blitz getroffen. Sein Plan war schnell gefaßt: Es ging darum, sie an die Truppe Saqui zu binden unter dem Vorwand, sie einer konkurrierenden Truppe wegzunehmen, aber in Wirklichkeit, damit er die Freude hätte, in ihrer Nähe zu leben. Er überstürzte die Dinge mit einer Entschlossenheit, wie sie sehr verliebten Leuten eigen ist. Er überredete Vater Saqui, daß jetzt die einzigartige Gelegenheit gekommen sei, das Glück für sein Unternehmen zu machen, wenn er diesen unvergleichbaren Stern, dieses einzigartige Wesen, dieses Wunder zu sich riefe! Hommebon Saqui stimmte zu. Er stimmte sogar recht großzügig zu, mit den Lalannes eine Compagnie zu bilden, obwohl ja außer Marguerite die arme Familie keinerlei schätzenswerten Zuwachs bot; die inständigen Bemühungen von Julien hatten dieses Resultat zuwege gebracht mit einem Zartgefühl, von dem sich das junge Mädchen in keiner Weise rühren ließ.

Während man zusammen reiste, hatte Julien alle Zuvorkommenheit, alle Galanterien parat, aber wenn er seine Gefühle auch erraten ließ, so wagte er doch noch nicht, sie auszusprechen. In Tours war es dann, wo Marguerite als Kind noch auf dem Seil debütiert hatte, wo sich Julien endlich ein Herz nahm.

»Mademoiselle Marguerite«, sagte er eines Abends nach der Vorstellung, »wenn Sie die Güte hätten, das wohlwollend anzuhören, was mein Vater Ihnen morgen sagen wird.«

»Und das wäre?«

»Oh, sicherlich wäre es viel schneller getan, wenn ich es Ihnen selbst erklären könnte … Aber sehen Sie, ich hätte dazu niemals den Mut!«

Es war nicht schwer zu verstehen. Marguerite senkte den Kopf. »Versuchen Sie, ihn zu haben«, entgegnete sie.

Und Julien hatte ihn plötzlich. Er sprach von seiner tiefempfundenen Zärtlichkeit, den Träumen vom Glück, die er schon hatte, der Hoffnung, von der er besessen war, der Tapferkeit, die ihn beseelte, um ihr das Leben leicht zu machen …

»Aber«, erkühnte sich Marguerite, »ich werde Ihnen nichts als Lasten bringen, mein armer Freund.«

Wenn man schon bei solchen Einwänden angekommen ist, ist man nicht mehr weit davon entfernt, sich zu verstehen. Wenn die Verbindung ihrer Eltern romantisch gewesen war, so wurde die Heirat von Marguerite fast bürgerlich. Einige Tage später – Julien beeilte sich nach allen Kräften, die notwendigen Demarchen zu unternehmen – wurde sie in Tours gefeiert. Im Moment, als der Zug gerade die Kirche betreten wollte, näherte sich eine alte Frau, offenbar eine Zigeunerin, der jungen Braut und streckte ihr eine kleine alte Geldmünze hin.

»Wenn Sie glücklich werden wollen, meine Kleine, immer glücklich«, sagte sie zu ihr, »legen Sie das da in Ihren Schuh!«

Dann verschwand sie auf mysteriöse Weise. Die Freunde des neuen Paares waren ein buntes Völkchen, was sich getroffen hatte, wie es sich durch den Zufall ihrer Etappen ergab; merkwürdige Gestalten mit sonnenverbranntem Gesicht, halbe Hexen, die noch die von ihrem Herkunftsland althergebrachten Traditionen bewahrt hatten. Als echte Kinder des Abenteuers waren sie alle mehr oder weniger abergläubisch, und niemand wunderte sich darüber, daß Marguerite einen Moment ihren Satinschuh bedeutungsschwer auszog, als sie unter dem Kirchenportal stand, und die kleine Münze dort hineinsteckte, auf die Gefahr hin, dann ein wenig zu hinken.

Eine heitere Szene bildete dann den Abschluß der Zeremonie.

Um sich in die Herberge zu begeben, wo das traditionelle Festessen stattfinden sollte, mußte man an den Gendarmerieposten vorbeigehen. Erste Effekte der Popularität! Die Straße war verbarrikadiert durch Gendarmen, die ihre Hüte schwenkten und riefen:

»Es lebe die Braut! Es lebe die göttliche Basquaise!«

Ein alter Logismeister kam fröhlich nach vorn.

»Hier geht es nicht durch!« sagte er.

»Doch!« entgegnete Madame Saqui. »Wenn man den Wegezoll entrichtet!«

Und unter dem Applaus der Menge küßte sie den Soldaten.

Dieser Festtag wurde an seinem Ende zum Trauertag. Nachdem Jean-Baptiste Lalanne das glückliche Ereignis mit zuviel Zecherei gefeiert hatte, erlitt er einen Blutandrang und starb noch in derselben Nacht ... Marguerite, die in aller Eile herbeigerufen wurde, trug noch ihre Hochzeitskleider. Eine Art von Instinkt ließ sie an ihren weißen Satinschuh fassen: Die Münze der Zigeunerin war daraus verschwunden.

Die sehr zahlreiche Sippe der Saquis – es gab vier Söhne und zwei Töchter und ein halbes Dutzend Cousins – hatte Marguerite zunächst gut aufgenommen. Aber Eifersüchteleien stellten sich angesichts ihres anhaltenden Erfolges ein. In dieser Familie, in der jedermann tanzte und sprang, ertrug man schlecht das besondere Interesse, das die junge Frau hervorrief, die immer kühner in ihren Tricks wurde. Obwohl sie von Julien verteidigt wurde, brachen Streitigkeiten aus und machten das gemeinsame Leben schwierig. Unterdessen träumte Marguerite, die ihrer sicher war, von einem weiteren Feld für ihre Glanznummern als eine Jahrmarktsbude. Man hatte sie unlängst ausgestattet mit dem Künstlernamen, der an den Namen von Forioso erinnerte. Forioso sorgte in Paris für Aufsehen. Er lockte das Glück heraus auf dem schräg gespannten Seil, mit Aufstiegen, die wunderbar anmuteten, er war im Jardin de Tivoli der Löwe des Tages ... Eine Frau, die ebenso kühn war wie er, genauso vernarrt in die Gefahr, konnte sie ihm nicht die Lorbeeren streitig machen? Diese Idee trieb Madame Saqui an, die es satt hatte, Gaffer aus der Provinz zu amüsieren. Eines Tages schrieb sie an den Direktor des Tivoli, Daneux, einen Brief, in dem sie ihm ein Programm vorschlug, was sie selbst in diesem Moment für nicht machbar hielt; aber mußte man nicht die Aufmerksamkeit des Agenten erzwingen? Die Antwort kam zu ihrer großen Überraschung umgehend. Daneux, verführt durch die Versprechungen und ständig auf der Suche nach Attraktionen, wobei er sich übrigens immer vorbehielt, selbst in Augenschein zu nehmen, was an diesen schönen Versicherungen dran war, ließ sie ganz einfach wissen, daß er sie erwartete ...

Das war eine Art Wette, die Madame Saqui gegen das Mögliche eingegangen war ... Nun gut! sie würde es halten, koste es, was es wolle. Was sie unklugerweise versprochen hatte, sie würde es versuchen! Von den beherzt prahlerisch angekündigten Wundern würde sie nichts zurückziehen; mit ihrem Leben als Einsatz, wenn es nötig wäre, würde sie bis zum Ende ihrer Herausforderung gehen!

Und so brach eines Morgens im Frühjahr Madame Saqui, die durch Julien, der ein bißchen unruhig und verwirrt war, ein kleines braves Pferd an eine alte Karre hatte anspannen lassen, das Herz voller ängstlicher Hoffnungen, auf, um Paris zu erobern, das sie dann tatsächlich berauschen und entzücken sollte ...

Madame Saqui contra Forioso,
»den Unvergleichlichen«

Im Paris jener Tage besaß der Sommergarten Tivoli eine ungeheure Anziehungskraft. Er war zwischen den Straßen Saint-Lazare und Clichy auf dem Gelände der ehemaligen Folie-Boutin angelegt, und trotz der Konkurrenz durch viele andere Vergnügungsstätten triumphierte der Tivoli lange durch seine Größe und seine Wunder!

Man hatte vom Jardin-Boutin die klug genutzten Zufälligkeiten des Terrains beibehalten, die Reihen von Terrassen, die Gewächshäuser, die aus seltenen Bäumen geformten Büsche, den kleinen Fluß, der sich durch die Wiesen schlängelte, die übersät waren von künstlichen Bächen. Kaskaden wurden angelegt, die zwar nicht immer perfekt funktionierten, aber – wenn sie liefen – von genial eingesetzten Lichtern erleuchtet wurden. Illuminationen gab es im übrigen überall, und sie machten den Stolz und den Glanz des Tivoli aus; man veränderte sie ständig. Vier Stuhlreihen wurden auf jede Seite einer großen Allee gesetzt, von der aus man die Dekoration übersah und wo sich die Menge zusammenfand zum Feuerwerk, wonach man sich in kleinen Gruppen »in dem Gewirr von Nebenalleen« ergehen konnte, oder nach Überquerung der »antikischen« Brücke auf den kleinen Inseln promenieren konnte. Gruppen »von Hirten und Herden, die auf den Hügeln herumgeführt wurden«, gaben die idyllische Note, wie die kleinen Tempel, von denen einer von Zypressen umgeben war, die poetische Note aufsetzten. Unter einem großen Zelt erwartete ein Orchester die Tänzer. Hier war ein Zirkus oder ein physikalisches Kabinett für die auf optische Experimente Neugierigen; anderswo gab es auch ein Puppentheater oder chinesisches Schattentheater oder solches von Taschenspielern. Ein Stück weiter ein Klettermast oder ein Spiel mit den »Panurge-Ringen« und hoch oben auf dem Berg ein Café der Feldhüter. Träumer oder Verliebte genossen vor allem einen Gewölbebogen aus Gitterwerk, wo das Licht wie durch ein Sieb fiel und man unter einem Gewölbe von Blumen lief. So konnte man an den verschiedensten Stellen vom Tivoli eine gewisse Heimlichkeit finden oder im Gegensatz dazu sich in die fieberhafte Animation stürzen. Weite Freiräume waren reserviert für gewaltige, außergewöhnliche Attraktionen wie Ballonaufstiege, militärische Pantomimen, Seiltänze, die von Meistern ihres Faches dargeboten wurden, symphonische Konzerte. Der Eintrittspreis betrug 3 Francs, »Steuer inbegriffen«.

Die »charmante Stunde« vom Tivoli, so nennen sie die Kenner der Zeit, begann nach dem unverzichtbaren Feuerwerk, von dem unsere Altvorderen solche Genießer waren und dessen Hauptstück gewöhnlich einen mythologischen Teil darstellte. Wenn die große Menge sich aufgelöst hatte, verweilten die Kenner auf einer Art von Esplanade, wo die Beleuchtung zurückgenommen war, und während man peu á peu die Lichter löschte, zog sich der Spaziergang von Leuten in guter Gesellschaft in der Süße der lauen Nächte hin.

Was hatte der Tivoli nicht seit zehn Jahren alles an merkwürdigen Vorstellungen geboten! Madame Tallien hatte dort zuerst den »dörflichen Festen« vorgestanden. Der Grimassenschneider Thiémet hatte die Gaffer mit tausend Ausdrücken seines Gesichtes amüsiert. Der »unvergleichliche« Elefant Baba hatte mehrere Abende lang mit seinem Rüssel an einem Faden gezogen, der einen Pistolenschuß auslößte; beim Klang des von dem Bürger Hullin geleiteten Orchesters hatte ein Luftballon mit nicht entzündbarer Luft »eine Venus auf einem Wagen gezogen, an den Tauben geschirrt waren«; im Hintergrund einer geheimnisvoll gelegenen Grotte hatte der Physiker Préjean durch seine Zauberkunststücke verblüfft; das Meisterwerk der Feuerwerkskörper von Lavarinière war der »Magische Wagen«, der auf einer Art von Schienen fuhr und aufflammte; auf einer Bühne hatte Hurpy seine spaßigen Marionetten gezeigt; Monsieur Mosment, Monsieur und Mademoiselle Garnerin hatten ihren Aufstieg »mit verlorenem Ballon« gemacht; Madame Placide, die Witwe des berühmten Akrobaten, den man auch den »Kleinen Teufel« nannte, hatte »mit seinen Schülern« überraschende Geschicklichkeitsnummern auf einem über einem Bassin gespannten Seil vorgeführt; Dupuis, obwohl schon alt, hatte seine Herkuleskräfte noch bewundern lassen; das Voltigieren von Godeau, den man »den jungen Furchtlosen« nannte, hatte seine Stunde des

Ruhms; die Pyrotechnik hatte wieder mal ihr Publikum verblüfft mit »der Explosion des Berges Alpha« und dem »Entflammen der Felsen von Sisyphos, durch die sich in einem Wirbelsturm der große Teufel Astaroth erhob«. Monsieur Olivier, ein anderer Physiker, hatte die Zuschauer in Erstaunen gesetzt mit einer Vielzahl von »Illusionen«; man hatte sich in einen abgedeckten Käfig gepreßt, aus dem eine unsichtbare Stimme sprach; man war erst nach geraumer Zeit des »Soupers des Gargantua« müde geworden, diesem kolossalen mechanischen Stück, was Massen von Lebensmitteln herunterschlang; die Konzerte, in denen die Harfinistin Stéphanie Narvigile brillierte, hatten die Kunstliebhaber entzückt; ein anderes mechanisches Stück, genannt der »Doppelsalamander«, hatte einige Sensation hervorgerufen; schließlich und endlich wurden militärische Ruhmestaten leidenschaftlich beschworen, sei es durch die großangelegten Pantomimen, die letzte Waffengänge nachstellten, sei es durch merkwürdige Kombinationen jeglicher Art, wie sie dieses Programm hier ankündigt: »Um zehn Uhr harmonisches Konzert, in dem die Schlacht von Jena beim Kanonendonner und Fusilladen nachgestellt wird, untermalt durch die Physik, einen Lichtstrahl, der schnell die Lüfte durchquert und auf eine durchsichtige Wolke trifft, die dann in Flammen gerät und in Feuerbuchstaben diese Worte schreibt: ›Es lebe der Kaiser!‹«[1]

Zu unterschiedlichen Gelegenheiten sind auch große Feste im Tivoli gegeben worden, die für die Sieger der ersten Kaiserschlachten ausgerichtet wurden.

Dennoch gab es trotz eines solch anhaltenden Erfolges eine Zeit der Krise in diesem glücklichen Tivoli. Dessen Veranstaltungen waren infolge des Todes ihres Mannes in die Hände einer Frau, Madame Bouret, gefallen, die den Kopf verlor, als sie sich von zuviel Verantwortung erdrückt fühlte. Es gibt in den Seine-Archiven ein melancholisches Dossier, das über die Beunruhigungen, dann die Verzweiflung dieser Veranstalterin öffentlichen Vergnügens berichtet. Ihr letzter Brief stammt aus dem Gefängnis von Madelonnettes (14. März 1806), und nichts ist so merkwürdig wie diese Korrespondenz, die aus dem Gefängnis ge-

[1] Sammlung des Journal de Paris, 1805–1810

schrieben worden ist und wo es ausschließlich um Feste und Vergnügungen geht, die heraufbeschworen werden zur Rechtfertigung einer unglücklichen Geschäftsführung.

Damit wäre es um den berühmten Garten geschehen gewesen, wenn nicht ein kühner Impresario, Daneux, die Leitung übernommen hätte mit dem festen Willen, ihm seine frühere Beliebtheit zurückzugeben.

Während er die Dekoration wieder instand setzte, wobei er die Sträucher verschnitt »mit einer Kunst, die sich unter den Zügen der Natur verbirgt«, und wieder Wasser fließen ließ in Flußläufen, die seit einiger Zeit ausgetrocknet waren, die künstlichen Ruinen, die mittlerweile ein bißchen zu sehr echten ähnelten, konsolidierte, und am Ende der zentralen Allee eine breite Säulenhalle baute, engagierte er alle Künstler von Rang und Namen, wie die Kunstreiter Chollet und d'Aumont (die alle beide inmitten von Feuerwerkskörpern, die ja nie fehlten, die kaiserlichen Siege darstellten), den Äquilibristen Longuemare, die Tänzerin Madame Delcourt und den Sänger Bianchi, den Zauberer Préjean; er lud Garnerin ein, im Tivoli luftstatische Experimente zu machen zusammen mit seiner Adoptivtochter, die schwindelerregende Absprünge mit dem Fallschirm ausführte; er richtete Wettrennen aus um den »Preis des Drachens«; mit Hilfe der Pyrotechnik, die immer mehr an Ehren zunahm, rief er das unter den Lavamassen des Vesuv versunkene Herculanum wieder hervor; schließlich warb er für einen horrenden Preis dem Théâtre de Nouveauté die Seiltänzertruppe Forioso ab, die damals gerade Furore machte.

Die Truppe Forioso bestand aus Pierre, dem Älteren, der »Der Unvergleichliche« genannt wurde, seiner Schwester, Madame Alphonse, dem jüngeren Mustapha, so bezeichnet, weil er gewöhnlich als Phantasietürke gekleidet war, und einer jungen Person, Mademoiselle Frascara, die als Assistentin wirkte. Der Vater, Jean-Baptiste Forioso, wachte über das Material. Pierre Forioso hatte durch seine Kühnheit die Gunst von Paris erobert.

Dieser geschickte Mann – der immerhin so berühmt war, daß man schon zu seinen Lebzeiten ein Stück mit ihm in der Hauptrolle schrieb – zweifelte an nichts. Er tanzte die Allemande auf zwei parallelen Seilen mit seiner Schwester; mit gebundenen Bei-

Tricks der Seiltänzer Forioso, Ravel und Saqui

nen sprang er über Bänder; den Kopf nach unten, angebunden an einen Fesselballon, spielte er Geige in dieser anomalen Stellung; er hatte die Aufstiege bis zu einer zu seiner Zeit ungeahnten Höhe eingeführt – inmitten von Feuerwerk, das unter ihm losging. Übrigens hatte er, ein schöner Mann, der er war, Leidenschaften entfacht, die sogar das Herz der Montasier höher schlagen ließen, so alt sie auch war.

Jüngst hatte er eine Herausforderung an seinen Rivalen Gabriel Ravel, den man »den Schrecklichen« nannte, gestartet. Vor den Tänzern Vestris und Duport, denen sich die Malaga zugesellt hatte, um Richter in diesem Duell der Geschicklichkeit und Unerschrockenheit zu sein, hatten die beiden Akrobaten ihre schwierigsten Nummern auf dem Seil vorgeführt. Zu dieser Zeit hatte man Geschmack an der Feierlichkeit in allen Dingen; Ravel, der zum Sieger ausgerufen wurde, hatte die Hälfte seiner Krone seinem Gegner gereicht. Aber Forioso hatte sie zurückgewiesen, hatte gegen den Spruch der Richter Einspruch erhoben und Paris mit Plakaten gegen Ravel übersät. Er hatte ihn zu neuen Kämpfen herausgefordert, diesmal unter freiem Himmel, und seine Verteidigung war so stark gewesen und erregte dazu noch eine solche übertriebene Bewunderung, daß ihm die öffentliche Meinung recht gab gegen das Urteil ihrer Pairs und daß sein Renommee trotz seiner Niederlage gewachsen war. Übrigens verdoppelte er von diesem Tage an seine Kühnheit und hörte nicht auf, neue Spitzentricks zu erfinden.

Das also war der berühmte Künstler, dem die kleine Provinz-Seiltänzerin, die Madame Saqui war, in ihrem jugendlichen Ehrgeiz den Ruhm streitig machen wollte.

Noch am Abend ihrer Ankunft in Paris wohnte sie der Vorstellung von Forioso im Tivoli bei. Verloren in der Menge verfolgte sie ängstlich seine Tricks. Sie sah ihn aufsteigen, mit Leichtigkeit grüßen, leicht in ein paar Sprüngen sich freimachen, so als ob er fliegen wollte, das Seil sich hebend in der Schrägen gegen den Mast hin, wo es befestigt war, sich berauschen am Raum, den Gesetzen des Gleichgewichts widersprechen, das Unmögliche suchen; und sie wägte genau seinen Mut, sie vollzog im Geiste das nach, was Forioso vollendet vor dem Publikum bot, sie übertraf ihn.

An diesem Abend ereignete sich etwas, was prophetisch hätte scheinen können. Forioso ging ab, überschüttet von Beifall, als er zum erstenmal in dem Moment, in dem er den Seilbock, an dem das Seil festgemacht war, erreichte, eine falsche Bewegung machte, sich um sich selbst drehte und unglücklich zu Boden stürzte. Der untadelige Seiltänzer, der so sehr an die Gefahr gewöhnt war, hatte dennoch einen Moment der Täuschung. Ein Entsetzensschrei erhob sich, während man den ohnmächtigen Forioso wegtrug.

Madame Saqui war in dem Pavillon, der von Daneux der Verwaltung vorbehalten war, vorstellig geworden, um Neuigkeiten zu erfahren. Der Direktor war alarmiert und auch sehr beunruhigt wegen der Einnahmen der folgenden Tage, während derer er die Wiederherstellung von Forioso, dem Starkünstler seiner Veranstaltung, würde abwarten müssen.

»Was für ein Unglück!« klagte er.

»Zweifellos«, entgegnete Madame Saqui mit Bestimmtheit. »Doch zumindest werden Ihre Einnahmen nicht darunter leiden, und Sie werden Zeit haben, den armen Forioso sich wieder erholen zu lassen.«

»Wie?«

»Ich bin bereit, morgen vor dem Publikum aufzutreten.«

»Was? Verunsichert Sie der Unfall von heute abend nicht?«

»Das sind die unglücklichen Zufälle unseres Berufes. Aber ich fühle mich meiner ganz sicher. Schlagen Sie meinen Namen für morgen an!«

Am nächsten Morgen kündigten Plakate tatsächlich das Debüt von Madame Saqui an, das Wunder versprach. Den Tag über hatten geschickte Finger von guten Schneiderinnen für die Debütantin ein verführerisches Kostüm genäht: einen Rock aus weißem Tüll, übersät mit blauen Sternen und geschmückt mit einer leichten Girlande von Rosen; eine Korsage von grünem Samt, mit Silber bestickt. Das war zu dieser Zeit das Höchste an gutem Geschmack. Als die Stunde der Prüfung herankam, heftete man an ihre Schultern kleine zitternde Flügel und steckte ihre Haare mit einem Goldreifen hoch. In diesem Phantasiekostüm einer Elfe, das ihre triumphierende Jugend unterstrich, bot sie der Menge die Stirn, nicht ohne daß ihr Herz gewaltig schlug. Aber sie hatte in sich etwas Strahlendes, das ihr von Anfang an allgemeine Sympathie gewann. Man spürte, daß sie entschlossen war, ihren Ruhm an einem Tage zu erobern.

Eine Reverenz ... und sie ging auf das Seil, wobei sie eine »Sechs« drehte, wie man in der Fachsprache zu sagen pflegt, mit einem wunderbaren Brio, das die Aufmerksamkeit der Kenner fesselte. Dann überließ sie sich – wie von einer Art wütendem Dämon besessen – der Inspiration, schien die Gefahr nicht mehr zu vermuten, machte, was am Abend vorher Forioso gemacht hatte und übertraf ihn, sie erreichte die Spitze des Mastes und erschien inmitten von bengalischem Feuer, Bild der reinen Unerschrockenheit. Applaus erschallte. Dann begann Madame Saqui mit einer Kehrtwendung ihren Abgang und das in einem wahren Wirbel von Improvisationen, sich plötzlich auf das Seil legend, horizontal und im Kreuz, sich wieder erhebend und um sich selbst drehend, nach rechts und links Abstürze simulierend, dann ihren Lauf wieder aufnehmend und zur Bewunderung der Zuschauer plötzlich anhaltend und damit ihre Kaltblütigkeit beweisend, wobei sie mythologische Haltungen anbot – aber auf was für einer schwankenden Basis! Angstschreie waren beim Anblick einer solchen Furchtlosigkeit zu hören: Das war der Triumph der Künstlerin. Sie entflammten den Enthusiasmus der schönen Akrobatin, die sich in allen vorstellbaren Herausforderungen gefiel, die trunken war von der Gefahr selbst, welche sie nicht müde wurde, selbst zu schaffen, und wo sie Freuden darin fand, sich ins Leere zu stürzen, das Seil wie durch ein Wunder wieder erhaschend, Pirouetten drehend, springend, Luftsprünge machend, und das war so ohne Tadel, abenteuerlich und charmant! Lange zog sie dieses Spiel hin, sie riskierte ihr Leben, als ob sie es verachtete, wieder auf dem Boden zu wandeln. Sie vergaß die Realität; sie war wahrhaftig die Elfe, deren Kostüm sie trug, und es schien so, als ob sie sich tatsächlich der Flügel bediente, die bei jeder Bewegung ihres Körpers zitterten.

Als sie endlich auf den ausdrücklichen Befehl der Zuschauer hinunterstieg, innerlich völlig ausgelaugt, kam Daneux auf sie zu:

»Sie werden diese Tollheiten nicht noch einmal machen!« sagte er zu ihr, ganz durcheinander, trotz seiner Freude über den Erfolg der Tänzerin.

»Jeden Abend, mein teurer Direktor!« antwortete sie und nahm alle Blumen zusammen und die Kronen, die ihr zugeworfen worden waren in einem Delirium von Bewunderung für ihre außerordentlichen Leistungen in der Luft.

Madame Saqui bemerkte dann ihren Mann, der sehr bleich und zusammengesunken auf einem Stuhl hockte. Er hatte die Vorführung der schwindelerregenden Tricks, deren Gefahr er kannte, nicht ohne Zittern ertragen können. Der arme Julien hatte nicht die heroische Seele wie diejenige, die seinen Namen berühmt machen sollte; er hatte die Schönheit dieses Kampfes nicht begriffen, der doch, sei es auch auf dem Seil in einem öffentlichen Garten, den Kampf von kühnen Herzen, die in Schimären verliebt waren, gegen die vulgäre Realität symbolisierte. Die Triebfedern des Strebens nach Ruhm waren ihm fremd, er hatte nur Waghalsigkeit gesehen und schreckliche Momente der Angst durchgestanden als der einfache, brave Mann, der er nun mal war.

»Ach! meine arme Freundin«, sagte er. »Was für Angst habe ich ausgestanden!«

Das Wort schockierte Madame Saqui, die noch ganz benommen war von ihrem Triumph, der für sie ganz sicher den Einsatz ihrer Existenz aufwog. Träumte sie in diesem Moment nicht schon, faßte sie nicht Pläne für neue Tollheiten ... Von diesem Tag an betrachtete sie ihren Mann ein bißchen mit Mitleid.

Napoleon und die Seiltänzerin

Mit einem Schlag war Madame Saqui das Idol von ganz Paris. Bei ihrem zweiten Aufstieg war die Menge so groß, daß die Garde zwei Stunden brauchte, sie ins Tivoli einzulassen, und daß man an diesem Abend alle anderen Teile des Programms fallenließ. Sie nahm ihren jungen Ruhm ohne Umschweife an und kümmerte sich nur darum, ihn zu rechtfertigen, wagte sich an Tricks, die das Publikum hinrissen, und brachte es gleichzeitig zum Zittern. Ihre Erfolge verzögerten die Gesundung von Forioso, der – ans Bett gefesselt – in Wut geriet, als er von ihnen erfuhr. Nun trug man Kappen und Halskreuze auf »Art der Saqui«; die Süßwarenhändler verkauften nur noch Bonbonnieren, in die das Porträt der Tänzerin eingraviert war – die Begeisterung, die sie hervorgerufen hatte, drückte sich auf tausendfache Weise aus.

Ihr Ruf wuchs unaufhörlich. Lerouge, ein neugieriger Pariser jener Zeit, notierte sich über einen ihrer Auftritte: »Mitten in der Detonation von großen Feuerwerkskörpern und ihren Rauchschwaden folgt sie ruhig bei bengalischem Feuer in sechzig Fuß[1] Höhe ihrer engen und gefährlichen Straße, die sie an das Ende ihres Weges führt. Sehr häufig entschwindet sie unseren Blicken durch die dichten Wellenbewegungen, die es um sie her gibt, und man würde sagen, bei ihrem sicheren Schritt, daß eine Unsterbliche inmitten von bewegten Wolken ruhigen Fußes ihre himmlische Wohnung wiedergewinnt.«

Aber in dieser Epoche des militärischen Ruhms wurde ihre Popularität noch größer, als sie – immer auf dem Seil und ganz allein – Schlachten und kaiserliche Siege darstellte. Was für ein Applaus, als sie, ohne sich über eine falsche Bewegung zu beunruhigen, die sie in den Abgrund stürzen könnte, mit einem Säbel bewaffnet, eine wütende Meute anzuführen scheint, deren Elan den imaginären Feind zum Rückzug zwingen muß, oder als sie sich bei einem Feuerstoß hinkniet, um zu schießen, dann das Bajonett ans Gewehr steckt, unaufhaltsam vorwärtsgeht oder plötzlich zusammenbricht, so als ob sie verwundet wäre, sich mühselig wieder erhebt, um an dem Mast eine Fahne zu hissen, die sie um ihre Taille gewickelt hatte. Die Herzen der Militärs, die aus den Schlachten zurückkehrten, kamen in Aufruhr bei der Erinnerung an diese martialischen Ereignisse, und bald war es so, daß die ganze Armee Madame Saqui an Kindes Statt annahm.

Die kalte Jahreszeit hielt den Lauf ihres Erfolges nicht auf: Sie trat im Wintertivoli auf, das sich neben dem Théâtre de la Cité und gegenüber dem Palais de Justice befand; man verlangte im Saal Montansier nach ihr. Eine ziemlich merkwürdige Geschichte wurde verbreitet, von der man nur das Szenarium rekonstruieren kann. Forioso, der seinen Ärger über die Erfolge seiner Rivalin verhehlte, versuchte sich ihr zu nähern. Er machte es ein-

---

[1] entspricht etwa 18 m – d. Hrsg.

Julien Saqui

schmeichelnd und galant. Hatte er davon geträumt, die Künstlerin zu besiegen, indem er sich des Herzens der Frau bemächtigte? Und Madame Saqui, die vor allem in ihren abenteuerlichen Beruf verliebt war, hatte sie die Falle entdeckt? Nach einer kurzen Periode guten Einverständnisses brachen die beiden Champions diese Waffenruhe. Dennoch blieb Madame Saqui in freundlichem Einvernehmen gegenüber der Schwester von Forioso, und sie trat mit ihr – nach einer Anzeige des Journal de Paris – gemeinsam im Colisée auf.

Dort war es auch, wo sich der arme Julien Saqui wieder als Artist versuchte, Ehemann des Stars und ein bißchen eingeschüchtert durch die Tatsache, daß er einen Namen trug, der nicht durch ihn berühmt war, dem ja keiner Aufmerksamkeit schenkte und der übrigens auch nur die allerüblichsten Nummern wiederholte. War nicht dennoch etwas Rührendes in seinem Wunsche, auf den Wegen der Virtuosin des Tanzes zu gehen, deren Renommee jedes andere ausschaltete, eine Art von Prinzgemahl, der schüchtern versucht, der Königin zu folgen, deren Gatte er ist?

Zu den Festen des 15. August bot die Stadtverwaltung von Paris dem Volk eine Vorstellung von Madame Saqui, die neue Spitzentricks versuchte. Ab Mittag gab es auf den Champs-Elysées Kegeln mit Gegenpartie und Ringspiele; im Viertel von Marigny konnte man den Grimassenschneider Fantisé-Castalet bewundern, die chinesischen Schattenspiele von Monsieur Serphin und die Marionetten von Lorenzo Frederici; im Viertel de la Pompe ließen sich die »Chanteure du Gouvernement« hören; im Viertel de la Lanterne standen Orchester für die Tänzer bereit. Überall erhoben sich Klettermasten, deren Programme in der Stadtbibliothek von Paris aufbewahrt sind und die Preise verraten: eine goldene Uhr, eine silberne Uhr, ein silberner Becher, ein Paar Silberohrringe, ein indisches Taschentuch ... Aber um drei Uhr eilte die Menge trotz aller anderen Attraktionen in einem unaufhaltsamen Strom zum Pont-Royal. Ein Seil war gespannt, das über die Seine führte und mit Abspannungen an Schiffen befestigt war. Auf den Kais trat man sich fast tot, ganz Paris war auf den Beinen und alle Augen auf das Seil gerichtet. Und da erschien auch schon Madame Saqui im Kostüm einer Kriegerin, mit einem Helm geschmückt. Sie schritt vorwärts, leicht, lächelnd, und wie gewöhnlich unbesorgt um die Gefahr. Da also stand sie über dem Fluß ... Ein Entsetzensschrei – es sah so aus, als ob sie abglitte und fallen müßte. Aber nein! Das war nur eine Finte, einer der Streiche, die ihr so eigen waren, und als man spürte, daß das nur ein Spiel war, die Phantasie einer Künstlerin, die sich ihrer sicher ist, dröhnte der Applaus. Was würde sie sich noch alles ausdenken? Mitten in diesem Lauf warf sie ihren Helm in eines der Schiffe, löste ihre Haare, legte ihre Hände über ihrem Kopf zusammen wie zum Kopfsprung, schien sich ins Wasser stürzen zu wollen ... Aber nein! Sie fing sich schnell wieder mit einem Fuß, stellte sich mit einem kräftigen Ruck wieder aufs Seil, und die Herrscherin über die Lüfte setzte ihren Weg zum anderen Ufer fort. Dann ging es wieder zurück, dieses Mal im hohen Stil, denn wenn sie auch ihren Obulus entrichtet hatte mit einigen Tricks, mit denen sie dem Publikum Angst eingejagt hatte, nahm sie doch für die Leute mit Geschmack ihre olympische Heiterkeit wieder auf, die klassische Grazie, die sie dann besaß, wenn es ihr so gefiel.

Welche Veränderung in so wenigen Jahren gegenüber dem Tag, an dem sie ankam von Tours her, um Paris zu erobern! ...

Das Glück hatte ihr eigenartig gelächelt; sie hatte alle ihre Rivalen ausgestochen, und ihre Erfolge hatten sie schnell reich gemacht. Eines Tages sprach sie lachend von ihrem Glücksstern.

»Potztausend!« sagte der Dramatiker Dupaty galant zu ihr. »Sie haben ihn sich doch selbst vom Himmel geholt.«

Sie hatte den Sinn für Opportunität. Sie schmeichelte den kaiserlichen Soldaten, sie widmete ihre schönsten Nummern »den Helden«; sie machte ihnen tausend Avancen durch die Titel, die sie ihren Tricks gab und die an ihre Siege erinnerten, oder durch ihre kriegerischen Kostüme. Sie wurde von der Armee angebetet. Unter Leuten, die ständig bereit sind, ihr Leben zu riskieren, versteht und schätzt man sich leicht. Eines Abends gab der Kaiser ein Fest für Truppenteile seiner Garde im Garten von Beaujon. Napoleon war zerstreut. Er hatte den Spaßmachern keinerlei Aufmerksamkeit geschenkt, die doch gewaltiges Lachen in der Menge seiner Veteranen hervorriefen, die physikalischen Spiele von Monsieur Préjean hatten seinen Blick absolut nicht auf sich gezogen, und selbst der »Trompeten-Automat«, die wunderbare und hinreißende Erfindung von Monsieur Maelzel, die hervorragend geeignet war, Militärs zu entzücken, hatte ihm nur das Gefühl der Belästigung verursacht. Er machte sich auf, sich zurückzuziehen, als Madame Saqui auftrat. Das war das erste Mal, daß er sie sah. Er verzögerte seinen Aufbruch und betrachtete sie mit einiger Aufmerksamkeit. Kaum war die Tänzerin auf dem Seil, als die Rakete eines Feuerwerkskörpers, die wie gewöhnlich ihren Auftritt begrüßte und gewaltig explodierte, auf sie zugeschossen kam und sie am rechten Arm traf, der in antiker Pose hochgehalten war. Sie konnte einen Schmerzensschrei nicht zurückhalten, und sie war drauf und dran zu fallen und hätte es sicher auch getan, wenn sie nicht die instinktive Geistesgegenwart gehabt hätte, sich auf dem Seil hinzulegen, wobei sie sich mit dem anderen Arm festhielt ... Sie ließ sich bis zu einer Absegelung gleiten, wo man ihr zu Hilfe kam. Sie war geschockt von der Erschütterung und sehr bleich.

Während man sich um sie bemühte, kam Napoleon heran. Nicht ohne eine unbewußte Brutalität berührte er ihren verwundeten Arm, und dieses Zeichen von ungeschickter Fürsorge entriß Madame Saqui einen leichten Klagelaut ... Dennoch ver-

Madame Saqui, die kühne Seiltänzerin

schwand für sie jedes andere Gefühl vor demjenigen, sich gegenüber dem Herrn der Welt zu wissen. Das erste Mal, daß sie vor ihm tanzte, sollte sie da solch ein Pech haben und ihr Renommee einbüßen? Ihr Entschluß war schnell gefaßt: Bevor man ihr einen Verband hatte anlegen können, entzog sie sich brüsk denjenigen, die sie pflegten, und indem sie ihr Artistenlächeln, was sie bei Vorstellungen zur Schau trug, wieder aufsetzte, stieg sie schnell wieder auf das Seil, um ihre Tricks noch einmal zu beginnen.

»Madame«, sagte Napoleon, »ich verbiete Ihnen weiterzumachen!«

»Sire«, entgegnete Madame Saqui, »Ihre Majestät würde nie auf die Idee kommen, Ihren Grenadieren zu verbieten, zum Sturmangriff überzugehen. Das hier ist mein Sturmangriff!«

Und sie schwang sich hinauf und absolvierte mit einem ungeheuren Kraftaufwand den versprochenen Aufstieg.

»Die Frau ist rasend!« sagte der Kaiser fröhlich, der ihr am Ende der Vorstellung Komplimente machen wollte, verführt durch die Heiterkeit und Courage, von denen er Zeuge gewesen war. Die besonderen Ovationen, deren Objekt sie gewesen war, hatten die Seiltänzerin ihre Schmerzen vergessen lassen.

Napoleon befragte sie auf seine Art ein wenig tyrannisch, wobei er übrigens alles wissen wollte, von den größten bis zu den kleinsten Dingen.

»Madame«, sagte er, »Sie sind sehr unerschrocken und kühn.«

»Sire«, antwortete Madame Saqui, ohne in Verwirrung zu geraten, »das ist wohl wahr.«

Er sah sie an mit diesem Blick, mit dem er die Menschen prüfte. Die junge Frau hielt ihm ruhig stand.

Er begann von neuem:

»Wie erlernt man Ihre Kunst?«

»Sire, man erlernt sie eigentlich nicht, man errät sie, wenn man das heilige Feuer in sich trägt.«

»Es gibt doch aber feste Regeln.«

»Gewiß, so wie es Regeln militärischer Taktik gibt. Aber es ist das Genie des Feldherrn, das über den Sieg entscheidet.«

»Sie lieben Ihren Beruf, das sehe ich.«

»Sire, es ist der schönste von allen.«

Napoleon lächelte.

»Nach dem des Souveräns?« sagte er.

»Nur, wenn er von Eurer Majestät ausgeübt wird.«

Der Kaiser amüsierte sich über diese Konversation mit einer Akrobatin. Er mischte Bösartigkeit darunter und versuchte sie einzuschüchtern.

»Sie sind sehr stolz, Madame.«

»Darauf, daß Sie mir die Ehre geben, Eure Majestät, sich mit mir zu unterhalten.«

Er wies auf den Mast, bei dem das Seil endete.

»Woran denken Sie, wenn Sie da oben sind?«

»Daß ich gerne noch viel weiter oben wäre.«

»Aber Sie werden sich eines Tages den Hals brechen.«

»Eure Majestät weiß, daß es keinen Ruhm ohne Gefahr gibt.«

Napoleon hob den Kopf hoch, ein bißchen überrascht.

»Der Ruhm!« entgegnete er. »Sie sprechen da ein großes Wort aus.«

»Eure Majestät wird mir verzeihen, es verwendet zu haben, wo es doch nur Ihnen gehört ... Ich hätte ganz einfach sagen müssen: der Wunsch, das zu tun, was andere nicht können.«

»Sie bieten mir auf wunderbare Weise die Stirn, Madame. Sie haben also auch Geist?«

»Sire, Eure Majestät geben denen davon ab, mit denen Sie sich unterhalten.«

Die Konversation gefiel dem Kaiser. Er antwortete in familiärem Ton: »Was es nicht alles gibt. Ich höre häufig so viele Dummheiten.«

Dann gewann sein Geschmack an Sticheleien, der in ihm war, die Oberhand, der ihn auch hinderte, lange seinen Ton der Galanterie aufrechtzuerhalten. Er prüfte Madame Saqui wie einen Soldaten bei der Musterung; er nahm sie mit der etwas schwerfälligen Impertinenz auseinander, die er gewöhnlich Frauen gegenüber hatte, und er bemerkte am Schulteransatz eine in Wahrheit kaum wahrnehmbare Narbe.

»Was ist das?« sagte er, indem er darauf hinwies.

»Sire«, sagte die Tänzerin, wobei sie geschickt so tat, als ob sie eine etwas unpassende Bemerkung in eine Eloge umwandelte und dem Meister von Europa eine kleine Lektion erteilte, »ich danke Euer Majestät, Wunden wahrgenommen zu haben, die ich im Feuer empfangen habe.«

»Sie haben offenbar immer das letzte Wort?« sagte Napoleon.

Seit einigen Augenblicken war in ihm eine Neugier für diese Seiltänzerin erwacht, in der er, nicht ohne eine gewisse Verwunderung, eine Freiheit in der Haltung antraf, eine Energie des Charakters, ein gewisses Kämpferisches in der Lebhaftigkeit in ihren Ausfällen, von denen er gleichzeitig irritiert und entzückt war. Er war von dem Spiel erregt.

Sein Despotismus hatte Madame Saqui in ihrem leichten Kostüm unter der Kühle der Nacht zittern lassen. Da erst wurde er einer Kammerzofe gewahr, die in respektvoller Entfernung wartete und einen Schal hielt, mit dem sie ihre Herrin nicht hatte einhüllen können. Napoleon machte ihr ein Zeichen näherzukommen, und indem er den Schal aus ihren Händen nahm, bedeckte er selbst die Künstlerin damit. – »Oh! Sire!«

Er begleitete sie mit kleinen Schritten bis zu dem Pavillon, der ihr als Loge diente, bevor er sie verließ.

Bis wohin reichte sein Interesse für sie? Gab es von seiner Seite her eine Caprice des Wunsches nach einem Sieg über die »Rasende«, die nicht wie so viele andere gestottert hatte vor ihm und eine der vielen Unterwürfigkeiten gezeigt hatte? Bewies der Eroberer einen Appetit auf diesen weichen und schmiegsamen Körper, die Versuchung des Vergnügens, das für ihn den Reiz der Neuheit hatte? Man behauptet es, aber ich habe keinerlei Beweise für diese vorübergehende Neigung gefunden. Die Geschichte hat nicht die Namen von all den Besucherinnen der geheimen Wohnung in den Tuilerien festgehalten, die über eine geheime Treppe unter der Obhut von Constant hineingebracht worden sind, und sie hat auch nicht alle Ausgänge des Kaisers in seinem »bürgerlichen Kleid« aus braunem Tuch verfolgt. Die Indizien für diese Laune von Napoleon wären in der besonderen Aufmerksamkeit, die Madame Saqui eine Zeitlang verfolgte und auch in einer Art von Prahlerei der Akrobatin ein bißchen später zu suchen. Man wird übrigens erleben, wie sie danach von einem Tag zum andern rüde beiseitegestellt wurde. Und das war dann der »Zwist« zwischen dem Herrscher der Welt und der Königin der Seiltänzer …

Ein Attentat aus Eifersucht

Die kaiserliche Gunst wurde in jedem Falle bekannt.

Sie wurde eingeladen, auf allen Militärfesten aufzutreten, wo ihr die Soldaten einen enthusiastischen Empfang bereiteten. Sie wurde per Befehl in die Lager geschickt, wo sie den Seilbock und den Mast aufstellte, zwischen denen sie in einer schwindelerregenden Höhe Angriffe und Schlachten mimte, an denen diese hartgesottenen, weichen und verzauberten Männer teilgenommen hatten. Sie war in Wien, wo sie ihren Einzug in einer Karosse hielt, die der Kaiser ihr entgegengeschickt hatte. Die Lustbarkeiten, die dem Frieden von Schönbrunn folgten, führten sie nach Metz, nach Orléans, Bordeaux, Tours, wo sie, angehimmelt und berühmt nun, mit ein bißchen Wehmut den Jahrmarktsplatz ihrer Anfänge wiedersah. Aber Julien Saqui, der Verliebte von damals, war ein recht farbloser Ehemann geworden und weit von dem entfernt, was sie bewegte. Während dieser triumphalen Tourneen blieb er in Paris und fühlte seine Unterlegenheit und litt an ihr, denn er war der Verliebte von damals geblieben. Bei diesen Erfolgen seiner Frau hatte er jedoch alles verloren, und mit bitterem Nachgeschmack dachte er an den Familienbetrieb von damals.

Julien Saqui hatte dennoch die ganze Sippe der Saquis zu sich gerufen, der sich der Stamm der Boas zugesellt hatte, eine holländische Familie, die ihr durch Heirat verbunden war; die meisten unter ihnen waren Akrobaten und Schausteller, die sich beeilten, sich mit der so berühmt gewordenen Tänzerin wieder zu versöhnen, und sich bemühten, von ihr einige Unterstützung zu bekommen. Madame Saqui hatte mit einer ein wenig hochmütigen Gleichgültigkeit aus dieser ganzen Gesellschaft eine Truppe gebildet und beschäftigte sie während ihrer Reisen mit zweitrangigen Dingen, um das Publikum vor ihrem Auftritt zu unterhalten. Im Grunde war das ein mittelmäßiges Kalkül von Julien, denn er hatte durch die Macht der Ereignisse nichts anderes erreicht, als in diese Legion von Parasiten einbezogen zu werden. Es war für ihn der schmerzhafte Roman des Gatten, der vergeblich versuchte, seine Frau zurückzugewinnen, und der durch die Fatalität von Ungeschicklichkeiten sich davon immer mehr ent-

In einer ihrer zahlreichen Kostümierungen

fernte. Er deutete manchmal an, daß er eifersüchtig war. Doch in dem Moment, wo sie ganz benommen war von den ihr entgegengebrachten Ovationen, war der »Star« sehr wenig geneigt, Vorwürfe entgegenzunehmen, und diese ungeschickt plazierten Ausbrüche dienten nur dazu, ihn noch kleiner zu machen. Er hatte übrigens die Artistik nahezu aufgegeben und befaßte sich mit kaum mehr als der Verwaltung der Truppe, eine undankbare Rolle an der Seite einer solchen Künstlerin.

Seine Eifersucht war nicht unmotiviert; man scharwenzelte um die Tänzerin herum, und diese, so heldisch sie auch war, war eben eine Frau und das nicht ohne Koketterie. Man kann eine heroische Seele haben und ein empfindsames Herz.

Eines Abends in Vaux-Hall, wo es eine außergewöhnliche Vorstellung gab, machte Julien wie gewöhnlich vor dem Beginn der Veranstaltung die Runde und bemerkte dabei einen Mann, der sich an dem bereits gespannten Seil zu schaffen machen schien, und der floh, als er näherkam.

»Was hast du dort gemacht?«

»Nichts, ich habe es angesehen ...«

»Was?«

»Die Einrichtung.«

Julien Saqui stieg auf den Seilbock, ohne das Individuum loszulassen, und zwang es, ihm zu folgen; er überprüfte die Punkte, an denen das Seil befestigt war, und entdeckte, daß es angefeilt war. Nach sehr kurzer Zeit mußte es nachgeben, nachdem es durch die ersten Erschütterungen, denen es ausgesetzt worden wäre, ins Vibrieren gekommen wäre.

»Unglücklicher«, sagte er in großer Bewegung. »Wer hat dich dafür bezahlt?«

Der Mann kam ganz durcheinander und versuchte ungeschickte Ausflüchte.

»Du sollst mir die Wahrheit sagen«, nahm Julien die Rede wieder auf, »oder ich töte dich!«

»Na gut, es stimmt, ich habe dieses gemeine Geschäft nicht zu meinem eigenen Vergnügen betrieben. Man hat es bei mir bestellt.«

»Wer?«

»Alles ist verloren, ich möchte Ihnen so gerne alles erzählen.«

»Es gibt für dich kaum ein anderes Mittel, dein Leben zu retten. Folge mir! Ich will keinen Skandal.«

Julien Saqui stieß den Unglücklichen in einen Schuppen, wo er ihn befragte, und keuchend vor Angst erfuhr er nach und nach die Wahrheit. Es ging nicht um eine schuldhafte Mißgunst. Das Abenteuer war romantisch. Eine Zimmerfrau hatte das Individuum gefunden, ohne ihre Herrin zu nennen, hatte bei ihm den perversen Auftrag bestellt, bei dessen Ausführung er überrascht worden war, hatte ihm Geld gegeben, schuldete ihm aber noch die wesentlich höhere Summe nach dem von ihm provozierten Unfall ... Diesen Unfall sollte er am Abend selbst um zehn Uhr melden, und er sollte sich dazu vor der Fontaine von Palmier einfinden mit der Vermittlerin, die ihre Summe erhalten hatte ... Mehr wußte er davon nicht. Um sich zu verteidigen, versicherte er ziemlich glaubwürdig, daß die Idee eines Verbrechens ihm nicht in den Sinn gekommen sei, daß er glaube, daß die Tänzerin keine große Gefahr gelaufen wäre.

Julien Saqui schloß ihn ein in dem Schuppen, nachdem er einen sicheren Mann, einen Angestellten aus seiner Truppe, gerufen hatte, die Tür zu hüten.

Er beeilte sich, das Seil auswechseln zu lassen, indem er lediglich Vorsichtsmaßregeln vorschob, dann, nachdem die Vorstellung seiner Frau beendet war, warf er sich mit heftig klopfendem Herzen in einen Fiaker, völlig außer sich, daß er in ein solches Drama geworfen wurde, und im Vorgefühl einer schmerzlichen Entdeckung, und ließ sich zum Eingang des Pontau-Change fahren, wo er ausstieg, zu Fuß bis zur Fontaine ging, die zu dieser Zeit neu war und gerade den Siegen der französischen Armee geweiht worden war. Das Denkmal war damals sehr isoliert und von weit entfernt stehenden Straßenlaternen nur sehr schwach erleuchtet.

Eine Frau, die nervös hin und her ging, wartete dort.

Julien Saqui, der sich auf den Weg gemacht hatte mit einer Entscheidungskraft, wie sie gelegentlich Furchtsamen eigen ist, hatte seinen Plan. Er ging brüsk auf sie zu, allerdings nicht ohne vorher Zeit gehabt zu haben, sich der eleganten und feinen Umhüllung der unruhigen Spaziergängerin bewußt geworden zu sein. Er sagte ganz einfach mit einer brutalen Stimme:

»Es ist getan!«

»Ah!« rief sie aus, von einem heftigen Zittern geschüttelt, das bestätigte, daß gut und gerne sie es war, die unmittelbar interessiert war an der Nachricht, trotz der Rolle der Vertrauten, die sie spielte.

Sie fügte hinzu:

»Ist sie zu Tode gekommen?«

Plötzlich erkannte sie, daß der Mann, der zu ihr sprach, nicht derjenige war, den sie mit der verabscheuungswürdigen Aufgabe betraut hatte. Entsetzt entfloh sie so schnell, daß Julien, einen Moment völlig überrascht, zurückblieb. Dennoch machte er sich schnell an ihre Verfolgung, wobei er nur einen Schatten sah, der in der Nacht verschwand. Im Laufen stieß er sich an einem Haufen Steine und fiel, wodurch er wertvolle Sekunden verlor.

Er nahm seinen Lauf wieder auf, aber das mysteriöse Wesen hatte einen Vorsprung gewonnen und schon das andere Ufer der Brücke erreicht. Dort erwartete sie ein Wagen, in den sie sich hineinwarf und der in wilder Jagd davonfuhr. Julien Saqui versuchte noch, sie zu erreichen, aber er hatte sie bald aus dem Blick verloren.

Alles bekam für ihn jetzt klare Konturen. Diese Frau selbst war es, die das Attentat angezettelt hatte, dem Madame Saqui nur durch Zufall entgangen war. Mit welchem Ziel? Er erriet nur zu leicht, daß sicher Leidenschaft im Spiel war, daß ein Mann, der heftig geliebt wurde, sie verraten hatte, und sie hatte nicht gezögert, sich einer Rivalin zu entledigen. Madame Saqui war also die Geliebte dieses Mannes, den die Verlassene ihr bis zum Verbrechen streitig machte, die offensichtlich, so wie er es hatte beurteilen können, einer höheren Klasse angehörte. Diese Verquickung von Tatsachen erschien ihm von einer entmutigenden Präzision, die für den armen Gatten sehr schmerzvoll war.

Er kehrte zurück nach Vaux-Hall, befragte seinen Gefangenen erneut, ohne mehr aus ihm herauszubekommen, und beschloß, ihn festnehmen zu lassen.

Am nächsten Morgen fand sich Julien Saqui beim Polizeipräfekten Monsieur Dubois ein und vertraute sich ihm an. Monsieur Dubois war ein kleiner, sehr gewöhnlich aussehender Mann, der überströmte von trivialen Späßen, die gerissene Physiognomie eines anrüchigen Staatsanwaltes des Ancien Regime hatte und dessen zweifelhaftes Jabot voller Tabakflecke war. Er schien sich sehr wenig um die Eleganz in seinem Auftreten zu sorgen, und er strahlte eine gewisse Bonhomie aus. Aber ein Bonhomme war er ganz und gar nicht. Er war zu seinen Funktionen gekommen, indem er sich für alle möglichen Geschäfte bereitgefunden hatte, und würde sich dort kaum gehalten haben außer durch seinen besonderen Haß auf Fouché. In diesem Moment war das eine Auszeichnung in den Augen des Kaisers. Übrigens war ihm schon Meldung gemacht worden, und er kannte sein Metier gut; er war Polizist mit Leib und Seele und ausgerüstet mit allen Geheimnissen von Paris – vor allem dann, wenn es sich für ihn lohnte, sie zu kennen.

Das Abenteuer interessierte ihn; er hörte mit jovialer Miene zu, wobei er häufig aus seiner Tabaksdose schnupfte.

»Alles in allem, mein lieber Monsieur«, sagte er, »Ihre Schlußfolgerungen sind ziemlich richtig ... ja, tatsächlich, sie sind überhaupt nicht schlecht deduziert ... Die Rache einer verlassenen Geliebten, die aufgebracht ist gegen diejenige, die sie ersetzt hat, bis zur Idee eines Mordes ... das ist es sicherlich. Und was wir jetzt erfahren müssen, das ist der Name des Verführers, dessen Existenz uns so offenbart wird, denn selbstverständlich wußten Sie nichts davon. Werden Sie denn damit viel weiterkommen?«

»Glauben Sie, daß ich das ertragen könnte?«

»Na, na ... Nun mal Ruhe bewahren! Was wollen Sie, Monsieur Saqui, Ihre Frau ist charmant, sie steht sehr stark im Mittelpunkt ... Sie ist einfach dafür geschaffen, die Köpfe zu verdrehen ... Man muß auch ein bißchen Philosophie haben ... Wenn man ein ruhiges Eheleben führen will, dann muß man eine kleine Bürgersfrau heiraten ... Na, was wollen Sie noch?«

Monsieur Dubois betrachtete Julien Saqui mit einem ein bißchen ironischen Mitleid.

»Ziehen Sie sich zurück, mein lieber Monsieur, ich werde unterdessen den Mann befragen, den wir eingesperrt haben, und«, fügte er mit einer ausladenden und vulgären Geste hinzu, »ich werde ihm die Würmer aus der Nase ziehen.«

»Wann soll ich wiederkommen?«

»Oh! Unangenehmes erfährt man immer früh genug.«

Die Befragung durch Monsieur Dubois war schnell erledigt. Sie enthüllte ihm sehr bald die Hintergründe dieses kriminellen Versuches, so wie er sie vorausgefühlt hatte. Namen waren darin verquickt, die zu dieser Zeit unmöglich in einen Skandal verwikkelt werden durften. Ein russischer Offizier in offizieller Mission war der Held, und die junge Frau, die in einer Art von Wutanfall versucht hatte, unerbittliche Rache an der Seiltänzerin zu nehmen, war von einem Rang, der das Publikwerden ihrer leidenschaftlichen Reizbarkeit verhindern mußte. Die Affäre wurde erstickt. Monsieur Dubois, der darin ein persönliches Interesse fand oder der anderen Befehlen gehorchte, hatte schon ganz andere Skandale vertuscht!

Madame Saqui bekam den Rat, Paris für einige Zeit zu verlassen; dieser Aufbruch wurde übrigens ohnehin nötig. Ihre Liaison hatte Folgen, die grob gesehen schlicht und ergreifend durch die Natur bestimmt waren. Einige Monate später brachte sie ein Mädchen zur Welt, dessen sich der Vater annahm und das, ausgestattet mit einem der unregelmäßigsten Familienstände, eines Tages Prinzessin von Rußland werden sollte. Sie war somit legitime Mutter eines Kindes, dessen Schicksal mit diesem Ursprung eigenartig war, denn es trug einen Namen, den die politischen Umstände in Frankreich hatten groß werden lassen.

Madame Saqui trat wieder auf zur Hochzeitsfeier von Marie-Louise, munter, brillant, um so mehr beklatscht, als ihre mysteriöse Abwesenheit dem Publikum lang vorgekommen war. Die Schwestern von Napoleon luden sie zu den Festen ein, die sie gaben, Caroline ins Elysée, Pauline nach Neuilly. Napoleon selbst, der sich das von Pauline erstellte Programm vorlegen ließ, setzte die »Signora« Saqui darauf, wie er sie nannte, wobei er plötzlich die Béarnerin in eine Italienerin umwandelte. Er war in einer Stimmung von Raffinements und Galanterie; er wollte, daß die furchtlose Tänzerin in schwindelnde Höhen stieg, um das Feuer an die Feuerwerkskörper zu legen, die in dieser Nacht den Namenszug der Kaiserin an den Himmel schreiben sollten.

Dem Willen des Herrn wurde entsprochen, und in den Gärten von Neuilly, am Ufer des Wassers, zeigte die »Signora« Saqui, vor einer illustren Versammlung, die sich gerade im Konzert und bei den Theateraufführungen gelangweilt hatte, eine unerhörte

Kühnheit, die das Elitepublikum aus seiner Erstarrung aufweckte, ein Publikum, was bei den offiziellen Vergnügungen blasiert blieb − trotz der Großartigkeit und Ausgaben, die dieses Fest verursachte, das von keinem anderen übertroffen wurde und mit dem sich zufrieden zu zeigen sogar Napoleon sich herabließ.

Zehn Tage später erhielt Madame Saqui bei einem Fest, was vom Marschall Bessières und der kaiserlichen Garde auf dem Marsfeld für den Kaiser und die Kaiserin gegeben wurde, die phantastischen und furchteinflößenden Ovationen von dreitausend Menschen. Garnerin hatte einen schönen Aufstieg vorbereitet; François und seine Truppe boten Reiterstücke; als Akrobaten dachten sich Bassin und Lagoutte ihre spaßigsten Tricks aus; eine Pantomime zeigte Diogenes, »der einen Menschen sucht«, und unter dem Beifall der Zuschauer enthüllte man die Büste von Napoleon − das war eine der geringsten Schmeicheleien, die für den Kaiser bestimmt waren. Doch Madame Saqui im silbernen Harnisch, den sie sich selbst ausgesucht hatte, war es, die den Triumph davontrug.

Zwei Jahre später, 1812, ärgerte sich Madame Saqui über den Kaiser.

Sie war in dieser Zeit viel auf Tournee. Sie reiste mit ansehnlichem Gefolge, begleitet von Herolden in Türkentracht, die in den Städten die Neuigkeit von der Ankunft der »ersten Seiltänzerin Seiner Majestät, Kaisers und Königs« bekanntmachten. Sie brauchte für ihr Renommee einen pompösen Apparat, in dem sie sich gefiel wie eine Herrscherin.

Während man die Arena aufbaute, in der sie auftreten sollte, ließ sie sich in kleinem Trott von zwei schönen weißen Pferden in einer Karosse herumfahren, die vielleicht mit etwas zu schreienden Farben geschmückt war, wobei sie die sie bewundernden Neugierigen herablassend grüßte. Sie hatte Geschmack an Inszenierungen gefunden bis hin zu einer gewissen Abgeschmacktheit. Als Prinzipalin und Star der Truppe pflegte sie ihren Ruhm. Vor ihr spielten zwei Reiter Triumphmärsche … Ja, mein Gott! Trotz aller Unterschiedlichkeit ihrer Mittel haben Künstler noch niemals Geschmack an Zurückhaltung bewiesen.

Eines Tages kündigte sie ein neues Bravourstück an, um die Gemüter des Volkes zu frappieren. Auf ihre schöne Galaequi-

Madame Saqui als Directrice ihres Spectacle-Acrobate

page ließ sie kühn den kaiserlichen Adler malen. Und so war es dann wie ein offizielles Siegel, was sie sich gab, nach eigener Inspiration. Es ist schwer, sich auf dem Weg der Eitelkeit zu bremsen.

In einigen Städten beschränkte man sich darauf, sie zu bewundern. Aber in Agen ärgerte sich der Präfekt und entrüstete sich heftig, denn er fand, daß diese Kühnheit ein bißchen zu weit ging. Er ließ schlicht und einfach ihren Wagen beschlagnahmen, untersagte die Vorstellung von Madame Saqui, hielt sie fest zu seiner Verfügung in dem Hotel, in dem sie abgestiegen war, und schickte einen Rapport nach Paris.

Die Antwort aus Paris bestätigte die ersten harten Maßnah-

men, die er getroffen hatte, und die Tournee mußte unterbrochen werden. Madame Saqui ärgerte sich, obwohl sie gezwungen
war nachzugeben. Sie war in ihrer Eigenliebe ziemlich hart getroffen, und alte Erinnerungen an die kaiserliche Fürsorge ließen
ihr die Maßnahmen ganz besonders hart erscheinen. Von diesem
Tage an machte ihre Hingabe für Napoleon einem stummen
Groll gegen ihn Platz. Sie »bestrafte« ihn, indem sie seine Epo-
pöe auf dem Seil nicht mehr in leuchtendsten Farben darstellte.
Sie gestaltete idyllische Themen oder Genrebilder, stellte die
Jagd der Diana dar, ein Dorffest (ganz allein) und mit Hilfe eines
kleinen, als Amor verkleideten Saqui die Toilette der Venus; und
diese mythologischen Szenen gingen nicht weniger gut, kraft der
Gewohnheit und ohne daß darüber jemand in Verwunderung geriet inmitten des Lärms und der Blitze der Feuerwerkskörper.
Der Kaiser, der schon reichlich Feinde hatte, besaß nun einen
mehr; sicher ist aber auch ebenso wahr, daß er in diesem Jahr
durch den unheilvollen Feldzug nach Rußland nicht viel Muße
hatte, sich angesichts dieser Feindschaft zu beunruhigen.

Madame Saqui büßte übrigens nichts ein an der Gunst des
Publikums, das ihr treublieb, und das sie immer wieder in Erstaunen setzte.

Blondin

Der Held der Niagarafälle

Erzählt von G. Linnäus Banks

Jean François Gravelet wurde am 24. Februar 1824 in Hesdin, Pas de Calais, geboren. Sein Vater war einer der Kriegsveteranen Napoleons, mit dem Kreuz der Ehrenlegion ausgezeichnet, und er starb, als der Sohn noch ein Kind war, an den Spätfolgen der auf den Feldzügen erlittenen Verwundungen.

Als Jean François etwa fünf Jahre alt war, gastierte eine Akrobatentruppe in seiner Heimatstadt, und der Junge war insbesondere von den Künsten eines Seiltänzers fasziniert. Unermüdlich versuchte er, dessen Tricks nachzuahmen. Als die Eltern seine Begabung und sein ernsthaftes Interesse an der Akrobatik erkannten, gaben sie ihn in die Obhut des Leiters der Gymnastikschule von Lyon, der als Trainer junger Kunstreiter und Seiltänzer einen guten Ruf hatte. Der junge Gravelet war ein so eifriger Schüler, daß er bereits nach sechs Monaten seinen ersten öffentlichen Auftritt hatte – mit dem Erfolg, daß sein Name als vielversprechendes Talent unter den Artisten Frankreichs bald bekannt war.

Als er mit neun Jahren Waise wurde, konzentrierte er sich auf die Akrobatik, insbesondere den Seiltanz, und es gab keinen Zweifel für ihn, daß er professioneller Artist werden würde. Nach seinem Lehrer Jean Ravel Blondin nannte er sich nun Blondin. Sein Ruf gelangte auch zu der Familie Ravel, einer berühmten französischen Kunstreiter- und Akrobatentruppe, die ihm anbot, mit ihnen 1851 auf USA-Tournee zu gehen. Er brillierte in allen akrobatischen Fächern und wurde der Star der Truppe. Nach acht Jahren trennte er sich von den Ravels und beschloß, eine Karriere als Soloartist zu beginnen. Zum Auftakt suchte er nach einem sensationellen Trick und verfiel auf die Idee, die Niagarafälle auf einem Seil zu überqueren. Am 30. Juni 1859 fand diese berühmt gewordene Überquerung statt. Spätere Quellen besagen, daß er nicht die ca. 300 m breiten Fälle, sondern den 150 m breiten Strom unterhalb der Fälle überquert habe. Er wiederholte diesen Auftritt mehrmals und steigerte dabei die Schwierigkeitsgrade der vorgeführten Tricks. So lief er mit verbundenen Augen, auf Stelzen und trug einen Mann auf den Schultern. (Dieses Ereignis wurde von dem peruanischen Dramatiker Alonso Alegria 1968 in seinem Stück »Die Überquerung des Niagara-Falls« gestaltet.)

Es folgte eine USA-Tournee, wobei er besonderen Erfolg in dem Vergnügungspark Jones' Wood bei New York hatte. Danach ging er nach England, wo ihm sein Manager Auftritte im berühmten Londoner Kristallpalast organisierte. Zwei Jahre nach seiner spektakulären Überquerung der Niagarafälle hatte er nun sein umjubeltes Debüt in England und wiederholte seine amerikanischen Erfolge. In London stellte er auch seine artistische Vielseitigkeit unter Beweis: Neben großartigen Leistungen auf dem Hochseil und dem niedrigen Tanzseil trat er in einer Weihnachtspantomime »Das Kind vom Wrack« als Affe auf und demonstrierte so seine akrobatischen Fähigkeiten.

Blondin war nur 1,52 m groß und 52 kg schwer, aber in bester physischer und psychischer Verfassung, als er seine Glanzleistungen zeigte. Er besaß großes Selbstvertrauen, Sicherheit und Kaltblütigkeit, die ihm halfen, auch schwierige Situationen zu meistern. In England war er zu seiner Zeit auch der bestbezahlte Künstler: Mit 11000 Pfund für eine Saison übertraf er sogar die Gagen des berühmten Schauspielers David Garrick.

Nach der Londoner Weltausstellung von 1862, wo er wiederum im Kristallpalast verpflichtet war, ging er auf eine Europatournee. 1867 überquerte er in Paris die Seine, und er fuhr im Palais de l'Industrie mit dem Fahrrad übers Seil. 1875 sorgte er wiederum für Schlagzeilen mit einer Sensation besonderer Art: Auf dem Ozeandampfer »Poonah« spannte er sein 135 m langes Seil zwischen den beiden Masten, und trotz des Rollens und Schlingerns bewältigte er den Lauf, wobei er mehrmals unterbrechen und sich setzen mußte.

Auch nachdem er sich in seine Niagara House genannte Villa in Ealing zurückgezogen hatte, übte er täglich auf einem im Garten gespannten Seil, um »in Form zu bleiben«.

Blondin starb am 22. Februar 1897 in Liverpool.

Auf dem Seil über die Niagarafälle

Nachdem Blondin den Entschluß gefaßt hatte, als Sensationstrick die Überquerung der Niagarafälle zu versuchen, sprach er vorerst mit niemand über diese Idee. Eines Morgens machte er sich auf, die Fälle in Augenschein zu nehmen und zu prüfen, ob es überhaupt möglich sei, von einem Ufer zum anderen ein Seil zu ziehen, das ihm als Brücke dienen könne. Er konnte sowieso noch nicht ans Werk gehen, denn der Winter stand bevor, und selbst wenn es gelang, das Seil zu spannen, würden der Frost, der Nebel und der Gischt, der vom Wasser aufstieg, das Seil zur Eisbahn und brüchig wie Glas werden lassen. Er mußte also seinen Plan noch bis zum Frühjahr aufschieben und so lange auf den bis dahin geernteten Lorbeeren ausruhen.

Der Frühling des Jahres 1859 kam zur gebührenden Zeit, und Blondin traf ebenso pünktlich in dem kleinen Ort bei den Fällen ein, mietete ein Appartement in dem Hotel, in welchem die wohlhabenden Besucher abstiegen, gab sein Vorhaben bekannt und begann mit den Vorbereitungen zu dem Spektakel. Wie erwartet, hielt ihn jeder zweite der Besucher, die in hellen Scharen den Ort bevölkerten, für völlig verrückt. Es ist sehr wahrscheinlich, daß – lägen die Niagarafälle in England statt in Amerika – entweder die Regierung aufgefordert worden wäre, diesem Unsinn ein Ende zu bereiten, oder daß eine Kommission von Ärzten ihn hinter die sicheren Mauern eines Irrenhauses verbracht hätte. Zum Glück für Blondin sind die amerikanischen Behörden wegen solcher Lappalien weniger empfindlich. Es gibt keine gesetzlichen Vorschriften oder Bedürfnisse, einem Bürger vorzuschreiben, nach welcher Fasson er mit seinem Leben umzugehen hat. Das gilt als eines der glorreichen Privilegien eines amerikanischen Bürgers, und der tapfere kleine Franzose, der sich zu dieser Zeit mit jenen Ideen bereits vertraut gemacht hatte, zog ohne Gewissensbisse daraus seine Vorteile. Er nahm sein Vorhaben ohne amtliche Belästigungen in Angriff, das Hanfseil wurde gespannt und erstreckte sich bald in seiner ganzen beträchtlichen Länge über den Fluß. Auf der einen Seite des Ufers betrug seine Höhe über dem Wasser 48 m, auf der anderen 52 m.

Es ist schwierig, jemandem, der die Niagarafälle nie gesehen hat und nur die simplen Größenangaben aus den Büchern kennt, eine wirkliche Vorstellung von diesem großartigen und gleichzeitig schreckenerregenden Naturwunder zu vermitteln. So läßt sich auch schwer erklären, auf welche Probleme Blondin bei der Realisierung seines Projekts stieß. Zur Erinnerung sei angemerkt, daß die Fälle zwischen dem Eriesee im US-Staat Pennsylvania und dem kanadischen Ontariosee liegen und in der Mitte durch eine kleine Insel geteilt werden. Der Fall auf der kanadischen Seite, Hufeisenfall genannt, ist halbkreisförmig und 183 m lang, der auf der amerikanischen Seite 107 m. Die senkrechte Höhe beträgt 48 m, und die Dunstwolken können fast 50 km weit gesehen werden. Jeder Besucher der Niagarafälle bedauert es, daß es unmöglich ist, den Eindruck, den der ungeheure Lärm, der Gischt und die herabstürzenden Wassermassen machen, in Worte zu fassen.

Blondin mußte mit seinem schwankenden Pfad hoch über den Fällen eine Entfernung von 335 m überbrücken. Der 30. Juni 1859 sollte der historische Tag sein, an dem erstmals ein menschliches Wesen die Verwegenheit besaß, einen »kochenden Katarakt« zu überqueren. Zu den besonderen Schwierigkeiten gehörten die Unsicherheit der Befestigungen des Seils, die Unerfahrenheit der Assistenten und die Unmöglichkeit, im Falle einer Gefahr oder eines Unfalls die geringste Hilfe zu leisten. Ein Fehltritt bedeutete unweigerlich den Tod.

Am Tage des großen Ereignisses hatte sich eine riesige Menschenmenge versammelt. Kanadische Dampfer brachten Schaulustige aus Toronto und von sonstwoher, und die Eisenbahnwagen aus Buffalo waren mit erwartungsvollen Neugierigen überfüllt. Insgesamt hatten sich über 25 000 Personen aller Altersstufen, sozialen Schichten und Professionen eingefunden. Hausdächer, Fenster und eilig errichtete Gerüste waren ebenso dicht belegt wie geeignet erscheinende Bodenflächen. Viele Besucher wetteten beträchtliche Geldsummen auf den Ausgang des Unternehmens. Natürlich war auch die Brücke über die Fälle gedrängt voll von Menschen, ebenso wie die eingezäunten Flächen an beiden Enden des Seils. Kurz, die gesamte Szene des Ereignisses war interessant und aufregend, und Monsieur Blondin konnte wirklich stolz sein auf die Aufmerksamkeit, die seinem

Jean François Gravelet-Blondin

Mut und seiner Unerschrockenheit gezollt wurde. Als er sich den Zuschauern zeigte, einfach und praktisch gekleidet, richteten sich alle Augen gespannt auf ihn, und er wurde mit tosendem Beifall und Hochrufen gefeiert, die bis zur Beendigung seines Abenteuers immer wieder die Luft erschütterten.

Nachdem er nochmals einige Halteseile überprüft hatte, griff Blondin seine Balancierstange, betrat ruhig das Seil und begann seinen Marsch hinüber nach Kanada. Als er auf die Mitte des Seils zukam, setzte er sich mit unerschütterlicher Ruhe hin und betrachtete die Szenerie rings um sich. Dann stand er wieder auf und nahm weiter seinen Weg zur anderen Küste, stoppte erneut, legte sich einen Moment in voller Länge rücklings aufs Seil, drehte eine Rückwärtsrolle, kam wieder auf die Füße und schritt dann ohne Unterbrechung zum Ende des Seils. Er hatte insgesamt nur fünf Minuten für die Überquerung gebraucht. Bei seiner Ankunft wurde er mit lauten Hochrufen empfangen, während die Kapelle die »Marseillaise« intonierte. Nach einer Pause von zwanzig Minuten machte er sich auf den Rückweg. Diesmal trug er einen Fotoapparat auf dem Rücken. Etwa 60 m von der Küste entfernt band er seine Balancierstange ans Seil, enthüllte seine Last, baute den Apparat vor sich auf und machte einige Aufnahmen von der Küste und den Zuschauern. Als das zu seiner Zufriedenheit erledigt war, schulterte er den Apparat wieder, band seine Balancierstange ab und schritt rückwärts zu seinem Ausgangspunkt. Minuten später sah man den Artisten wieder auf dem Seil in Richtung Amerika gehen, diesmal einen schweren Stuhl mit sich führend. Nach ungefähr einem Drittel der Strecke stellte er den Stuhl auf das Seil, setzte sich darauf, und mit übereinandergeschlagenen Beinen betrachtete er wiederum die Gegend voll offensichtlicher Unbekümmertheit. Er balancierte dann den Stuhl auf zwei Beinen, und in der Nähe der amerikanischen Küste stellte er sich sogar auf den Stuhl. Während dieser einfach unglaublichen Wagnisse hielten die Zuschauer den Atem an, und einige fielen in Ohnmacht. Als Blondin schließlich wieder amerikanischen Boden betrat, schien er kaum ermüdet. Die ganze Vorstellung hatte insgesamt etwa eine Stunde gedauert. Er wurde enthusiastisch gefeiert, und viele Zuschauer drängten sich heran, um ihm die Hand schütteln zu können.

Blondin trägt einen Mann auf dem Seil über die Niagarafälle

Während die Nachricht von diesem Abenteuer um die Welt ging, gab Blondin vor einem noch größeren und begeistererem Publikum weitere Proben seines unvergleichlichen Mutes, denn es war eine seiner Bestrebungen, das Interesse an seiner Person durch immer neue Wagnisse wachzuhalten. Am 4. Juli desselben Jahres überquerte er die Niagarafälle mit verbundenen Augen, einen schweren Sack aus dichten Decken über sich gestülpt. Zwölf Tage später schob er einen Schubkarren übers Seil, mit dem er viele ungewöhnliche Tricks vollführte. Am 5. und am 19. August schritt er wieder über das Seil – jedesmal vor einer riesigen Menschenmenge –, doch nun trug er einen Mann auf dem Rücken, eine unglaubliche Leistung. Als er die lebende Last übers Seil schleppte, gab er ein paarmal vor abzurutschen, und diese wirklich gewagten Experimente verursachten bei den weniger stark besaiteten Zuschauern jedesmal einen ungeheuren Schrecken, der sich in Ohnmachtsanfällen und schrillen Schreien äußerte.

Um ihre unzweideutige Anerkennung dieser neuen kühnen Leistung auszudrücken, ehrten ihn die Bürger von Niagara mit einer wertvollen Goldmedaille, die folgende Inschrift trug: »Für Monsieur J. F. Blondin von den Einwohnern von Niagara in Wertschätzung für das nie vor ihm vollbrachte Kunststück, einen Mann auf dem Rücken über das Seil über die Niagarafälle zu tragen, wie er es am 19. August 1859 vollbrachte.«

Einen Spazierstock mit massivem Goldknauf, eine wunderbare Handwerksarbeit, verliehen ihm führende Vertreter der New Yorker Presse. Ein schönes Geschenk machten ihm auch die jungen Indianerfrauen von Niagara.

Am 27. August wiederholte Blondin seine Vorstellung den Ankündigungen entsprechend in schweren Fesseln, die ihn von Kopf bis Fuß banden, und am Abend des 2. September fügte er seinen halsbrecherischen Tricks noch jenen hinzu, daß er in der Mitte des Seils auf dem Kopf stand, während sich rings um ihn ein prächtiges Feuerwerk entzündete.

Das war seine letzte Niagaraüberquerung im Jahre 1859. Während des folgenden Jahres, nach einer Reihe von aufsehenerregenden Auftritten in verschiedenen Teilen der USA – so wollte er bei einer Gelegenheit den korpulenten Sänger Amodio von der Cortesi Opera Company über ein von der Bühne zur Galerie gespanntes Seil tragen, und Amodio war dazu durchaus bereit, doch der Theaterpächter Mr. Nixon erhob Einspruch, dagegen gelang es Blondin, im Troy Theatre auf einem ähnlich gespannten Seil den populären Komödianten T.G.Riggs und danach den bekannten Captain Lum-Smith auf den Schultern zu tragen –, überquerte Blondin die Niagarafälle noch viele Male und produzierte sich dabei mit neuen Tricks, bei denen seinen Zuschauern buchstäblich die Haare zu Berge standen. Seine letzte Vorstellung an diesem denkwürdigen Ort gab er vor Seiner Königlichen Hoheit, dem Prinzen von Wales, und seinem Gefolge am 14.September 1860. Zu diesem Ereignis hatte sich wieder eine unüberschaubare Menschenmenge eingefunden, wobei Tausende aus einer Entfernung von mehr als zweihundert Meilen[1] kamen. Die kanadische Great Western Railroad Company und die New York Central Railroad Company brachten mit Sonderzügen aus verschiedenen Richtungen erwartungsvolle und begierige Zuschauer. An diesem Tag setzte Blondin allen bisherigen Kunststücken die Krone auf.

Der Prinz und sein Gefolge kamen zu Pferd um vier Uhr an, der Zeitpunkt, zu dem Seine Königliche Hoheit die Vorstellung gewünscht hatte, und sie nahmen auf einer rustikalen Tribüne Platz, die von der französischen Flagge gekrönt wurde. Nachdem Blondin seine bekannten Tricks vorgeführt hatte – Kopfstand, das Übertragen eines Mannes, Salti, das vorgebliche Straucheln, womit er die Hälfte aller Zuschauer völlig aus der Fassung brachte –, wandte er sich an den Prinzen mit der Ankündigung, er wolle ihm zu Ehren etwas vollbringen, was noch nie in der Öffentlichkeit vorgeführt wurde: das Seil auf Stelzen überqueren. Der Prinz wehrte ab und erklärte, daß er mit den bisherigen Kunststücken vollauf zufrieden sei und nicht wünsche, daß sich der Artist um seinetwillen in noch größere Gefahr begebe, aber Blondin bestand darauf. Schließlich bot er in vollendeter Höflichkeit an, Seine Königliche Hoheit hinüberzutragen, und wäre es nicht um des Herzogs von Newcastle willen gewesen, so könnte man nicht sagen, ob der Prinz nicht zugestimmt hätte.

[1] entspricht 320 km – d. Übers.

Erschwerte Bedingungen bei der Niagara-Überquerung

Schließlich erhob sich Blondin auf die Stelzen und begann seinen gefahrvollen Weg auf dem Seil. Es war ein ausgesprochen schwieriger Trick und für alle Zuschauer eine atemberaubende Sensation. Als er glücklich am Ufer angelangt war, unterhielten sich der Prinz und andere seines Hofstaats lange in französischer Sprache mit dem Artisten, sie machten ihm viele Komplimente und fragten ihn auch nach seinen Gefühlen, als er auf den Stelzen über das schwankende Seil balancierte. Als der Prinz schließlich den Schauplatz verließ, sagte er »Gottseidank, alles ist glücklich vorüber!« Um Blondin seine Bewunderung auszudrücken, sandte der Prinz ihm einen Scheck über eine beachtliche Summe mit einem Begleitschreiben, welches erklärte, »daß Seine Königliche Hoheit mit viel Interesse die bemerkenswerten Vorführungen von Mut und Geschicklichkeit, die Monsieur Blondin am Vortag gezeigt hat, verfolgt hat.«

Ein neues Abenteuer

Infolge der Berühmtheit, die Blondin durch sein Niagarafälle-Abenteuer in den gesamten Vereinigten Staaten erlangte, wuchs ein allgemeines Verlangen danach, Augenzeuge seiner Kunststücke zu werden. Doch da er nicht gut die Fälle mit auf Tournee nehmen konnte, so wie ein Zirkus oder eine andere Show einen Riesenelefanten oder eine dressierte Giraffe mit sich führte, war er gezwungen, andere Gelegenheiten zu Sensationstricks ausfindig zu machen. Er suchte in verschiedenen Teilen des Landes nach gefährlichen Stellen, die für seine Vorführungen geeignet erschienen. Unter anderen berühmten Plätzen warf er ein Auge auf Jones' Wood, eine Art romantisches, wildes Vauxhall oder Cremorne[1], das am Ufer des Hudson in der Nähe New Yorks gelegen war. Dieser Ort wurde für längere Zeit die Bühne seiner aufregenden Heldentaten. An einem bestimmten Tag jeder Woche wurde das Seil von einem stattlichen Mast in Jones' Wood zur gegenüberliegenden Insel gespannt, hoch genug über den vorüberfahrenden Schiffen. In der Presse jener Zeit sind die vielen Auftritte und unerwarteten Zwischenfälle bei den Vorstellungen getreulich berichtet, und sie vermitteln ein lebendiges Bild von jenen Ereignissen.

Neben den Vorstellungen des kühnen Franzosen gab es ständig eine ganze Anzahl anderer Vergnügungen, Sideshows[2] und Wohltätigkeitsveranstaltungen, wie sie sich unweigerlich dort einfinden, wo sich große Menschenmengen versammeln. Entlang der Straße nach Jones' Wood saßen geduldig die zahllosen Krüppel, die aus ihrem Unglück ein wenig Geld zu machen suchten, indem sie die Stümpfe ihrer amputierten Beine oder Arme vorzeigten und versuchten, irgend etwas zum Kauf anzubieten, um der Beschuldigung und Verfolgung wegen offener Bettelei zu entgehen. Da waren auch jene unbeschreiblichen, phantastisch

---

[1] Vauxhall, ein Teil des Londoner Stadtviertels Lambeth, war von der Mitte des 18. Jh. bis etwa 1830 ein berühmter Vergnügungsort. Nach ihm wurden ähnliche Anlagen in anderen Städten, beispielsweise in Paris, ebenso benannt. Cremorne ist ebenfalls ein englischer Vergnügungsort. – d. Hrsg.

[2] Sideshows waren Ausstellungen ungewöhnlicher Objekte, menschlicher und tierlicher Abnormitäten, boten aber auch Auftritte von Artisten. – d. Hrsg.

gekleideten alten Apfelweiber, Kuchenhausierer, Spieler, die Wurfbuden, Wachsfigurenkabinette, Menagerien und Pantomimeshows, Boxkampf- und Bierbuden, Kraftmesser, Lungentester, blinde Dudelsackspieler und verkrümmte Fiedler, melancholische Akkordeonspieler, ausgelassene Farbige, die zum »tam tam« der Kastagnetten und Banjos umherwirbelten, und jene Menge anderer Spektakel, die alle aufzuzählen unmöglich ist. Die große Anzahl von Bier- und Gingerbuden dagegen war ein Stein des Anstoßes für alle jene, die als Abstinenzler dieses Laster verabscheuten und bekämpften.

Das alles spielte sich jedoch nur am Rande ab. Das Hauptinteresse richtete sich auf den Auftritt des berühmten Seiltänzers, und der wurde mit einer Mischung von Erwartung und Zweifel diskutiert, die anzeigte, wie trotz des überragenden Rufes dieses Artisten die Leute geneigt waren, seinen Fähigkeiten, die angekündigten Tricks wirklich zu zeigen, zu mißtrauen. Wer eine solche Vorstellung noch nie gesehen hatte, war zu Recht voller Staunen und Zweifel. Über den Köpfen der Menge war das nahezu vierhundert Meter lange Seil gespannt, in einer Höhe, die das Hanfseil wie einen gewöhnlichen Strick für den Hausgebrauch erscheinen ließ. Darauf riskierte ein Mensch sein Leben bei der Vorführung von akrobatischen Kunststücken, die ein normaler Sterblicher auf der festen Erde kaum auszuführen imstande war. Das Seil war tatsächlich in einer Höhe von etwa sechzig Metern über dem Erdboden an den beiden Masten befestigt, und es hing infolge seiner Länge so durch, daß der Artist die erste Strecke praktisch bergab lief und nach der Mitte eine solche Steigung zu bewältigen hatte, daß sich sein Körper in einem Winkel nach vorn beugen mußte.

Die Vorstellung war für drei Uhr angekündigt, aber infolge der mangelhaften Befestigung des Seils mußte Monsieur Blondin alles noch einmal überprüfen und korrigieren, so daß er diesmal nicht mit seiner gewohnten Pünktlichkeit beginnen konnte. Um die Ungeduld der Zuschauer zu besänftigen, zeigte er sich ihnen. So verging die Zeit bis vier Uhr, dann bestieg er endlich unter den Hochrufen der Menge das Seil. Er trug sein übliches Kostüm mit schwerer indianischer Perlenstickerei, die ihm die jungen Indianerinnen von Niagara verehrt hatten. Mit einem Seil

Bei einem Auftritt in Brüssel

wurde seine Balancierstange, die 8,50 m lang und über 11 kg schwer war, nach oben gezogen, dann begann er ohne jede weitere Zeremonie seinen Lauf übers Seil. Nach einer gewissen Strecke hielt er an, setzte sich erst, dann legte er sich in voller

Länge aufs Seil. Bis zu diesem Moment hatten die Zuschauer in tiefem Schweigen verharrt, als wären sie vor Spannung zu keiner Lautäußerung fähig. Doch nun brachen sie befreit in tobenden Beifall aus. Blondin erhob sich nach einigen Sekunden wieder und schritt weiter bis zur Mitte des Seils. Hier war ein Schlappseil befestigt. Er stoppte, setzte sich wieder auf das Seil, band seinen Hut und seine Balancierstange daran fest und begann auf dem Schlappseil mit der Vorführung einiger Tricks, wie Purzelbaum, an den Armen oder Beinen hängen und ähnliches. Dann erklomm er ohne Anzeichen von Ermüdung wieder das Laufseil, ergriff die Balancierstange und setzte seine Produktionen auf dem Hochseil fort. Allmählich wurde das Seil so steil, daß er nur mit offenkundigen Anstrengungen hinaufsteigen konnte. Ein starker Gegenwind erschwerte den Aufstieg und ließ die Federn am Hut und das ganze Kostüm flattern, der Wind drückte die Balancierstange weg, und Blondin mußte seine ganze Kraft aufbieten, um den Rest des Weges zu schaffen. Am Ziel angekommen, kletterte er geschickt hinunter, bestieg einen bereitgestellten Wagen und fuhr unter dem emphatischen Beifallsgeschrei der Menge zu seinem Hotel zurück.

Bei einem anderen Auftritt gelegentlich einer Wohltätigkeitsveranstaltung fügte Monsieur Blondin seinen Abenteuern ein unglaubliches weiteres hinzu, indem er über die gesamte Länge des Seils mit unförmigen Weidenkörben an den Füßen schritt, während sein Körper vom Hals bis zu den Fußknöcheln mit Ketten gebunden war. Es verursachte ziemlichen Schrecken, als er in diesem Aufzug in dem Moment, als er das Seil betrat, abzugleiten schien. Aber er fing sich schnell und machte sich trotz der Behinderungen auf seinen hanfenen Weg. Unter erwartungsvollem Schweigen setzte er behutsam die in den Körben steckenden Füße aufs Seil, gewann an Sicherheit und lief schließlich, so schnell es die Körbe gestatteten, seinen schwankenden Pfad entlang. Von diesem Moment an setzten alle Zuschauer bedingungsloses Vertrauen in ihn. Seine gefahrvolle Reise verlief ohne Verschnaufpause oder Zwischenfall. Als er nach zehn Minuten sein Ziel erreichte, bebte die Luft von den Ovationen der Zuschauer.

Ein Debüt im Crystal Palace von Sydenham

Als die ersten Nachrichten nach England kamen, daß Blondin da auftreten würde und der Crystal Palace von Sydenham[1] dafür vorgesehen sei, wurde das öffentliche Interesse so angeheizt, daß der Juni 1861, da die Premiere stattfinden sollte, mit größter Ungeduld erwartet wurde. Sowohl die Person des Monsieur Blondin wie die Szenerie seines Debüts waren für die Engländer ein Grund, seine Reise ins Vereinigte Königreich zu begrüßen.

Als Blondin damals vor dem Prinzen von Wales aufgetreten war, hatte Seine Königliche Hoheit in dem Gespräch mit dem Seiltänzer bemerkt, daß im Falle eines Gastspiels von Blondin in England der einzige in Frage kommende Auftrittsort der Crystal Palace von Sydenham sei. Er sei groß genug, sowohl um ein genügend langes Seil spannen zu können wie auch eine große Anzahl Zuschauer zu versammeln. Es war eine ausgesprochen glückliche Idee, für die sowohl die Direktoren des Crystal Palace wie das englische Publikum dem Prinzen Dank schuldeten; die ersteren für die Zunahme ihrer Finanzen und die letzteren dafür, daß damit eine neue Ära in der Akrobatenkunst des Landes eingeleitet wurde. Es steht fest, daß Blondins denkwürdiges Debüt in dieser großen Glashalle, wo der Geschmack, die Genialität und der industrielle Fortschritt der Welt sich als Markstein der modernen Zivilisation dokumentierten, den Weg ebnete für Artisten wie den graziösen Leotard, Erfinder des fliegenden Trapezes, und viele andere.

Als Blondins Manager Henry Coleman am 1. Mai in England eintraf, suchte er unverzüglich die Direktoren des Crystal Palace auf, die ihn mit vollendeter Höflichkeit empfingen. Sie nahmen sein Angebot einer Reihe von Vorstellungen mit aufmerksamem Interesse zur Kenntnis und hätten wohl auf der Stelle zugestimmt, wäre nicht ein vorsichtigeres Mitglied ihres Gremiums

---

[1] Der Kristallpalast wurde 1851 von Joseph Paxton, Direktor zweier Eisenbahngesellschaften, für die Weltausstellung im Londoner Hyde Park gebaut und diente als Ausstellungshalle. Danach wurde er demontiert und 1854 in neuer Form in Sydenham, 10 km südlich von London, wieder aufgebaut, nun als Bildungs- und Vergnügungsstätte. Die dreigeschossige Eisen-und-Glas-Konstruktion hatte insgesamt 79 212 m² Fläche. – d. Hrsg.

mit der Bemerkung dazwischengetreten: »Und was, wenn er abstürzt?« »Wenn er was?« fragte der Manager, an den die Frage ja
eigentlich gerichtet war. »Abstürzt!« wiederholte der Direktor.
»Abstürzen«, echote Mr. Coleman mit dem Ausdruck der größten Verwunderung, »wovon?« »Wovon? Natürlich vom Seil!«
wiederholte der andere. »Blondin vom Seil abstürzen!!« sagte der
Amerikaner mit so unerschütterlichem Ernst, daß er den Frager
regelrecht in Verlegenheit brachte. »Aber das kann er gar nicht!«
Das überzeugte die Direktoren so, daß sie den Handel unverzüglich abschlossen: 1200 Pfund für zwölf Vorstellungen, eine
Summe, die um Vielfaches höher war als jede, die bis dahin
irgendeinem Seiltänzer oder anderen Akrobaten gezahlt worden
war.

Diese kühle Geschäftsmäßigkeit, mit der Mr. Coleman alle
Wenn und Aber beseitigte, wird nur von Blondins denkwürdiger
Bemerkung überboten, die jener an den nervösen Mann richtete,
den er auf dem Seil über die Niagarafälle trug. »Ich muß Sie er-
suchen, ruhig zu sitzen«, sagte Blondin, »oder ich werde Sie ab-
setzen!« Die Vorstellung, mitten auf dem Seil von den Schultern
des Artisten abgesetzt zu werden und den Rest des Weges allein
zurücklegen zu sollen, hielt den terrorisierten Reiter in absolu-
tem Gehorsam gegenüber seinem Träger, und so erreichten sie
sicher das ersehnte Ziel.

Der Crystal Palace als Platz seines Debüts war der denkbar
günstigste und respektabelste Ort. Hier konnten sich die Damen
und Herren der »oberen Zehntausend« einfinden, um in den
Räumen und Gärten des Palasts sowohl die Vorstellung des berühmten französischen Akrobaten wie die einzigartige Umgebung zu genießen. Es war nicht so, als wenn man in ein Theater
ging, wo man dichtgedrängt in die Logen gezwängt war und unter der Hitze der Tausende von Gaslichtern leiden mußte. Es war
gerade das Gegenteil: Es erinnerte an grüne Felder und blühende
Hecken, an einen Ausflug vor die Stadt, ein unerwartetes Treffen
zwischen Freunden, an reizvolle Tête-à-têtes an verschwiegenen
Plätzchen, kurz, an unvergeßliche, schöne Erlebnisse.

Andererseits sah ein Teil der Londoner und der Provinz-
presse – ganz im Gegensatz zu der öffentlichen Meinung – in
der versuchten Umwandlung des Crystal Palace in eine Art »Cir-

que National« eine äußerst verwerfliche Angelegenheit. Sie wiesen energisch darauf hin, daß eine solche Entwicklung den ursprünglichen Intentionen der Begründer widersprach, die in dem Palace einen Ort der hohen Bildungsziele gesehen hatten.[1] Doch Tatsache war, daß die Öffentlichkeit diese Bildungseinrichtung nur in geringem Maße frequentierte: Unter Tausenden war kaum einer, der den Crystal Palace besuchte, um seine Kunstschätze zu besichtigen. Und da der Palace eine kommerzielle Einrichtung war, die sich ohne staatliche oder städtische Unterstützung selbst erhalten mußte, war eine solche Attraktion wie Blondins Vorstellungen für die Direktoren ein Rettungsanker. Und außerdem, war es nicht möglich, daß viele von denen, die in den Crystal Palace gekommen waren, Blondin zu sehen, unbewußt den Eindruck auch von der Schönheit und den Schätzen dieses Gebäudes mit nach Hause nahmen? Sie sahen Blondin, aber sie fühlten gleichzeitig auch, daß es hier etwas gab, was bedeutsamer und dauerhafter war als das fragile Seil des Artisten.

Während diese Kontroverse in vollem Gange war, landete Monsieur Blondin in Southampton, und er war überrascht und entzückt, seinen Namen in England so bekannt zu sehen. Ein wahres Blondin-Fieber hatte das Land erfaßt. Mäntel, Hüte, Zigarren, Schals, Parfüms, alle möglichen Artikel trugen seinen Namen. An den Wänden stand sein Name in so riesigen Lettern, daß man den Kopf drehen mußte, um ihn zu lesen. Er war der Held von Aufführungen auf mehr als einem Londoner Theater, die Music Halls zollten ihm mit komischen Sketchen ihren Tribut, für Zeitungen wie den »Punch« oder »Fun« war er ein »gefundenes Fressen«, und sogar die Pfarrer der Sonntagsschulen nahmen ihn zum Gegenstand ihrer Lektionen. Es war einfach Mode, über Blondin zu sprechen, und kaum einer konnte sich dem entziehen. Betrat man das Boudoir einer Dame, lautete die erste Frage sicherlich: »Werden Sie zu Blondin gehen?« Diese Popularität hatte ihre Ursache sicher in der natürlichen Sympa-

---

[1] Der Kristallpalast enthielt u. a. architektonische Höfe (z. B. einen ägyptischen, griechischen, byzantinischen, mittelalterlichen), Ausstellungen ausgestopfter Tiere, ethnographische Schaustellungen, Nachbildungen antiker Skulpturen, aber auch Ausstellungsräume für Industrieprodukte. Er war umgeben von einer großen Parkanlage. – d. Hrsg.

Ankündigung von Blondins Auftreten im Londoner Crystal Palace thie des Menschen für die Kühnheit und Unerschrockenheit. Die Bewunderung, die man dem Helden der Niagarafälle zollte, beschränkte sich nicht etwa auf London, sondern jeder Teil des Vereinigten Königreichs schien von dieser Infektion ergriffen, und um den berühmten Seiltänzer zu sich zu ziehen, wurden ihm die verrücktesten Vorschläge für spektakuläre Überquerungen gemacht.

Seine Bezwingung der Niagarafälle schien ihn zu befähigen, jede denkbare Entfernung und jedes Hindernis zu überwinden, sei es auch der Mersey oder der Irische Kanal. Obwohl Blondin alle diese Vorschläge gar nicht ernsthaft erwägen konnte, waren sie doch ein solcher Tribut an seinen Mut und seine Berühmtheit, daß er nicht umhin konnte, den Briefschreibern eine höfliche Antwort zukommen zu lassen.

Endlich war der langerwartete 1. Juni herangekommen, und obwohl der Eintrittspreis eine halbe Krone[1] betrug (und zusätzlich eine halbe Krone für einen reservierten Platz), strömten die Zuschauer in unübersehbaren Massen zum Crystal Palace. Das Programm enthielt neben Blondin eine Reihe weiterer Attraktionen wie das bewundernswerte Orchester der Crystal Palace Company, ferner die Musiker der Coldstream Guards, die beliebte Weisen spielten, aber auch die berühmten Wasserspiele der Fontänenanlage. Doch so populär dergleichen Unterhaltungen sonst auch waren, stießen sie diesmal auf wenig Interesse. Es wurde alles nur als Pausenfüller bis zum ersehnten Auftritt des Seiltänzers gewertet.

Sein Seil war von einem Ende des mittleren Querschiffs zum anderen in fünfzig Meter Höhe gespannt und an den Wendeltreppen an beiden Seiten dieser riesigen Arche befestigt. In gewissen Abständen hingen Gewichte daran, und Abspannseile hielten von beiden Galerien aus das Seil sicher gespannt. Es bestand aus dem besten gedrehten Hanf und hatte zehn Zentimeter Umfang. An beiden Enden waren kleine fahnengeschmückte Plattformen errichtet für Monsieur Blondin und seine zwei Assistenten, etwa zweieinhalb Meter über der obersten Galerie. Als die Stunde seines Auftritts heran war, drängten sich einige Tau-

[1] entspricht 2 Schilling und Sixpence – d. Hrsg.

Blondins Debüt im Kristallpalast

sende um das Mittelschiff des Crystal Palace, wobei der Raum
unter dem Seil frei gehalten wurde – falls es einen Absturz gäbe,
würde der auf den blanken Fußboden erfolgen. Aber auch die reservierten Plätze waren bis auf den letzten belegt, und sogar die
oberste Galerie, deren Plätze nicht weniger als eine halbe Guinee
kosteten, war voller Zuschauer, die von dort den besten Blick in
die schreckenerregende Tiefe hatten – wenn auch nicht unbedingt auf den Künstler selbst. Um vier Uhr gab Biondins Assistent am westlichen Ende des mittleren Querschiffs das Signal
für die Kapelle, die nun einsetzte, woraufhin sich alle Augen er-

wartungsvoll nach oben richteten. Als Blondin auf seiner Plattform erschien, begrüßte ihn tosender Applaus. Er war wie üblich in sein Seiltänzerkostüm gekleidet und trug einen indianisch anmutenden Kopfputz aus Federn, dazu schmückten noch zwei große Goldmedaillen seine Brust. In den Händen hielt er eine lange rote Balancierstange, und nun betrat er, unter den Klängen der Kapelle und von den gespannten Blicken der Zuschauer begleitet, das lange Seil. Er schritt anfangs langsam die Steigung hinab, und als er den tieferen Teil seines Weges erreicht hatte, lief er schneller, bis er an die Steigung auf der anderen Seite kam, die er wieder langsamer bewältigte. Er schaffte die ganze Strecke in zwei Minuten. Für die Zuschauer waren es aufregende Minuten, aber der Artist blieb völlig ruhig und voller Vertrauen in seine Fähigkeiten. Nach einem Moment Pause ging Blondin die Strecke wieder zurück, wobei er in der Mitte stoppte und auf nur einem Bein balancierte, die Sohle des linken gegen das rechte Bein gelegt. Bei der nächsten Überquerung setzte er sich aufs Seil, dann machte er einen Kopfstand, wobei er sich mit den Händen auf die quer auf dem Seil liegende Balancierstange stützte. Er legte sich in voller Länge aufs Seil und drehte einen Purzelbaum. Das Publikum applaudierte, und Blondin dankte, indem er seinen Federhut schwenkte und sich verbeugte. Nach einer kurzen Ruhepause folgte ein neuer Trick. Diesmal wurde der Federhut mit einem Sack vertauscht, den er sich über den Kopf und den Oberkörper zog, so daß er absolut blind war. In dem dichten Sack waren lediglich Löcher für die Arme, daß er die Balancierstange halten konnte. Er lief nun besonders vorsichtig, denn er konnte den schmalen Pfad nur mit den Füßen ertasten. Plötzlich schien sein Fuß das Seil zu verfehlen, und ein Schrei des Entsetzens schrillte durch den hohen Raum. In der Mitte angelangt, setzte er sich wieder. Als er auf der Plattform den Sack abstreifte, zeigte es sich, daß er außerdem noch eine Binde um die Augen trug. Der Applaus wurde stärker als je zuvor. Den Rückweg legte er wieder mit verbundenen Augen und dem Sack überm Kopf zurück, entfernte beides in der Mitte des Seils, wiederholte Kopfstand, Liegen und Purzelbaum – dann spielte die Kapelle »God save the Queen«, und Blondins Vorstellung war vorüber.

Sie hatte eine knappe Stunde gedauert und hinterließ einen unauslöschlichen Eindruck bei den Besuchern. Für viele Menschen hat es eine bestimmte Faszination, aus großer Höhe hinabzublicken. Von der obersten Galerie erregte der Blick hinunter Schauder, wie mußte das erst von dem schmalen Seil aus aussehen. Allein der Gedanke daran verursachte eine Gänsehaut, und dann noch die phantastischen Tricks, die der Artist über dem gähnenden Abgrund vorführte. Doch Blondin schien auf dem Seil völlig zu Hause zu sein und sich wohl zu fühlen. Er war der einzig völlig Ungerührte bei der Angelegenheit, und die Idee der Lebensgefahr schien in seinem Kopf nicht zu existieren.

Tricks auf dem Hochseil und dem Tanzseil

Bei seinem ersten Auftritt in England gab Blondin auf dem Hochseil nur Kostproben seines Könnens, aber selbst die genügten, um seinen Ruf, den die amerikanische Presse verbreitet hatte, zu rechtfertigen. Er war kein »Bluff«, von gewissenlosen Agenten als Sensation angepriesen, sondern wirklich ein genialer Artist, wert des unvergleichlichen Auftrittsortes Crystal Palace. Im Laufe seiner insgesamt zwölf Vorstellungen in Sydenham glänzte er durch immer neue aufregende Tricks. So erschien er beispielsweise eines Tages, als Koch kostümiert, mit einem Ofen (Marke »Walker's Patent Self-feeding Stoves«), Tisch und Stuhl, Bratpfanne, Teller, Glas, Mehl, Eier und Milch auf dem Seil und buk einen Eierkuchen. Er lief auf Stelzen übers Seil und drehte sogar einen Salto damit. Er trug einen Mann auf dem Rücken über die gesamte Länge des Seils und zeigte noch viele andere Tricks von gleich erstaunlichem Charakter.

Der Profit, den die Crystal Palace Company aus Blondins Auftritten erzielte, belief sich auf die enorme Summe von 10 000 Pfund. Da die Spekulation so gut ausgegangen war, wurde eine Reihe weiterer Vorstellungen vereinbart, und um das Interesse des Publikums an seiner Person wachzuhalten, beschloß Blondin, unter Beweis zu stellen, daß seine artistischen Fähigkeiten sich nicht auf wagemutige Experimente auf dem Hochseil beschränkten, sondern daß er auch auf dem Tanzseil alle Konkurrenten in den Schatten stellte. Denjenigen, die nur seine furchtlosen Übungen auf dem hohen Seil kannten, waren seine umfassenden Fähigkeiten auf dem Seil, auf dem er völlig heimisch war, nicht vorstellbar. So war es höchste Zeit für ihn, das Publikum davon zu überzeugen, daß er alles leisten konnte, was auf einem Seil nur denkbar war. Tatsächlich erwiesen sich seine Produktionen auf dem niedrigen Tanzseil als so wunderbar im wahrsten Sinne des Wortes, daß die Zuschauer ihren Augen nicht trauen wollten und es fast für Zauberei hielten.

Man stelle sich einen Mann vor, der seine Füße auf eine Art Mistgabel stellt, die Zinken nach unten, und damit das Seil besteigt. Oder der mit solchen Stelzen an den Füßen auf dem Seil tanzt, springt, Salto schlägt und auf dem Schrägseil einen Steigungswinkel von 30° oder 40° bewältigt. Man stelle ihn sich vor, wie er auf dem Seil Geige spielt und dazu tanzt, geigespielend komplizierte Sprünge und Überschläge vollführt. Dasselbe vollbrachte er als Trommler, und während er temperamentvoll sein Instrument bearbeitete, führte er Salti aus und sprang hoch in die Luft. Die unglaublichsten Tricks schienen aber jene mit einem gewöhnlichen Stuhl, den er mit zwei Beinen aufs Seil stellte und ihn sitzend von einer Seite zur anderen bewegte, als wäre es ein Schaukelstuhl, sich darauf stellte, die Lehne überstieg und ihn sogar ruckweise seitlich übers Seil schob, wobei er nicht den Anschein erweckte, als bereite es die geringsten Schwierigkeiten, den Stuhl bzw. sich im Gleichgewicht zu halten.

Mit all diesen Tricks festigte Blondin seinen Ruf als unübertrefflicher Artist. Es war die ungewöhnlichste Vorstellung eines Seiltänzers, die die Zuschauer je gesehen hatten, und das ungeteilte Interesse, das sie ihr entgegenbrachten, strafte alle jene Zeitungsschreiber Lügen, die behauptet hatten, es wäre lediglich ein morbider Hang nach »Sensationen«, der die Leute in hellen Scharen zu Blondin treibe. Solche Behauptungen machen sich in Zeitungen immer gut, aber sie entbehrten jeder Grundlage. Daß sie eine bloße Behauptung ohne jede reale Basis waren, bewies ein Vorfall, der sich kurze Zeit später ereignete, als Blondin eine wirkliche »Sensation« ankündigte.

Es handelte sich darum, daß er seine fünfjährige Tochter Adele im Schubkarren übers Seil fahren wollte. Obwohl dies eine

Auf dem Seil im Kristallpalast 1861

Attraktion höchsten Grades gewesen wäre, stieß es auf den Widerstand des englischen Publikums. Wenn Monsieur Blondin seinen Hals riskierte, so war das seine Angelegenheit, aber er war nicht berechtigt, das Leben seines Kindes aufs Spiel zu setzen. Nach den Gesetzen des Vereinigten Königreiches konnte das Kind nicht über sich selbst bestimmen und war abhängig von dem Willen der Erwachsenen. Das Mädchen selbst schien – wie Tells Sohn in der berühmten Apfelschußszene – völlig sorglos, ebenso wie Madame Blondin. Und Blondin hätte, wäre er danach befragt worden, zweifellos versichert, daß »absolut keine Gefahr« dabei bestünde. Aber das englische Volk konnte nicht davon überzeugt werden, die Presse wandte sich dagegen, eine Parlamentsentscheidung wurde gefordert und eine parlamentarische Sitzung abgehalten. Sir G. C. Lewis setzte sich mit den Direktoren des Crystal Palace in Verbindung, diese verhandelten mit Blondins Manager Mr. Coleman, und schließlich wurde entschieden, daß das Innenministerium keine Zustimmung zu diesem Trick geben könne.

Es ist wohl überflüssig zu bemerken, daß die Vorstellungen des französischen Artisten trotzdem nichts an ihrer Anziehungskraft verloren.

Mr. Coleman, Blondins unermüdlicher Manager, hatte sein Interesse auch auf die Provinzen des Königreichs gelenkt, und es gelang ihm, mit Mr. John Russell einen sehr vorteilhaften Vertrag über eine Tournee durch die bedeutenden Städte Englands abzuschließen. So trat Blondin im Botanischen Garten von Sheffield auf, wo neunzigtausend Zuschauer seine Künste bewunderten, und in der berühmten Aston Hall in Birmingham vor siebzigtausend Zuschauern. Im Zoologischen Garten von Liverpool schob er einen Löwen per Schubkarren übers Seil, und es erwies sich als härtere Arbeit denn erwartet. Der Löwe, achtzehn Monate alt und »Tom Sayers« nach dem gleichnamigen Boxer benannt, wurde in dem Karren angebunden. Als Blondin die Schubkarre in Bewegung setzte, begann er unter dem Gewicht seiner Ladung zu zittern. Ein Tau wurde an dem Karren befestigt, und als der Assistent es losließ, verwickelte es sich unglücklicherweise im Rad, als Blondin schon etwa zwölf Meter zurückgelegt hatte. Die Zuschauer hielten den Atem an, denn sie

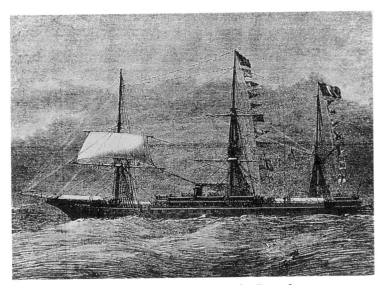

*Blondin auf dem Seil zwischen den Masten des Dampfers
»Poonah« um 1875*

erwarteten jeden Augenblick, daß der Artist mitsamt »Tom Sayers« und dem Karren in die Tiefe stürzen würde. Da er mit dem
herabhängenden Tau nicht weiterfahren konnte, entschloß sich
Blondin, langsam und vorsichtig zurückzufahren. Die tiefe Stille
wurde erst von erleichterten Beifallsrufen unterbrochen, als der
Artist sicher die Plattform wieder erreicht hatte. Der Schubkarren wurde wieder gerichtet, und Blondin begab sich erneut –
diesmal ohne zusätzliches Tau – auf den Weg. Endlich hatte er
die Mitte erreicht, doch nun begann der ansteigende Teil des
Weges. Der Wind verstärkte sich, und der Artist mußte sowohl
gegen die Steigung wie den Gegenwind ankämpfen. Es war ein
furchteinflößender Anblick, wenn der Karren ein Stück zurück-
rollte, als hätte der Artist keine Kraft mehr, ihn auch nur um
Zentimeter vorwärtszubewegen. Doch endlich bewältigte er auch
diese Aufgabe.

Kaltblütig und geistesgegenwärtig

Es ist eine Tatsaehe, daß die ungewöhnlichsten Experimente, die Menschen wagen, doch immer auch Versuche der Nachahmung zur Folge haben. Einige dieser Imitatoren haben dann zwar den Mut, aber nicht die Geschicklichkeit oder das Glück ihrer Vorbilder.

Unter Blondins Zuschauern befand sich eines Tages auch eine hübsche, zierliche Frau. Die Vorstellung besaß für sie eine ganz besondere Anziehungskraft, denn sie war selbst Hochseilartistin und hatte unter dem Künstlernamen Madame Genvieve (ihr richtiger Name lautete Young) in vielen Parks des Landes aufsehenerregende Auftritte vor Zehntausenden von Zuschauern absolviert, wobei sie sowohl durch ihren Charme wie ihren Mut beeindruckte. Neidvoll und gleichzeitig bewundernd verfolgte sie die Darbietungen des Helden der Niagarafälle und sagte zu ihrem Gatten, auf dessen Arm sie sich stützte: »Eines Tages werde ich dieses Seil auch überqueren!« Und einer der Umstehenden, der sie gut kannte, bemerkte dazu: »Sie ist eine tapfere kleine Frau und bringt alles fertig. Sie ist praktisch auf dem Seil aufgewachsen, so wie ihr Vater und ihr Großvater, die ebenfalls bekannte Seiltänzer waren.«

Innerhalb weniger Wochen hatte Mr. E. T. Smith, der Manager von Cremorne, ihre Idee aufgegriffen und verkündete, daß der »weibliche Blondin« seine sensationelle Überquerung der Themse auf einem Hochseil zeigen werde. Das Seil werde an der höchsten Stelle dreißig Meter, an der niedrigsten fünfzehn Meter hoch sein. Wie erwartet, versammelten sich Zehntausende Zuschauer, um diese Sensation mitzuerleben, und sie verdankten es nur der ungewöhnlichen Kaltblütigkeit der Akrobatin, daß sie nicht Zeugen einer Katastrophe wurden.

Als sie zwei Drittel der Entfernung hinter sich gebracht hatte, legte sie eine Pause ein und ruhte sich an einer Stelle aus, wo ein Spannseil über das Laufseil lief. Sie blieb so lange in dieser Position, daß die Zuschauer unruhig wurden. Und tatsächlich wurden sowohl von der Küste wie von Booten aus Versuche unternommen, das restliche Seil mit einer Länge von etwa 200 m stärker anzuziehen. Es schien aus unerfindlichen Gründen auf dem größeren Teil dieses beträchtlichen Stücks keine Spannseile zu geben. Nachdem die Artistin längere Zeit auf ihrem Platz verharrt hatte, entschloß sie sich weiterzugehen. Aber es war zu gefährlich. Seit ihrem Start war eine Dreiviertelstunde vergangen, und das Dämmerlicht war hereingebrochen, außerdem wurde es empfindlich kalt. Wieder schritt sie vorwärts, mußte aber erneut anhalten, denn das Seil schwankte wie eine Gartenschaukel und ähnelte eher einem Schlappseil als einem gespannten. Laute Rufe nach einem Hilfsseil erhoben sich, und es wurde eines herbeigeschafft und versucht, es über das Laufseil zu werfen, während die Artistin tapfer darum kämpfte, sich im Gleichgewicht zu halten. Die Aufregung wuchs ständig, denn bald würde das Zwielicht der Dunkelheit weichen, und im Finstern wäre sie nicht imstande, das Seil zu erkennen. Wiederholte Versuche, Taue über das Seil zu werfen, blieben ohne Erfolg, und jetzt schrillte ein Alarmruf, daß sie abstürze. Sie ließ plötzlich ihre Balancierstange fallen, die ins Wasser klatschte, und hielt sich mit den Händen am Seil, dann erreichte sie ein Tau mit Gewichten, die das Seil ruhig halten sollten. An diesem schwachen Tau, das einen Durchmesser von höchstens zwei Zentimetern hatte, ließ sich die tapfere kleine Frau hinunter und landete in einem Boot, das ihr zu Hilfe geeilt war. Die Szene hatte alle sehr aufgeregt und bedrückt, und sobald nun diese Last von den Seelen der Zuschauer genommen war, brachen sie in langen, lauten Applaus für den Mut und die Unerschrockenheit des »weiblichen Blondin« aus. Im Boot angelangt, stellte sie fest, daß ihre Hände von dem lebensrettenden Seil völlig aufgerissen waren. Doch ihre einzige Regung, die sie äußerte, war das Bedauern darüber, daß sie ihr Ziel nicht erreicht hatte.

Wenn man von dieser Lady berichtet, die nur um Haaresbreite dem Artistentod entkommen war, so muß man doch auch anmerken, daß selbst Blondin, der König der Seiltänzer, nicht von den üblen Zufällen dieses gefahrvollen Berufs verschont blieb, wie einige Unfälle, die ihm zustießen, beweisen. Einem Mann, der mit verbundenen Augen in dreißig Meter Höhe übers Seil läuft, kann es wenig ausmachen, ob er seine Tricks bei Tag oder Nacht, bei Sonnenschein oder in Dunkelheit vorführt – möchte man meinen. Aber auch für ihn ist dichter Nebel sehr unangenehm und kann sogar dazu führen, daß er die Balance verliert, weil durch die ungewohnten Umstände eine gewisse Verwirrung der Sinnesempfindungen eintritt. Dieser schwierigen Probe mußte sich Blondin bei einer Benefizveranstaltung während seines zweiten Engagements im Crystal Palace unterziehen, die im – sonst allgemein ruhigen und milden – Monat Oktober stattfand.

Nachdem wie üblich die anderen Unterhaltungen im Park von Sydenham die Zuschauer beschäftigt hatten, richtete sich nun aller Interesse auf die Hauptattraktion des Tages, den Auftritt des berühmten Seiltänzers. Doch ein leichter Nebel, der seit dem Morgen herumgehangen hatte, verdichtete sich nun im Dämmerlicht zu einer dunklen Decke, die den gesamten Park und den Crystal Palace einhüllte. Es war erwartet worden, daß Blondin anläßlich seines Benefiz sich selbst überbieten werde, doch nun erhob sich die Frage, ob er überhaupt auftreten könne.

Schwerer und dicker wurde der Nebelvorhang und ließ die hellen Lichter, die sonst das Seil beleuchteten, nur noch als Schimmer erkennen, das Seil war lediglich zu ahnen. »Wird er denn heute überhaupt auftreten?« fragte einer den anderen, und die meisten meinten, daß es nicht ginge. Doch kurz nach sechs Uhr hieß es, er befinde sich auf dem Seil, und ein Aufflackern von Feuerwerk bestätigte dies. Die Kapelle intonierte seinen Auftrittsmarsch, die Fontänen wurden in Betrieb gesetzt, und das Publikum applaudierte herzhaft – nicht, weil es irgend etwas erkennen konnte, denn Monsieur Blondin war wie sein Seil völlig unsichtbar, sondern um den unerschrockenen Artisten zu ermutigen. Eine halbe Stunde lang war der einzige Beweis für seine Gegenwart oben auf dem Seil die Bewegung von zwei schimmernden Lichtern, die anzeigten, daß der Artist genauso durch sein gesamtes Repertoire ging, als ob die Sommersonne ihr goldenes Licht über ihn ausschütte. Es schien unglaublich, und doch hatte er den dicken Nebel besiegt, und ein überwältigender Applaus war der Lohn für ihn, als er endlich zu seiner Plattform zurückkehrte.

Ein anderer Zwischenfall brachte den Bezwinger der Niagarafälle in eine noch größere Gefahr, diente aber schließlich zum Beweis für seine wunderbare Beherztheit und Geistesgegenwart, die seinen äquilibristischen Fähigkeiten gleichkamen. Am 31. Oktober wurde angekündigt, daß Monsieur Blondin seinen »außerordentlichen Seillauf über den Fontänen« wiederholen werde. Zur festgelegten Zeit erschien er auf der Plattform, griff seine Balancierstange und betrat das Seil. Als er die gegenüberliegende Seite erreicht hatte, verlöschten alle Lichter, so daß es völlig dunkel war. Nach einigen Momenten wurden die blauen Lampen wieder angezündet, doch kaum hatte Blondin das Seil überquert, herrschte erneut absolute Dunkelheit, und es war für die Zuschauer nicht erkennbar, ob der Artist sich noch auf dem Seil befand. Volle zwanzig Minuten vergingen, ohne daß man ihn sehen konnte. »Kann ihm irgend etwas passiert sein?« rätselten die Zuschauer sorgenvoll, als plötzlich ein blaues Licht aufflammte und Blondin zeigte, wie er den Schubkarren übers Seil schob, in dem er ein zauberhaftes Feuerwerk entzündete. Doch nun folgte eine dramatische Szene: Er hielt die Griffe der Schubkarre in den Händen, die Balancierstange war über die Holme gelegt. Sein Assistent stand auf der Plattform bereit, um das Rad der Schubkarre etwas anzuheben, damit Blondin sie vom Seil auf die Plattform schieben konnte. Wie man später feststellte, passierte es dem Assistenten, daß er dabei ungeschickt den Meister so anstieß, daß der das Gleichgewicht verlor. Die Balancierstange krachte auf den Boden, und Blondin kippte vom Seil, doch gelang es ihm, das Seil mit den Beinen zu umklammern. Es war dies ein Trick, den er oft geübt hatte, so daß er nun perfekt klappte. In dieser Position verharrte er jedoch einige Minuten, bevor er mit einem energischen Schwung wieder auf das Seil zu stehen kam und zur Plattform balancieren konnte. Madame Blondin, die Augenzeuge des Zwischenfalls gewesen war, bekam einen hysterischen Anfall und mußte weggeführt werden. Doch Blondins kühle Nervenstärke war unerschütterlich. Er bemerkte lediglich dazu, daß er sich immer noch auf seine Beine verlassen könne, wenn die Hände versagten.

Louis Weitzmann

Akrobat, Seiltänzer,
Zirkusdirektor,
Clown

Erzählt von Horst Kammrad

Louis Weitzmann stammt aus einer alten Artistenfamilie und hätte fast das Licht der Welt auf dem Hochseil erblickt, denn am Tage seiner Geburt, dem 21. Februar 1881, war seine Mutter noch kurz vor der Niederkunft übers Seil gelaufen. Die Arena von Vater Heinrich Weitzmann hatte im schlesischen Liegnitz aufgebaut, und als die junge Mutter nun einige Tage mit der Arbeit aussetzen mußte, sprang die achtzigjährige Großmutter ein und lief wie in jungen Jahren über das Hochseil.

Die artistische Tradition der Familie Weitzmann reichte bis ins 15. Jahrhundert zurück, der erste Seiltänzer unter ihnen war Franz Weitzmann, 1763 in Böhmen geboren und schon als Kind Lehrling des berühmten Kunstreiters Jacques Tourniaire. Auch seine Söhne widmeten sich später dem Turmseil, seitdem war diese artistische Arbeit in der Familie Weitzmann eine Tradition. Louis' Großvater Robert Weitzmann (1819-1866) heiratete Adelheid, die älteste Tochter des weltbekannten Seilläufers Wilhelm Kolter. Danach existierte längere Zeit eine gemeinsame Arena Kolter-Weitzmann. Natürlich forderte der Beruf auch seine Opfer, so stürzte Louis' Großonkel Max Weitzmann in Achim vom 50 m hohen Seil, das vom Kirchturm über den Marktplatz gespannt war, als er in der Seilmitte ein Feuerwerk abbrennen wollte.

Louis Weitzmann wurde wie seine Geschwister Betty, Max und Otto frühzeitig artistisch ausgebildet. Als der Vater 1890 an einer Lungenentzündung starb, mußte die Familie die Arena aufgeben, und Mutter Weitzmann schlug sich mit ihren Kindern durch, indem sie selbst als Seiltänzerin, die Kinder als kleine Kunstreiter, Akrobaten und Clowns auftraten. Mit sechzehn Jahren übernahm Louis die Führung der Familie. Nach Bettys Tod und Ottos Ausscheiden baute er mit seinem Bruder Max und zwei anderen jungen Artisten die erste »Louis-Weitzmann-Truppe« (Parterreakrobatik) auf, die um die Jahrhundertwende schnell von sich reden machte. Ihr Onkel Max holte sie zu seinem Zirkus in die Schweiz, wo die Brüder eine Reckakrobatiknummer einstudierten. Louis heiratete Amanda, die Tochter des Zirkusbesitzers Roberti, zu dritt arbeiteten sie nun am Fliegenden Trapez, wobei Max in den Proben den dreifachen Salto schaffte. Während einer Tournee durch Indien bauten sie einen

Wilhelm Kolter, Louis Weitzmanns Urgroßvater

eigenen Zirkus auf, der aber in Hongkong von einem Taifun ver-
nichtet wurde. Sie reisten dann als Artisten durch das zaristische
Rußland, wurden bei Kriegsausbruch interniert, konnten dann
aber weiterarbeiten. Max starb 1916 in Tiflis an den Pocken,
Louis baute sich eine Solonummer als Hochseilartist auf. 1921
kam er nach Deutschland zurück, schloß sich mit Camilio Mayer

zusammen; dann suchte er sich junge Artisten – darunter Karl Wallenda –, mit denen er eine sensationelle Hochseilnummer zusammenstellte.

Mitte der zwanziger Jahre gastierte er beim Ringling-Zirkus in den USA, dann reiste er wieder durch Europa. In Rumänien kaufte er 1930 erneut einen Zirkus, mit dem er sehr erfolgreich war, bis ihn 1939 in Polen der Ausbruch des 2. Weltkriegs überraschte und er erneut seinen Zirkus verlor.

In Berlin wurde er kriegsdienstverpflichtet, dann kam er als Regisseur und Dresseur zum Zirkus Brumbach. Nach Kriegsende arbeitete er als Geschäftsführer im Reisevarieté seiner Tochter Irene, dann dressierte er einige Hunde, Ziegen und Affen, mit denen er als Dressurclown in Schaubuden auftrat. Gemeinsam mit seiner zweiten Frau Berta Wichmann gelang es Louis Weitzmann, jetzt 74 Jahre alt, noch einmal einen kleinen Zirkus aufzubauen, doch 1957 setzte ein Schlaganfall dem Unternehmen ein Ende. In bescheidenen Verhältnissen lebte Louis Weitzmann in Westberlin bis zu seinem Tod am 15. März 1968.

Im Fernen Osten

»Ich habe ein Angebot vom Zirkus Harnston für eine Jahrestournee durch Indien«, teilte Louis Weitzmann seinem kleinen Ensemble eines Tages mit. »Das beste Angebot, das wir je hatten.«

»Indien? Sagtest du Indien, Louis?« Mutter Weitzmann verschlug es für einen Moment die Sprache, aber auch nur für einen Moment, dann klappte sie den Mund wieder zu. Gut, fahren wir diesmal nach Indien. Sie waren in Schweden, Norwegen, Holland und Frankreich, also warum nicht mal nach Indien? Nur die Sprache der Menschen war überall anders, aber im Zirkus, da kannte jedes Publikum nur eine Sprache.

Max wußte, daß sein Bruder stets bemüht war, die besten Engagements für die Truppe zu finden, und Amanda freute sich auf die lange Seereise.

Im italienischen Hafen Genua gingen sie an Bord eines nicht allzu großen und ziemlich langsamen Passagierschiffes, nachdem ihr umfangreiches Gepäck schon vorher verladen worden war. Die Fahrt durch das blaue Mittelmeer wurde ihnen zu einem wahren Genuß. Max und Louis mußten sich an Bord mit Bodengymnastik begnügen, um gelenkig zu bleiben und nicht aus der Übung zu kommen. Ein guter Artist kann es sich nicht leisten, ein Gramm Fett zuviel anzusetzen, das galt auch für Amanda. Sie trainierten nun jeden Tag ein paar Stunden auf dem Oberdeck und trugen so nebenbei viel zur Unterhaltung der übrigen Passagiere bei.

Als das Schiff den Suez-Kanal und das Rote Meer passiert hatte und seinen Weg durch den Golf von Aden nahm, kamen Max und Louis, die sich schon langweilten, auf eine neue Idee. Die Weitzmanns waren viel zu sehr Artisten, als daß sie sich an Bord des Schiffes der Faulenzerei hingegeben hätten. Als man eines Tages ein kleines Bordfest veranstalten wollte, wandten sich die beiden an den Kapitän. Sie wollten ein Seil vom vorderen Mast bis zum Schornstein spannen, um anläßlich des Bordfestes den Fahrgästen und der dienstfreien Besatzung darauf ihre Künste zu zeigen.

Der Kapitän lehnte das natürlich erst einmal ab.

»Aber, meine Herren, was denken Sie sich denn? Hier an

Bord – und wenn nun ein starker Wind aufkommt, ja, schon die kleinste Brise könnte genügen. Also, meine Herren, ich kann das nicht zulassen.«

Niemand weiß, wie es den Brüdern gelungen ist, den Kapitän dann doch noch zu überreden. Sie beschafften sich ein paar Feuerwerkskörper, und am Abend, als das kleine Fest voll im Gange war, erlebten die Menschen an Bord des Schiffes eine Sensation, von der sie noch lange sprachen. Louis betrat das schwankende Seil vom Mast aus, und Max kam ihm vom Schornstein her entgegen. Irgendwo hatten sie Stangen zum Balancieren aufgetrieben, denn obwohl das Meer unter dem sternklaren Himmel so ruhig aussah, schlingerte das Schiff mehr, als für die beiden gut war. Von einem Scheinwerfer, der von einem Matrosen bedient wurde, angeleuchtet, schritten die Brüder aufeinander zu. In der Mitte des Seiles setzten sie sich nieder. Es wurde dunkel, und sie brannten über den Köpfen ihrer begeisterten Zuschauer mitten auf dem Meer ein Feuerwerk ab.

Die auf einer Halbinsel gelegene Stadt Bombay sollte das Ziel ihrer Schiffsreise sein, denn hier wartete der Zirkus Harnston auf seine neuen Mitarbeiter. Das heißt, der Zirkus wartete nicht. Das kann kein großer Zirkus, weil jede Tournee auf Monate hinaus bis ins Einzelne geplant und festgelegt werden muß. In den indischen Städten hingen die Plakate, die den Zirkus ankündigten, längst aus. Die Weitzmanns hatten eben Glück, daß die Reise ohne Verzögerungen verlaufen war und daß sie den Zirkus hier antrafen.

In den Morgenstunden tauchte am Horizont ein schmaler Streifen auf, das flache Land, das langsam näher kam. Louis hatte seiner jungen Frau die Hand auf die Schulter gelegt. »Was wird uns dieses fremde Land wohl bringen?«

»Das wissen die Götter, Louis.«

Häuser wurden sichtbar, und aus der flachen Häuserlinie erhob sich die hohe spitze Kuppel des »Tadsch-Mahal-Hotels«. Alles war überzogen von einem seltsam hellen und blendenden Licht. Weit draußen ging das Schiff vor Anker, und nach der üblichen Paß- und Gesundheitskontrolle wurden die Passagiere an Land gebracht. Und jetzt erblickten die Weitzmanns auch die

Masten und Wimpel des Zirkus Harnston links hinter den Palmenkronen der Uferstraße. Und vor ihnen, wie ein römischer Triumphbogen der »Gateway of India«, das Tor nach Indien.

Am selben Nachmittag noch arbeitete die Weitzmann-Truppe unter der Zirkuskuppel am Trapez. Alles lief auf die Zehntelsekunde genau ab, so als hätte es nie eine Pause in ihrer Arbeit gegeben. Die Körper der jungen Frau und der beiden Männer flogen übereinander und untereinander, wirbelten und fingen sich mit der Präzision eines Uhrwerks. Der Zirkus hatte sie wieder, die Zirkusluft, die Manege und das Publikum. Viele Engländer und andere Europäer aus der Stadt hatten sich eingefunden, aber weit größer war natürlich die Zahl der eingeborenen Zuschauer. Die Vorstellung entfaltete sich in der Pracht, die einem guten Zirkus bis heute eigen geblieben ist. Und Louis Weitzmann stellte fest, daß das Publikum hier auch nicht anders reagierte als in den europäischen Ländern. Dressierte Elefanten, von Indern vorgeführt, gab es in großer Zahl. Wahre Meisterleistungen waren zu sehen. So auch dreißig Elefanten, die, auf den Hinterbeinen stehend, einen lebenden Kreis in der Manege bildeten. Hervorragend auch die Pferdedressuren und die von einer jungen Engländerin gerittene Hohe Schule. Ausgezeichnete Fakirarbeit wurde geboten, Schleuderbrettakrobaten und eine Seiltänzerin, deren zierliche Füße mehr in der Luft waren als auf dem Seil. Selbstverständlich fanden die Clowns auch hier ihren Beifall.

Sie bauten das Zelt in der Nacht ab, denn am Tage war die Hitze unerträglich. Mit der Bahn rollte der Zirkus weiter nach Ahmadabad, dann über Adschmir, Delhi, endlich am Ganges entlang über Agra, Allahabad, sie gastierten im heiligen Benares, rollten nach Kalkutta und endlich über eintausend Kilometer am Golf von Bengalen entlang bis zur Hafenstadt Madras. Der lange Zug mit den bunten Wohn-, Geräte- und Stallwagen durchquerte Wüsten und Hochland, fuhr durch einladende, fruchtbare Landstriche und durch den weiten, unergründlichen Dschungel, dessen üppiger Pflanzenwuchs oft bis über die Bahnlinie wucherte.

Überall, wo der Zirkus seine Zelte aufschlug, wurde er mit Begeisterung empfangen. Und bei jeder Vorstellung jubelte man den Artisten zu, ja, man verwöhnte sie geradezu mit Aufmerksamkeiten. Einmal wurden die Weitzmanns von einem Maharadscha eingeladen, mehrmals von anderen hohen Würdenträgern des Landes. Sie gaben Privatvorstellungen und empfingen hohe Auszeichnungen.

Einen besonders starken Eindruck hinterließ die Stadt Benares mit dem heiligen Badebetrieb am Ganges, mit den Tausenden von Pilgern, den Priestern und den Bettlern. Auf einem Verbrennungsplatz am Ganges lag unter der glühenden Sonne, mit den Füßen im Wasser, eine weibliche Leiche in roter Umhüllung. Louis Weitzmann wandte sich rasch ab und suchte den Zirkus, die Manege, die Tiere, die Musik und die Artisten, denn hier, nur hier war er immer zu Hause. Irgendwo auf dieser langen Reise bekam er zwei Affen geschenkt, und Louis fing an, die Tiere zu dressieren.

Einmal wurden sie zu einem Ritt auf Elefanten durch den Dschungel eingeladen. Außer den Weitzmanns nahmen auch noch andere Artisten daran teil. Inmitten der Fülle prächtig grünender und herrlich blühender Pflanzen erlebten sie, wie man mit geschulten Elefanten wilde Elefanten zusammentrieb und wie man die laut trompetenden Tiere in zäher Kleinarbeit bändigte. Ein Schauspiel wurde ihnen hier geboten, wie es kein Zirkus der Welt in der Größe, mit dem Aufwand und mit der Spannung zeigen kann.

In dieser Zeit wurde Louis Weitzmann zum erstenmal Vater. Es war eine Tochter, und das Elternpaar war natürlich dementsprechend stolz.

Trotzdem setzte Amanda mit ihrer Arbeit nur wenige Tage aus, denn auch dafür hat der Zirkus keine Zeit, wenn ein Programm erst einmal steht. Nach der letzten Vorstellung in Madras war der Vertrag abgelaufen. Die Weitzmanns hätten nun mit dem Zirkus Harnston weiterreisen können, aber schon einige Zeit vor der letzten Vorstellung sah Louis sein Lebensziel vor Augen, den eigenen Zirkus...

In Madras hatte sich Monate vorher ein Zirkus-Unternehmen aufgelöst, weil der Besitzer gestorben war. Seit dieser Zeit standen die Wohn-, Geräte- und Stallwagen auf einem Platz in der Nähe des Hafens in mehreren Reihen. Sonne und Regen hatten an Holz und Farbe genagt, vieles war verschwunden, und das große zusammengelegte Zelt war brüchig geworden. Aber alles zusammengenommen, sah es immer noch nach einem Zirkus aus.

»Kann es einen besseren Anfang für uns geben?« fragte Louis seinen Bruder Max vergnügt. »Die Masten sind auch noch komplett vorhanden, ebenso Teile der Sitzreihen.«

Louis kaufte dem Mann, der das Ganze verwaltete, den Zirkus, bzw. die Reste eines Zirkus, für einen Spottpreis ab.

Unterstützt von seiner Familie, einigen weißen und vielen indischen Arbeitskräften stampfte Louis Weitzmann seinen Zirkus in harter Arbeit aus dem Boden. Er ließ ein Zelt anfertigen, das 2000 Personen Platz bot. Stallzelte wurden angeschafft, die Wagen gründlich gereinigt und gestrichen. Wichtig waren die unzähligen Meter an starken Seilen, die sie hier billig beschaffen konnten.

»Diese Seile trotzen dem stärksten Sturm«, sagte Max, und er ahnte noch nicht, wie unrecht er damit hatte, denn es gibt in diesen Ländern Stürme, die stärker sind als jedes Seil.

Die Weitzmanns fanden einen hübschen Wohnwagen mit einer Veranda, und auf dessen Seiten war zuerst die stolze Aufschrift zu lesen: »ZIRKUS WEITZMANN«.

Mit Hilfe guter Freunde, die er hier bald gefunden hatte, kaufte Louis zwei Elefanten. Er selbst begann noch am selben Tage mit der Dressur. Zur gleichen Zeit dressierte Amanda Roberti Pferde, denn davon verstand sie etwas. Ein indischer Dompteur bot sich ihnen mit einer sensationellen Tigernummer an. Der Mann bewegte sich mit einer Gelassenheit und Eleganz zwischen seinen sieben Raubkatzen, als wäre er mit ihnen aufgewachsen, als wäre er ein Wesen aus ihrer Mitte. Und doch zerfleischten ihm dieselben Tiere später den rechten Arm.

Dann kam der große Tag. Mutter Weitzmann und Amanda standen hinter den Schaltern des Kassenwagens. Der Zirkus war bis auf den letzten Platz besetzt, als der Direktor Louis Weitzmann zum erstenmal in die Manege trat, um im schlechten Englisch sein Programm anzukündigen. Das Herz ging ihm über vor Freude, als er in die erwartungsvollen Gesichter blickte, die nicht anders waren als die Gesichter in jedem Zirkus dieser Welt.

Sicher dachte Louis Weitzmann in dem Moment: Was kann

jetzt noch schiefgehen? Du bist glücklich verheiratet, hast eine kleine Tochter, stehst dich gut mit deinem Bruder und der Mutter, und du bist Besitzer eines Zirkus-Unternehmens. Mehr kannst du ja bald gar nicht mehr erreichen.

Das halbe Programm wurde in der ersten Zeit von den Weitzmanns selbst bestritten. Max und Louis brachten ihre alte Nummer am dreifachen Reck. Mit Amanda arbeiteten sie am Trapez. Später kam noch eine junge Deutsche hinzu. Zwischendurch führte Amanda ihre Pferde vor, und Max gaukelte als »Dummer August« durch die Manege.

Sie mußten sich an die Bahn halten, weil die Entfernungen sehr weit waren, aber sie ließen keine Stadt aus, auch wenn sie nur an einem Tag ein volles Haus hatten. Bald hatte Louis einen richtigen kleinen Zirkus-Staat mit rund 110 Mitarbeitern. Seine gesamten Ersparnisse steckten jetzt in dem Unternehmen. Er spielte va banque. Hatte er jetzt kein Glück, dann würde er bald wieder vor dem Nichts stehen. Je mehr Personal und je mehr Tiere zum Zirkus kamen, um so mehr ging es Louis an den Geldbeutel. Er lernte rechnen.

Einer Reise durch die Inselwelt der Philippinen folgten Gastspiele in Korea.

Weit und teuer war die Reise von den Philippinen bis hinauf nach Korea. Louis hatte für dieses Land einen Vertrag abgeschlossen, und er fand ein begeistertes Zirkuspublikum. Das Geschäft florierte großartig. Trotzdem verließ der Zirkus Korea vorzeitig.

Louis hörte von den Einheimischen, daß die Regenzeit in diesem Jahr etwas früher als sonst einsetzen würde. Max sagte: »Das mit dem Regen soll hier viel schlimmer sein, als wir es in Indien erlebt haben.«

»Dann nichts wie weg!« meinte Louis kurz entschlossen. »Ich habe auch schon gehört, daß der Mekong in der Regenzeit kilometerweit über seine Ufer tritt. Dann stehen wir am Ende mitten im Wasser. Verladen wir lieber so schnell wie möglich auf ein Schiff und reisen nach Schanghai hinüber. Da drüben hat bisher jeder Zirkus sein Geld gemacht.«

»Und ich werde mich telegrafisch nach den Wetteraussichten

erkundigen«, sagte Max. »Diese verfluchte Regenzeit beginnt doch hier überall gleichzeitig.«

Sie bekamen aber zur Antwort, daß Schanghai noch wochenlang vom Regen verschont bleiben würde. Etwa drei Tage sollte die Seereise dauern, aber der Frachter geriet in einen schweren Orkan, und sie erreichten ihr Ziel erst nach acht Tagen, zum Glück ohne Verluste.

Schanghai oder »Die Stadt oben am Meer« war schon damals nicht nur wohlhabend, sondern auch international, also für einen Zirkus erfolgversprechend. Dennoch war diese Stadt wegen ihrer vielen heftigen Stürme gefährlich für einen großen Zeltbau. Aber sie wagten es und versprachen sich viel Erfolg, als sie den Wald der zahllosen Sampans und Dschunken auf dem Wasser des Wangpoo vor sich sahen. Hier wurde der Zirkus bereits von den Artisten erwartet, die Louis für sein Chinaprogramm engagiert hatte. In aller Eile, aber auch mit unübertrefflicher Sicherheit wurde aufgebaut. Die Masten richteten sich, wie von Geisterhänden gezogen, in die Höhe und zeigten oben die bunte Fahne des Zirkus Weitzmann. Die schwere Zeltleinewand stieg an den Masten, von Flaschenzügen gezogen, hoch, und schon begannen sich unter dem Dach, das sich allmählich spreizte, unzählige Hände zu regen.

Louis hatte es sich etwas kosten lassen und ein tadelloses Weltstadtprogramm auf die Beine gestellt. Ein deutscher Zirkus in Schanghai! Der Premierenabend war ausverkauft. Auch hier kam Direktor Weitzmann mit seinem Englisch gut an.

Ganz hervorragend eine chinesische Truppe mit einem für die damalige Zeit unerreichten Melangeakt. Noch besser eine junge englische Tigerdompteuse, die mit ihrer erregenden Schau selbst das ewige Lächeln aus den Gesichtern der Chinesen wegzauberte.

Und doch sollte diese großartige Vorstellung vorerst die letzte sein. Schon in der folgenden Nacht fing es an zu regnen, erst schwach, dann aber mit rasch zunehmender Stärke. Amanda war es, die den trommelnden Regen zuerst vernahm.

»Du, Louis, wach auf! Es regnet!«

»Es regnet! Es regnet! Warum soll es nicht mal regnen, he? Schließlich reisen wir nicht mit einer Arena!«

Doch er schlief nicht mehr ein. Obwohl er sich einzureden versuchte, daß der Regen nur von kurzer Dauer sein konnte, glaubte er es nicht. Am nächsten Tag hatte sich der große Platz, auf dem der Zirkus aufgebaut war, in ein Schlammfeld verwandelt, und nicht ein Besucher fand sich zur Vorstellung ein. Es regnete sechs Wochen ununterbrochen. Alles wurde mit der Zeit unter Wasser gesetzt. Schnellstens mußten die Stallzelte ab- und an einer trocknen Stelle wieder aufgebaut werden. Die Wohnwagen ließen sich bald nicht mehr bewegen, und Louis mußte einige seiner Hauptattraktionen aus dem Vertrag entlassen. Für den bleibenden Rest aber liefen die Gagen und Unkosten weiter.

Die Geldreserven schmolzen langsam aber unaufhaltsam dahin. So schwer es ihm auch fiel, Louis mußte einen Teil seiner Leute, die er in den letzten Jahren überall sorgfältig ausgesucht hatte, entlassen.

Schwer hing das große Zelt nach diesen endlosen Regenwochen durch. Das Wasser stand in den Mulden. Stützen und Steifen waren gebrochen, und an vielen Stellen war die Zeltleinewand eingerissen.

Mit unermüdlicher Energie gingen die Weitzmanns wieder an die Arbeit, und ihre zähe Verbissenheit übertrug sich auch auf die Belegschaft. Drei Tage nachdem der Regen aufgehört hatte, eröffnete Zirkus Weitzmann zum zweiten Mal in Schanghai mit einer Premierenvorstellung.

Auf der weiteren Reise durch China erholte sich der Zirkus halbwegs. Es blieb ihnen aber wenig Zeit, um viel von der hohen chinesischen Kultur zu sehen. Aber einmal, in einer Provinzstadt, kamen sie doch mit den Sitten und Gebräuchen in engere Berührung. Nachdem der Zirkus stand, hatte Louis eine Werbeparade durchführen lassen. Voran zogen die Musiker, dahinter die Elefanten, besetzt mit den Clowns und Gauklern, dann die Pferde, ein Kamel und was es da sonst noch an Tieren gab. Ein Chinese, den man als Ausrufer angeworben hatte, verkündete, daß der Zirkus des Mister Weitzmann aus Germany am Abend eine große Vorstellung geben würde. Aber dieser Chinese hatte es unterlassen, den Direktor über eine wichtige Tatsache in dieser Provinzstadt aufzuklären.

Die Menschen kamen in hellen Scharen zum Zelt. Louis rieb

Die Weitzmann-Truppe

sich schon die Hände. »Heute ist uns ein volles Haus gesichert!«
Auch Max war davon überzeugt. »Wir werden die Hälfte der
Leute wieder fortschicken müssen.«

Die Damen an den Kassen jedoch warteten vergebens auf den
Ansturm. Lediglich einige Europäer kamen und kauften Eintrittskarten. Die Vorstellung sollte beginnen, aber das Zelt blieb
leer.

»Versteht ihr das?« fragte Louis seine Leute. »Das Volk
kommt in Scharen hierher, steht draußen mit grinsenden Gesichtern, aber kein Mensch kommt herein.«

»Vielleicht hängt das irgendwie mit den bösen Geistern zusammen«, meinte einer seiner Männer.

Inzwischen hatte Max einen Chinesen gesucht, mit dem sie
sich richtig verständigen konnten. Und dann erfuhren sie, welche
große Unterlassungssünde sie begangen hatten. Sie hatten den
höchsten Würdenträger der Stadt nicht zur Eröffnungsvorstel-
lung eingeladen. Der Mandarin war hier die Hauptperson, nach
der sich jeder richtete. Die Leute dachten ganz einfach, wenn der
Mandarin nicht in dieses Zelt geht, dann hält er es nicht für würdig, es zu betreten, also werden wir es auch nicht betreten.

Jetzt schon mehr amüsiert als verärgert sagte Louis: »Na, das passiert uns aber nur einmal.«

Am nächsten Tag ließ er in der Stadt von einem Chinesen eine besondere Einladung auf Seide malen. Er selbst setzte sich auf seinen größten Elefanten, kostümierte noch ein paar seiner Leute, die ihn auf Pferden begleiten mußten. Und jetzt bewegte sich die ganze Karawane zum Palast, wo Louis um Audienz bat. Er wurde auch sofort empfangen. Vier große, prunkvolle Säle mußte er durchschreiten, bevor er endlich dem Mandarin gegenüberstand. Die Überreichung der Einladung spielte sich mit vielen höflichen Worten ab. Aber sie war von Erfolg. Am Abend saß der Herr in der Ehrenloge, und jetzt war der Ansturm der Besucher kaum zu bewältigen. Der Herr hatte es für würdig befunden.

Acht Tage lang war der Zirkus in dieser Provinzstadt ausverkauft. Für Weitzmann war es ein großer finanzieller Erfolg. Er brauchte das Geld auch nötig, weil immer wieder etwas Neues angeschafft werden mußte. Aber es war ein Glück, das nur für wenige Stunden anhielt...

Der Zirkus war zur Ruhe gegangen. Alle waren sie zufrieden, vom Elefanten bis zum Affen, vom ältesten Artisten bis zur kleinen Irene Weitzmann. Ganz still war es, als Direktor Weitzmann, wie an jedem Abend, als letzter durch das Zelt ging. Noch hingen die Kommandorufe der Artisten in der Luft, und Louis glaubte den rauschenden Beifall zu hören. Mitten in der Manege blieb er stehen, nahm eine Handvoll Sand auf und ließ ihn langsam durch seine Finger rinnen. Er war zufrieden mit dem Erfolg der vergangenen Tage. Es war wieder etwas Geld in der Kasse. Der Futtervorrat für die Tiere konnte gekauft werden.

Die Tiere – immer waren sie Louis Weitzmann wichtiger als die Menschen. »Das Zirkustier ist uns der beste Partner«, sagte er. »Die Tiere verdienen uns das Geld, und darum gehört ihnen in einem gut geführten Zirkus an erster Stelle Nahrung und Pflege.«

Sein letzter Weg führte durch die Stallzelte, dann begab auch er sich zur Ruhe. Er wußte, daß der Mann der Nachtwache nicht schlafen würde.

Um fünf Uhr morgens brauste der Taifun, oder wie die Chinesen sagen, der Tai-fung, mit seiner ganzen Urgewalt vom Meer aus heran. Es war, als ob eine große Faust nach dem Zirkus griff, um ihn wie ein Spielzeug von der Stelle zu reißen. Alles, was nicht felsenfest verankert war, flog davon und wurde später weit entfernt wiedergefunden. Und doch hatte der Wirbelsturm den Zirkus nur am Rande gestreift. Erneut war der Betrieb zum Stillstand verurteilt. Sämtliche Hände waren damit beschäftigt, das Zelt zu flicken und aufzuräumen. Diese unvorhergesehene Aktion zog Louis jeden Pfennig aus der Tasche. Ein paar weitere Spieltage brachten ihnen so viel Geld, daß sie weiterreisen konnten, mit mehr oder weniger Erfolg, von Stadt zu Stadt, von Nanking nach Minhou und von Kanton nach Hongkong. Und hier begriff Louis Weitzmann endgültig, daß China nicht nur das Land des Lächelns ist, denn hier verging ihm das Lächeln endgültig.

In Hongkong wies man ihnen für das schon stark geflickte Zelt einen wunderbaren Platz zu, der unmittelbar am Ufer des Chinesischen Meeres lag, aber hier war der Zirkus fast zentral von allen Seiten der Stadt zu erreichen.

Louis dachte immer daran, wenn er Geld hatte, neue Attraktionen für seinen Zirkus zu finden. Hier in Hongkong fand er einen jungen Deutschen, der mit Tauben auf dem Drahtseil arbeitete, er engagierte einen chinesischen Jongleur, der ganz große Klasse war, kurz gesagt, es kam noch mehr Abwechslung in das Programm. Und doch war das Unternehmen bereits zum Tode verurteilt ...

Diesmal kam der Taifun mit einer Stärke, wie sie ihn sich nie hätten vorstellen können. Selbst für Hongkong war dieses Naturereignis ungewöhnlich. Der Wirbelsturm packte den ungeschützt stehenden Zirkus mit seinem Zentrum, drehte das große Zelt förmlich von der Erde fort und riß es in tausend Fetzen. Die Stallzelte flogen davon, die Tiere wurden mitgerissen, und einige Wagen flogen hinaus in die offene, tosende See. Tausende von Mark flogen in den wenigen Minuten davon, für immer und ewig davon.

Louis Weitzmann erinnerte sich noch im Alter sehr genau an diese Katastrophe, und er sagte: »Es war ein Glück für uns und auch für die Stadt, daß die Wagen mit den Raubtierkäfigen standhielten, aber vielleicht, nein höchstwahrscheinlich sogar hätte der Wirbelsturm auch die Tiere in das Meer gerissen.«

Als der Taifun vorbei war, war sich jeder Mitarbeiter klar darüber, daß es keinen Zirkus Weitzmann mehr gab. Aber jeder einzelne, von der Bürokraft bis zum Stallarbeiter, war behilflich, zu retten, was da noch zu retten war, und übrig blieb am Ende recht wenig. Schweren Herzens löste Louis den Zirkus, den er einmal als das höchste Ziel seines Lebens angesehen hatte, auf. Er zahlte die Angestellten und Artisten aus und entband sie von ihren Verträgen. Die Tiere und das restliche Material wurden weit unter dem Wert verkauft, und aus dem Zirkus Weitzmann wurde wieder eine Weitzmann-Truppe...

Die Attraktion auf dem Hochseil

Von seinem Platz aus verfolgte Louis das Geschehen in der Manege des Zirkus Busch mit wachem Interesse. Dann arbeitete Camilio Mayer auf dem Hochseil. Mit einem Tisch und einem Stuhl balancierte er über das Seil, baute alles in der Mitte auf und ließ sich, mit der Balancierstange ausgleichend, gemütlich auf dem Stuhl nieder. Wie an jedem Abend wurde dann bekanntgegeben: »Wer von Ihnen, meine Herrschaften, wagt es, das Seil zu besteigen, um Herrn Camilio Mayer bei einem Skatspiel Gesellschaft zu leisten?«

Man war mehr als verblüfft, als sich aus den Zuschauerrängen plötzlich eine Stimme meldete: »Hier – ich!«

Auch Camilio Mayer glaubte noch an einen Scherz, als der Mutige – oder vielmehr der Wahnsinnige – schon die schwankende Leiter heraufgeturnt kam. Und in der rechten Hand hielt er auch noch einen Stuhl.

Unten in den Rängen flüsterte man sich zu: »Du, das ist nicht gestellt, gestern abend, als ich hier war, machten sie das nicht, da machte es der Camilio Mayer allein.«

»Ach, glaub' ich nicht. Der da kann doch nicht einfach da hinauf.«

Camilio Mayer aber hatte den Mann schon erkannt, und er

grinste jetzt, während Paula Busch unten noch immer nicht recht wußte, was sie von der Sache halten sollte.

»Louis Weitzmann!« sagte Camilio vergnügt, als sie sich auf dem schwankenden Seil gegenübersaßen und auf dem Tisch Skat spielten. Wäre die Nummer nicht zeitlich begrenzt gewesen, wahrscheinlich hätten die beiden alten Hasen gar nicht mehr aufgehört.

Nach dieser Vorstellung begaben sich beide zu Paula Busch, wo Camilio Mayer seinen neuen Partner vorstellte. Louis saß fortan zwischen dem Publikum und stieg, wenn die Aufforderung kam, in Zivilkleidung die Leiter hinauf, um die Nummer gemeinsam mit Camilio zu beenden. Später bauten sie das noch mehr aus und tranken in aller Ruhe Kaffee auf dem schwankenden Seil, wofür sie die Beifallsstürme des Publikums ernteten.

Wie Louis Weitzmann, so hatte auch Camilio Mayer damals schon die halbe Welt bereist, und er schreibt in seinen Erinnerungen, daß er dem Gevatter Tod mehrmals von der Schippe gesprungen sei. Jeder Auftritt auf dem Hochseil kann der letzte sein. Camilio Mayer war stets ein echter und guter Artist, dem die Kameradschaft unter den Zirkus- und Varietéleuten über alles ging. Weltberühmt wurde später die »Camilio-Mayer-Truppe«, die er gründete und die eine Zeitlang nur aus jungen Damen bestand. Die »Stratosphären-Girls« nannte man sie in England. Seine Glanzzeit aber erlebte Camilio Mayer in den Jahren 1936 und 1937. Dann machte er sich zum Lehrmeister der jungen Lotte Witte, die unter dem Namen Camilla Mayer Weltruhm erlangte, bis sie dann 1940 tödlich verunglückte.

Damals, 1921, waren sie beide dabei, die Leitersprossen des Ruhms immer höher zu klettern, Camilio Mayer und auch Louis Weitzmann ...

Sowie Louis beim Zirkus Busch ein festes Engagement hatte, fing er neben seinem Training mit Camilio Mayer an, etwas ganz Neues und Einmaliges einzustudieren.

»Das hat bisher noch niemand geschafft, Louis«, meinten seine Kollegen skeptisch, als er immer wieder, Stunden um Stunden, versuchte, einen Kopfstand auf dem Seil auszuführen. Und immer wieder mißglückte es, er rutschte ab, und nur die Sicherheitsleine rettete ihn vor dem Absturz, denn auch das ist nicht zu leugnen, wenn ein Luftartist unkontrolliert in ein Netz stürzt, kann er sich ohne weiteres das Genick brechen.

Louis schaffte den Kopfstand auf dem Seil. Er schaffte es auch, in der Rückenlage mit angezogenen Beinen auf dem Seil zu liegen. Nur etwas machte ihn in Berlin nervös, das war die Scheidungsangelegenheit. Er hatte zu allem ja und amen gesagt, weil er seine Ruhe haben wollte, weil er arbeiten wollte, von früh bis spät nichts weiter als trainieren, aber immer wieder mußte er irgend etwas bezeugen, bekunden oder unterschreiben. Auch Amanda war bemüht, alles so schnell wie möglich über die Bühne gehen zu lassen. Aber der Amtsschimmel ritt nicht so schnell. Louis sah noch einmal nach seinen Kindern und verabschiedete sich von seiner früheren Frau.

»Was wirst du jetzt machen?« fragte sie ihn, schon halb in der Tür. »Allein am Trapez arbeiten – du müßtest erst wieder Partner finden, die sich auf dich einstellen können.« Louis schüttelte den Kopf. »Für die Arbeit am Trapez bin ich wohl schon zu alt. Ich werde jetzt nur noch auf dem Hochseil arbeiten. Und wenn ich einen Partner finde, gut, wenn nicht, auch gut.«

In Breslau fing Louis an, wieder eine eigene Truppe auf die Beine zu stellen. Ein junger Mann von 16 Jahren war es, den Weitzmann sich zuerst holte. Dieser Mann hieß Karl Wallenda und stammte aus einer alten deutschen Artistenfamilie.

Ein Vierzigjähriger und ein Sechzehnjähriger, und dennoch ergänzten sie sich in ihrer todesmutigen Arbeit wunderbar und wurden Freunde. Dann kam noch ein Lehrmädchen dazu, das Margarete Schumacher hieß.

Louis erklärt heute ganz einfach: »Die Margarete? Ja, die habe ich einmal irgendwo gesehen, in einem Zirkus, oder war es nur eine Arena, weiß der Teufel wo. Ich weiß nicht mehr, wie sie in unsere Truppe kam, ich weiß nur, daß sie Talent hatte und daß sie ein sehr liebes Mädel war.«

Im Lunapark von Breslau trat Louis 1922 zum ersten Mal mit seiner kleinen Truppe an die Öffentlichkeit. Und hoch über den Köpfen einer begeisterten Menge drückte er seinen ersten öffentlichen Kopfstand auf dem Seil. Man sah eine derartige Leistung zum ersten Mal, und man wollte einfach nicht glauben, daß ein

Mann auf dem Seil auf dem Kopf stehen konnte. Aber das war erst der Anfang, mit Hilfe von Karl Wallenda konnte Louis noch viel mehr …

Als Louis es geschafft hatte, mit dem Rücken auf dem Seil zu liegen, mit abgewinkelten und leicht gespreizten Beinen, auf denen Karl Wallenda einen Handstand drückte, da meinte er anschließend: »Wenn wir das auch noch mit dem Kopfstand schaffen könnten.«

»Das ist unmöglich«, sagte Karl Wallenda, für den eigentlich nie etwas unmöglich war. »Das Übergewicht nach oben wird für uns beide viel zu groß.«

»Hm«, Louis nickte. »Du magst recht haben, Karl. Dann werde ich die Marga in den Zahnhang nehmen. So gleicht sich das wieder aus.«

»Du müßtest eine Schädeldecke aus Stahl haben, wenn du das schaffen willst, Louis.«

Louis schlug ihm lachend auf die Schulter. »Ich habe schon immer einen eisernen Schädel gehabt. Warum nicht auch jetzt, he?«

Kein Außenstehender kann ermessen, was Louis' Idee für die drei Artisten bedeutete. Es bedeutete noch mehr Training, noch mehr Härte und noch mehr Gefahren. Bei den wagemutigen Übungen arbeiteten sie immer mit Longen, die über dem Laufseil an einem zweiten, schwächeren Seil festgemacht waren. Bei der Vorführung der Nummer mußte dieses Seil verschwinden. Louis Weitzmann war nicht für allzuviele Sicherheitseinrichtungen. Wenn er allein auf dem Seil war, arbeitete er am liebsten ohne Netz, denn einer seiner Leitsätze hieß: Du selbst mußt sicher sein, dann ist auch alles andere sicher!

Die Weitzmann-Truppe im Zirkus Sarrasani in Dresden! 5 000 Zuschauer sahen Direktor Stosch mit seiner herrlichen, aus 20 Tieren bestehenden Elefantengruppe. Hier tat sich ein märchenhafter Glanz vor den Augen der beifallspendenden Menge auf. Bunte Wimpel und grelle Scheinwerfer, ganz einfach Zirkus-Atmosphäre.

Eben noch hatte die Kapelle mit beschwingten Melodien eine Kunstreitertruppe begleitet. Sich immer wieder vor dem Publikum verbeugend, dann die Arme hochreißend, verließen die Rei-

Louis Weitzmann (r.) mit Karl Wallenda und Margarete Schumacher

ter die Manege, und die Scheinwerfer erfaßten drei andere Artisten, eine junge Frau und zwei Männer, die Louis-Weitzmann-
Truppe! Alles lief wie immer wieder geprobt. Gewandt
schwangen sie sich die Leiter zu den Podesten hinauf. Louis
selbst hatte das Seil und die Halterungen kurz vor der Vorstellung noch einmal überprüft, und so konnten seine Partner sich
voll und ganz auf ihn verlassen.

Weitzmann und Wallenda mit dem Fahrrad auf dem Hochseil. Wallenda stand auf den Schultern seines fahrenden Partners. Wie ein bewegtes Meer rauschte der Beifall von unten herauf, wurde endlich übertönt von der Musik. Dann lag Louis mit dem Rücken auf dem Seil und stemmte Wallenda mit den Füßen in die Höhe. Margarete Schumacher aber hing im Zahnhang unter Louis. Alle drei wurden erfaßt von den blendenden Lichterbündeln der Scheinwerfer, und noch ferner und unwirklicher erschien ihnen der Beifall hier oben unter der runden Kuppel dieses festgebauten Zirkusgebäudes Sarrasani in Dresden...

Zirkus Hagenbeck in irgendeiner deutschen Großstadt. Eben war das Fauchen der Raubtiere im Käfig verklungen, eben hatte der Dompteur seinen Beifall mit strahlendem Lächeln hingenommen, da richteten sich alle Blicke nach oben auf das Seil, das vorher kaum zu sehen war.

»Meine Damen und Herren! Was die Weitzmann-Truppe Ihnen jetzt zeigt, das ist die größte Leistung, die Artisten je auf dem Hochseil vollbrachten! Sie sehen Louis Weitzmann mit einem Kopfstand auf dem Seil, Karl Wallenda mit einem Handstand auf den gestreckten Füßen seines Partners und Fräulein Schumacher im Zahnhang unter Louis Weitzmann. Eine einmalige Leistung, die der Zirkus Hagenbeck ihnen heute bieten kann!«

Und diese mehr als gewagte Nummer auf dem Hochseil ist bis zum heutigen Tage einmalig geblieben, wie schon viele frühere artistische Glanzleistungen, die nie wiederholt wurden, bis eines Tages doch ein Zirkusmann kommt, der diese oder jene Attraktion neu aufgreift.

Louis Weitzmann verstand es auch ausgezeichnet, eine Nummer gut zu verkaufen, denn die beste und größte Leistung ist wenig wert, wenn man sie nicht gut verkaufen kann. Hier im Zirkus Hagenbeck wurde das Publikum in einen geheimnisvollen, man kann sogar sagen, in einen unerklärlichen Bann gezogen, als nur noch das leise, spannungsgeladene Wirbeln der Trommeln zu hören war, als Louis den Kopf auf das Seil setzte, als Marga sich langsam hinabgleiten ließ, bis sie später frei im Zahnhang hing, und als Louis dann seinen Partner mit den Füßen in die Höhe stemmte.

Der berühmteste Trick der Weitzmann-Truppe

Welche ungeheure Kraft mußte dieser Mann doch aufgebracht haben, der da mit der langen Stange alle drei in der Balance hielt. Niemand da unten am Rande der Manege konnte ermessen, was mit dieser einzigartigen Nummer wirklich gezeigt wurde, nur die drei Artisten auf dem Seil wußten es, als sich ihre Glieder für lange Sekunden dehnten und streckten, um das Ganze dann schwungvoll und elastisch, so als wäre nichts gewesen, abzubauen.

Nie zuvor hatte Louis Weitzmann diesen Beifall gehabt, und doch erfaßte er es kaum richtig, als er sich mit seinen Partnern unten in der Manege lächelnd verbeugte.

Spät am Abend, als Louis mit seiner Mutter, die ihn jetzt wieder begleitete, im Hotelzimmer saß, sagte er nachdenklich: »Es ist doch sehr schade, daß Max das nicht mehr miterleben kann. Immer haben wir beide davon geträumt, einmal etwas ganz Besonderes zu vollbringen, und jetzt, wo es soweit ist, jetzt ist Max nicht dabei.«

»Auch Max hatte seine große Zeit«, entgegnete Mutter Weitzmann weise. »Damals, als er den dreifachen Salto schaffte, diesen Salto, der die Codonas jetzt berühmt macht, da war das seine große Zeit, und du standest nur im Schatten. Jeder hat seine Zeit, das ist beim Zirkus so, der eine früher und der andere später, und schnell geht diese Zeit vorbei, auch für dich, Louis.«

»Darum werde ich so lange hart arbeiten, bis ich wieder einen eigenen Zirkus habe«, meinte Louis, schüttelte dann aber bekümmert den Kopf. »Aber jetzt? Diese Zeit? Es ist doch alles so verrückt. Nie hat die Welt das gesehen, was wir heute zeigen, nie hatten wir diesen Erfolg. Und was gibt man uns dafür? Beifall, viel Beifall, und an Geld eine Million Mark pro Vorstellung, morgen eine Billion und übermorgen eine Trillion. Und was können wir uns dafür kaufen? Nichts! Weil wir unser Leben heute für Pfennige aufs Spiel setzen.«

Es sah schlecht, sehr schlecht aus für die deutsche Währung im Jahre 1923. Die großen Zirkusunternehmen begannen mit der Industrie zu schwanken, aber sie hielten sich mit guten Artisten mit Müh' und Not über Wasser. Viel schlimmer sah es für die kleineren Zirkusunternehmen aus, die gnadenlos vom Billiardenstrudel der Inflation hinabgezogen wurden. Sie kamen beim besten Willen nicht zurecht. Das Publikum jagte mit dem Geld den Lebensmitteln nach, und wenn ein Zirkus gut besetzt war, wer gab ihnen für dieses Geld, das doch nur Papier war, Futter für die Tiere? Niemand. Kein Futter, kein Licht, kein Publikum, kein Geld für die Platzmieten, keine Artisten, aus – aus. Da ging ein Zirkus nach dem anderen ein, und es gab ein Überangebot an Artisten.

Zum Glück lag Louis Weitzmann zu der Zeit weit über dem Durchschnitt. Als er sah, wie mit der Inflation alle seine Zukunftspläne immer weiter in die Ferne rückten, kehrte er mit seiner Truppe Deutschland kurz entschlossen den Rücken ...

Louis Weitzmann hatte sich an den Zirkus Könjet in Budapest gewandt, und sie wurden für einen Monat in Vertrag genommen.

Budapest, das war die Stadt, in der der Name Weitzmann seit vielen Jahren einen guten Klang hatte, aber immer waren die Weitzmanns auch bemüht gewesen, dieser Stadt etwas Neues zu bieten. Wenn Louis hier in Budapest vom Seil herab auf die Zuschauermenge blickte, dann kam es ihm so vor, als ob ihm die Menschen da unten alle bekannt wären.

Eine neue Musik begleitete ihre Arbeit auf dem Seil, die »Rhapsody in Blue« von Gershwin, gerade ganz neu und frisch aus Amerika herübergekommen.

Louis verlängerte den Vertrag nicht, obwohl er noch drei Monate im Zirkus Könjet hätte auftreten können. Jetzt wollte er mit seiner Truppe wieder einmal im Freien arbeiten, denn draußen war doch weit mehr Platz für besondere Einlagen als unter dem begrenzten Raum einer Zirkuskuppel.

Louis ließ sich 25 Meter hohe Spezialmasten anfertigen, Seile und Netze mußten abgeändert beziehungsweise neu angeschafft werden. Dann zeigte die Truppe ihre nervenkitzelnden Darbietungen im Budapester Zoologischen Garten. Das Seil spannte sich hier über einen See, an dem ein großer Kaffeegarten lag. Natürlich wurden die Nerven der täglichen Zoobesucher auf das äußerste strapaziert, wenn sie unten ihren Kaffee tranken und die Weitzmann-Truppe hoch über ihren Köpfen turnte. Führte Louis aber seinen Kopfstand vor oder stemmte er Karl Wallenda, auf dem Rücken liegend, mit den Füßen in die Höhe oder wenn die Truppe auf einem Fahrrad auf dem Seil den See überquerte, dann kannte der Jubel da unten kaum noch Grenzen.

Louis Weitzmann sagte selbst einmal: »Es ist natürlich weit schwieriger, auf einem Seil im Freien zu arbeiten als unter der geschlossenen Zirkuskuppel oder in einem Varieté. Ein plötzlicher Windstoß, ja nur ein stärker werdender Wind kann sehr gefährlich werden. Auf dem Seil laufen oder auch fahren, das geht immer noch, aber im Kopfstand oder auf dem Rücken liegend vom Wind gepackt zu werden bedeutet das Ende einer Vorstellung. Darum konnten wir unsere Spitzennummer manchmal nicht zeigen, was man uns heute noch verzeihen möge, denn die Leute zahlten ja dasselbe Eintrittsgeld dafür.«

Bukarest war das nächste Ziel der Truppe, und dann ging es weiter nach dem schönen Istanbul in der Türkei. O herrliche Stadt am Bosporus, wie die Masten einer Seiltänzertruppe ragten die spitzen Türme der Sultan-Achmed-Moschee und der Hagia Sophia in den blauen Himmel, und Louis hätte sein Seil doch zu gerne einmal zwischen diesen hohen Türmen gespannt. Dann aber wäre ihm der Wirt des großen Kaffeegartens am Goldenen Horn sehr böse gewesen, denn hier, ganz nahe am Wasser, stellte die Truppe ihre Masten auf. Ihr Erfolg beim Publikum war gewaltig. Der Wirt hatte sich nicht verrechnet, denn wenn die Weitzmann-Truppe auftrat, war der große Garten überfüllt.

Dementsprechend hoch war auch die Gage. Sie hatten ihre Sondereinlagen noch verbessert. So fuhr Louis über das Seil, brachte Marga mit dem Fahrrad hinüber, fuhr dann rückwärts zurück, wobei sein Partner auf der Lenkstange einen Handstand machte.

Die kleine Truppe hatte jetzt Weltruf erlangt, und täglich fand Louis Angebote aus aller Herren Länder vor. Darum war er auch gar nicht überrascht, daß seine Mutter eines Tages schon ein Telegramm schwenkte, als er den Erdboden noch gar nicht betreten hatte. Der größte Zirkus der Welt, Ringling Bros. and Barnum & Bailey, rief den großen Artisten Louis Weitzmann nach New York...

Mit einer neuen Truppe reiste Louis Weitzmann Mitte der zwanziger Jahre nach New York. In Deutschland war Hindenburg Reichspräsident geworden, und die Goldenen Zwanziger hatten begonnen. In Amerika lachte man über Charlie Chaplin in dem Film »Goldrausch«, aber man hatte trotzdem Zeit, in den Zirkus Ringling Bros. and Barnum & Bailey zu gehen, um sich die größte Schau der Welt anzusehen.

Für Louis Weitzmann war es eine besondere Ehre. Der größte Zirkus der Welt rief ihn mit seiner Truppe. Amerika wollte seine Nummer auf dem Hochseil sehen! Es war für ihn so, als würde einem Sänger ein Engagement an der Mailänder Scala oder an der Metropolitan-Oper angeboten. Das war nun wirklich die höchste Sprosse auf der Leiter des Ruhms, nach einem langen, schweren und oft dornenreichen Weg, denn mehr an körperlicher Leistung würde er in seinem Alter kaum noch geben können, das wußte er nur zu gut. Er hatte es mit seiner unbeugsamen Willenskraft und mit einem harten Training, das ihm und auch seinen Partnern das Letzte abforderte, erreicht. Vergessen waren die vielen Nackenschläge, vergessen die vielen schmerzhaften Verletzungen, die bei der Einstudierung einer so wagemutigen Nummer nicht ausbleiben konnten.

Wieder stand der große, kräftige Mann auf dem Oberdeck eines Schiffes, das sich diesmal dem Hafen von New York näherte. Als er den Stadtteil Manhattan mit seinen Wolkenkratzern vor sich sah, sagte er zu seiner Mutter, die ihn auch auf dieser Reise begleitete und betreute: »Weißt du noch, als wir vor dem Krieg nach Indien fuhren, als wir die Stadt Bombay vor uns hatten? Auch damals betraten wir einen anderen Erdteil, und wie viele Jahre hat uns Asien dann festgehalten.«

»Und was sich alles verändert hat zwischen unserer Reise nach Indien und unserer Fahrt nach Amerika«, sagte Mutter Weitzmann.

Halb träumend blickte Louis auf das riesige Häusermeer.

»Etwas hat sich nicht verändert, Mutter. Damals war es mein sehnlichster Wunsch, ein großes Zirkusunternehmen mein eigen nennen zu dürfen, und ich habe es geschafft, wenn der verteufelte Taifun mir auch alles wieder genommen hat. Und heute strebe ich mehr als je zuvor danach, wieder einen großen Zirkus zu haben, und diesen Zirkus werde ich mit beiden Händen festhalten.«

»Der Viermonatsvertrag mit Ringling wird dir viel Geld einbringen, Louis. Und denke daran, sehr lange kann kein Mensch diese Leistungen vollbringen, die du jetzt erreicht hast. Denke rechtzeitig daran.«

»Ich werde daran denken, Mutter«, antwortete Louis Weitzmann nachdenklich.

Nie zuvor hatte Louis Weitzmann einen so gewaltigen Zirkus gesehen, der umgeben war von einem wahren Meer von Wohn-, Stall-, Gerätewagen und so weiter. In dem weiten, hallenartigen Oval des Innenraumes gab es drei Manegen nebeneinander, und zwischen den Manegen befanden sich noch Bühnen für Ballettvorführungen, für Jongleure, für die Parterreakrobaten und was es da sonst noch an artistischen Darbietungen auf dem Boden gab.

Die Mittelmanege war stets den großen und berühmten Artisten vorbehalten, wie zum Beispiel den großen Raubtiernummern oder den berühmten Schul- und Kunstreitern. Über dieser Mittelmanege arbeiten die großen Luftnummern, in den zwanziger Jahren zum Beispiel die »Drei Codonas« und die »Wallenda-Truppe«.

Auch für Louis Weitzmann mit seiner kleinen Truppe war das Seil von den Außenmanegen über die Mittelmanege gespannt, denn er gehörte in jenen Jahren mit zu den Spitzenkräften der internationalen Artistik …

Hören wir, was Louis Weitzmann selbst über seine Arbeit in diesem Riesen-Zirkus erzählt: »Vor dem Beginn einer jeden Vorstellung fand die große Parade aller mitwirkenden Artisten statt. Ein unerhört farbenprächtiges Bild, besonders, weil auch ein Teil der Tiere mit vorgestellt wurde. Da gab es nicht nur echte Indianer, sondern auch prächtige Cowboys, die wunderbar mit dem Lasso umgehen konnten. Erinnern Sie sich noch an Billy Jenkins mit seinen dressierten Raubvögeln? Die großen, herausgeputzten Elefanten wurden von Indern geführt, die natürlich nicht immer echt waren.

Ich traf hier viele Kollegen wieder, mit denen ich in irgendeinem Land, in irgendeinem Zirkus im selben Programm zusammengearbeitet hatte. Kunstreiter aus Spanien, Schulreiter aus Wien, das nur aus Damen bestehende englische Luftballett, den Hochrad-Jongleur aus Frankreich, es waren zuviel klingende Namen, um sie alle behalten zu können.

Im Zirkus Ringling erkannte man die Leistung des Artisten, der in der Mittelmanege arbeitete, an, und wer in einer der Außenmanegen arbeitete, der strebte danach, auch einmal in den Ruhm und vor allen Dingen die weit besser bezahlte Arbeit der Mittelmanege zu kommen.

Und dennoch waren diese sieben Monate im Zirkus Ringling sehr schwer und anstrengend für uns. Ich muß sagen, diese Arbeit in drei Manegen zugleich irritierte nicht nur den Artisten, sondern auch das Publikum, weil einfach zuviel Wirbel auf einmal veranstaltet wurde. Nie wußte man, welcher der laufenden Nummern der Zwischenbeifall eigentlich galt. Gerade, als wir unsere Nummer mit dem Kopfstand anfingen aufzubauen, rauschte der Beifall auf, weil irgendwelchen Kollegen in den Außenmanegen eine besondere Glanzleistung gelungen war. So wurde man selber abgelenkt und machte Fehler.

Vor allen Dingen fehlte den Artisten der nahe und unmittelbare Kontakt zum Publikum. In einem Zirkus sollte es doch so sein, daß das Publikum die Momente, die ein Seiltänzer bei jeder Bewegung fühlt, innerlich miterlebt. Hier in dem Riesenzelt, wo die Attraktionen am laufenden Band abliefen, hier wurden hervorragende Leistungen einzelner Artisten zum Durchschnitt.

Trotzdem muß ich sagen, daß diese Monate zum größten Erfolg meines Lebens wurden. Natürlich war auch die Gage genauso groß wie dieser gewaltige Zirkus.«

Sieben Monate lang reiste die Weitzmann-Truppe mit dem Zirkus Ringling durch den nördlichen Teil der Vereinigten Staaten. Dann verlängerte Louis den Vertrag nicht mehr und ging nach Europa zurück.

Louis Weitzmann wieder in Berlin! Auf dem Nürburgring wurde zum ersten Mal der »Große Preis von Deutschland« ausgetragen, in Berlin aber wuchsen die Varietés förmlich über Nacht aus dem Boden. Nach der alten »Walhalla« war der »Wintergarten« jetzt zum Hauptanziehungspunkt für alle Berliner geworden. Louis zeigte seine einmaligen Leistungen auf dem Seil über der breiten Bühne des »Wintergartens«, und der Beifall, die Scheinwerfer und der flimmernde Sternenhimmel unter der Decke des Hauses, das war seine Schau, sein Ziel, der Höhepunkt seines Lebens.

Louis Weitzmann trat in allen großen deutschen Varietés auf, im »Krystall-Palast« zu Leipzig, im »Zentral-Theater« zu Magdeburg, im »Wilhelm-Theater« zu Görlitz und in »Liebig's Etablissement« zu Breslau.

In keiner Stadt gab es leere Häuser, im Gegenteil, die Varietés waren fast immer ausverkauft, und dazu trug auch der Auftritt des Artisten Weitzmann viel bei. Besonders in Schlesien und Sachsen hatte der Name Weitzmann seit Generationen einen guten Klang.

Diese Jahre waren auch für Louis im wahrsten Sinne des Wortes »goldene Jahre«. Hatte er einmal keine Lust, in einem Raum auf der Bühne zu arbeiten, wollte er sich mal wieder die frische Luft um die Nase wehen lassen, dann baute er seine fünfundzwanzig Meter hohen Masten unter freiem Himmel, in einem zoologischen Garten oder neben einem Festplatz, auf. Seine Taschen aber füllten sich mit Geld, das er auf die Bank brachte. Er wußte nur zu gut, und er merkte es bereits: Mit dem Älterwerden ließen seine Leistungen unaufhaltsam nach.

Von Deutschland aus bereiste er wieder die Balkanstaaten. Doch diesmal konnte er nichts Neues, keine Weltsensation mit nach Budapest bringen. Noch zeigte er seinen Kopfstand auf dem Seil, aber jetzt ohne Partner.

Da hörte er eines Tages, daß in Rumänien ein Zirkus-Unternehmen in Konkurs gegangen war.

»Das schickt uns der Himmel«, sagte Louis zu seiner Mutter. »Wir werden wieder einen Zirkus haben!«

Sofort lief er zum Postamt und gab ein Telegramm auf: »kaufe – zirkus – komplett – stop – weitzmann.«

Es war wirklich ein fast kompletter Zirkus, den Louis Weitzmann in Rumänien vorfand. Schnell wurde er sich mit dem ehemaligen Besitzer über den Preis und über die einzelnen Posten einig. Den Preis hatte er allerdings nicht in der Hand, weil er von vornherein zeigte, daß er gewillt war, den Zirkus auf alle Fälle zu kaufen. Aber Louis war ja nicht arm. Ähnlich verhielt es sich mit einer Gruppe von zwölf Löwen, die zum Zirkus gehörten, für die es aber zur Zeit keinen Dompteur gab. Louis mußte sie wohl oder übel für teures Geld mitkaufen. Auch ein Teil des Personals blieb bei ihm.

Wieder war Louis von früh bis spät auf den Beinen, trieb die Leute an, schonte sich selbst am wenigsten. Aus allen Teilen Europas reisten Artisten an, und die Farbe an den Wagen und Zäunen war noch nicht trocken, als der Zirkus Weitzmann seine erste Vorstellung gab.

Vor der Premiere sagte Louis zu seiner Mutter: »Jetzt wird mir der Max sehr fehlen, und auch Amanda werde ich vermissen. Mit den beiden hätten wir einen festen Grundstock für den Zirkus.«

»Du mußt aber bedenken, daß Max heute auch nicht mehr jung wäre, Louis. Das trifft auch für Amanda zu.« Mutter Weitzmann sah ihren Sohn fragend an. »Du selbst willst dich doch auch nicht mehr zur Hauptattraktion des Unternehmens machen, oder?«

»Natürlich nicht, Mutter.« Louis schüttelte den Kopf, während seine Blicke über das große Zelt streiften, das zwar an verschiedenen Stellen geflickt war, das aber seinen Zweck noch für einige Jahre erfüllen würde. »Wir haben jetzt ein komplettes Programm. Es sind zwar noch verschiedene schwache Stellen darin enthalten, aber· diese Lücken werden sich schließen. Ich habe auch schon einen Mann, der mit den Löwen arbeiten wird. Er kommt in einigen Tagen. Natürlich werde ich mir selbst ein paar

Nummern einstudieren. Als Zirkusdirektor muß man schon mit-arbeiten, wenn man Kontakt mit dem Publikum und mit den Artisten haben will und wenn der Zirkus nicht seinen Namen verlieren soll. Noch haben wir einen traditionsgebundenen Namen, aber ich werde schon dafür sorgen, daß der Zirkus Weitzmann genau so bekannt wird in der Welt wie der Artist Louis Weitzmann.«

Alle Erfahrungen, die Louis mit seinem eigenen Zirkusunternehmen oder in fremden Unternehmen als Artist gesammelt hatte, kamen ihm jetzt zugute, und er wertete sein Wissen aus.

Irgendwo und irgendwann in dieser Zeit stellte man Louis Weitzmann die Frage, ob er nicht froh darüber wäre, daß er sein Geld jetzt auf festem Boden und nicht hoch in der Luft auf einem Seil verdienen könne? Es müsse doch ein ganz neues Gefühl sein, jetzt für immer festen Boden unter den Füßen zu haben?

Louis sah den Frager verwundert an. »Was heißt denn für immer? Sie werden Louis Weitzmann noch oft genug auf dem Seil sehen. Schließlich lief meine Großmutter noch mit achtzig Jahren auf dem Hochseil. Und froh ist ein Artist nur, wenn er dem Publikum gute und schwierige Leistungen zeigen kann, nicht aber wenn er sich von diesen Leistungen ausruhen darf.«

Louis hatte sich mit einem stolzen Viermastzelt ein solides Unternehmen aufgebaut. Er durchreiste die europäischen Länder, während in Deutschland der Einfluß der Nationalsozialisten immer stärker wurde.

Wieder hatte der Zirkus Weitzmann Glück, denn als in der Türkei das große Erdbeben war, hatte er das Land nach einer zweiten Tournee wieder verlassen. Es wäre ihm sonst wohl genau so übel ergangen wie seinerzeit bei dem schweren Taifun in Hongkong.

Natürlich wollte auch Louis, jetzt, da sein Zirkus auf festem Boden stand, wieder als Artist mitarbeiten. Aber jetzt machte sich das lange Aussetzen stark bemerkbar, und seine Leistungen auf dem Seil waren kaum mittelmäßig. Da wandte sich Louis, der ja nie um einen Ausweg verlegen war, der artistischen Komik zu. Er trat in allen möglichen Kostümen auf, zeigte komische Nummern, und er bekam seinen Beifall dafür …

Louis Weitzmann als Zirkusdirektor

Clown Louis

Nach dem Krieg und dem erneuten Verlust seines Zirkus hatte sich Louis ein paar Hunde angeschafft und fing nun an, sie in geduldiger Kleinarbeit zu dressieren. Wenn sich herausstellte, daß ein Hund nicht geeignet war, dann gab er ihn wieder weg und suchte ein anderes, begabtes Tier.

Als er eines Morgens durch den Ort ging, entdeckte er plötzlich eine schwarze, angepflockte Ziege, die immer wieder allerlei muntere Bocksprünge vollführte. Louis sah sich das eine ganze Weile mit an, und ganz langsam breitete sich eine Idee in seinem Hirn aus. Es dauerte nicht lange, da verhandelte er schon mit dem erstaunten Bauern und kaufte ihm die Ziege ab.

»Was willst du denn mit der Ziege, Vater?« fragte seine Tochter verwundert. »Willst du die Milch oder willst du die etwa auch dressieren?«

»Die Ziege soll auf dem Seil laufen«, erklärte Louis lakonisch.

»Eine Ziege auf einem Seil?«

»Na ja«, lenkte er vorsichtig ein, »wenn auch nicht auf einem Seil, so doch vielleicht auf einer Stange.«

Er baute sich ein Gestell, das aus zwei Holzböcken und einer Querstange bestand und das auf jeder Seite ein paar Stufen hatte. Natürlich ließ er die Ziege erst einmal auf einer Stange balancieren, die dicht über dem Erdboden war. Das kostete nicht nur Zeit, sondern auch Nerven. Aber als es endlich klappte, ging er mit der Stange langsam höher. Dann kaufte er noch eine Ziege, die er ebenfalls in mühevoller Kleinarbeit dressierte.

In Leipzig trennte sich Louis von seiner Tochter. Er hatte ein Engagement beim Zirkus Aeros gefunden. Hier führte er 1946 seine dressierten Ziegen und Hunde erstmalig der Öffentlichkeit vor. Und er hatte Erfolg mit seinen Darbietungen, die zwar lange nicht so sensationell waren wie seine früheren Nummern, aber das Publikum fand viel Gefallen daran, und das war schließlich die Hauptsache.

Louis Weitzmann war von jeher ein großer Tierfreund gewesen. Seine Ziegen und Hunde waren für ihn wie seine eigenen Kinder. Niemals wandte er Gewalt an, wenn er den Tieren etwas Neues beibringen wollte. Die Tiere mußten selbst Spaß daran haben, das wirkte sich dann auch auf die Nummer aus und machte die Sache lustiger.

Mit seiner Schau wanderte Louis in der Folgezeit von einem Engagement zum anderen. Aber das, was er jetzt machte, das befriedigte ihn nicht. Er verdiente immer gerade soviel, daß er mit seinen Vierbeinern Nahrung hatte. Geld gab es schon genug, nur hatte es keinen Wert. Oft war nur Futter für die Tiere da, und für ihren Herrn blieb ein Kanten Brot. Und mit der Unterkunft klappte es auch nur, wenn er in einem Zirkus arbeitete. In einem Hotel oder in einer Pension kam er wohl mit seinen Hunden unter, aber niemals mit den Ziegen.

»Was haben sie da? Ziegen? Nein, das geht nicht, mein Herr. Wenn die Ziegen auch dressiert sind, so stinken sie doch.«

Dagegen war nichts zu machen, und er mußte jedesmal einen Stall für die Tiere suchen. Dann aber konnte er wieder nicht ruhig schlafen, weil er befürchtete, daß man ihm die Ziegen stahl. So dachte er darüber nach, ob es nicht besser und erfolgversprechender wäre, wenn er sich ein paar Affen anschaffen würde. Affen waren schon immer bei groß und klein ein besonderer Anziehungspunkt gewesen. Aber so ein Affe war teuer, und Louis wäre

nur an so ein Tier herangekommen, wenn er sich auf Schieberge-
schäfte eingelassen hätte. Aber, obwohl er schon immer ein guter
Geschäftsmann gewesen war, für Schiebereien und Betrügereien
war er nicht geeignet, das kannte er aus seinem Artistenleben
nicht.

Als er dann immer wieder Ärger mit den Ziegen bekam, verkaufte er sie. Er behielt nur seine dressierten Hunde und das für
ihre Arbeit angefertigte Gerät. Und damit reiste er dann nach
Berlin, mit viel Artistengepäck, aber mit nur einem nicht mehr
ganz neuen Anzug am Körper…

Ein kleiner Junge bohrte gedankenverloren in seiner Nase, und
ein Mädchen bekam vor lauter Staunen den Mund nicht mehr
zu. Auch die anderen Kinder, die vor der kleinen Schaubude
standen, begeisterten sich an den Kunststücken der drei Hunde,
die über eine Stange liefen, ein Rad in Bewegung setzten und
sonst noch allerlei Sachen vorführten, die man Hunden normalerweise nicht zutraut. So hatte der Mann, der die Hunde vorführte, eine Reihe kleiner Hürden aufgestellt, und während nun
ein Hund darüber hinwegsprang, kroch der andere unten hindurch.

Aber nicht nur die Kinder hatten ihren Spaß an den Vorführungen. Seit ein paar Tagen schon kam eine kleine, freundliche
Frau auf den Rummelplatz, auf dem Louis Weitzmann zur Zeit
seine drei Hunde vorführte. Anfangs hatte sie sich nur für die
Übungen der Hunde interessiert. Als sie jedoch wiederkam, um
den Hunden ein paar Fleischknochen zu bringen, kam sie langsam mit dem großen, immer noch recht stattlich aussehenden
Herrn ins Gespräch.

Louis klagte der Frau nichts vor, er dachte gar nicht daran. Er
erzählte ihr nur, daß es sehr schwer war, für die Tiere eine richtige Unterkunft zu finden. Außerdem brachte ihm seine Schau
wenig Geld ein, so daß er sein kleines Unternehmen nicht weiter
ausbauen konnte.

Es war 1949, kurz nach der Währungsreform. Die Leute hatten
plötzlich wieder »richtiges« Geld in den Händen, sie konnten
sich dafür etwas kaufen. Wer wollte in diesen Tagen, Wochen
und Monaten von dem guten Geld etwas hergeben, nur um ein

paar dressierte Hunde zu sehen? Nein, jetzt waren andere Dinge wichtiger. Natürlich ging es allen Schaustellern genauso schlecht wie Louis Weitzmann. Und nicht jeder hatte das Glück, mit einer so gutmütigen Dame in Verbindung zu kommen. Die Dame, eine geborene Wichmann, seit Jahren verwitwet, zeigte viel Verständnis für die derzeitige Situation dieses Mannes, von dem einmal eine ganze Welt sprach, der Herr über große Zirkus-Unternehmen gewesen war. Sie wußte genau, daß sie ihm keineswegs mit Mitleid und ähnlichem Zeug kommen durfte, denn er war ja kein Bettler, er zeigte hier den Erfolg seiner langen Dressurarbeit. Berta Wichmann wußte, was Artisten denken und fühlen, denn sie stammte ja selbst aus einer alten, angesehenen Artistenfamilie.

Ihre Eltern hatten halb Europa bereist, und ihr Onkel war mit seinen »Wichmann-Brothers« selbst in Amerika zu großem Ruhm gekommen. Sie waren verwegene Burschen, die keiner Gefahr aus dem Wege gingen. Sie zogen ihr Drahtseil über Flüsse und Schluchten, um dann darauf ihre Kunst zu zeigen.

Es war doch seltsam, daß ausgerechnet diese beiden aus Seiltänzerfamilien stammenden Menschen hier ganz zufällig zusammengetroffen waren. Auch wenn Berta Wichmann sich durch Heirat dem »bürgerlichen« Leben zugewandt hatte, so konnte sie ihr wirkliches Artistenblut niemals verleugnen.

Sie machte Louis einen Vorschlag: »Ich habe eine große Wohnung in Zehlendorf, viel zu groß für eine Person. Aber da hätten Sie reichlich Platz, auch für ihre Hunde. Allerdings muß ich darüber erst mit dem Hauswirt sprechen.«

»Und die Miete?«

»Miete natürlich zu den heute üblichen Sätzen«, erklärte sie, »denn so großartig hab' ich's auch nicht.«

Am nächsten Tag teilte sie ihm mit, daß alles in Ordnung sei. Und Louis zog mit seinem wenigen Gepäck und mit seinen Hunden in Berta Wichmanns Wohnung ein …

Berta hatte sofort gezeigt, daß sie es verstand, ein Steuer fest in der Hand zu halten. Auf ihr Anraten hatte Louis erst einmal einen Rentenanspruch geltend gemacht. Die Rente wurde bewilligt, und es gab eine bescheidene Nachzahlung von 200.-DM. Nach den entbehrungsreichen Jahren hätte das Paar sich jetzt etwas Besonderes leisten können. Louis brauchte unbedingt einen neuen Anzug. Man könnte auch ... Aber Louis überlegte nicht lange. Er nahm das Geld und ging einen jungen Rhesusaffen kaufen.

Sofort fing Louis an, ihn einzugewöhnen, vor allen Dingen mußte der Affe an die Hunde gewöhnt werden. Auch die anderen Hausbewohner mußten sich erst langsam an die Tiere gewöhnen, denn Weitzmann wohnte hier schließlich nicht in einem Zirkus. Sie nahmen sich noch eine Mansardenstube über der Wohnung dazu. Louis entwarf und baute sich selbst neue Geräte für eine Schaunummer. Ein Seil wurde durch den Raum gezogen, und in vielen Stunden brachte Louis »Max«, dem Rhesusaffen, das Seiltanzen bei. Max bekam eine Balancierstange in die Pfoten und lief nun auf dem Seil wie einst sein Herr in großen Zeiten. Wie oft mag Louis Weitzmann daran gedacht haben, als er später auch noch anderen Affen das Seiltanzen beibrachte.

Partner bei den Dressurarbeiten waren die beiden Zwergfoxterrier »Strolsch« und »Peter«. Peter glänzte mit seinen Sprüngen über die Hürden, während Strolsch den Affen mehr als Reit- und Zugpferd diente.

Louis Weitzmann sagt: »Ein Hund ist immer leichter zu dressieren. Er ist klug und begreift schneller, was man von ihm will. Bei Affen dauert es viel länger, bis sie etwas begreifen. Außerdem haben sie Kapricen und müssen mit unendlich viel Geduld und Liebe behandelt werden. Natürlich sind Affen turnerisch viel begabter als andere Tiere, aber diese Begabung muß eben in den richtigen Rahmen gelenkt werden, und das ist so schwierig. Wenn sie es aber erst einmal erfaßt haben, dann kann man sehr gut mit ihnen arbeiten.«

Der zweite Affe, der bald hinzu kam, erhielt den Namen Moritz, so daß das Paar »Max und Moritz« nun komplett war.

In der Öffentlichkeit trat Louis Weitzmann jetzt einmal als Clown Louis und zum zweiten als Kapitän Weitzmann auf.

Als Clown Louis sahen ihn die Kinder jeden Mittwochnachmittag im Berliner Zoologischen Garten. Und natürlich hatten die Kinder ihre helle Freude daran, wenn Max und Moritz auf dem Seil tanzten, wenn sie mit dem Fahrrad und mit dem Roller fuhren oder wenn sie zusammen mit den Hunden ein paar große

Räder und Scheiben in Bewegung setzten. Und Louis hatte die Begabung, immer wieder neue Überraschungen für sein Programm auszudenken.

Er steckte immer noch voller Ideen, aber er war zu alt geworden, um noch alles verwirklichen zu können.

Ihr Leben verlief in bescheidenem Rahmen. Sie selbst gönnten sich kaum etwas, denn die Tiere brauchten ihr Futter, die Affen besonders viel Wärme, neue Geräte mußten angefertigt werden, dann die Kostüme für die Tiere und für sich selbst, die Miete für die Wohnung – das alles verschlang jeden Pfennig, den sie verdienten.

Im Frühjahr 1953 kamen die beiden wieder auf einen neuen Gedanken. Sie wandten sich an die Schulbehörden mit der Bitte, ihre Tierschau den Kindern vorführen zu dürfen.

Als sie die Genehmigung bekamen, besuchten sie in jedem Monat drei bis vier Schulen. Zwischendurch zeigten sie die Schau in Altersheimen und Kinderpflegeheimen. Berta Wichmann hielt Vorträge über den Tierschutz und über die Tierpflege und sprach dann über die abenteuerlichen Erlebnisse ihres Mannes. Anschließend zeigte Louis dann sein recht abwechslungsreiches Programm.

Das trug natürlich wesentlich dazu bei, die finanzielle Lage der Weitzmanns zu verbessern. Sie schafften weitere Rhesusaffen an, die in langer Kleinarbeit dressiert wurden. Natürlich ging nicht immer alles glatt. Der treue Schäferhund, den Weitzmann schon aus Leipzig mitgebracht hatte, der seine Ziegenschau noch kannte, starb an einer Vergiftung, und »Pfiffi«, ein Foxterrier, fiel eines Tages aus dem Fenster der Wohnung und überlebte den Sturz nicht. Die Tiere mußten ersetzt werden, und Louis mußte den neuen das beibringen, was die beiden konnten. Aber es ging jetzt aufwärts…

Mit »Weitzmann's Affen- und Hunderevue« ging das Paar auf Tournee nach Westdeutschland. Eine Hilfskraft mußte angestellt werden, denn allein schafften sie die viele Arbeit nicht.

1954 gründete Louis Weitzmann, jetzt 74 Jahre alt, in Westdeutschland eine Arena. Die alten Leute hatten sich wahrhaftig jeden Pfennig vom Munde abgespart, um endlich wieder selb-

Altersporträt von Louis Weitzmann

ständig reisen zu können. Sie kauften Wohn- und Materialwa-
gen, ein Zelt zur Unterbringung der Tiere, die Bestuhlung für
die Arena, eine Lichtanlage, Lautsprecher und alles, was sonst
noch dazu gehörte.

Jetzt erst wurde für Louis richtig spürbar, daß er eine wundervolle und geschäftstüchtige Partnerin gefunden hatte, die gewillt war, mit ihm durch dick und dünn zu gehen. Sie suchte Agenturen auf und engagierte weitere Artisten mit kleineren Nummern für ihre Schau. Das Programm sollte ja so abwechslungsreich wie möglich sein, es sollte den Besuchern etwas Besonderes bieten.

Ganz unabhängig von fremden Transportmitteln und immer schön mit der Ruhe bereisten sie Bayern und Württemberg. Überall, fast auf jeder Messe, auf jeder Kirmes war auch Weitzmanns Hunde-und-Affen-Zirkus zu sehen. Die Zugkraft dieses kleinen Unternehmens war genauso stark, wenn nicht durch den bekannten Namen »Weitzmann« noch stärker als die anderer in dieser Zeit reisender Schauunternehmen.

Immerzu war Frau Wichmann auf den Beinen, um mit den Gemeinden und Agenturen zu verhandeln, und sie brachte es fertig, daß sie nie ohne Arbeit waren – wenn es nicht regnete.

Bei Regenwetter war der Zirkus Weitzmann zum Nichtstun verurteilt. Hier zeigte sich das alte Leiden einer Arena, die zwar nach allen Seiten abgeschirmt ist, die dem Gast auch von allen Seiten Zutritt gewähren soll, die aber nach oben hin kein Zeltdach hat. Also ein Schauunternehmen, das einfach nicht mehr in die Zeit paßte.

Eines Tages, als der Regen auf das Dach des Wohnwagens prasselte, als das Innere der Arena sich in ein richtiges Schwimmbad verwandelt hatte, beschäftigte sich Louis mit seinen Affen.

»Wenn du mal bei der Arbeit auch so eifrig wärst wie beim Fressen«, brummte er den kleinen Rhesusaffen an, der einfach nicht genug bekommen konnte und mit schriller Stimme immer mehr Futter verlangte.

»Was ist denn das hier für ein Geschrei?« fragte Frau Wichmann, die mit regentriefenden Kleidern in den Wagen kam. »Jetzt ist aber genug, du Vielfraß!«

Louis sah seine Partnerin fragend an. »Hat es geklappt?«

»Aber natürlich, Alterchen«, sagte sie. »Prima Fallschirmseide, die auch den Regen lange abhält. Gleich morgen werde ich mich hinsetzen und die einzelnen Bahnen passend für uns zusammennähen.«

»Dann können wir ja auch die beiden Masten aufstellen«, sagte Louis zufrieden, denn jetzt erst war das Unternehmen komplett, jetzt erst konnte er es einen Zirkus nennen. Tagelang nähte sie die Bahnen zusammen. Inzwischen waren die Masten aufgestellt und verankert. Wie eine Fahne wurde das Dach dann an den Stangen emporgezogen, und die beiden Fahnen, die sonst über dem Eingang geweht hatten, kamen jetzt ganz oben hin.

Sie merkten sehr schnell, wieviel besser es war, in einem geschlossenen Zelt zu arbeiten. Einmal bekamen sie bessere Artisten für ihr Programm, und das Publikum kam auch, wenn es nach Regen aussah, oder wenn die Sonne zu stark schien. Jetzt hatte man ja Schutz.

Alles lief jetzt wunderbar. Sie brauchten nicht mehr alles Geld in den Zirkus zu stecken, es blieb noch etwas für ihre ganz persönlichen Bedürfnisse übrig. Sie reisten in den Sommermonaten und hielten sich im Winter in Berlin auf, wo sie mit ihrer Tierschau auf vielen Veranstaltungen auftraten.

Es war 1957 in Wertheim a. Main, wo Louis Weitzmann ganz plötzlich einen Schlaganfall bekam. Er wurde in ein Krankenhaus gebracht und später, als es ihm besser ging, nach Berlin transportiert. Er erholte sich nur sehr schwer.

Schnell war das letzte Geld verbraucht, denn die Ärzte kurieren auch einen großen Artisten nicht umsonst. Was blieb seiner treuen Partnerin weiter übrig, sie mußte das kleine, aber gutgehende Unternehmen in Wertheim verkaufen, denn ohne Louis war es kein Zirkus mehr, ohne Louis hatte es alle Zugkraft verloren.

Kein Arzt konnte zu dieser Zeit sagen, ob dieser große, schwere Mann jemals wieder gesund werden würde, denn immerhin war er jetzt 78 Jahre alt.

Louis Weitzmann wurde nicht mehr richtig gesund. Alles war vorbei, alles bis auf den Hund und den Affen, die er noch einige Zeit bei sich in der Wohnung behielt, die ihm ab und zu eines ihrer Kunststückchen vormachen mußten. Später mußten auch diese beiden Tiere weggegeben werden.

Karl Wallenda

Ein Leben für das Hochseil

Aufgezeichnet von Ron Morris

Die Familie Wallenda kann ihren Ursprung bis an den Beginn des 18. Jahrhunderts zurückverfolgen, als ihre Urväter durch Böhmen zogen. Im Laufe der Jahrzehnte näherten sie sich immer mehr der Grenze zu Deutschland, überschritten sie schließlich, aber das Leben der Wanderartisten blieb sich auch hier gleich. Mit dem Wohnwagen zogen sie von einem Ort zum anderen, spielten auf dem Dorfanger, dem Marktplatz einer Kleinstadt oder auch mal in einem Wirtshaus. In Mainz wurde Karls Urgroßvater Johannes geboren, ein meisterhafter Akrobat. Seine drei Söhne Antonio, Gerhardt und Karl betrieben eine kleine Arena, die später von Karl allein weitergeführt wurde. Antonio gründete in Belgien den Zirkus Wallenda. Gerhardt wandte sich der Schaustellerei zu, seine Tochter Elsie wurde als Robbendresseuse bekannt. Karls Kinder blieben ebenfalls alle der Artistik treu: Marta als Löwendompteuse, Anna als Äquilibristin auf rollender Kugel, Clarissa dressierte Wölfe und Hyänen. Sein Sohn Englebert war ein Allroundartist, gleichermaßen begabt als Dompteur wie als Akrobat und Clown. Seine Spezialität war das fliegende Trapez. Leider war er als Familienvater weniger angenehm, und Karls Mutter Kunigunde ließ sich von dem jähzornigen Mann schließlich scheiden. Die Söhne Hermann (geb. 1900) und Karl (geb. 21. 1. 1905 in Groß-Ottersleben) reisten mit ihrer Mutter und der Arena von Großmutter Jameson, während der jüngste Bruder Willie (geb. 1906) vom Vater in seine Trapeznummer eingearbeitet wurde. Mama Wallenda heiratete den wesentlich jüngeren George Grotefent, der den Kindern eher ein Freund als ein Stiefvater wurde.

Als Karl zehn Jahre alt ist, zieht die Familie nach Groß-Ottersleben bei Magdeburg. Karl verdient sich seinen Lebensunterhalt durch nächtliche Auftritte in Kneipen, wo er Handstandtricks vorführt, während Hermann in einer Munitionsfabrik arbeitet und George zum Militär eingezogen ist. Nach dem Krieg ziehen sie wieder mit einer kleinen Arena umher, haben ab und zu auch kleine Engagements, aber verdienen insgesamt kaum den Lebensunterhalt. Durch eine Anzeige im »Programm« kommt Karl 1921 zu dem Hochseilartisten Louis Weitzmann in die Lehre. Sie treten in verschiedenen Zirkussen, so bei Beketow und Sarrasani, auf. Infolge privater Spannungen innerhalb der Truppe trennen sie sich, Karl und seine Partnerin Lena Schmidt schlagen sich mehr schlecht als recht durch. Max Zimmermann von der Stey-Truppe bringt Karl die Arbeit am Hochmast bei. Beim Zirkus Gleich gelingt es Karl, mit seinem Bruder Hermann, Lena und Joe Geiger eine herausragende Hochseilarbietung zusammenzustellen. Sie zeigen einen Dreimannhoch und den Handstand auf den Köpfen zweier Untermänner. Lena verläßt die Truppe, Helen Kreis kommt dazu, Karl heiratet Martha Schepp. Bei einem Engagement in Havanna sieht John Ringling ihre Nummer und verpflichtet sie in seine Show, wo sie siebzehn Jahre als Starartisten bleiben.

1946 bauen sie als Weltsensation die Sieben-Mann-Pyramide auf, mit der sie bis zum Absturz 1962 in verschiedenen Unternehmen auftreten. Bei dem Absturz werden zwei Truppenmitglieder tödlich verletzt, einer bleibt querschnittsgelähmt. Es hatte bei den Wallendas auch zuvor schon tödliche Unfälle gegeben. Trotz ihrer gefährlichen, riskanten Tricks haben die Wallendas immer ohne Netz gearbeitet. Die Siebenerpyramide wurde ein zweites Mal aufgebaut, aber nur in wenigen Vorstellungen gezeigt, dann ging Ende 1962 die Truppe auseinander.

Karl Wallenda trat mit einigen sensationellen Soloauftritten immer wieder ins Licht der Öffentlichkeit. So überquerte er das Baseball-Stadion in Philadelphia, die Tower Bridge in London, das Astrodome in Houston. Besonders spektakulär war seine Überquerung des Tallulah-Falls am 19. Juli 1970. Die Länge des Seils betrug über 300 Meter, es hing in der Mitte etwa zwei Meter durch. Seine Tochter Carla hatte mittlerweile die Leitung der neuen Wallendatruppe übernommen. Im Juli 1972 verunglückte ihr Mann Chico, der seinem Schwiegervater bei einem Auftritt am Ende des Seils die Balancierstange abnehmen wollte. Als die Wallendatruppe am 23. März 1978 ein Engagement in Puerto Ricos Hauptstadt San Juan hatte, stieg der dreiundsiebzigjährige Karl Wallenda auf das zwischen zwei Hochhäusern gespannte Seil. Ein Windstoß ließ ihn das Gleichgewicht verlieren, er stürzte ab. Millionen Fernsehzuschauer erlebten diesen Todessturz »live« mit. Am gleichen Abend stand seine Urenkelin, die siebzehnjährige Rietta, auf dem Hochseil. Die Wallendas arbeiten weiter, getreu ihrer Tradition.

Die Familie Wallenda um 1900

Bei Louis Weitzmann in der Lehre

Mama Wallenda hatte ihren sechzehnjährigen Sohn Karl unter
Tränen zum Zug nach Breslau, dem heutigen Wrocław, begleitet.
Nur mit viel Mühe hatte sie das Geld für die Fahrkarte zusam-
mengebracht, die er nun krampfhaft umklammerte. Es war seine
erste selbständige Reise. Der Bestimmungsort schien von Magdeburg so weit entfernt, wie heute eine Reise von Sarasota nach To-
kio anmutet.

Als Karl den langen Weg vom Breslauer Bahnhof zum Zirkus-
gebäude zurücklegte, den zerbeulten Pappkoffer in der Hand,
waren die Straßen mit lärmenden Sonnabendnachtschwärmern
gefüllt. Der Buschbau erschien ihm wie eine Zufluchtsstätte.
Doch im Inneren des Zirkusgebäudes angelangt, überkam ihn
Nervosität und Bangigkeit. Die Zunge schien ihm am Gaumen
zu kleben, als er sich endlich überwand, einen freundlich aussehenden Jungen seines Alters anzusprechen. Dieser erklärte ihm,

daß der gesuchte Weitzmann in der nächsten Nummer als Partner von Camilio Mayer auftrete.

Karl war nun noch verwirrter. Er wußte, daß Camilio Mayer der seinerzeit bekannteste Hochseilartist Europas war. Aber wenn Weitzmann ebenfalls ein Hochseilläufer war, wozu brauchte er einen Partner, der Handstand machte? Karl erinnerte sich genau der Annonce im Fachblatt »Das Programm«, die gelautet hatte: »Junger Mann, der Handstand kann, für Luftnummer gesucht. Louis Weitzmann, Zirkus Busch, Breslau«. Auf diese Anzeige hin war Karl Wallenda nach Breslau gereist – aber was sollte er mit Handstand auf einem Hochseil?

Camilio Mayer war breitschultrig und hatte ein kantiges Gesicht mit hervorstehenden Augäpfeln. Karl erinnerte sich, ihn einmal auf einem Jahrmarkt auftreten gesehen zu haben. Mayer hatte einen vollständigen eisernen Ofen auf dem Rücken zur Seilmitte getragen, sich auf einen Stuhl gesetzt und Kartoffelpuffer gebraten, die er dann den Zuschauern unter dem Seil zuwarf. Mayer hatte einen gewissen Ruf als Weiberheld, obwohl die »Weiber« meist vierzehnjährige Mädchen waren, die er in seiner Hochseilnummer mitarbeiten ließ. Zu seinen Lieblingstricks gehörte der »Schubkarren«, bei dem ein Mädchen mit den Händen ein Rad hielt, während Mayer, hinter ihr stehend, ihre Beine an den Knöcheln faßte und sie so übers Seil schob. Dabei machte er gewöhnlich anzügliche Bemerkungen. Er liebte auch theatralische Luftnummern. So balancierte er beispielsweise als Julius Caesar auf einem schmalen hohen Thron, während andere Darsteller unter ihm als seine Untertanen agierten.

Mayers Auftritt in Breslau war ähnlich theatralisch, aber etwas niveauvoller als der alte Kartoffelpuffertrick. Karl beobachtete ihn gespannt von einer Seite der Bühne aus. Ein Drittel der Nummer war vorüber, als Mayer sich auf dem Seil auf einem Stuhl niederließ. Einen Tisch auf den Knien balancierend, rief er ins Publikum: »Wer traut sich, mit mir hier einer Flasche den Hals zu brechen?« Er wirkte überzeugend wie ein betrunkener Bauer bei einem Saufgelage. »Er ist voll wie eine Haubitze!« raunten die Zuschauer erschrocken. In diesem Moment stolperte ein großer Mann, offenkundig ein angesäuselter Herr im Abendanzug, in die Manege zur Strickleiter, die zur Hochseilbrücke führte. Beschwingt erkletterte er sie, obwohl durch seine grotesk weite Kleidung behindert, die ihm das Aussehen einer Vogelscheuche verlieh. Der Junge neben Karl wisperte: »Das ist Weitzmann!«

Die zwei Artisten vollführten nun eine Reihe Tricks in Slapstickmanier, die das Publikum in Atem hielten. Es war unerklärlich, wie die beiden in ihrer Trunkenheit sich überhaupt aufrecht halten konnten, geschweige denn auf dem Seil balancieren. Auch Karl war sich nicht klar, welcher von den beiden der Betrunkenere war. Und mehr denn je wunderte er sich, was dieser Mann mit einem Handstandartisten wollte.

Karl traf Louis Weitzmann unmittelbar nach dessen Nummer und begleitete ihn zu seiner Wohnung. Der Artist war ein kräftiger Mann in den Vierzigern, über 1,80 m groß, grauhaarig und mit einem kalten Gesichtsausdruck, der einen Eisberg gefrieren ließ.

Er teilte seine Einraumwohnung mit zwei neunzehnjährigen Mädchen, die er – wie er sagte – in seine Nummer einarbeiten wolle. Eines der Mädchen war dunkelhaarig und zurückhaltend und die andere eine temperamentvolle Rothaarige namens Margarita. Es war offensichtlich, daß Weitzmann etwas mit ihr hatte, obwohl jedes Mädchen sein eigenes Bett besaß und auch für Karl ein Feldbett zur Verfügung stand.

»Hungrig?« fragte Weitzmann kurz.

Karl nickte. Er war immer hungrig, und jetzt besonders, da er sich hatte im Zug kein Essen leisten können.

Weitzmann wühlte in seiner Hosentasche und brachte einige kleine Münzen zum Vorschein. »Hier sind fünfzehn Pfennig. Geh runter und hol den größten Wurstzipfel, den der Fleischer dir dafür abläßt.« Was für ein Unsinn! Für diese paar Pfennige konnte er doch kaum etwas kriegen. Aber trotz seiner Ungläubigkeit tat Karl, wie ihn Weitzmann geheißen, und der Fleischer mußte Mitleid mit dem ängstlichen Jungen haben, denn er angelte ihm das größte Stück Wurst aus dem Glaskasten.

»Wäre ich bloß zu Hause geblieben«, murmelte Karl auf dem Rückweg. »Wenigstens zu essen hatte ich da immer.«

Weitzmann schnitt einen Laib Brot in vier Stücke, teilte die Wurst ebenso, und während des Essens fragte er Karl, ob der je

Der zehnjährige Karl und der fünfzehnjährige Hermann Wallenda

auf einem Hochseil gearbeitet habe. Nun hatte Karl zwar das Balancieren auf dem niedrigen Seil probiert und war rasch mit ausgebreiteten Armen über das Seil gelaufen, das Mama Wallenda für ihre Übungen benutzte, aber er hatte nie in der Höhe oder mit der Balancierstange geprobt. Er schob schnell ein Stück Brot in den Mund, um zu vermeiden, daß er antworten mußte, und nickte bloß. Louis beendete seine Mahlzeit, leckte die fettigen Finger ab und deutete dann auf eine Kohlezeichnung, die an die Wand geheftet war. »Die Original Louis Weitzmann Truppe« war in Blockbuchstaben quer über die Zeitung geschrieben.

»Die Hauptsache ist«, sagte Louis mit finsterem Gesicht, »daß du diesen Trick machen kannst.«

Karl starrte auf das Plakat und bekannte, daß er überhaupt nichts verstehe.

»Verstehen? Dummkopf? Was ist da zu verstehen?« Louis rülpste, dann deutete er mit seinem dicken, behaarten Finger auf die Zeichnung: »Ich mache auf dem Seil einen Kopfstand, und du machst dabei einen Handstand auf meinen Füßen. Verstehst du nun endlich? Es wird eine Sensation!«

Karl Wallenda wird nie den Schock vergessen, den er bei der bloßen Vorstellung dieses Tricks empfand.

»Ich starrte auf das Plakat, wieder und wieder, und mein Herz sank in die Hosen, und sogar mein Appetit verflog. Einen Handstand auf seinen Füßen in 18 m Höhe? Mein Gott, jetzt verstand ich. Er übertrieb nicht, wenn er den Trick eine Sensation nannte. Aber der Kerl war einfach verrückt!«

In jener Nacht lag Karl schlaflos mit zitternden Knien. Seine Zähne klapperten wie Kastagnetten. Wie konnte er das Fahrgeld für die Rückfahrt zusammenkriegen? »Ich bin zu jung, um zu sterben«, flehte er zum Himmel. »Wenigstens laß mich vorher noch erleben, wie es mit einem Mädchen ist.« Beim Morgengrauen war selbst der Gedanke an Mädchen ausgelöscht, und er betete innerlich: »Lieber Gott, ich will immer ein guter Junge sein. Nur laß mich raus hier!« Es schien ihm glatter Selbstmord, mit einem Wahnsinnigen wie Louis Weitzmann zusammen zu sein. Um sechs Uhr früh schüttelte Weitzmann seinen neuen Lehrling aus dem Bett. »Los, du Faultier. Denkst du, du bist im Urlaub? Wir müssen proben!«

Louis brachte Karl direkt zum Zirkus Busch, wo er ein Übungsseil einen halben Meter über der Bühne gespannt hatte.

Er kniete darauf, um die Spannung zu prüfen, stand dann auf und warf Karl eine Balancierstange zu. Sie bestand aus drei hölzernen Teilen, die mit Zinnstreifen aneinandergefügt und an beiden Enden mit Eisen beschwert waren. Karl schien sie eine Tonne zu wiegen, und er stieß fast Louis damit in den Bauch, als er unbeholfen auf einen Stuhl stieg, um die Höhe des Seils zu erreichen. Dann stand er und versuchte sie zu balancieren. »Die Stange höher!« kommandierte Louis. »Faß sie fest an. Auf dem Seil bedeutet die Stange dein Leben. Worauf wartest du? Lauf endlich los!«

»Ich setzte vorsichtig einen Fuß aufs Seil, dann den anderen, ich versuchte wie verrückt, das Gewicht der Stange auszubalancieren, aber allmählich gewann ich das Gleichgewicht. Auf einmal wußte ich, daß ich es konnte!«

»Dummkopf!« schrie Louis wieder. »Wie oft muß ich dir sagen, daß du die Stange höher halten sollst. Und setz deine Füße fester aufs Seil, damit du ein Gefühl dafür bekommst. Nun fixiere deinen Blick auf einen Punkt über dir, dort, das Ausgangsschild, gut ... gut ...« – und der ängstliche Schüler hatte das Seil überquert. Louis lächelte sogar. Seine Stimme war weich. »Du hast schon Erfahrung darin, ja?«

»Ach, das war gar nichts«, entgegnete Karl.

»Ich und meine große Klappe. Als er das hörte, wollte er gleich den Handstand probieren.«

»Zuerst lernst du, auf meinen Schultern Handstand zu machen«, erklärte er. »Wenn du das beherrschst, übst du ihn auf meinen Füßen.« Er rieb sich die Hände wie ein gieriger Ladenbesitzer. »Wir werden einen sensationellen Trick herausbringen. Aber erst mal üben wir auf dem Boden.« Mit diesen Worten setzte er sich auf den Fußboden, rollte auf den Rücken, zog die Knie an und sagte: »Du hältst dich an den Schuhen ... so ...«, dann streckte er die Beine in die Höhe, »und ich mache den Kopfstand, während du im Handstand auf meinen Füßen stehst. Ganz einfach, was?«

»Warum bin ich nicht gestern abend ausgerissen? Wenn ich jetzt abhaue, wird er wild und bringt mich um.«

Noch nie hatte jemand einen solchen Trick versucht. Es war auf dem Hochseil garantierter Selbstmord.

»Herr ... Herr Weitzmann«, stotterte Karl. »Den Trick auf Ihren Schultern, den kann ich lernen, denke ich. Aber wie soll ich auf Ihre Füße kommen? Sie sind doch viel größer als ich. Ich kann die notwendigen Bewegungen doch nie auf dem Seil ausführen!«

In Sekundenschnelle war Weitzmann auf den Beinen und schüttelte Karl wie eine leblose Puppe. »Sag niemals ›nie‹ zu mir«, herrschte er ihn an. »Üben, Wallenda, so wirst du es machen. Üben und üben!« Er stieß Karl auf einen Stuhl, blickte auf das Hochseil in 18 m Höhe über ihnen, schüttelte die Fäuste und drohte: »In zwei Wochen zeigst du da oben diesen Trick. Sonst ...« Er schlug mit der Faust auf eine Handfläche, was dem verschüchterten Anfänger Erklärung genug war.

Karl lebte diese zwei Wochen mit der Balancierstange in der Hand. Weitzmann spannte das Übungsseil höher und höher. Er war besessen von »*dem* Trick«. Je näher der Tag des ersten Auftritts rückte, desto ungeduldiger und übellauniger wurde er. Die kleine Truppe existierte von trockenem Brot und Wurstzipfeln. Karl gab alle Zukunftshoffnungen auf. Er schwor sich jeden Tag aufs neue, daß er nie wieder eine Annonce beantworten werde.

Sie debütierten in einem alten Breslauer Varieté, das »Zeltgarten« hieß. Karl war am Tag der Premiere erst sechzehn, aber er war sich sicher, daß er seinen siebzehnten Geburtstag nicht erleben würde. Weitzmann hätte für ihren Auftritt den Zirkus Busch bevorzugt, aber zu jener Zeit wurden Hochseilnummern noch nicht als »richtige Zirkusnummern« betrachtet, sondern galten als »Jahrmarktsattraktion«, als »Zigeunernummer«. Camilio Mayer war nur deshalb im Zirkus engagiert, weil so kurz nach dem Krieg keine großen Darbietungen zu bekommen waren.

Im »Zeltgarten« gab es nur einen Rang, und das Seil wurde von einer Logenseite zur anderen quer über den Orchestergraben gespannt. Ein kleines, nutzloses Netz wurde mit dünnen Drähten dort über dem Orchestergraben befestigt, wo die Haupttricks vorgeführt wurden.

Weitzmann & Co folgten einer Hundenummer und beendeten den ersten Teil der Vorstellung. Wallenda sah nervös vom Rang auf die Bühne und bemerkte, wie die gesamte Mannschaft des Hauses sich in den Seitenflügeln versammelt hatte, um die Hochseilnummer zu verfolgen. Man hatte ihm zugetragen, daß Wetten abgeschlossen worden waren, daß wenigstens einer von ihnen sich den Hals brechen würde. Ein älterer Akrobat kam auf den Rang und nahm Karl beiseite. »Sieh mal, Junge«, beschwor er ihn, »ich habe deinen Vater gekannt. Du bist verrückt, wenn du auf dieses Seil gehst. Denkst du, Weitzmann kümmert es, ob du dir den Hals brichst?« Während er sprach, hatten sich die Musiker vom Orchestergraben auf die Bühne verzogen. Sie hatten nicht die Absicht, diesen verrückten Weitzmann oder Wallenda auf ihren Köpfen landen zu lassen.

Die Wahrheit ist, daß Karl sich vor nichts mehr fürchtete als vor Weitzmann, wenn er die Nummer nicht vorführte. Irgendwie ging es dann jedenfalls los. Jeder von ihnen lief erst einmal einfach übers Seil, zuerst die beiden Mädchen, dann Karl, abschließend Weitzmann. In der Mitte des Seils hielten sie an, hoben ein Knie in Höhe der Balancierstange, erhoben einen Arm und riefen »Hepp!«. Dann zeigte Louis einen einfachen Kopfstand, die Mädchen liefen wieder übers Seil, dann überquerte Louis es auf einem Fahrrad. So weit war es die übliche Hochseilarbeit. Jeder war für seine eigene Sicherheit verantwortlich. Zu jener Zeit gab es kaum Partnerarbeit auf dem Hochseil.

Doch nun kamen die schwierigen Tricks. Karl – ohne Balancierstange an Louis' Hemd sich festhaltend – folgte Weitzmann bis zur Mitte. Louis bückte sich, Karl ergriff seine Schultern und erhob sich zum Handstand, dann lief Louis mit Karl im Handstand auf seinen Schultern bis zum Seilende. Der Applaus war kräftig. Aber der Haupttrick sollte ja noch kommen. Wieder folgte Karl Louis ohne Stange. Diesmal kam Margarita ihnen entgegen, und sie trafen sich in der Mitte. Louis kniete, legte seine Balancierstange im rechten Winkel aufs Seil und erhob sich dort, wo Seil und Stange zusammentrafen, in den Kopfstand. Zur selben Zeit hängte Margarita sich im Zahnhang an einem Mundstück unters Seil. Karl ergriff Louis' Sohlen und drückte darauf einen Handstand.

Die zuschauenden Artisten rasten vor Begeisterung. »Phantastisch!« schrien sie. »Bravo!« Sie klatschten auf der Bühne und trampelten vor Enthusiasmus. Ihre Reaktion war sogar stärker als die des Publikums, das die ungeheure Schwierigkeit dieses Tricks gar nicht richtig begriffen hatte. Für Karl bestand die größte Befriedigung darin, daß er noch am Leben war.

Seit diesem Abend waren sie ein Trio. Das dunkelhaarige Mädchen hatte nach der Vorstellung den Koffer gepackt und sich verabschiedet: »Ihr seid völlig verrückt!« Doch Margarita blieb. Diesem Feuerkopf war jede Aufregung recht, nichts konnte sie abschrecken.

Louis nahm Margarita und Karl zur Feier ihres Erfolges mit in eine Bierhalle. Sonst so verschlossen, lockerte er sich an diesem Abend. Es war für Karl seit seinem Weggang von zu Hause auch die erste warme Mahlzeit. Der ausgehungerte Akrobat verschlang Sauerbraten, Rotkohl und vielleicht ein Kilo Kartoffeln. Louis wurde vom Pilsner Bier allmählich betrunken und gestand, daß er vor Karl vierzehn Bewerber geprüft hatte, aber Karl war der erste gewesen, der »*den* Trick« machen konnte. Weitzmann zog Margarita mit einem Arm an sich, und mit dem anderen knallte er sein Bierseidel auf den Tisch, als er rauh und zugleich sentimental zu schwärmen anfing, wie sie in aller Welt vor dem besten Publikum auftreten würden.

»Der Palace in New York«, versprach er ihnen, »Cirque d'Hiver in Paris, London, Rom, der Wintergarten in Berlin.«

Was für ein wunderbarer Traum. Vor Präsidenten, Königen und Herrschern zu spielen. Doch es war ein Traum, dessen Realität lediglich einer an diesem Tisch erleben sollte.

Als Solonummer beim größten Zirkus der Welt

»Ladies and Gentlemen… Boys and Girls…« Die Stimme Clyde Ingalls drang übers Mikrofon bis in die letzten Reihen des New-Yorker Madison Square Garden. Normalerweise managte Ingall die Sideshow der Ringlings, doch bei besonderen Anlässen übernahm er die Ansage im Ringling Bros. and Barnum & Bailey Circus.

»… Richten Sie Ihre Aufmerksamkeit nach oben … zum ersten Mal in Amerika … todesmutige Menschen in schwindelnder

Höhe … ohne Netz … Wir bitten um absolute Stille für die Darbietung der Gr-r-reat Wallendas!«

Obwohl die Ringlings in ihren drei Manegen und vier Bühnen oft ein Dutzend Nummern gleichzeitig laufen ließen, hatten sie den Wallendas einen Soloauftritt eingeräumt. Was für eine Riesenschau das war, registrierte Karl beim Erklettern der Strickleiter, sie entsprach der Größe von zehn europäischen Zirkussen. Selbst Zirkus Gleich war im Verhältnis dazu eine bloße »Hunde- und Ponyschau«. Hier zählte man die Tiere nicht einzeln, sondern nach Dutzenden. Im gleichen Programm wetteiferten mit den Wallendas die Luftnummern der zierlichen Lillian Leitzel, »Königin der Einarmschwünge«, und die Drei Codonas, die ersten Flugtrapezartisten der Welt, die den dreifachen Salto im Repertoire hatten.

Den berühmten Alfredo Codona hatte Karl in der Nacht zuvor unter unerfreulichen Umständen getroffen. Mister John Ringling hatte in Karls Hotel um drei Uhr früh angerufen, seiner üblichen Arbeitszeit. »Wir brauchen Sie im Garden!« hatte der Chef ungerührt angeordnet und dort Karl und Hermann erklärt: »Ich habe nichts dagegen, daß Ihr Burschen Erfolg haben wollt, alles in Ordnung, aber verdammt noch mal, der Himmel ist nicht immer das Richtige. Ihr habt Euren Draht so hoch gespannt, daß Ihr kleiner als Fliegendreck an der Decke ausseht.«

Er hatte breitbeinig dagestanden, die Daumen in den Westentaschen verankert, als die beiden Wallendas widerwillig ihren schmalen Pfad auf die Höhe von nur zwölf Metern senkten. Doch das hatte ein neues Problem mit sich gebracht: Der Flugapparat der Codonas hing der festen Verspannung ihres Seils im Wege und mußte einige Meter verrückt werden. Alfredo, ein attraktiver junger Mann, der kürzlich auch in einem Film mitgewirkt und seine Popularität als Starartist vergrößert hatte, weigerte sich mit der Begründung, er sei nicht gewillt, zu einer Seilnummer die zweite Geige zu spielen.

Mister John hatte Alfredos Ausbruch ignoriert. Gleichmütig an seiner Zigarre ziehend, hatte er das Gewirr der Drähte von den verschiedenen Luftdarbietungen gemustert, das sich über ihnen wie das Netz von Trolleybusleitungen an einer Kreuzung ausbreitete. Nach einem Moment des konzentrierten Nachdenkens hatte er angeordnet, daß das Seil in einem anderen Winkel gespannt werden solle, völlig unterschiedlich zu dem, was die Wallendas gewohnt waren.

John Ringling hatte die Unsicherheit der Wallendabrüder bemerkt. »Ihr seid sicher, daß Ihr nicht Eure Meinung ändert und lieber ein Netz spannt?« hatte er gefragt und auf das weiße Sicherheitsnetz der Codonas gedeutet. Karl hatte energisch den Kopf geschüttelt: »Auf keinen Fall. Wenn wir die Gefahr verringern, werden wir bestimmt leichtsinnig und stürzen.« Als die Truppe sich jetzt auf den beiden Brücken des Hochseils versammelte, bangte Karl nur darum, daß das Seil ihrer aller Gewicht aushalten würde. Sein Herz schlug wie ein Golfball an die Rippen, als die Scheinwerfer auf sie schwenkten und sie aus dem Dunkel der Halle heraushoben.

»Viel Glück«, sagte Helen, als Karl das Fahrrad bestieg und zu Joe auf die andere Plattform fuhr, während er seine Matrosenmütze mit wildem »Hallo« schwenkte. Vom Publikum kam keine Resonanz. Er machte auf Joe Geigers Schultern einen Handstand, und der trug ihn so bis zur Mitte des Seils, wo indessen Hermann angelangt war. Nun zeigte Karl seinen Handstand auf den Köpfen von Hermann und Joe. John Ringling hielt das für ihren besten Trick, aber kein Laut der Anerkennung kam aus den Tiefen des Zuschauerrunds. Es war eben doch ein Fehler gewesen, das Seil niedriger zu ziehen.

»Vielleicht schafft es der Stuhltrick!« murmelte Karl, als sein Bruder Hermann sich auf dem Seil umdrehte. Er und Joe trugen nun auf der Schulterstange Karl, der auf seinem Stuhl waghalsig kippelte. »Sei vorsichtig«, warnte Hermann, als der Stuhl beängstigend schwankte, »du bringst uns aus der Balance.« Dann bereiteten sich die Great Wallendas auf ihren berühmten Dreimannhoch vor. Das Publikum war so regungslos in dem weiten Raum, als sie mit ihrer Pyramide das Seil betraten, daß man hätte die berühmte Nadel fallen hören. »Hepp!« kommandierte Karl die zierliche blonde Helen auf seinen Schultern, die sich nun mit ausgebreiteten Armen hoch aufrichtete. Völlige Stille. Es war, als würden sie im Vakuum arbeiten, wie eine einsame Seifenblase im kosmischen Raum. Das hielt an, bis sie die Plattform erreichten. Da brach die Menge in einen Sturm von Trampeln

Ein Spitzentrick: Handstand auf den Köpfen der Untermänner

und Pfeifen aus, daß Karl Tränen in die Augen schossen. Er war sprachlos und vollkommen verwirrt. Ein Publikum, das pfiff oder trampelt, zeigt in Deutschland, daß ihm die Darbietung mißfallen hat.

»Laßt uns bloß schnell verschwinden«, sagte Karl gepeinigt. Sie glitten schneller die Strickleiter hinab als sie hinaufgeklettert waren und ließen nur eine Staubwolke von Sägemehl hinter sich, als sie hastig die Manege verließen. Der ohrenbetäubende Lärm folgte ihnen auf dem Weg bis zum Garderobenraum, wo sie noch immer die gellenden Pfiffe hörten.

Eilends kleideten sich die Wallendas um, mit blutendem Herzen, ihres Fehlschlags gewiß und besorgt, daß diese »Cowboys« einen Lynchmord vorhatten, als das Getöse noch um einige Dezibel anschwoll. Da waren sie nun in der sagenhaften Neuen Welt, beherrschten die Sprache nicht, nannten alle zusammen weniger als hundert Dollar ihr eigen und hatten eben – ein unerträglicher Gedanke – den größten Durchfall Amerikas erlitten.

Ein schreckliches Fäustetrommeln ließ die Tür erzittern.

»Haltet sie zu!« rief Karl. »Sie werden uns an unserem eigenen Hochseil aufhängen!« – »Kommt sofort raus!« befahl eine strenge Stimme in deutsch. Es war Fred Bradna, Mister Johns erster Mann in der Direktion, ein gebürtiger Elsässer. »Ihr müßt! Die Leute schreien nach euch. Wir können nicht weitermachen, bevor ihr euch nicht noch mal gezeigt habt.«

»Was? Damit sie uns mit faulen Eiern schmeißen? Laßt uns in Ruhe. Wir sind genug gestraft.«

»Ihr habt hundertprozentig mißverstanden!« lachte Bradna und schob sein gepflegtes Gesicht durch den Türrahmen. »Sie sind völlig verrückt nach eurer Nummer. Ich habe nie ein Publikum so reagieren gesehen.«

In fünf Minuten hatten sie ihre Matrosenkostüme wieder angezogen und standen in der Manege. Drei Kunstreiternummern hatten in der Zwischenzeit vergeblich den Versuch unternommen, den Applaus zu dämpfen. Als nun die Wallendas unsicher in die Mitte traten, ließ das Hurragebrüll der Zuschauer die Fenster des Madison Square Garden erzittern. Die Pferde der Reiternummern, unter denen die berühmte Reiffenach-Truppe war, wurden gestoppt, und die Vorstellung der Größten Show der

Welt wurde unterbrochen, als der großgewachsene Fred Bradna die vier Wallendas um den riesigen Dreimanegenring führte. John Ringling, dessen dunkles Gesicht zu einem besitzerstolzen Grinsen verzogen war, schritt in der Mitte auf sie zu und riß Karls Arm empor, als wäre der ein siegreicher römischer Gladiator.

Das brachte den Zuschauerraum zur Raserei. Es wurde später gesagt, es sei die längste Ovation gewesen, die die Show je erlebt hatte.

Über Nacht waren die Wallendas zu Berühmtheiten geworden. Publikum und Presse feierten sie fanatisch.

New York City. Das war der größte Zirkus der Welt mit einer vierundzwanzigstündigen Vorstellung täglich. Die vier jungen Deutschen wanderten staunend durch die Straßen Manhattans. Der Verkehr verblüffte sie, sogar der unerschütterliche Hermann war angesichts der schnellen Autos von Furcht erfüllt. Seine Ängste waren in einem Interview mit der »Evening Post« ausgedrückt: »Die Risiken auf dem Hochseil sind kalkuliert. Und der Applaus ist wie ein Rausch. Aber wer applaudiert, wenn du dein Leben riskierst, um die Straße zu überqueren?«

Doch Hermanns größter Kummer war, daß er kein richtiges deutsches Bier bekommen konnte, vor allem wegen der Prohibition. Dann schloß er Bekanntschaft mit einem Streifenpolizisten, der aus Magdeburg stammte. Sein neuer Freund führte ihn in eins der freundlichen »speakeasy« ein, das bequemerweise gleich im Erdgeschoß des Hauses war, wo die Wallendas wohnten. In diesen »speakeasy« – Kneipen ohne Konzession – blühte der illegale Handel mit jeder Sorte Alkohol.

Den ersten Auftritt im Zeltzirkus der Ringlings erlebten sie in Washington, wo sie mit der schier unlösbaren Aufgabe konfrontiert wurden, ihr Hochseil über die gesamte Breite des gigantischen Chapiteaus zu spannen. Das »big top« konnte 15 000 Zuschauer fassen und hatte die dreifache Größe von Gleichs Dreimanegenzirkus. Die Ausrüstung der Wallendas wog mittlerweile 230 kg, eine große Belastung für das Seil. Wieder einmal fungierte Mister John als rettender Engel. Als die Wallendas beim Aufbau sorgenvoll die Anstrengungen der Manegenarbeiter beobachteten, wandte John Ringling sich an den Boß der Zeltarbeiter: »Schätze, daß diese Absicherung bei Morast nicht hält. Und was ist bei Sandboden, Windböen und Eis?« Verschiedene Vertäuungen wurden ausprobiert, keine erschien vertrauenerweckend. Sie experimentierten bis nach Mitternacht, dann waren alle völlig übermüdet – bis auf die »Nachteule« Mister John, der immer munterer zu werden schien, je mehr die Nacht fortschritt. Schließlich kam Fred Bradna auf die Idee, daß zwei Masten außerhalb des Zeltes aufgestellt und mit dem Hochseil verbunden würden, an denen die »dead men«-Blöcke so befestigt werden konnten, daß nicht mal Dynamit sie erschüttern könnte. »Aber wo kriegen wir mitten in der Nacht solche Masten her?« überlegte er sorgenvoll.

Das aber war nun wiederum genau Mister Johns Spezialität. Er kannte in jeder größeren Stadt die wichtigen Leute, und viele von denen schuldeten ihm einen Gefallen. Innerhalb einer Stunde war eine Mannschaft der Chesapeake and Potomac Telephone Company angeheuert, die Telefonstangen in den Boden rammte. Es erwies sich als brauchbare Lösung, und noch heute arbeiten viele Hochseiltruppen auf diese Weise, wenn sie im Chapiteau auftreten.

In der Bundeshauptstadt Washington lernten die Wallendas auch zum ersten Mal den Zirkussonderzug kennen, der für die Dauer der Saison ihr Zuhause bilden sollte. Als sie den ihnen zugewiesenen Platz sahen, waren sie schockiert: 64 Personen teilten sich in einen Waggon, Männer, Frauen und Ehepaare alle zusammen. Für George M. Pullman wäre solch ein Ringlingscher Schlafwagen ein wahrer Alptraum gewesen. Ehepaare erhielten oft eine untere und eine obere Schlafkoje zugeteilt; der Lärm und das Durcheinander ließen kaum jemand zur Ruhe kommen. Nun verstand Karl, warum Freunde ihm geraten hatten, auf einer Extrakabine zu bestehen.

Während seines Engagements im Madison Square Garden hatte Karl sich fremd und verloren gefühlt. Das Ungewohnte der amerikanischen Umgebung stand in so starkem Kontrast zu der Tatsache, daß die Wallendas die Sensationsnummer der Show darstellten, daß Karl sich nur wohlfühlte, wenn er hoch oben auf dem Seil war. Hier brauchte er nicht das fremde Englisch, nur Mut und seine Balancierstange.

Die Wallendas in New York

Ein großer Teil des Unbehagens rührte daher, daß die Wallendas die amerikanischen Sitten nicht kannten. Wenn Karl durch den Bühneneingang kam, tippte er grüßend an den Hut und wünschte »Good morning«, was seine einzige englische Phrase war. Aber die anderen Artisten und Angestellten erwiderten den Gruß nicht, sondern spuckten wortlos zur Seite. Gab es irgendein Geschwätz um die Wallendas? Warum waren sie unpopulär?

Schließlich beklagte sich Karl bei Mister John: »Ich möchte wieder nach Hause. Diese Leute hier, sie spucken vor mir aus.«

Der Impresario biß amüsiert seine Zigarre ab und hielt das Ganze für einen sehr ulkigen Scherz: »Das ist doch bloß der Kautabak. Entspanne dich. Das darfst du doch nicht persönlich nehmen.«

Aber Karl sehnte sich nach Europa.

Sie mußten sich noch an vieles gewöhnen, als der Zirkus erst einmal Washington verließ und mit Eintagesgastspielen durchs Land reiste. Die Gesamtzahl aller Beschäftigten bei der Show, Artisten, Dresseure, Zeltarbeiter, Stallburschen, Sideshowpersonal, Billettverkäufer, Händler usw., betrug 1600 Leute. Eine solche Menschenmenge so zu führen, daß nicht einer über den anderen fiel, sondern jeder an seinem Platz zur richtigen Zeit seine Arbeit tat, erforderte genaue Regeln und straffe Disziplin.

Allein um jeden Abend seinen Schlafwagen zu finden, brauchte man einen Plan. Die Show reiste mit drei langen Sonderzügen, die oft auf freiem Feld ein bis zwei Kilometer von dem Zirkusplatz entfernt abgestellt waren. Ein Bus fuhr die Zirkusleute, aber trotzdem verbrachten die Wallendas in ihrer ersten Saison manche Viertelstunde damit, ihren Wagen zu suchen. Jeder Artist durfte einen Koffer mit sich führen und außerdem einen Kostümkoffer, der in einem speziellen Kostümwagen untergebracht war. Diesen Kostümkoffer fand jeder an seinem bestimmten Platz im Garderobenzelt. Wenn man ihn mit sich nahm, war das das Zeichen für die Kündigung des Engagements. Ein Regalbrett und ein Spiegel in der Breite des Koffers wurden vom Zirkus gestellt. Zwei Eimer Wasser waren täglich pro Kopf erlaubt: zum Abkühlen, Wäschewaschen und Baden. Im Herbst überzog Eis die Wasserfläche. Heißes Wasser konnte man aus der Küche beziehen – für 25 Cent Trinkgeld.

Es wurde Trinkgeld für dieses und für jenes gegeben, und am Ende der Saison war die Hälfte der Gage für diese täglichen Kleinigkeiten draufgegangen. Eine Extratasse Kaffee? Butter zu deinem Essen? Eine ausgestreckte Hand wartete auf ihren Lohn. Das Essen war zwar immer gut, aber im Sommer herrschte im Speisezelt eine unerträgliche Hitze, und es war von Fliegenschwärmen erfüllt – Joe und Hermann schafften es, trotzdem normal zu essen, aber die anderen beiden brachten kaum einen Bissen hinunter.

Auch das Garderobenzelt wurde unzumutbar heiß. In den Tagen des alten Barnum & Bailey Circus hatte es für alle Artisten ein einziges Zelt mit einer trennenden Leinwand gegeben. Inzwischen standen je ein Zelt für Männer und für Frauen zur Verfügung. Als die Wallendas es geschafft hatten, einen eigenen Garderobenwagen zu bekommen, fühlten sie sich wie im siebenten Himmel. Dieser Wagen wurde benötigt, um die Kostümkoffer vom Zug zum Zelt und zurück zu transportieren. Er stand auf dem Zirkusgelände immer am selben Platz. Dieser Zirkusplatz war eine kleine Stadt auf Rädern, man kannte seine Nachbarn, es entwickelten sich Freundschaften, und es herrschte eine familiäre Atmosphäre. Auf Wäscheleinen hingen die Kostüme zum Trocknen. Der Hintergrund der wechselnden Städte veränderte sich, nie aber die transportablen Straßen der Zirkusstadt.

Der alte rotgoldene Garderobenwagen der Wallendas existiert noch und befindet sich im Ringling-Zirkusmuseum in Sarasota. Hier ist eine Zirkusstadt à la Ringling aufgebaut, mit ihren Handwerkerwagen, der Schmiede, den Garderobenwagen in rot und gold und mit der Wäsche auf der Leine. Karl geht manchmal hin und bekennt, daß der Anblick des alten schweren Wagens seine Kehle rauh werden läßt: »Ich sehe Helen beim Ausbessern der Kostüme, Hermann und Joe hinter dem Wagen sich ausruhen und Zeitung lesen. Ich sehe viele Freunde, die in den sechzehn Jahren kamen und gingen.«

Aber nichts kann lebendiger sein in Karls Erinnerung als diese erste Saison beim Ringling Bros. and Barnum & Bailey Circus.

Mit den Ringlings auf Tournee

Hundert Clowns! Fette, mit einem ungeheuren Wanst ausge-
stopfte Possenreißer mit winzigen Hütchen. Lange Dünne mit
Riesenschuhen. Chaplinfiguren. Zerlumpte Trampclowns.
Dumme Auguste. Spaßmacher in glitzernden Harlekinkostümen.
Weißgesichtige Pierrots mit Spitzhüten. Zwergclowns zu Dutzenden in Seifenkistenautos. Stinkbombenspezialisten. Ein verrück-
ter Haufen von Clowntypen, die als Waschweiber, exzentrische
Zahnärzte oder Polizisten verkleidet waren: eine Kittnasentruppe
des Lachens, in die Hermann und Joe sich bald einreihten.

Die Clownerie bestand aus Feuerwerksspektakel, komischen
Verrenkungen und Slapstickspäßen. Eine ganz harte Arbeit.
Aber es war einfach so, daß die Wallendas verzweifelt jeden Cent
Extraeinkommen benötigten. Star zu sein war Lebensinhalt, aber
den Lebensunterhalt zu verdienen war eine ganz andere Sache.
Mit nur 205 Dollar die Woche konnten die vier Wallendas ein-
fach nicht existieren.

Karls Ehefrau Martha war in Washington wieder zur Truppe
gestoßen. Ihre Tochter Jenny hatte sie bei der Großmutter in
Deutschland gelassen, denn alle rechneten damit, daß sie zu Saisonende heimkehren würden. Obwohl Martha an der Hochseilnummer nicht teilnahm, wurde sie schnell von den Ringlings als
»allgemein verwendbar« eingestuft. Sie und Helen wurden in
Ella Bradnas »Nummer der Schönheit« einbezogen, die von dem
kürzlich verstorbenen Charles Ringling, dem freundlichsten und
ausgeglichensten der sieben Ringlingbrüder, aufgebaut worden
war. Fred und Ella Bradna waren 1903 zum Zirkus Barnum &
Bailey gekommen, und sie waren auch nach dessen Fusion mit
dem großen Rivalen Ringling 1919 bei dem Unternehmen geblieben. Bradna füllte seinen Direktionsposten über den unglaublichen Zeitraum von 42 Jahren aus, und Karl erinnert sich stolz,
daß er in den 16 Jahren seines Engagements bei der Größten
Show der Welt in Bradna den besten Freund hatte.

Bradna prägte entscheidend den Stil eines modernen Ringma-
sters: Er erschien immer im eleganten Frack neuester Fasson mit
schwarzem Zylinder, untadeligen weißen Handschuhen, Fliege
und diamantenbesetztem Stockknauf. Er war schlank, hielt sich

korrekt und trug einen gepflegten Schnurrbart unter der aristo-kratischen Nase. Obwohl er offiziell den Posten des »Equestrian Directors« innehatte (eine Art Spielleiter), symbolisierte das sil-berne Pfeifchen am gestärkten Hemd eine Autorität, die von sei-ner Persönlichkeit herrührte. Mit Fred Bradna an der Spitze war es undenkbar, daß etwas nicht genau nach Plan lief.

Die »Nummer der Schönheit« war eine szenisch gestaltete Darbietung. Im Laufe der Jahre immer wieder leicht verändert, bestand sie nun darin, daß Ella auf einem weißen »geflügelten« Pferd, das auf einem goldenen Wagen plaziert war, in das große Rund gezogen wurde. Kostümierte Pudel, Terrier und andere Kleinhunde tummelten sich unter und neben dem Wagen oder balancierten auf den Rädern des langsam rollenden Gefährts. Zwölf schöne Mädchen flankierten es, jede in ein fließendes Sa-tingewand gekleidet, einen riesigen, mit Rosen dekorierten Hut auf dem Kopf und einen Strohkorb am Arm, der Tauben ent-hielt. Drei Liliputaner in Pagenkostümen beschlossen den Zug.

Das vergoldete Gefährt hielt in der Mittelmanege, die als Thronsaal der Feenkönigin dekoriert war. Hier unterhielt sie ihr Publikum mit einem sehr schönen Tanz auf dem Pferderücken, während die festlich gekleideten Mädchen und die Hunde kalei-doskopartig um sie herumtanzten. Am Schluß öffneten die Mäd-chen ihre Körbe, und die Tauben – zum Kostüm des jeweiligen Mädchens passend eingefärbt – flogen zu der weißgekleideten Ella und ließen sich auf deren Armen nieder.

Martha fand bald heraus, daß die Bezeichnung »allgemein ver-wendbar« ein allumfassender Begriff war. Zu ihren Pflichten ge-hörte es, in einem der Spektakel auf einem Elefanten zu reiten. »Die Durbah von Delhi« brachte achtzehn dieser riesigen Dick-häuter in den Ring. In einem zehnminütigen Rodeo voll Peit-schenknallerei war sie eines der Cowgirls. Sie und Helen willig-ten sogar ein, als »lebende Statuen« zu figurieren, eine stumme Schaustellung, die Alfred T. Ringling eingeführt hatte. Die drei Manegen waren mit bewegungslosen weiblichen Körpern gefüllt, die auf sich drehenden Plattformen gigantische Skulpturen dar-stellten. Die Damen trugen perlenbesetzte Perücken, Trikots und Handschuhe, während die unbedeckte Haut mit Zinkoxyd bestri-chen war, das das Licht reflektieren sollte. Diese Skulpturen stellten historische Ereignisse dar, wie den Spanisch-Amerikanischen Krieg oder die Landung der Pilgrimväter. Zu Phineas T. Barnums Zeiten wurden die amerikanische Flagge, der Patriotismus und solche unbezweifelbaren Werte wie Frieden, Reichtum und Freiheit in den Mittelpunkt gestellt. Pferde, Hunde, exotische Tiere, Papageien und buntgefiederte Kakadus waren in verschwenderischer Fülle vor dem silberglänzenden Hintergrund malerisch drapiert. Die Ballettmädchen haßten diese Nummer aus ganzem Herzen, denn sie brauchten jeden Tag Stunden, um das glänzende Make up wieder abzuschrubben. Die Tableaus wurden schließlich nach einer regelrechten Revolte der »Drei-Manegen-Statuen« aufgegeben, und niemand war froher darüber als Martha und Helen.

In dem Programm gab es auch eine Reihe Drahtseilartisten, die aber auf dem niedrigen Tanzseil arbeiteten. Der größte unter ihnen war Con Colleano, dessen Steifdraht zwei Meter über dem Boden gespannt war. Der Mexikaner verzichtete auf den traditionellen Balanceschirm, wie ihn die meisten Seiltänzer, auch Mama Wallenda, verwendeten.

Colleano hatte die Anmut einer Gazelle und war der einzige Artist, der regelmäßig den Vorwärtssalto auf dem Seil zeigte. Er trug das Kostüm eines Toreros mit breitkrempigem Hut, der seine synkoptischen Bewegungen wirkungsvoll unterstrich. Als Beginn seiner Darbietung tanzte er einen Bolero auf dem Seil, während der Dirigent Merle Evans sein Orchester durch eine energiegeladene Interpretation von Ravels berühmtem Musikstück führte. Ein atemberaubender Trick war auch jener Rückwärtssalto, bei dem Colleano während des Sprungs seine Hose auszog und im Trikot sicher wieder auf dem Seil landete.

In jener Saison war bei den Ringlings die Creme der Zirkusstars versammelt. Aus Argentinien kamen die Yaccopis, wunderbare Akrobaten. Da war der fabelhafte Percheakt der Jahn Bros., Bob Eugene arbeitete am Luftbarren. Und gleichzeitig mit den Codonas trat am anderen Ende des Zeltes die Seigrist-Silbon-Flying-Truppe auf. Doch der absolute Star war die berühmte Lillian Leitzel, wie die Wallendas von böhmischer Abstammung.

Ihre Nummer war es auch, die Karls restlose Bewunderung hervorrief. Nur etwa 1,50 m groß, war sie in endlose Bahnen Tüll gehüllt, wenn sie – begleitet von dem riesigen Willie Moser – die Manege betrat. Moser trug eine Uniform mit vielen Goldknöpfen; er war ansonsten der Postmann der Ringlings. Nun aber hob er sie zu der Strickleiter empor. Oben angekommen, rieb sie sich die Hände mit Harz ein und ließ den Tüllumhang wie einen Schleier zu Boden gleiten. Dann begann ihre Darbietung: Mit einem Arm an einem der Römischen Ringe hängend, war die zierliche Frau imstande, ihren Körper über ihre Schulter zu schleudern – hundertmal ohne Pause! Kein Wunder, daß sie danach Moser brauchte, der sie nach dem Schluß ihrer schwindelerregenden Arbeit aus der Manege trug.

Es war nur eine Sache, die Karl auf der anstrengenden Tournee der Riesenshow quer durch Amerika nicht länger ertrug: den Ringlingschen Schlafwagen. Es gab überhaupt kein Privatleben. Als sie in Chicago ankamen, war er so weit, daß er den Vertrag kündigen wollte. Völlig entnervt kam er zu Fred Bradnas Wohnabteil, das ein Drittel eines Eisenbahnwagens einnahm. Die Bradnas waren berühmt für ihre Kochkünste, und Mister John nutzte jede Gelegenheit, bei Bradnas zu dinieren, wenn er sich bei dem Zirkuszug aufhielt.

»Frag ihn nach Richard Ringlings Wohnabteil!« riet Fred. »Aber sag ihm nicht, daß ich dir den Tip gegeben habe. Richard war schon seit zwei Jahren nicht in der Nähe der Show. Mister John wird heute nachmittag hier sein. Hab keine Angst, frag ihn ruhig.«

Der Zirkuskönig war erstaunt, daß Karl von dem unbenutzten Wohnabteil wußte, aber geistesabwesend gab er seine Zustimmung. Karl beeilte sich, sofort einzuziehen, denn er wußte, daß Mister John dieselbe Gunst oft mehreren verschiedenen Leuten erteilte. Es war ein Doppelraum, aber ohne jede Ausstattung. Die Wallendas möblierten ihn, so gut sie konnten, und waren die erste Saison mit Matratzen auf dem Boden zufrieden. Sie waren ihnen immer noch lieber als die komfortabelsten Betten in jenem Massenquartier des Schlafwagens.

Ihre Freude über das eigene Abteil wurde wesentlich getrübt, als sie am Ende der Saison die Gagenabrechnung erhielten. Anstatt genug Geld gespart zu haben, um über den Winter zu kommen, teilte ihnen das Büro mit, daß sie mit 700 Dollar beim Zirkus in der Kreide standen. Die vielen Trinkgelder waren der eine Grund, hinzu kam die Ausstattung des Wohnabteils. Vieles andere summierte sich außerdem, so die 40 Dollar für jeden Kostümkoffer. Aber was sie am tiefsten in die Schulden stürzte, war ihre Schiffspassage erster Klasse vom letzten Engagement in Havanna nach New York. Die Wallendas hatten angenommen, die Fahrtkosten seien in der Gage inbegriffen, aber sie waren ihnen von ihrem Einkommen abgezogen worden.

»Zahlt es nächste Saison zurück!« sagte John Ringling unbekümmert. Wenigstens waren sie also reengagiert.

Für die Wintermonate organisierte Fred Bradna eine Tournee mit der Shrine-Organisation. Die Shrine-Tempel hatten vereinzelt schon seit 1908 Zirkusse präsentiert, um sowohl den Zirkusleuten Arbeit und Gage für den Winter zu sichern als auch ihrer Organisation einen Fond für die charitative Tätigkeit zu schaffen. Sonst hatten die Artisten außerhalb der Zirkussaison in Varietés gearbeitet, aber nun waren viele Varietéhäuser geschlossen oder in Kinos umgewandelt.

Bei der letzten Vorstellung im Osman Shrine Tempel in St. Paul, Minnesota, geschah das Unglück. Alles war bisher so gut gegangen, vielleicht zu gut, bis zu diesem Auftritt vor einem sechstausendköpfigen Publikum. Es bestand zum größten Teil aus älteren Leuten und Kindern aus den Armenvierteln, die von der Shrine Organisation mit Bussen unentgeltlich zu der Zirkusvorstellung gebracht worden waren. Es war der 3. Februar 1929.

Sie waren mitten im Finaltrick des Dreimannhoch. Helen kniete auf Karls Schultern. Sie wollte sich gerade zum Stand erheben, als der menschliche Turm von einem Stoß erschüttert wurde, der von einer Befestigung des Seils ausging. Halbaufgerichtet schaute Helen instinktiv nach dieser Seite. Das beeinträchtigte ihre Aufmerksamkeit – und brach die elementarste Regel der Truppe. In Sekundenbruchteilen verlor sie die Balance und fiel zwölf Meter tiefer auf eine Scheinwerferanlage, die glücklicherweise ihren Fall bremste. Karl kämpfte noch um sein Gleichgewicht, als Ella Bradna und zwei Clowns schon bei Helen waren und sie in die Garderobe der Wallendas trugen. Hermann und Joe behielten die Nerven, sie taten nicht einen Fehltritt, bis alle sicher die Plattform erreicht hatten. Karls Herz schlug wie

Eine Fahrrad-Pyramide

wild, als er an einem dicken Seil hinunterglitt, statt die Strickleiter zu benutzen, und zu dem engen Raum rannte, wo Helen allein auf einem Feldbett lag. Als routinierte Artistin war Ella Bradna mit den beiden Clowns sofort in die Manege zurückgekehrt und improvisierte mit ihnen eine komische Szene, um das Publikum abzulenken.

Helen hatte zahlreiche Quetschungen davongetragen, und Karl wußte aus persönlicher Erfahrung, sie würde in den nächsten Tagen blau und grün aussehen. Sein Mund war trocken und die Kehle wie von einem Klumpen blockiert, als er sie fragte: »Hast du irgendwas gebrochen?«

Sie schüttelte tapfer den Kopf, und Karl war maßlos erleichtert. Doch er mußte sie noch etwas fragen, es war absolut notwendig: »Helen, ich fühle mich scheußlich, weil das passiert ist. Unser Beruf ist gefährlich. Das Hochseil erfordert jeden Tag Respekt. Eine Sekunde nachlassen, und du bist erledigt. Deshalb muß ich dir eine Frage stellen. Genau jetzt, wenn du mir und dir selbst ehrlich antworten wirst.« Er zögerte einen Moment, fuhr aber dann fort. »Willst du aufhören? Sag es mir. Es wird deswegen zwischen uns keinen Ärger geben.« Karl sprach in diesem Moment sowohl als Truppenchef wie gleichzeitig als Artist, der hätte an Helens Stelle auf dem Bett liegen können.

Das Mädchen blickte ihn ruhig an. Ihr blondes Haar war zerzaust. Schmiere von der Lichtanlage hatte ihr Kostüm beschmutzt; dunkle Quetschstellen waren auf ihren Armen und Beinen und Schnittwunden über einer Augenbraue und unter ihrer Wange.

»Ich bin nicht verletzt«, antwortete sie gefaßt, obwohl ihr schmaler Körper noch zitterte. »Es war mein eigener Fehler. Ich hätte euch alle mit mir reißen können – wie furchtbar!« Ihre blauen Augen blickten klar und ruhig. »Ich habe keine Angst, aufs Seil zurückzugehen. Ich brauche bloß ein paar Minuten … allein.«

Karl wünschte sich ein Zehntel von Helens Mut, als er im Frühjahr zu den Ringlings zurückkehrte und ihn eine wahre Bombe erwartete. Es war aber nicht Hugo Zacchinis »Menschliche Kanonenkugel«, die für diese Saison ein Höhepunkt der Show war.

Mister John hatte zu den Wallendas eine andere Hochseil-truppe engagiert. Nun muß man natürlich sagen, daß die Hoch-seilkunst bis ins alte Ägypten zurückreicht; keine Familie kann von sich behaupten, sie hätte diese artistische Arbeit erfunden. Aber die Nummer der Gritonas war eine exakte Kopie der Dar-bietung, die die Wallendas so mühselig aufgebaut hatten. John Ringling argumentierte, daß das Vorstellungszelt so groß war, daß die Hälfte des Publikums die Wallendas gar nicht sehen konnte. Und nun würde er die gleiche sensationelle Nummer an beiden Enden des 15 000 Sitze umfassenden Zeltes bieten kön-nen. Sogar die Codonas, die weltbesten Flugtrapezartisten, hat-ten eingewilligt, mit einer anderen gleichartigen Flugnummer gleichzeitig aufzutreten. Die Verträge waren abgeschlossen, so schluckte Karl seinen Ärger herunter und schwieg.

Zacchinis Nummer war ein Meisterwerk der Ingenieurkunst und wirklich gefährlich. Er wurde aus einem Kanonenrohr mit einer Geschwindigkeit von über hundert Stundenkilometern ge-schossen und drehte einen zweieinhalbfachen Salto, bevor er in einem Fangnetz landete. Das war der einfache Teil. Das wirkli-che Wagnis lag in dem Abschußrohr, wo eine riesige Sprungfe-der als Schleudervorrichtung wirkte. Ein Mißgriff bedeutete ein schreckliches Ende für das »menschliche Projektil«.

Die Zirkuswelt ist oft klein, und man trifft unvermittelt auf Kollegen, die man jahrelang nicht gesehen hat. Karl Wallenda hatte mit Otto Dietz, dem Truppenchef der Gritonas, in jenen al-ten Tagen bei Max Zimmermann und im Zirkus Strassburger zu-sammengearbeitet.

»Ich verstehe ja, Otto, daß du vorankommen willst«, sagte Karl zu ihm, »aber warum um Himmelswillen macht ihr eine ge-naue Kopie unserer Nummer?«

Otto Dietz zuckte nur die Schultern und wendete sich ab.

Die Saison begann in der Bronx, bevor das Hauptgastspiel im Madison Square Garden kam. Karl beschloß, den Gritonas für ihr Geld harte Nüsse zum Knacken zu geben. Die Wallendas hat-ten schon dadurch einen Vorteil, daß sie kein Netz nahmen. Otto und seine Truppe konnten die kopierten Vorbilder in dieser Be-ziehung nicht nachahmen und benutzten ein Sicherheitsnetz, das beruhigend zwischen ihnen und dem nackten Boden gespannt war. Die Wallendas vergrößerten ihren Vorsprung, indem sie zwei neue Tricks aufnahmen. Zuerst stellte sich Karl auf Hermanns breite Schultern, als der mit dem Fahrrad das Seil überquerte. Es war ein Erfolg, aber Karl wußte, sie konnten den Trick steigern. So stand schließlich Helen noch auf seinen Schultern, so daß sie einen Dreimannhoch bildeten, dessen Untermann auf dem Rad fuhr. Karl beobachtete die Gritanos, wie sie den gleichen Trick in der Probe versuchten, aber erfolglos abbrachen. Dieser Trick blieb also den Wallendas vorbehalten.

Aber Karl war noch nicht zufrieden. Er wollte wieder den Soloauftritt der Wallendas im Madison Square Garden. So probten sie an einem so haarsträubenden Trick, daß jedermann allein bei dem Gedanken daran grauste. Auf die Schulterstange zwischen Hermann und Joe wurde ein Fahrrad gesetzt. Sogar mit der Balancierstange hatte Karl mächtig zu tun, um das Rad auf der Stange im Gleichgewicht zu halten. Und als Gipfel stand Helen auf Karls Kopf, so daß sie einen Dreimannhoch mit dem Mittelmann auf dem Fahrrad ausführten.

Mister John beobachtete die Wallendas bei der Probe. Er war in seiner Jugend selbst ein Drahtseiläquilibrist gewesen. In seinem üblichen Nadelstreifenanzug und mit dem Homburger auf dem Kopf stand er bei den Stützstangen und starrte auf die Artisten. »Ihr seid doch verrückt«, polterte er los und verschluckte beinahe seine Zigarre. »Der Trick ist unmöglich, den könnt ihr auf dem Hochseil nie machen!« Statt einer Antwort wiederholten die Wallendas den »unmöglichen« Trick. Düstere Gedanken an die Haftpflicht der Show, an wertlose Versicherungen und eine bösartige Reaktion der Presse gingen durch John Ringlings Geschäftssinn. Aber sein Gefühl als Showman überwog seine Befürchtungen.

»Es ist reine Verschwendung, den Trick nur für die Hälfte des Publikums zu zeigen«, bekannte er, als sie die gegenüberliegende Plattform erreicht hatten. Er wandte sich an Fred Bradna: »Sieh zu, daß die Wallendas im Garden als Solonummer herausgebracht werden.«

Die Gritonas wiederholten den Trick nach dem Gastspiel in New York. Karl erinnert sich: »Es war ein Glück, daß sie nur eine Saison blieben, denn es war ein Kopf-an-Kopf-Rennen, welche Truppe als erste im Krankenhaus landen würde. Wenn wir mit einem neuen Trick herauskamen, dann versuchten sie ihn zu wiederholen, und wir mußten die Gefahr noch etwas erhöhen. Es war ein mörderisches Poker, das auf zwei Seilen in zwölf Meter Höhe über den Köpfen eines nichtsahnenden Publikums gespielt wurde.

Aber ich lernte in jener Saison zweierlei. Richtige Zirkusartisten wie Hugo Zacchini schufen sich immer ihre eigene Nummer. Aber weniger begabte Artisten waren darauf aus, bestehende Akte zu kopieren. So war es notwendig, fortwährend neue Tricks zu ersinnen – und diese mußten noch einen Schritt über die Grenze des Vorstellbaren und Kopierbaren gehen. Ob sie richtig oder falsch ist, diese Devise wurde jedenfalls für mein ganzes Berufsleben bestimmend.«

»Üben, üben, üben!« hatte Louis Weitzmann befohlen, so wie es vor ihm Mama Wallenda getan hatte. Hierin lag die zweite Erfahrung. Karl dankte es den Tausenden von Handständen, die er jede Sonnabendnacht in den Magdeburger Biergärten gestemmt hatte, daß er mit siebzig Jahren noch auf dem Hochseil arbeiten konnte, während so viele Plagiatoren gekommen und gegangen waren. Es war nicht genug, einen sensationellen Trick vorzuführen. Man mußte ihn so lange üben, bis er einen solchen Grad der Vollkommenheit erzielt hatte, daß man ihn oben auf dem Seil dem Publikum richtig »verkaufen« konnte.

Wallenda hat andere Hochseilartisten Tricks vorführen sehen, daß er gelb vor Neid wurde. Aber sie waren nicht imstande, ihre Tricks zu »verkaufen«, und bald waren sie vergessen. Auf einem Stuhl zu balancieren, der in zwölf Meter Höhe auf einer Schulterstange steht, ist ein ansehnlicher Trick, der seinen Applaus erhält. Laß das Netz weg, und der Beifall wird um ein Dezibel anschwellen. Nun kippel den Stuhl bis zur äußersten Möglichkeit – und der Trick ist eine Sensation. Aber bevor du das tust, mußt du genau wissen, daß du es beherrschst. Üben, üben … Der kleinste Zweifel kann den Tod bringen oder schlimmer, die Verkrüppelung.

Ein Höhepunkt der Saison 1929 war das Engagement der Great Wallendas in Hollywood. Viele Filmstars kamen sie besuchen, und es war erstaunlich, wie viele deutsch sprachen. Einige von ihnen waren selbst jahrelang mit Zirkussen gereist. Wallace Beery war viele Jahre Elefantenwärter gewesen. Walter Pidgeon war unter den Besuchern, auch Frederick March, der später noch oft an die Tür der Wallendagarderobe klopfen sollte. Tom Mix war ebenfalls ein häufiger Besucher. Er war jahrelang der Star in der Western-Show der Ringlings gewesen.

Am letzten Tag der Saison saß Karl in Fred Bradnas Wohnabteil, zusammen mit Mister John und Pat Valdo, dem Personaldirektor. Zigarrenrauch mischte sich mit dem verführerischen Duft des Gulasch, das sie gerade verspeist hatten. Trotz der Prohibition hatte Mister John aus mysteriösen Quellen einige Flaschen deutsches dunkles Bier und eine Flasche Weinbrand aufgetrieben.

»Was machen wir bloß?« lamentierte er, indem er seinen Schlips lockerte und seine Weste aufknöpfte. »Ich habe die Gritonas für nächstes Jahr zum Sells Floto Circus gegeben.« Das war einer der anderen Zirkusse, die den Ringlings gehörten.

»Aber wir brauchen noch eine zweite Hochseilnummer, damit es in dem großen Chapiteau eine gute Show ergibt. Karl, was meinst du?«

»Ich kann euch einen zweiten Hochseilakt verschaffen.«

Ein Traum schien Gestalt anzunehmen. Endlich konnte Karl sein Vorhaben verwirklichen, sich um Mama und seinen Stiefvater George zu kümmern. Er konnte die Familie nach Amerika holen. Endlich würden sie wieder alle zusammen sein.

»Du garantierst es für die nächste Saison?« drängte der Impresario. »Ihr habt mein Wort«, versicherte Karl. »Ich habe ein Angebot des Bertram Mills Circus in London. Die Wintermonate werden wir in Europa auftreten. Da wird genug Zeit sein, eine neue Nummer zusammenzustellen.«

Freddie Bradna goß die vier Gläser mit dem kostbaren Kognak voll. Sie stießen auf die Abmachung an.

Die Sieben-Mann-Pyramide

Das Schema war augenfällig. Es war Karl mit der Klarheit eines Wachtraums im Winter 1938 vor die Augen getreten. Eine Schulterstange von Hermann zu Joe und darauf Helens Bruder Phillip Kreis. Dann derselbe Triangel noch einmal. Eine dritte Schulterstange zwischen den beiden Äquilibristen auf der zweiten Ebene. Sechs Artisten zusammengespannt. Und dann auf der oberen Stange Karl als siebenter. Vielleicht auch noch auf einem Stuhl sitzend oder gar stehend? Die Sieben-Mann-Pyramide!

Mit wenigen Bleistiftstrichen skizzierte Karl seine Idee auf einen alten Briefumschlag und zeigte das seinem Bruder Hermann. Karl respektierte Hermanns Kompetenz in allen technischen Fragen und überließ es ihm, festzustellen, ob der Trick machbar sei. Würde das Seil sieben Artisten tragen? Würde man extra Spannseile benötigen?

»Kann sein.« Hermann deutete auf die Skizze mit den Strichmännchen: »Die härteste Arbeit haben die beiden in der zweiten Reihe, sie müssen die entscheidende Balance halten. Wahrscheinlich müssen wir beide das übernehmen.«

»Aber wer soll auf die Spitze?«

»Stell ein Mädchen obenauf! Sie wiegt weniger, und« grinste er anzüglich, »sie ist ein viel hübscherer Anblick als du.«

»Kann ich auf dich zählen?«

»Habe ich irgendwann nein gesagt?« Hermann studierte die Zeichnung. »Ich hätte gern Joe und Artur[1] als Untermänner. Phillip ist zu leicht gebaut für diese Last. Dein größtes Problem wird es sein, dafür Artisten zu finden. Du mußt mindestens acht haben, einen als Ersatzmann.« Er zog eine Grimasse. »Das ist ein verdammt gefährlicher Trick. Wenn einer rutscht, fallen alle. Es wird nicht viele außerhalb unserer Familie geben, die da mitmachen.«

Hermanns letzte Feststellung sollte sich als die wirkliche Schwierigkeit erweisen. Erst 1946 hatten sie die notwendige Mannschaft zusammen. Karl machte John Ringling North das

---

[1] Karls und Hermanns Halbbruder aus der zweiten Ehe von Kunigunde Wallenda – d. Hrsg.

Angebot dieses echten Nachkriegsknüllers. Er wußte, der alte Mister John hätte danach geschnappt wie eine hungrige Eidechse nach einer Fliege. Aber sein Neffe, der neue Chef des Zirkusimperiums, interessierte sich nicht dafür. Er war wegen Karls Freundschaft mit seinem Rivalen Robert Ringling so verstimmt, daß er Karl nicht einmal anhörte. So kam es, daß nach 17 Jahren als Starartisten bei der größten Show der Welt die Great Wallendas den Ringlingzirkus verließen.

Im Herbst liefen die Proben für die »Siebener« auf Hochtouren. Die finanzielle Sicherheit, die das Engagement bei den Ringlings geboten hatte, war nun verschwunden. Die Wallendas waren dafür aber nun auf ihrem eigenen Weg. Der Erfolgszwang bedrückte insbesondere Karl, den Truppenchef. Erinnerungen an die Jahre des Hungers zerrten an seinen Nerven.

Karl wurde ein schlimmerer Sklavenantreiber als Louis Weitzmann und doppelt so anspruchsvoll. Die Muskeln und Sehnen aller Truppenmitglieder zitterten vor Überanstrengung. Die Rükken schmerzten, die Arme waren wie gefühllos vom stundenlangen Halten der schweren Balancierstangen. Die Übermüdung durch die monatelangen Proben ließ die jungen Artisten wie Wracks erscheinen. Karl war nahe daran aufzugeben. Johnnie North würde als letzter lachen. Aber eines Morgens geschah das Wunder. Die Wallendas wiederholten die Nummer mit totaler Perfektion zehnmal in zwei Stunden. Keine falsche Bewegung, kein unsicherer Schritt. Erleichterung überkam sie. In den folgenden Wochen steigerten sie den Trick auf eine unglaubliche vierstöckige Pyramide, bei der auf den Schultern des siebenten ein achter Artist stand – eine Acht-Mann-Pyramide auf dem Hochseil. Aber Hermann verwies auf die technischen Schwierigkeiten. Es gab noch keine so sichere Verspannung, daß das Seil ein solches Gewicht ausgehalten hätte. Die Wallendas hatten die Siebenerpyramide von 1947 bis 1962 im Programm, und bis zu jenem Schreckenstag in Detroit geschah nie ein Unfall. Karl betont das immer wieder. Es war ein wahres Meisterstück der Koordination.

Im Frühjahr klingelte bei Karl das Telefon ununterbrochen, Zirkusdirektoren, Showmanager und Agenten wollten die Nummer buchen. Bis sie den Preis hörten. Bei acht Mitwirkenden plus ihren Frauen und Kindern konnte die Gagenforderung nicht unter eine bestimmte Höhe gehen. Der einzige Ausweg bestand darin, einige andere ihrer artistischen Fertigkeiten wieder aufzupolieren und damit eine Gesamtzahl von sieben Luftnummern anzubieten.

Jede von diesen Darbietungen war in ihrer Weise eine Attraktion. Die »Karrels« waren acht Mädchen auf den Sprossen von zwei freistehenden Leitern mit Hermann im Handstand auf der Spitze und Karl auf dessen Füßen im Handstand. »Les Sylphides« zeigte sieben hübsche junge Damen im Zahnhang an einem rotierenden Luftapparat. Der Höhepunkt bestand darin, daß nach dem Ausschalten der Scheinwerfer ihre Kostüme, von batteriegespeisten Lämpchen beleuchtet, zur Melodie von »Glühwürmchen, Glühwürmchen, flimmre« aufflammten. Die Wallendas boten auch ein schönes Luftballett mit allen Mädchen der Truppe. Helen und ihre Schwester Yetty traten im Duo als Wallyetty Sisters auf. Im Matrosenkostüm führten sie anmutige akrobatische Tricks an einem Luftapparat in Form eines Ankers vor. Die stärkste Nummer war Yettys Arbeit am Mast, die sie besonders liebte und von der sie nicht abzubringen war. Die Tage, wo dafür eine Kiefer aus dem Wald geholt wurde, waren vorbei, nun bestellte Karl einen soliden Stahlmast aus Frankreich. Er war 41 Meter hoch.

Ein Problem bei der Mastarbeit besteht darin, daß es nach Beendigung der Darbietung zu lange dauert, vom Mast auf die Erde herabzuklettern. So beschloß Karl, daß Yetty mit einer »Todesfahrt« abschließen sollte. Heute führen viele Artisten diesen Trick so vor, daß sie im Zahnhang oder Genickhang das Schrägseil hinabgleiten, aber Hermann bastelte die Vorrichtung so, daß Yetty an einem Fuß hängend das neunzig Meter lange Seil hinabsauste. Das wirkte senationell.

Aber sogar mit dieser Fülle von Darbietungen war es schwierig, Engagements zu bekommen. Ein Produzent wollte zwei Nummern, ein anderer drei andere, aber sie konnten die Truppe nicht auseinanderreißen, weil sie die Männer für die Siebenerpyramide brauchten. Karl fühlte sich im Netz seiner eigenen Ambitionen gefangen. Er konnte die Sieben-Mann-Pyramide nicht aufgeben. Doch sie hatten genug Nummern, um einen eigenen

Zirkus aufzumachen. Das führte zu Karls nächster, leider aber nicht so glücklicher Idee.

Dabei schien sie der Zeit zu entsprechen. Zirkusse waren Ende der vierziger Jahre auf dem Gipfel der Popularität. Auch die Christianis, alte Freunde der Wallendas, hatten viel Erfolg mit ihrem Zirkus. Karl fand zwei Partner für dieses neue Abenteuer. Der eine war der bekannte New Yorker Fotograf Jack Kriegsman, der ein Drittel der Summe beisteuerte. Der andere Teilhaber war Jack Leontini, noch heute ein Freund und Geschäftspartner Karl Wallendas. Zirkus Wallenda eröffnete in Fort Myers, Florida. Es war ein Einmanegenzirkus europäischen Stils. Zu ihren zahlreichen Luftnummern hatten die Wallendas verschiedene Bodendarbietungen engagiert, so die vielseitige Ludwig-Maschino-Familie und den chinesischen Tanzseiläquilibristen Nay Tay To. George Grotefent und Hermann zeigten einige ihrer alten Clownszenen, und Helens Bruder Phillip entwickelte sich zum Elefantendompteur, als die Wallendas den Babyelefanten Yoga erwarben. Die Raubkatzen wurden von Captain Engerer vorgeführt. (Er kam später durch einen seiner Löwen zu Tode.)

Es war ein respektabler artistischer Erfolg. Aber niemand außerhalb des Showgewerbes nahm Notiz davon. Ungenügende Werbung führte zu solch miserablen Besucherzahlen, daß Mama Wallenda im Kassenwagen bald einschlief. »Was für ein verrücktes Leben«, dachte Karl. »Einen Tag ißt du das Küken, den anderen bleiben dir nur die Federn. Es läuft immer wieder auf den ›Wurstzipfel‹ heraus.«

Irgendwie kämpfte sich der Zirkus Wallenda bis zum Saisonende im Oktober durch. Trotzdem verließ keiner die Truppe, alle hielten zur Stange. Dann erhielten sie Verträge bei Tom Packs, einem Zirkus der Shrine Organisation. Diese Verbindung sollte über 25 Jahre bis zu Packs' Tod anhalten. Zwischen den Engagements bei verschiedenen Unternehmen reiste die Truppe auf eigene Rechnung umher. Nach den Eisenbahnschienen der Jahre bei Ringlings war nun der amerikanische Highway das Zuhause der Familie. Während der fünfziger Jahre müssen die Great Wallendas in jeder größeren Stadt von Nordamerika aufgetreten sein.

Eines Sonntagabends im Winter waren sie in Richtung Kanada unterwegs. Fünf Mädchen der Les Sylphides waren in ein

Auto gezwängt, das Karl steuerte. Hermann folgte mit einem Wagen voller Gepäck und den übrigen beiden Mädchen. Zweihundert Meilen vor Winnipeg begann der Motor zu stottern. Mit großer Mühe konnte Karl den Wagen noch bis zu einer Tankstelle bringen, dann war es endgültig aus. Aber am nächsten Morgen hatten sie um 10 Uhr dreißig eine Vorstellung. Es gab nur den Ausweg, daß sich alle in Hermanns Auto quetschten.

In einer Kleinstadt starrte Hermann so angestrengt nach dem Wegweiser zum Highway, daß er bei Rot über eine Kreuzung fuhr. Sofort hörten sie hinter sich eine Polizeisirene aufheulen. Hermann stoppte, und alle kletterten aus dem Auto – blaugefroren, denn das Thermometer zeigte weit unter null Grad. Der Polizist sprang aus seinem Wagen und zückte das Strafzettelbuch. Aber seine Stimme kam gegen das Keifen, mit dem die sieben zähneklappernden Mädchen Hermann beschimpften, nicht an. Resigniert winkte er ab: »Fahrt weiter, Ihr Burschen habt schon genug Ärger!«

1955 erfüllte sich Karls Traum von einer Südamerikatournee. Sie reisten mit dem Royal Dunbar Circus, der in Kolumbien beheimatet war, unter anderem durch Nikaragua, Honduras, Costa Rica und Mexiko. Es war eine abenteuerliche Reise mit den unterschiedlichsten Transportmitteln: von Flugzeugen, Eisenbahnen, Autos, scheibenlosen Autobussen, Fährbooten, Lastkähnen bis Raddampfern.

In Managua war das Zirkuszelt neben den Trümmern eines ehemaligen Gefängnisses aufgebaut, das bei einem Erdbeben zerstört worden war. Am Premierenabend standen die Wallendas auf der Plattform versammelt, um ihren Auftritt zu beginnen, als sie eine leichte Erschütterung spürten. Helen dachte, es sei Mario[1], der auf der Bühne umhersprang, weil er bei einer Schimpansennummer mithalf. Da liefen einige Zuschauer hinaus und riefen: »Tremor! Tremor!« Karl wußte nicht, was sie meinten, und gab das Kommando, die Nummer zu beginnen. Doch Helen erwiderte: »Den Teufel werd' ich das. ›Tremor‹ heißt Erdbeben. Bis

---

[1] Sohn von Phillip Kreis und Marian Mohlmann, die bei der Geburt des Kindes gestorben war, woraufhin Karl und Helen den Jungen adoptierten. Phillip kam 1950 bei einem Autounfall ums Leben. – d. Hrsg.

später!« Karl verstand immer noch nicht. »Was soll das?« schrie er. »Bist du Artist oder Bauer?«

»Im Moment lieber Bauer! Bleib du auf dem Seil, ich kümmere mich um die Kartoffeln!«

Doch auch Helen blieb.

Mit dem Beginn der Nummer war die übliche Bewegung des Seils zu spüren, doch als Hermanns Sohn Gunther das Fahrrad aufs Seil setzen wollte, begann das zu schlingern und zu schwanken wie eine Schlange. Einer der Zirkusleute kam angerannt und brüllte: »Kommt runter, Wallendas! Schnell!«

Das Publikum drängte in Panik zum Ausgang. Karl wollte sie beruhigen und blieb allein auf dem Seil, wobei er rief »Por favor!« Ob sie sein Spanisch mit dem starken deutschen Akzent verstanden, ist fraglich, aber sie schienen sich etwas besonnener zu verhalten.

Der Erdboden rumpelte und schütterte so sehr, daß Karl fast seekrank wurde, als sie zum Hotel rannten. Der Portier riet ihnen, das Hotel zu verlassen, denn bei einem Erdbeben sei die Straße noch der sicherste Platz. In der Aufregung griff Helen sich eine Schulmappe und verstaute darin eine Flasche Milch, eine Taschenlampe und ihren Spitz Candy. Karl entschied sich völlig irrational dafür, schnell eine Dusche zu nehmen. Als er sich zum Ausziehen aufs Bett setzte, schaukelte das wie auf hoher See. Der Fußboden schwankte, und plötzlich verrutschte die Wand um einige Zentimeter. Das überzeugte Karl endgültig. Diese Nacht verbrachten die Wallendas auf dem Bürgersteig.

»The show must go on!«

Das Geld war für Karl Wallenda nie wichtig. Er bekannte einmal: »Die Sieben-Mann-Pyramide brachte mich fünfzehn Jahre lang fast bis ins Armenhaus. ›Gib sie doch auf‹, drängten alle meine Geschäftsfreunde. ›Wir könnten als Schuhputzer eher unser Geld verdienen‹, stimmten meine Verwandten ein.« Aber Karls Artistenstolz war unerschütterlich. Wie konnte man Schuhputzen mit der größten Hochseilnummer der Welt in einem Atem nennen?

Karl Wallenda mit seiner Löffel-Sammlung

Helen zog sich nach der aufregenden Tournee mit dem Royal Dunbar Circus in das Haus der Wallendas in Sarasota zurück. Jenny und Carla, die beiden Töchter Karls aus seinen zwei Ehen, alternierten nun als »Obermann« in der Siebenerpyramide. Als beide nacheinander heirateten, wurde es schwierig, Ersatz zu finden. Neben Karl arbeiteten Hermann, Gunther, Artur und Mario in der Pyramide mit. Für den sechsten brachte Karl verschiedene erfahrene Artisten aus Europa nach den USA. Einer von ihnen war Artur Trostle, den er in Wien entdeckt hatte. Aber auf die Dauer war diesem die strenge Disziplin, die in der Truppenarbeit notwendig ist, zuwider, und er baute sich eine Solonummer als The Great Arturo auf.

Die meisten der Wallendaschüler waren schon ausgebildete Artisten, wenn sie zur Truppe stießen. Unter ihnen waren Paul Jordan und sein Bruder Johnnie, Frank Cook, Joe Seitz, Leon Ford, Norbut Kreich und Gene Mendez. Das Problem bestand meist darin, daß jeder von ihnen nach kurzer Zeit lieber auf eigene Rechnung arbeiten wollte. Norbert wurde später bekannt als »fast menschlicher« Gorilla. Gene Mendez trat erst im Duo mit Joe Seitz auf, heute gehört er zu den besten Hochseilartisten der Welt.

Einige Lehrlinge wurden vom ewig jungen Zirkus geradezu magisch angezogen. Richard Faughnan war ein schmächtiger Vierzehnjähriger, als er Karl bei dessen Engagement 1948 in Springfield, Massachusetts, ansprach. Karl erklärte ihm, er solle erst einmal die schriftliche Zustimmung der Eltern bringen und ihn im Herbst im Winterquartier in Sarasota besuchen. Zu aller Überraschung kam er mit dieser elterlichen Erlaubnis im Winterquartier angereist.

Dick, wie er bald genannt wurde, schien mit einer silbernen Balancierstange in den Händen geboren zu sein, er wurde schnell ein vollwertiges Mitglied der Wallendatruppe. Er verliebte sich heimlich in Jenny, die damals in der Kunstreiternummer ihres Mannes Alberto Zoppe mitarbeitete. Als Jenny und Alberto sich später scheiden ließen, zeigte Dick seine Liebe zu Jenny offen, und 1956 heirateten sie. Dieter und Christiana (Jana) Schepp waren Marthas Neffe und Nichte, sie kamen aus Westberlin zu ihrem Onkel nach den USA.

Nicht jeder wurde mit dem Hochseil vertraut. Da konnte jemand selbstbewußt wie ein Hahn auf dem Seil stolzieren, das sich 60 cm über dem Erdboden erhob. Doch wenn das Seil drei, vier oder sechs Meter hoch gespannt war, erstarrte er angstvoll in Reglosigkeit. Es war ein verläßlicher Prozeß der Auslese.

Karl legte bei jedem Bewerber Wert auf drei Eigenschaften: Gleichgewichtsempfinden, Selbstvertrauen und eine heilsame Furcht. Die ersten beiden Eigenschaften waren nutzlos ohne die dritte. Manch ein hoffnungsvoller Anwärter wurde weggeschickt, weil er das Hochseil nicht genügend respektierte. Man wird erst zum Hochseilartisten nach dem ersten Absturz. Wenn einer den Mut findet, aufs Seil zurückzukehren und die Angst zu überwinden, obwohl er weiß, daß er abstürzen kann – dann hat er eine Überlebenschance. Mut ist oft eine Frage der Vertrautheit mit der Gefahr. Aber es muß ein Mut des erworbenen Selbstvertrauens sein und nicht der Hahnenstolz der Unkenntnis von Gefahren.

Im Winteranfang des Jahres 1962, wenige Tage nach Karls 57. Geburtstag, waren die Wallendas zur Saisonpremiere des Shrine Circus am 29. Januar in Detroit verpflichtet. Es war ein gewaltiger Sprung vom Winterquartier in Sarasota nach dem Bundesstaat Michigan im Norden der USA. Trotz seiner 34 Jahre Reisens in den Vereinigten Staaten war Karl an die Entfernungen in diesem Land noch nicht gewöhnt. Für dieses eine Engagement mußten sie eine Entfernung überwinden wie von Berlin nach London.

Am ersten Tag ging alles gut. Karl war anfangs ziemlich besorgt wegen Dieter, der erst zum zweiten Mal in der Siebenerpyramide mitwirkte. Aber er hatte sich am ersten Abend harmonisch eingefügt, und bei der Matinee am folgenden Tag war es noch besser gelaufen. Trotzdem hielt Karl ein Auge auf ihn. Die dritte Vorstellung war immer die gefährlichste. Nach zwei erfolgreichen Auftritten konnten die Jungs zu sorglos werden. Aber bei Dieter schien das nicht der Fall zu sein. Er war kein Angeber, sondern unbeirrbar wie ein Fels. Wenn keiner absprang, um sein Glück als Soloartist machen zu wollen, konnte die Truppe in dieser Zusammensetzung eine ganze Weile halten, meinte Karl.

Kurz vor der Vorstellung nahm Karl seinen Neffen beiseite. Von Gunther wußte er, daß Dieter früh über eine Erkältung geklagt hatte. Karl fragte ihn auf deutsch: »Fühlst du dich völlig in Ordnung?« – »Sicher, sicher.« Dieter antwortete englisch, stolz auf seine neuen Kenntnisse. »Kein bißchen Fieber, Onkel.«

»Sei ehrlich«, drängte Karl, »Mike kann heute für dich arbeiten.« Mike McGuire war Mitglied der Wallendatruppe und mit Dieters Arbeit als erster Mann in der unteren Reihe der Pyramide vertraut.

»Ach, ich habe nicht mal einen Schnupfen. Du und Onkel Hermann, ihr macht euch unnötige Gedanken.« Und damit rannte Dieter fort, um den anderen bei der Vorbereitung der Nummer zu helfen.

Eine halbe Stunde später kündigte sie der Spielleiter an als »die größte Zirkusnummer der Welt«.

An der Eingangstür standen einige Clowns. Unter ihnen waren Otto Griebling und »Blinko, der Clown«, Ernie Burch, der sich einmal um die Präsidentschaft der USA beworben hatte. Zu ihnen gesellte sich Karls bester Freund, der Clown Alfredo Landon, der an der Spitze einer fröhlichen Gruppe Zwergclowns aus Argentinien stand. Der Zirkus war Karls Heimat. Diese Meister des Spaßes waren seine Familie.

Die Nummer begann mit einer einfachen Überquerung des Seils von allen Truppenmitgliedern in einer Reihe, die der großgewachsene Gunther beschloß. Er war es auch, der das Kommando »Hepp« gab, woraufhin alle das rechte Knie anzogen, die Balancierstange darauflegten und den Arm zum Gruß hoben.

»Langsam, Jungs, langsam!« mahnte Karl, als Dieter und Dick den folgenden Trick begannen, bei dem Karl einen Kopfstand auf der von beiden gehaltenen Schulterstange machte. Um den Applaus anzuheizen, ließ er dabei die Füße wackeln. Es war ein einfacher Trick im Vergleich zum Handstand auf den Köpfen von Hermann und Joe. Hatte er wirklich vor 40 Jahren auf Weitzmanns Füßen einen Handstand gemacht? Verrücktheit der Jugend!

Karl atmete auf, als Gunther seine Fahrt mit dem Fahrrad übers Seil hin und zurück beendet hatte. Jana zeigte eine Reihe Purzelbäume, wobei sie mit einer Longe an eine Schulterstange gebunden war. Es folgte Karls Handstand auf Hermanns Schultern, vom Publikum begeistert beklatscht.

Ein Trommelwirbel sorgte für Ruhe. »Ladies and gentlemen ...« Es war Zeit für die Siebenerpyramide.

Auf jedem Podest war ein Extrabrett als Hilfe für den Aufbau der Formation befestigt worden. Wenn die Pyramide erst einmal

Die Sieben-Mann-Pyramide der Wallendas

gebildet war, reichte Mike McGuire den Stuhl auf die oberste Stange, während am anderen Podest Jenny wartete, um ihn Jana wieder abzunehmen.

Das »Lied an den Abendstern« aus Wagners »Tannhäuser« erklang gedämpft, als Dieter den ersten Schritt aufs Seil tat. Seine Position war die einfachste, denn er war ungehindert und trug das geringste Gewicht. Dick folgte als nächster, durch eine Schulterstange mit Dieter verbunden, auf der Karl balancierte. Ein zweites Dreieck bestand aus Mario und Gunther unten und Hermann oben, der eine Schulterstange zwischen sich und Karl legte, auf der Jana ihren Platz einnahm. Gunthers Position als letzter war die schwierigste, vor allem in dem Moment, wenn er beim Verlassen der Plattform den Ruck beim Abmarsch der Pyramide ausgleichen mußte. Trotz seiner Körperlänge konnte er die Pyramide nicht überblicken, er sah vor sich lediglich einen Wald aus Beinen und schwankenden Balancierstangen.

Manchmal fühlte sich Karl wie der Kapitän eines Schiffes, wenn er auf seiner Stange in der zweiten Reihe balancierte. »Einen Schritt!« kommandierte Gunther. »Fertig!« antwortete Hermann hinter Karl. Die Pyramide mit ihren Stangen glich einer altertümlichen Galeere. »Langsam los!« rief Gunther, und die Formation kam in Bewegung.

Wie ein Tausendfüßer kroch der menschliche Turm zur Seilmitte. Das siebentausendköpfige Publikum hielt den Atem an, als die Pyramide stoppte. Vom Druck auf seine Schultern wußte Karl, daß Jana, die bisher auf dem Stuhl gesessen hatte, sich nun auf den Sitz stellte, die Balancierstange starr vor sich haltend. Karl sah Jenny auf der gegenüberliegenden Brücke nicken, ja, das Mädchen war gut.

Vereinzeltes Beifallsklatschen wurde von der Menge schnell zum Schweigen gebracht. Jana kletterte wieder vom Stuhl und nahm eine sitzende Position ein. Von diesem Moment an war die Gefahr am größten. »Nicht nachlassen«, hämmerte Karl seinen Leuten wie ein Feldwebel immer wieder ein, »nicht, bis ihr sicher wieder auf dem Boden seid!«

»Langsam weiter!« kommandierte Gunther. Hermann gab den Befehl weiter. Das Insekt geriet wieder in Bewegung. Das war Wirklichkeit. Diese wenige Minuten, ein Bruchteil der zahllosen

Stunden auf dem Hochseil. Dies war das Leben und der Glanz von Karl Wallenda.

»Ruhig!« mahnte er, denn er hatte plötzlich eine leichte Erschütterung in der Kolonne bemerkt. Was war los? Karl blickte nach unten und sah, daß Dieters Balancierstange sich nach einer Seite neigte. Wie oft hatte er in den Proben allen eingebleut, daß die Stange genau waagerecht hoch zu halten war. Wenn sie nach unten rutschte, war es fast unmöglich, sie wieder in die richtige Position zu bringen. Dieter murmelte etwas, und Karl sah, wie die Stange weiter nach unten rutschte. »Geh weiter!« rief er. »Es sind nur noch fünf Schritte bis zur Plattform!«

Aber Dieter reagierte mit der denkbar schlechtesten Bewegung. Er stieß die Stange hoch in der Hoffnung, sie in der Luft wieder richtig zu fangen. Nun schwankte die Pyramide wie ein Espenblatt im Sturm. Die Stange entglitt Dieters Händen. Er schrie schrecklich auf: »Ich kann nicht mehr halten!« Es war ein Alptraum. Ohne Stange konnte er das auf ihm lastende Gewicht nicht ausbalancieren. Wenn er fiel, zog er Dick mit sich. Die Jungens in der untersten Reihe konnten sich vielleicht am Seil halten, aber Jana oben hatte keine Chance. Und Karl wußte, daß er sie von Deutschland rübergeholt hatte. Es waren tausend Jahre, ein Menschenleben, eine Sekunde Ewigkeit, bis Karl auf das Drahtseil fiel, das sich in seinen Schenkel einschnitt. Sein Fuß war in ein Halteseil verwickelt, und er konnte sich nicht bewegen. Jana landete wie ein Tiger auf seinem Rücken und krallte sich fest. Ihr Gewicht zog Karl unter das Seil. Er konnte sein Bein nicht aus der Klemme befreien, es war so verdreht, daß er vor Schmerzen brüllte. Aber er hatte Jana. »Halt dich fest!« knirschte er. »Und wenn ich mein Bein hier oben verliere, ich laß dich nicht los.« Doch er fühlte sie langsam entgleiten.

Er drehte den Kopf und sah Dieter und Mario regungslos auf dem Boden liegen. Dick versuchte in hilfloser Agonie wie ein verwundeter Hirsch sich zu erheben. Hermann hatte das Seil gepackt und hing mit beiden Händen daran. Nur Gunther stand noch. »Um Gotteswillen«, murmelte er tonlos, »es ist passiert. Es ist passiert.« Später erzählte er, wie er Janas Stuhl an seinem Ohr vorbeifliegen hörte, er sah, wie sie sich an Karls Rücken klammerte, und in seinen Vorstellungen mischte sich ihr Bild mit dem seiner Frau Margarita, die abgestürzt war. Diesmal würde er sie retten. Dann hörte er die drei Körper unten aufschlagen, die Schreie der Zuschauer. Aber er blickte starr geradeaus.

»Ich habe meine Stange noch, Vater!« sagte er. »Paß auf deine Finger auf. Ich steige über dich drüber.«

Gunther legte seine Stange quer aufs Seil und kniete nieder. Er griff Janas Arm und zog sie von Karls Rücken. Nun konnte der sich umdrehen und ihren anderen Arm packen. Sie schwang hilflos unter ihnen. Es gab keine Möglichkeit, sie aufs Seil hochzuziehen. Unten wurde ein Sicherheitsnetz ausgespannt. »Jana, keine Angst«, versuchte Gunther sie zu beruhigen. »Wir lassen dich jetzt ins Netz fallen. Versuche, im Sitzen zu landen.«

»Nein!« schrie sie. »Laßt mich um Himmels willen nicht fallen!« Aber es gab keine Wahl. Die Männer zählten eins, zwei, drei und ließen sie los. Sie landete schlecht und wurde aus dem Netz auf den sägespänebedeckten Boden geschleudert.

Der Schmerz in Karls Bein war so unmenschlich, daß er fast ohnmächtig wurde. Gunther zog ihn auf dem Seil zur Plattform. Karl sagte, sie sollten absteigen. Er wollte sich kurz einen Moment erholen und ihnen dann folgen. Sein Körper war vor Schmerzen fast gefühllos, aber noch stärker war seine Sorge um die anderen.

Als Dieter stürzte, hatte er Dick an der Schulterstange mit sich gerissen. Karl hatte ebenso Hermann mit sich gezogen. Mario war durch das Gewicht von Karl, Hermann und Jana hinabgeschleudert worden. Jenny schrie: »Mein Mann!« und glitt an der schwankenden Strickleiter nach unten. Dieter, Mario und Dick waren schon von Zirkusleuten und Polizisten umringt, die Jenny nicht heranließen. »Elf Meter!« schluchzte sie. »Sie sind aus elf Meter Höhe gefallen.«

Keiner der drei war bei Bewußtsein. Dick Faughnan starb eine Stunde später im Highland Park General Hospital, Dieter kurz nach Mitternacht. Mario hatte ein gebrochenes Rückgrat und lag im Koma[1]. Obwohl Jana mit dem Kopf aufgeschlagen war, als sie

---

[1] Mario blieb querschnittgelähmt. Er heiratete später die Krankenschwester Linda Croninger, die ihn gepflegt hatte, und nahm eine Tätigkeit in einer optischen Fabrik auf. Jana ging nach Berlin zurück und arbeitete als Platzanweiserin in einem Kino. – d. Hrsg.

aus dem Netz geschleudert wurde, erlitt sie keine schweren Verletzungen.

Als sie das Krankenhaus verließ, arbeiteten Hermann und Gunther bereits wieder in der Matineevorstellung. Am Abend schloß sich ihnen Gene Mendez an, der von dem Manager Al Dobritch aus New York geholt worden war.

Karl lag mit Knochenbrüchen und einem angeknacksten Bekken im Krankenhaus. Sein Bein war eine einzige unförmige angeschwollene Masse von gequetschtem Fleisch. Gunther saß an seinem Bett, bevor er in die Matinee ging. »The show must go on«, sagte er bitter. »Aber niemand fragt, warum eigentlich. Weil es von uns erwartet wird? Oder aus Stolz? Oder wegen der Eintrittskarten, die bereits verkauft wurden?« Karl wußte die Antwort, aber die Worte blieben ihm wie Knoten in der Kehle stecken.

Karl verfolgte auf dem Fernsehschirm, wie Hermann und Gunther tapfer durch die Vorstellung gingen. Sein Herz schlug beim Anblick ihres Mutes. Ja, die Show muß weitergehen.

Das Showgeschäft ist dein Leben. Ohne die Show existieren die Wallendas nicht. Ein Artist muß bis an die absolute Grenze seiner physischen und emotionalen Fähigkeiten gehen. Karl wußte, er würde zu seiner Familie und seiner Arbeit zurückkehren müssen. Er würde wahnsinnig werden, wenn er nicht mehr arbeiten konnte. Ein Arzt erlaubte ihm schließlich, das Krankenhaus zu verlassen – unter der Bedingung, daß er nicht aufs Seil ginge. Karl hätte dem Teufel seine Seele versprochen, um nur aus dem Krankenhaus herauszukommen.

Als Karl wieder auf der Plattform stand, konnte er sich nicht überwinden, nach unten zu sehen. In seinem Kopf war noch das blutige Bild der drei Körper auf dem Boden: sein Neffe Dieter, sein Schwiegersohn Dick, sein Adoptivsohn Mario. Es waren Jungen, die Karl geliebt hatte, mit denen er gearbeitet und gelebt hatte. Er war sicher, wenn er den Blick nach unten richtete, würde er sie unten liegen sehen, zusammen mit den Balancierstangen und den Schulterstangen. Wenn er jetzt seine Nerven verlor, war die Nummer erledigt. Karl rief sich gewaltsam ins Gedächtnis, daß er eine Verpflichtung gegenüber den Lebenden hatte. Er erinnert sich an jedes Detail dieser schrecklichen ersten Vorstellung nach dem Unfall:

»Ich stand auf dem Stuhl, den Hermann und Gunther trugen, und ließ ihn wackeln. Die Menge hielt den Atem an. Ich kippelte stärker. Mir wurde später gesagt, daß es der beste Verkauf dieses Tricks in meinem Leben war. Es war wahr. Unser Unglück war nicht Schuld des Publikums. Sie hatten bezahlt, um unterhalten zu werden und nicht um Zeugen unserer Trauer zu sein. Unsere Körper schmerzten. Unsere Wangen waren von Tränen gewaschen. Aber wir zeigten ihnen jeden Trick unseres Repertoires. Nur einen Trick konnte ich nicht vollbringen: zu lächeln. Ich versuchte es, aber meine Gesichtsmuskeln waren wie eingefroren.«

Erst nach dem letzten Auftritt in jener Saison war Karl bereit, sich für eine längere Behandlung ins Krankenhaus zu begeben. Man brauchte die dreifache Menge der normalen Dosis, um ihn für die Operation zu betäuben. Während er in Schlaf versank, erlebte Karl die grauenvollen Minuten von Detroit noch einmal. Er schrie laut die Namen seiner Partner, warnte und kommandierte sie – in deutscher Sprache. Doch selbst in diesem Traum war er nicht imstande, den Absturz zu verhindern. Als er aus der Narkose erwachte, hatte er den Alptraum etwas überwunden. Er war bereit, die Great Wallendas wieder aufzubauen. Die »Siebener« mußte wiedergeschaffen werden, das war sein fester Vorsatz. Sie mußten sie ein letztes Mal vorführen, um der Welt zu beweisen, daß die Wallendas nie aufgeben.

Vom NBC-Fernsehen sollte ein Film über die Wallendas gedreht werden, und ein Drehstab hatte während der gesamten Saison die Familie begleitet. Den Höhepunkt und Abschluß des Films sollte die erste Vorstellung mit der neuen Sieben-Mann-Pyramide bilden. Als sie bei den Proben waren, traf sie die Nachricht von einem erneuten Unglück. Yetty, die Karls Halbbruder Artur geheiratet hatte, war mit ihrer Nummer am Hochmast eine begehrte Attraktion, und trotz Arturs Bitten wollte sie diese Arbeit nicht aufgeben. An einem Morgen erhielten die Wallendas die Nachricht, daß Yetty am Vorabend in Omaha vom Mast gestürzt und Minuten später tot war.

Gunther war verzweifelt: »Warum gerade wir? Bringen wir

Karl Wallenda auf dem Seil an der London Tower Bridge

Unglück für alle, die mit uns zu tun haben? Wir waren nicht mal in Omaha. Sind wir verhext?«

»Ich glaube nicht an dergleichen Zeugs, Gunther. Solche Dinge passieren eben, Gott weiß, warum.« Karl bemühte sich wie immer um Beruhigung der Gemüter.

Gunther war mit Yetty besonders eng verbunden gewesen, ebenso wie Jenny und Carla, die heute Yettys Hochmastdarbietung vorführt.

»Sieh mal, Gunther«, sagte Karl, »wir müssen die Siebenerpyramide ein letztes Mal machen. Um Yettys willen und zu Ehren der anderen drei Jungens. Ohne dich geht es nicht. Dein Vater sagt, er will nach diesem Engagement aufhören. Laß es uns unseres Namens würdig zu Ende führen.«

Das Team der NBC war auch an jenem Dienstagmorgen des 5. November anwesend, als die Wallendas die Siebenerpyramide im Winterquartier probten. Die Pyramide wurde sorgfältig aufgebaut, die Kameras surrten dreieinhalb Meter unter dem Seil, und Jenny saß auf dem Stuhl, als die Formation ihren alten vertrauten Gang übers Seil nahm. Dann ein Ruck. Und sie stürzten wieder, stürzten ... Das an einer Eiche befestigte Seil war fast zehn Zentimeter am Stamm herabgerutscht.

Sie wiederholten nachmittags die Probe, aber ohne Gunther. Die Schulterstange hatte ihm sechs Zähne aus dem Mund geschlagen. Stirn und Kinn waren aufgerissen. Der Unfall kostete ihn dreizehn Zähne, bevor der Zahnarzt sein Werk beenden konnte. Er hatte kürzlich geheiratet, und seine junge irische Frau konstatierte nur trocken, daß sie Gunther lieber als Straßenarbeiter sehen würde, bevor sie ihn wieder aufs Seil ließe. Karl war wie besessen von der »Siebener«, ihre Wiederauferstehung schien ihm eine Art Sühneritual. Er versuchte Gunther zu überreden: »Komm, Junge. Auf dem Hochseil brauchst du keine Zähne.«

Aber Gunther schüttelte lächelnd den Kopf: »Nein, danke, Onkel Karl.«

Vielleicht hatte Gunther eine Vorahnung, denn auf dieser Tournee sollte die Truppe noch mehr Pech haben.

Am Tag vor der Abschiedsvorstellung in Fort Worth hatten sie sich zur Probe auf der Plattform versammelt, die Pyramide aufgebaut. Alle waren auf dem Seil, als ein Elektriker ausgerechnet diesen Moment dazu wählte, einen Schalter auszuprobieren. Ein Kurzschluß – und sieben Artisten standen in dreimannhoher Pyramide mit zentnerschweren Requisiten auf dem Hochseil im Dunkeln. Keiner rührte sich. Sie waren eine schwarze Masse, miteinander verbunden durch Schulterstangen und nur durch ihre artistischen Fähigkeiten im Gleichgewicht gehalten. Panik wurde unten laut, während die Elektriker fieberhaft an den Schaltern manipulierten. Eine volle Minute verging, bevor die

Beleuchtung wieder anging. »Lang-sam. Ganz lang-sam«, dirigierte Hermann die menschliche Pyramide, als sie ihren Weg über das Seil fortsetzte.

Hermann hielt das seiner Frau gegebene Versprechen, nach dieser Vorstellung aufzuhören. Er war nun 62 Jahre. Die Great Wallendas hatten noch siebzehn Auftritte mit der Siebenerpyramide in Fort Worth. Es war vierzig Jahre her, daß Hermann und Karl Wallenda an einem frostigen Morgen in Sachsen beim Zirkus Gleich beschlossen hatten, eine Hochseilnummer aufzubauen.

Auch Karl dachte daran, sich zurückzuziehen. Aber heute, beim Schreiben dieses Buches, ist er zwölf Jahre älter, hat die siebzig überschritten und kann doch nicht aufhören.

»Ich bin so verdammt einsam auf dem Boden.« Aber jene kleine Ansprache an das Publikum, die er am Abschiedsabend in Fort Worth hielt, drückt all seine Gefühle aus:

»Das Zirkuspublikum ist mein ganzes Leben gewesen. Ich danke euch und gebe euch mein Herz.«

Am 23. 3. 1978 verunglückte Karl Wallenda in San Juan tödlich.

Rabadan
Hassanowitsch Abakarow

35 000 Kilometer
auf dem Seil

Erzählt von
Buta Bogdanowitsch Butajew

Rabadan Hassanowitsch Abakarow wurde am 7. November 1917 in dem lakischen Aúl Zowkra in Dagestan geboren. In einigen Dörfern des Ostkaukasus war die Kunst des Seiltanzens eine überlieferte Sitte und der Beruf des »Pechlewanen« eine Familientradition. Auch Rabadans Vater Abakar übte diesen Beruf aus und zog mit seiner Artistengruppe von einem Bergort zum anderen, um den Lebensunterhalt für sich und seine Familie zu verdienen. Eines Tages riß das alte, geflickte Seil, und Abakar stürzte so unglücklich, daß er an den Folgen verstarb. Obwohl er als Seiltänzer einen guten Ruf hatte, verbot er seinen Söhnen vor seinem Tode, diesen Beruf zu übernehmen. Doch der jüngste, Rabadan, war an der Akrobatik so interessiert, daß er heimlich übte und sich schließlich durchsetzen konnte. Mit drei anderen Burschen des Dorfes, Magomed Sagirbekow, Sabirulla Kurbanow und Jaragi Gadshikurbanow, wurde er 1936 in das Kiewer Zirkusstudio aufgenommen und von erfahrenen Artisten und Regisseuren ausgebildet. Ein Jahr später hatte die originelle Seiltänzernummer »4 Zowkra« ihre Premiere. Auf dem fünf Meter hoch gespannten Seil zeigten die jungen Dagestaner solche Tricks wie den Spagat mit einem auf dem Kopf balancierten Partner, den Viermannhoch, den freien Kopf-auf-Kopf-Stand und Sprünge eines Obermannes auf die Schultern der vor ihm auf dem Seil stehenden Partner. Später entwickelten sie den einmaligen Trick »Schleuderbrett auf dem Seil« mit Saltos vom Schleuderbrett zum Dreimannhoch. Besonderen Reiz erhielt die Darbietung auch durch ihren folkloristischen Charakter, zu dem die traditionelle akrobatische Arbeit auf dem Teppich gehörte und der Tanz »Lesginka« auf dem Seil. Abakarow ließ sich immer wieder originelle und schwierige Tricks einfallen, so trug beispielsweise bei ihm nicht wie üblich der Untermann, sondern der Obermann die Balancierstange, was eine große Sicherheit und genaues Gleichgewichtsempfinden der Artisten erforderte.

Als während des Großen Vaterländischen Krieges Kurbanow und Sagirbekow zur Armee eingezogen wurden, füllte Abakarow die Truppe mit jungen Leuten aus Zowkra auf: Kurban Medshidow, Rassul Agajew und Magomed Abakarow. Die Seiltänzer traten auch unter schwierigsten Bedingungen vor den Soldaten auf. Nach dem Krieg teilten sie die Gruppe, und Gadshikurbanow

Die Truppe Zowkra: Jaragi Gadshikurbanow, Rabadan Abakarow, Sabirulla Kurbanow, Magomed Sagirbekow (v. l. n. r.)

stellte die Nummer »Dagestanische Seiltänzer« zusammen. Beide Gruppen arbeiteten nun parallel, ohne einander zu kopieren.

Abakarow absolvierte mit der Gruppe »Zowkra« zahlreiche Auslandsgastspiele. 1951 gehörten sie zur sowjetischen Delegation, die zu den 3. Weltfestspielen der Jugend und Studenten in Berlin entsandt wurde. Der junge Scharip Magomedow führte in seiner malerischen Tracht die sowjetische Delegation beim

Festmarsch an, die dagestanischen Seiltänzer erhielten den ersten Platz beim Ausscheid für nationale Kunstarten und das Diplom als Preisträger der Weltfestspiele.

Rabadan Abakarow, seit 1948 Mitglied der KPdSU, erhielt auch zahlreiche nationale Ehrungen, so 1960 die Ernennung zum Volkskünstler der RSFSR. Bei einem Gastspiel auf Kuba wurde ihm von Raul Castro der Ehrentitel eines Hauptmanns der kubanischen Armee verliehen.

Abakarows Tochter Inna (geb. 1940) absolvierte 1961 die Staatliche Lehranstalt für Zirkuskunst, wirkte dann zwei Jahre in der Nummer »Akrobatik auf Pferden« – unter Leitung von Mstislaw Sapaschny – mit, bis sie sich eine Solodarbietung als Drahtseiläquilibristin aufbaute, für die sie 1968 als Verdiente Künstlerin der Dagestanischen ASSR ausgezeichnet wurde.

Rabadan Abakarow verließ 1974 die Manege, er übergab Rassul Agajew (geb. 1930 in Zowkra) die Leitung der Nummer, die heute vorwiegend von dessen Familie – den Töchtern Suffijat und Assijat, den Söhnen Rabadan und Aslanbek, dem Schwiegersohn Magomed Schapi – und dem Partner Ramis Ibragimow bestritten wird. Zu den herausragenden Tricks gehören der Salto von Schulter zu Schulter, Sprünge vom Schleuderbrett, ein Dreimannhoch, bei dem das mittlere Mädchen auf dem Kopf des Untermannes steht und das obere im Handstand auf dem Kopf des mittleren. Hervorzuheben ist auch, daß die schwierigsten Tricks von Frauen ausgeführt werden.

Das Vermächtnis des Vaters

Ein klarer Frühlingstag erstrahlte über den Bergen. Hinter einem Gebirgsrücken kam langsam eine fahle Sonne zum Vorschein. Ihre Strahlen beleuchteten düstere Felsen und funkelten auf schneebedeckten Gipfeln. Dichter Nebel, der am Grunde einer schmalen Bergschlucht gelagert hatte, begann aufzusteigen und kroch über die steilen Straßen von Urkarach.

Trotz des frühen Morgens herrschte in Urkarach ein ungewöhnliches Gewimmel. Auf steinernen Pfaden kamen Menschen aus fernen und nahen Aúlen[1] einzeln und in Gruppen hierher geeilt. Viele trieben kleine bepackte Esel vor sich her. Es war Donnerstag, Basartag in den großen Aúlen von Dagestan.

Auf einmal erklangen die durchdringenden Töne einer Surna[2] und schallende Trommelschläge. Als die Dorfbewohner sie hörten, nahmen sie würdevoll Haltung an und traten aus ihren Sakljas.[3] Kinder liefen ihnen voran auf den Basarplatz. »Die Pechlewanen![4] Die Leute aus Zowkra[5] sind da!« hieß es. Alle lauschten der Musik, die sich dem Zentrum des Aúls näherte. »Abakar der Kleine soll auch dabeisein!«

Bald füllten viele Menschen den Basarplatz. Jede Vorstellung war für die Bergbewohner ein freudiges Ereignis. Daher galt die Ankunft der Leute aus Zowkra in Urkarach als großes Fest.

Die Seiltänzer waren inzwischen in der Mitte des Basarplatzes angelangt. Dichtgedrängt umringten die Menschen sie. Von irgendwoher wurde ein breiter Teppich gebracht. Auf den setzten sich die Musikanten und spielten eine Lesginka.[6] Zwei junge Männer aus Zowkra sprangen in die Mitte, und alle Zuschauer feuerten die Dshigiten[7] an.

»Hast du gehört«, fragte ein Bergbewohner mit schwarzer Pa-

---

[1] Aúl = dagestanisches Gebirgsdorf – d. Übers.
[2] Surna = Hirtenflöte, Schalmei
[3] Saklja = Behausung der Bergbewohner
[4] Pechlewanen = Helden. So bezeichnet man in Dagestan die Seiltänzer.
[5] Gebirgsdorf im Ostkaukasus
[6] Lesginka = kaukasischer Tanz
[7] Dshigit = kaukasischer Kunstreiter im engeren Sinne. Im weiteren mehr für »Akrobat« benutzt.

pacha[1] seinen Nachbarn, »Abakar der Kleine soll mit bei den Seiltänzerwettkämpfen in Aserbaidshan gewesen sein und den ersten Platz errungen haben!«

»Ja, dieser Pechlewan ist ein Prachtkerl! Der soll mal zeigen, was er kann!«

In lebhaftem Gespräch machten es sich die Leute von Urkarach auf dem Platz bequem. Sie wußten, wenn Abakar mit dabei war, wird die Vorstellung interessant. Abakar aus Zowkra, kräftig und breitschultrig, hatte, da er von kleinem Wuchs war, im Volke den gutmütigen Spitznamen »der Kleine«. Über ihn waren damals in den Aúlen von Dagestan zahlreiche Legenden im Umlauf. Sie gingen von Mund zu Mund und wurden mit solchen Einzelheiten ausgestattet, daß Bergbewohner, die Abakar noch nie gesehen hatten, ihn sich als riesigen Recken vorstellten.

Dabei stach Abakar unter der angereisten Gruppe aus Zowkra kaum hervor. Vielleicht nur dadurch, daß er einen besonders weichen und geschmeidigen Gang hatte. Außerdem trug er einen langen schwarzen Schnurrbart. Jedoch – was wahr ist, muß wahr bleiben – er war wirklich ein erfahrener Pechlewan, einer der Könner unter den Seiltänzern in Dagestan. Daher hatten seine Vorstellungen in den Aúlen immer Erfolg und zogen viele Menschen an.

Der Tanz war zu Ende. Kaum waren die jungen Akrobaten vom Teppich, stellten sie zu seinen beiden Seiten zwei hohe Querhölzer auf, zwischen die sie ein dünnes Hanfseil spannten. Dann trat ein Kiaza auf den Teppich, eine Art Clown und Akrobat, der eine Ziegenmaske mit Hörnern trug und ständig die Seiltänzer aus Zowkra begleitete. Er hatte das Publikum vor den Auftritten eines Seiltänzers und zwischen dessen Nummern zu belustigen. Zugleich ermahnte er die Leute, recht großzügig zu sein und nicht mit Geld zu sparen.

Seine Scherze, komischen Sprünge und Gags bereiteten dem Publikum Spaß, da und dort erschallten Lachsalven. Inzwischen stieg Abakar auf die Querhölzer. Er stand barfuß auf dem Seil, trug ein farbiges Nesselhemd sowie enganliegende Hosen mit einem breiten Ledergürtel. Der Kiaza reichte ihm die Tarasa,

---

[1] Papacha = kaukasische Pelzmütze

eine Stange, die die Seiltänzer benutzen, um das Gleichgewicht zu halten.

»Der Pechlewan-Kardasch![1] Seinen ersten Gunar[2] macht er für den Spendabelsten unter euch!« rief der Kiaza, als das Geraune verstummt war. »Aksakale[3] und Dshigiten! Macht eurem Namen durch Großzügigkeit Ehre!«

»Ich gebe ein halbes Maß Erbsen!« schrie ein dicker rotbärtiger Bergbewohner in die eingetretene Stille. Der Kiaza wollte zu ihm gehen, aber da ertönte von hinten die Stimme des in Urkarach bekannten Ladeninhabers Alihadshi:

»Ich aber ein volles Maß Weizen! Und nach der Vorstellung lade ich alle Akrobaten aus Zowkra zum Hinkal[4] ein!«

»Pechlewan! Einen Gunar zu Ehren des hochgeschätzten Alihadshi!« schrie der Kiaza, der seine Freude nicht verbergen konnte. Schließlich war ein Maß Weizen kein Pappenstiel! Immerhin zwanzig Kilogramm Korn! Für diese Menge mußte mancher einen Sommer lang tagelöhnern gehen.

Mit weichen, gleitenden Schritten lief Abakar bis zur Seilmitte, stieß sich geschmeidig ab und sprang in die Höhe. Als er sich dann auf das Seil gesetzt hatte, warf ihm der Kiaza von unten ein kupfernes Tablett, einen enghalsigen Krug voll Wasser und Gläser zu. Abakar setzt sich das Tablett auf den Kopf, darauf den Krug und die Gläser, die er mit Wasser gefüllt hatte. Unter den angespannten Blicken der Versammelten stand er auf und bewegte sich vorsichtig über das Seil. Kurz vor den Querhölzern machte er mit dem Tablett auf dem Kopf Spagat. Das Wasser in den Gläsern bewegte sich nicht einmal. Danach warf sich Abakar mit einer unmerklichen Kopfbewegung das Tablett auf die Hände, trank das Wasser aus den Gläsern und warf das gesamte Requisit unter lauten Beifallsrufen des Publikums nach unten. Den Kiaza spielte Ramasan, Abakars ältester Sohn. Er fing die Gegenstände geschickt im Fluge auf.

Während der Nummer kam es Abakar vor, als sei das Seil schlaffer geworden. Da er nicht die Möglichkeit hatte, sich ein

[1] Kardasch = Bruder, Freund
[2] Gunar = Trick
[3] Aksakal = Dorfältester
[4] Hinkal = Nationalgericht

neues zu kaufen, trat er auf dem alten auf, das an den Querhölzern mit Knoten zusammengebunden war, und diese Knoten machten ihm ständig Sorgen. Deshalb wollte er lieber erst überprüfen, in welchem Zustand sie waren.

Ein kurzer Durchlauf bestärkte Abakar in seinem Verdacht: Das Seil war schlaffer geworden. Er beschloß, die andere Strebe zu überprüfen. Jedoch kaum war er in der Seilmitte, spürte er, wie er den Halt verlor. Die verdammten Knoten hatten ihm nun doch einen Streich gespielt.

»Vater! Was ist, Vater?« flüsterte Ramasan, über den bewußtlosen Abakar gebeugt. Durch den unerwarteten Fall war der mit dem Rücken auf der Erde aufgeprallt. Ramasan riß sich die Maske herunter, hob gemeinsam mit anderen den Pechlewan hoch und legte ihn auf eine Burka.[1]

Erst am anderen Tag kam Abakar wieder zu sich. Ärzte gab es damals in den Aúlen nicht, und daher konnte niemand feststellen, was ihm fehlte. Zwar war es noch einmal ohne Brüche und Verstauchungen abgegangen, jedoch irgend etwas rasselte in der Brust und machte ihm das Atmen schwer.

Mehrere Tage mußte Abakar in Urkarach das Bett hüten. Er hoffte zwar, wieder gesund zu werden, jedoch mit jedem Tag verließen ihn die Kräfte immer mehr.

»Bring mich nach Hause, Junge«, sagte Abakar zu Ramasan, gegen die Atemnot ankämpfend. »Offensichtlich darf ich nicht wieder aufs Seil. Ich will in meinem Aúl sterben.«

Zwei Wochen noch lebte Abakar zu Hause, jedoch sah man bereits, daß er kein Bewohner dieser Welt mehr war. Auch Abakar spürte das. Als ihm einmal abends Blut durch die Kehle drang, rief er seinen ältesten Sohn zu sich.

»Nun, die Zeit des Abschiednehmens ist gekommen, Ramasan«, begann er mühsam und in heiserem Flüsterton. »Und keine Tränen! Das gehört sich nicht für einen Bergbewohner. Merk dir lieber, was ich dir sagen will …«

Abakar verstummte, als sammle er Kräfte, die Krankheit hatte ihn stark verändert. Der früher so schneidig gezwirbelte Schnurrbart hing herunter, ein ungesundes Gelb färbte sein Gesicht.

[1] Burka = kaukasischer Filzüberwurf

»Jetzt wirst du es sein, der in der Familie zu bestimmen hat«, begann Abakar von neuem. »Du weißt, in unserem Geschlecht ist die Seiltänzerei der Beruf der Männer. Ab heute verbiete ich allen meinen Söhnen, aufs Seil zu steigen! Geht lieber als Schafhirten oder als Verzinner arbeiten, dann sterbt ihr euren eigenen Tod!«

Der ganze Aúl war bei der Beerdigung des berühmten Pechlewans dabei. Das Leid der Bewohner von Zowkra war unverfälscht. Zu bitter, daß ein Mensch in der Blüte seines Talents durch einen läppischen Zufall aus dem Leben gehen mußte.

Nur der kleine Rabadan, Abakars dreijähriger Sohn, begriff noch nichts. Er verstand nicht, wo denn nun der Vater war und warum die Mutter weinte. Die Verwandten hatten Mitleid mit ihm und nannten ihn ein Waisenkind. Der traurige Sinn dieses Wortes ging Rabadan erst viele Jahre später auf.

Zowkra. Dieser kleine lakische[1] Aúl lehnt sich an den Fuß eines hohen Gebirgsrückens im zentralen Hochland von Dagestan. Den Aúl bedrängen felsige Berge, und bis zur Revolution hatte er fast keine für die Landwirtschaft geeigneten Flächen. Die Not trieb die Bewohner von Zowkra aus ihrem Aúl, um sich Verdienstmöglichkeiten zu suchen. Das Verlassen der Aúle war vor der Revolution in Dagestan eine Massenerscheinung. Im Herbst gingen die Männer in die Städte und wohlhabenden Dörfer des Nordkaukasus und Transkaukasiens, um sich Arbeit zu suchen. Das erforderte von ihnen die Kenntnis eines Handwerks. So entstanden in Dagestan historisch die Berufe der Schuhmacher, Verzinner und Seiltänzer, die von ganzen Familien, Sippen und sogar Aúlen ausgeübt wurden.

Es gibt unterschiedliche Erklärungen dafür, warum nun gerade der Beruf der Seiltänzer unter den Einwohnern von Zowkra so beliebt geworden ist. Die Alten erzählen, früher hätten auf den Bergen rings um den Aúl dichte Wälder gestanden, und in den schmalen Gebirgsschluchten seien reißende Flüsse dahingebraust. Um sie nicht durchwaten zu müssen, habe man in großer Höhe Schwebebalken angebracht. Aber nicht jedem gelang es, die improvisierte Brücke über dem Abgrund zu überqueren.

---

[1] Laken = Gebirgsvolk im Ostkaukasus

Man brauchte viel Mut und Geschicklichkeit, um den schwankenden Übergang benutzen zu können.

Was nun anfänglich außergewöhnliche Qualitäten erfordert hatte, wurde mit der Zeit Gewohnheit. Die Wälder wurden gerodet, die reißenden Flüsse kleine Bächlein. Jedoch die Gewohnheit wurde von Generation zu Generation weitervererbt. An die Stelle des Schwebebalkens trat das Seil, und bald merkten die Bewohner von Zowkra, daß ihnen ihre Geschicklichkeit und Verwegenheit an anderen Orten allerhand einbringen konnte. Das Seiltanzen wurde in Zowkra zum Familienberuf, der vom Vater auf den Sohn weitervererbt wurde. Zwar konnte dieser Beruf einen Pechlewan und dessen Familie nicht immer ernähren, und diese originelle Kunst fand auch keinerlei Unterstützung. Wandertruppen von Seiltänzern zogen von einem Aúl zum anderen und traten für Pfennigbeträge auf. Ihre primitiven Vorrichtungen verursachten häufig tragische Unfälle, und selten wurde ein Pechlewan alt.

Das Leben der Einwohner von Zowkra veränderte sich mit der Errichtung der Sowjetmacht. Die Bergbewohner erhielten große Hilfe vom Staat und taten sich zu Kolchosen zusammen. Die Not gab es jetzt nur noch in der Erinnerung der Alten und in deren Erzählungen.

All das veränderte auch das Verhältnis der Bewohner von Zowkra zum Seiltanz. Aus einem Beruf, der sie früher ernährt hatte, wurde eine sportliche Betätigung von Kindern und Jugendlichen in Zowkra. Wo schon, wenn nicht auf dem Teppich oder dem Seil, konnten sie ihre Geschicklichkeit und ihre Kraft zeigen!

Auch den jungen Rabadan Abakarow, Sohn des auf tragische Weise ums Leben gekommenen Pechlewans, begeisterte dieser Sport. Jedoch vergaß man in seiner Familie nicht das Vermächtnis des Vaters. Rabadans große Brüder – Ramasan, Magomed[1] und Magomed-Hussein – nahmen keine Balancierstange in die Hand und gingen als Schafhirten in den Kolchos arbeiten.

Seit der Schulzeit half Rabadan seinen Brüdern beim Hüten der Kolchosschafe. Im Sommer ging er mit der Herde auf die

---

[1] Magomed ist die russische Form für Mohammed.

Die Zowkras bei einem Auftritt, wo das Seil zwischen zwei LKW gespannt wurde

Bergwiesen und arbeitete als Hirtenjunge. Hier, irgendwo auf einer grünen Waldwiese, abseits von den Erwachsenen, schlug Rabadan mit anderen Hirtenjungen aus den Nachbarbrigaden Purzelbäume. Sie lernten Handstand, Brücke sowie Salto nach vorn und nach hinten. Das waren die Grundbegriffe der Akrobatik, ohne deren Beherrschung man vom Seil nicht einmal träumen konnte.

Und welcher Junge aus Zowkra träumte nicht davon, die Balancierstange in der Hand zu halten und über das federnde Seil zu laufen! Dieser Traum lebte auch in Rabadans Herz, obwohl er ihn sorgsam vor den Brüdern zu verbergen suchte. Rabadan wußte von des Vaters Vermächtnis, wußte, daß seine Leidenschaft die Mutter und alle Angehörigen kränken würde.

Auf den Bergwiesen gibt es ja nicht wenige schmale und tiefe Gebirgsschluchten. Die Schafhirten überbrücken sie mit dicken Holzstämmen. Diese Stellen wählte sich Rabadan für seine Übungen. Eigentlich sollte er kleine Lämmerherden weiden. Die jagte er auf eine Wiese nahe einer solchen kleinen Brücke und sah sich um, ob niemand in der Nähe war. Und die »Vorstellung« begann.

Rabadan zog sich die Tscharyken[1] aus und stellte sich barfuß wie ein richtiger Seiltänzer auf den Rand des Balkens. Der lange Hirtenstab wurde die Balancierstange. Das dumpfe Getöse des schäumenden Baches in der Gebirgsschlucht kam ihm vor wie die begeisterten Ovationen der Zuschauer, die seine kühnen Kunststückchen voller Bewunderung beobachteten.

»As-sa!« rief Rabadan selbstvergessen und sprang auf dem Balken in die Höhe. Dann folgten Spagate und Saltos. Das Gefährlichste war das Laufen über den Balken, der glatt und rund war. Er hatte seine Tücken, man konnte ausgleiten. Ein falscher Schritt, und man flog in den Abgrund. Aber dafür fühlte sich der Junge hier wirklich wie auf dem Seil. Um nicht abzustürzen, brauchte er viel Geschicklichkeit und genaue Berechnung.

Eines Tages sah Hamsa, ein alter Schafhirt aus der Nachbarbrigade, eine dieser »Vorstellungen« Rabadans. Er hatte etwas waschen wollen und war in die Schlucht hinuntergestiegen. Zufällig schaute er nach oben, und da sah er, wie sich auf einem Balken, der zwei felsige Abhänge miteinander verband, ein barfüßiger Junge mit einer Binde um die Augen Schritt für Schritt vortastete. Als Hamsa genauer hinsah, erkannte er seinen Neffen Rabadan.

Dieser Taugenichts! dachte der alte Schafhirt verärgert, als ihm klar wurde, was für ein Spiel Rabadan da über dem Abgrund trieb. »Es heißt ja nicht umsonst, der Apfel fällt nicht weit vom Stamm!«

Erst wollte der Alte schreien, Rabadan solle sein gefährliches Spiel lassen, aber dann kam ihm der Gedanke: Da erschrickt er ja und stürzt in den Abgrund. Hamsa machte sich schnell auf den Weg nach oben. Unweit des Schwebebalkens traf er Rabadan. Der Junge hatte sich inzwischen wieder die Schuhe angezogen und lag seelenruhig auf seinem Schaffellmantel.

»Guten Tag, Onkel Hamsa!« begrüßte ihn Rabadan und erhob sich respektvoll. »Kommen Sie zu uns ins Hirtenlager?«

»Ach nein, ich komme zu dir auf Besuch«, erwiderte der Alte

---

[1] Tscharyken = spezielle Hirtenschuhe aus Ochsenleder

schmunzelnd und ließ sich auf seinem Schaffellmantel nieder. »Setz dich nieder, wir weiden gemeinsam deine Lämmer!«

Rabadan setzte sich bereitwillig neben ihn. Auf den Weiden freut man sich ja über jeden, mit dem man sich unterhalten kann. Hamsa hatte immer ein gutes Verhältnis zu Rabadan gehabt. Nur heute, als er sich mit ihm unterhielt, betrachtete er ihn irgendwie ganz besonders aufmerksam, so als sähe er ihn zum ersten Mal. Und die bekannten Züge des jungen Abakar, an den er sich noch gut erinnern konnte, glaubte Hamsa im Gesicht des zwölfjährigen Rabadan zu erkennen.

»Ja, ich kann mich noch erinnern, was für ein großartiger Pechlewan Abakar in deinem Alter war«, sagte Hamsa seufzend. »Manchmal kamen Feste und Hochzeiten ohne seinen Auftritt überhaupt nicht aus. In unserem Aúl hatte er damals nicht seinesgleichen!«

»Ich nehme es jetzt auch schon mit jedem Jungen auf«, erwiderte Rabadan, und seine Augen funkelten. Aber sofort erinnerte er sich an etwas und schloß traurig: »Was hat das schon für einen Sinn? Sie wissen doch, ich darf nicht aufs Seil.«

»Und du gehst natürlich auch nicht?« sagte der Alte bedauernd. »Aber ich dachte, du könntest schon einiges.«

Diese Worte rührten an Rabadans Eigenliebe. Er sprang jäh auf, warf sich das Hemd ab, und dem Alten kam es vor, als rolle ein lebendiger elastischer Ball über die grüne Waldwiese. Nacheinander folgten Überschläge, Sprünge, Brücken, Salti nach vorn und nach hinten. Mit Vergnügen betrachtete Hamsa Rabadans geschmeidige und zügige Bewegungen.

»Prima! Ich wußte gar nicht, daß du schon so viel gelernt hast!« sagte Hamsa zufrieden. Aber den Schwebebalken beschloß er nicht zu erwähnen. Der Junge könnte sonst denken, er werde beobachtet. »Aber trainieren mußt du noch, Rabadan. Noch nicht alles wirkt schon ausgefeilt und schön.«

»Ich übe ja jeden Tag allein«, erwiderte Rabadan und wischte sich mit dem Hemd den Schweiß aus dem Gesicht. »Ich tue es heimlich, damit mich meine Brüder nicht sehen.«

»Ab jetzt können wir ja gemeinsam üben«, schlug der alte Schafhirt vor, schielte nach dem Schwebebalken und schloß: »Nur versprich mir, ohne mich kein Training mehr! Klar?«

Rabadan nickte erfreut. Aber natürlich! Da kann einer sagen, was er will, aber allein akrobatische Übungen zu machen, das ist doch ziemlich langweilig. Ab jetzt wird Onkel Hamsa sehen, was er kann, und wird ihm sagen, was er anders machen soll, wenn es nötig ist.

So half die Begegnung mit dem alten Schafhirten, daß Rabadan etwas richtig betreiben konnte, das ihm gefiel. Den ganzen Sommer über waren beide bemüht, ihre Herden irgendwo in der Nähe voneinander zu weiden. Ungeduldig wartete Rabadan stets, daß es Mittag wurde und die Hitze die Schafe in die Schatten der hohen Felsen trieb. Dann konnten die Übungen beginnen. Die häufigen Unterhaltungen mit dem Alten über die bekannten Pechlewane von Zowkra und ihre Kunst sowie die Trainingsstunden unter seiner Aufsicht trugen ihre Früchte. Der Junge begriff, daß man nur dann vom Seil träumen und ein richtiger Pechlewan werden kann, wenn man die schwierige Schule der Akrobatik hinter sich gebracht hat.

Mitte August kehrte der während des Sommers kräftiger und größer gewordene Rabadan wieder nach Zowkra zurück. Seine Übungen mit Onkel Hamsa blieben zunächst für die Angehörigen ein Geheimnis, und möglicherweise hätten sie gar nicht so bald von Rabadans Leidenschaft erfahren, wäre er nicht mit anderen Jungen zur Schulspartakiade nach Kumuch gefahren.

Das Spartakiadeprogramm zum neuen Schuljahr war umfangreich. Außer verschiedenen Sportwettkämpfen fand auch ein Ausscheid junger Akrobaten statt. Rabadan als beser Sportler aus der Schule von Zowkra belegte unter seinen Altersgenossen den ersten Platz im Kurzstreckenlauf. Aber bei den Akrobatenwettkämpfen war er einfach nur Zuschauer, denn niemand im Aúl, bis auf den alten Schafhirten, wußte von seiner Leidenschaft. Daher wunderte sich der Turnlehrer aus der Schule in Zowkra über Rabadans Bitte, denn als der sah, wie die anderen Jungs auf dem Teppich turnten, hielt er es nicht mehr aus und bat um die Erlaubnis, am Ausscheid teilnehmen zu dürfen.

»Natürlich bin ich nicht dagegen«, entgegnete der Lehrer unsicher, »ich hab nur Angst, du reißt unsere Mannschaft 'rein, denn ich kann mich nicht erinnern, daß du schon bei Akrobatenwettkämpfen in der Schule mitgemacht hast.«

»Ich werde mir Mühe geben!« rief Rabadan freudig und lief, um sich entsprechende Kleidung für den Auftritt zu suchen.

Rabadan wollte sich gern davon überzeugen, daß er den Sommer über nicht umsonst trainiert hatte. Als er deshalb als einer der letzten auf den Teppich gerufen wurde, bemühte er sich, alles so zu machen, wie es ihm der alte Schafhirt beigebracht hatte. Sein Auftritt wurde für alle eine Sensation. Rabadan ließ mit seinen ausgefeilten und komplizierten Übungen alle Rivalen weit hinter sich und kam auf den ersten Platz.

Das und eine Einladung nach Kuinaxk zur Schulspartakiade der Republik waren Rabadan Abakarows erste Preise.

Jedoch die Freude über den Sieg bei dem Ausscheid wurde getrübt von dem Gedanken an die bevorstehende schwere Auseinandersetzung mit der Mutter und den Brüdern, denn das in Kumuch Geschehene war ein Verstoß gegen das Vermächtnis des Vaters, das in der Familie Abakarow heiliggehalten wurde.

Rabadan konnte sich fast nicht mehr an seinen Vater erinnern, er kannte ihn mehr aus Erzählungen der Mutter und des großen Bruders Ramasan. Auf der Rückfahrt in seinen Aúl dachte er daran, daß der Vater ihn verstehen und sich über seine Erfolge freuen würde, wenn er noch am Leben wäre. Warum hat er nur vor seinem Tode den Beruf des Seiltänzers verflucht und seinen Söhnen verboten, an diesen Beruf auch nur zu denken? Ja, weil er wußte, wie schwer es die Pechlewanen von Zowkra in der alten Zeit hatten, ihr Brot zu verdienen.

Aber jetzt hatte doch der Seiltanz einen ganz anderen Sinn bekommen. Es war kein Broterwerb mehr, er bereitete denen, die auftraten und denen, die zusahen, viel Freude. Aber wie sollte er das der Mutter und den Brüdern erklären?

»Mach dir keine Sorgen, irgendwie kommt schon alles wieder ins Lot«, suchte Hamsa den jungen Akrobaten zu trösten. Er war mit Rabadan noch vor der Einfahrt in den Aúl zusammengetroffen. Er hatte nämlich von dessen Siegen auf der Spartakiade erfahren und war nun an den Dorfrand gekommen, um ihn abzuholen. Als Hamsa spürte, wie durcheinander der Junge war, schlug er ihm vor, mit zu ihm nach Hause zu kommen.

»Ich gehe erst und rede mit Ramasan. Man darf einem Vogel das Fliegen nicht verbieten.«

Es wurde Abend. Auf dem Wege zu Ramasan dachte Hamsa darüber nach, mit welchen Worten er die Abakarows davon überzeugen konnte, der Entwicklung von Rabadans Fähigkeiten keine Steine in den Weg zu legen.

Ramasan traf er auf dem kleinen Hof.

»As-salam alejkum, Ramasan!« sagte Hamsa freundlich von der Schwelle her und öffnete die Zauntür. Ramasan saß im Hof auf einem Stein und befestigte einen neuen Griff an der Sense.

»Willst du zur Ernte?«

»Wa alejkum as-salam, Hamsa! Tritt näher, sei unser Gast«, erwiderte Ramasan und erhob sich. »Du weißt ja selber, wir Schafhirten helfen zu dieser Zeit immer dem Kolchos.«

Sie unterhielten sich erst über Kolchosangelegenheiten. Der Alte spürte, daß es an der Zeit war, das Gespräch in die Richtung zu lenken, die er brauchte, und da half ihm auf einmal Ramasan selber dabei. »Unser Kleiner ist ja nicht mehr zu halten. Ich wollte, daß er meine Herde übernimmt, und statt dessen fährt er nach Kumuch zu irgendwelchen Wettkämpfen!«

»Ja, davon hab ich auch gehört«, sagte der Alte scheinbar gleichgültig. »Rabadan soll ja dort alle Preise in Akrobatik gewonnen haben. Aus Altersschwäche hab ich übrigens ganz vergessen, daß ich dir eigentlich zum Erfolg deines Bruders gratulieren wollte. Sicherlich hast du tüchtig mit ihm geübt, was?«

»Ich hab damit nichts zu tun«, sagte Ramasan mürrisch zu dem Alten. »Aber für jeden Quatsch, den er treibt, wird er sich noch vor mir zu verantworten haben!«

»Wie denn? Hast etwa nicht du ihn zu den Wettkämpfen ausgebildet?« fragte Hamsa in naivem Erstaunen. »Dabei loben dich alle im Aúl und sagen, Ramasan ist ein Prachtkerl, entwickelt die großen Fähigkeiten seines Bruders!«

Ramasan sah den Alten mißtrauisch an. War das nun Spaß oder Ernst? Aber an Hamsas freudigem Gesicht sah er, daß dieser tatsächlich mit Rabadans Erfolg in Kumuch zufrieden war. Der alte Schafhirt begann nun Ramasan fleißig davon zu überzeugen, daß man Akrobatik und Seiltanz heute nicht mehr wie in früheren Zeiten betrachten dürfe, und wäre Abakar der Kleine noch am Leben, würde er seinem Sohn helfen, die Kunst eines Pechlewans zu erlernen.

»Gut, du Fürsprecher, es reicht«, sagte Ramasan schließlich schmunzelnd. Er hatte begriffen, warum Hamsa gekommen war. »Sag mir lieber, wo sich dieser ›berühmte‹ Akrobat versteckt hält.«

»Bei mir zu Hause«, erwiderte der Alte, erleichtert aufatmend und froh, sein Ziel erreicht zu haben. Er spürte, Ramasan war bereit, seinem Bruder den Ungehorsam zu verzeihen. Jetzt mußte erreicht werden, daß die Familienangehörigen Rabadan nicht verboten, offen zu üben.

Die ersten Schritte

Einem alten Brauch folgend, wird der Frühlingsanfang in den Bergen von Dagestan mit dem »Fest der ersten Furche« gefeiert. An diesem Tag macht man sich in jedem Aúl symbolisch an die Feldarbeiten.

Das Fest beginnt mit einem Festmarsch. Alle Einwohner, auch Kinder und Alte, gehen auf die Straße und schließen sich der Kolonne an. Voran als Musikanten Schalmeienbläser und Trommler. Ihnen folgt ein mit Bändern und farbigen Seidentüchern geschmücktes Ochsengespann, das den traditionellen Holzpflug zieht.

Unter Musik und Gesang der jubelnden Menschen erreicht das Ochsengespann das Feld, das dem Aúl am nächsten liegt. Die erste Furche mit dem Holzpflug muß ein besonders geschätzter Mensch ziehen, gewöhnlich der älteste Einwohner des Aúls. Danach kehren die Leute in den Aúl an gedeckte Tische zurück. Das Fest dauert den ganzen Tag und endet mit Sprüngen und Kunstreiten.

Im allgemeinen war es in Zowkra auch nicht viel anders. Allerdings wurden hier anstelle von Sprüngen (dazu gab es nicht einmal ein geeignetes Feld) Wettkämpfe von Akrobaten und Seiltänzern veranstaltet. Deshalb kamen zu diesem Fest immer Freunde und Bekannte aus nahen und fernen Aúlen.

So war es auch diesmal. Nach dem Ziehen der ersten Furche versammelten sich die Einwohner von Zowkra und ihre Gäste auf einer kleinen Waldwiese. Hier waren Tische gedeckt, hier standen Krüge mit Busa[1]. Etwas seitlich hatte man einen großen Teppich ausgebreitet und Querhölzer mit einem Seil dazwischen aufgestellt.

Jeder Wettkampfteilnehmer durfte auf Teppich und Seil zeigen, was er konnte. Rabadan, damals sechzehn Jahre alt, nahm zum ersten Mal gemeinsam mit den Erwachsenen an den Akrobatenwettkämpfen teil. Seine Freude kannte keine Grenzen, denn nicht jedem in Zowkra erlaubte man in diesem Alter, mit bekannten Akrobaten aus dem Aúl seine Kräfte und Fähigkeiten zu messen.

In den zurückliegenden Jahren hatte Rabadan viel erreicht. Er war mehrfach Sieger bei Republiksausscheiden junger Seiltänzer geworden und hatte nicht wenige Preise gewonnen. Mit Hilfe des alten Hamsa hatte er seine Angehörigen davon überzeugen können, daß er die Seiltänzerei liebte und brauchte. Jetzt beaufsichtigte Ramasan, der in seiner Jugend so manches Jahr mit seinem Vater durch die Städte und Dörfer gezogen war, das Training seines Bruders.

Um jedoch ein richtiger Pechlewan zu werden, mußte er in seinem Heimataúl bei den Erwachsenenwettkämpfen den ersten Platz belegen. Daher war Rabadan so daran gelegen, an diesen Wettkämpfen teilzunehmen.

Als Rabadan auf den Teppich trat, wurde es sehr lebhaft unter den Einwohnern von Zowkra. Zum ersten Mal trat nicht irgendjemand auf, sondern der Sohn des bekannten Pechlewans Abakar des Kleinen! Alle Blicke folgten voller Interesse dem kräftigen, stämmigen jungen Burschen, der selbstsicher den Teppich betrat. Und die Zuschauer wurden in ihren Erwartungen nicht betrogen – Rabadan eroberte ihre Herzen von der ersten Minute an durch eine Kaskade komplizierter Sprünge, Überschläge und Salti, die er alle zügig und tadellos ausführte.

»Maschalla[2], Rabadan! Ein würdiger Sohn seines Vaters!« sagten die Leute von Zowkra zustimmend, als der junge Bursche seine akrobatischen Kunststückchen abgeschlossen hatte. Kaum war Rabadan wieder etwas zu Atem gekommen, trat an die

[1] Busa ist eine Art Dünnbier.
[2] Maschalla heißt hier gut, ausgezeichnet.

198

Gruppe der Halbwüchsigen, in der er stand, ein unbekannter Mann heran.

»Gratuliere, Dshigit! Aus dir wird einmal ein echter Pechlewan«, sagte er freundlich und betrachtete Rabadan aufmerksam. »Du wohnst bei deinem Bruder Ramasan, nicht wahr? Sag ihm, heute abend kommt Daschdemir zu ihm.«

Die Begegnung mit diesem Mann bestimmte Rabadan Abakarows weiteres Schicksal. Daschdemir war ein damals in Süddagestan und Aserbaidshan bekannter Seiltänzer aus dem tabasaranischen Dorf Megrab.

Er war nicht zufällig nach Zowkra zum »Fest der ersten Furche« gekommen. Zwischen dem tabasaranischen Dorf Megrab und dem lakischen Aúl Zowkra bestanden enge Beziehungen. Die Alten erzählen, Zowkra und Megrab hätten sich vor hundert oder möglicherweise auch vor zweihundert Jahren verschwägert. Jedoch nicht nur verwandtschaftliche Beziehungen verbanden Zowkra und Megrab. Die Leute aus Megrab übernahmen gern die traditionelle Kunst der Akrobatik und des Seiltanzes aus Zowkra. Es wurde gang und gäbe, daß Seiltänzer aus Zowkra und Megrab gemeinsam auftraten.

Daschdemir wußte, daß bei dem »Fest der ersten Furche« Wettkämpfe von Akrobaten und Seiltänzern veranstaltet wurden. Wo, wenn nicht hier, sollte er die fähigsten Leute aus Zowkra sehen, die er dann in seine Truppe aufnehmen konnte? Deshalb wollte Daschdemir zu Ramasan. Der sollte ihm den Bruder für den Sommer mitgeben. Sie würden durch die Dörfer Aserbaidshans fahren und zum Herbst wieder zurück sein.

»Ich hab Angst, ihn allein wegzulassen«, erwiderte Ramasan, nachdem er Daschdemir angehört hatte. »Er ist noch sehr jung, hitzköpfig und läßt sich übermäßig hinreißen. Ans Seil zu denken ist für ihn noch viel zu früh.«

»Ich verspreche Ihnen aber, ihn wie meinen Sohn zu behandeln«, sagte Daschdemir. »Und auftreten wird er zudem als Teppichakrobat.«

Als das Schuljahr zu Ende war, kam Daschdemir nach Zowkra, um Rabadan zu holen. Nach kurzer Vorbereitung machten sie sich auf den Weg. Rabadan gab seinem Bruder das Wort, nicht aufs Seil zu gehen und nur Akrobatik zu betreiben.

Anfang Juni fuhr Daschdemirs Wandertruppe nach Aserbaidshan. Die Kunst der dagestanischen Seiltänzer war in Aserbaidshan und anderen Republiken Transkaukasiens sehr bekannt. Wo immer Daschdemirs Truppe auftrat, freute man sich über sie.

Die Truppe zog von einem Dorf zum anderen. Daschdemir selber trat auf dem Seil auf, Rabadan und noch drei junge Männer auf dem Teppich. Zwar half Rabadan Daschdemir häufig, jedoch dachte der Tabasaraner immer an Ramasans Bitte und ließ den Jungen nicht aufs Seil.

Rabadan aber war hartnäckiger, als Daschdemir angenommen hatte. Er nutzte jede Gelegenheit, um wenigstens kurz aufs Seil zu gehen. Häufig stieg er vor oder nach der Vorstellung auf die Querhölzer, nahm die ungewöhnlich schwere Balancierstange in die Hände und schritt vorsichtig über das straffe Seil, wobei er viel von dem nachzumachen versuchte, was Daschdemir gezeigt hatte.

Einmal geschah während der Auftritte in einem großen aserbaidshanischen Dorf ein Unglück, Daschdemir hatte nicht richtig kalkuliert und stürzte nach einem mißlungenen Sprung vom Seil. Schlüsselbeinbruch und starke Prellungen machten ihn für lange Zeit auftrittsunfähig. Da aber der Seiltänzer in der Truppe der »Clou« des Programms war, stand nun eigentlich vor ihnen die Frage, nach Hause fahren zu müssen.

Die letzte Vorstellung sollte im Nachbardorf gegeben werden. Daschdemir war vorher dort gewesen, hatte einen Vertrag abgeschlossen und Geld bekommen. Da nun also schon einmal Geld genommen war, mußte ein Ausweg aus der Situation gefunden werden.

»Seht zu, Jungs, daß ihr diesmal ohne mich auftretet«, sagte Daschdemir. »Wir haben ohnehin wenig Geld.«

Jetzt hing alles davon ab, wie sich die jungen Akrobaten unter Rabadan zeigten. Der Kiaza sollte das Publikum mit seinen Späßen von dem leerstehenden Seil ablenken.

Jedoch kam alles anders als gedacht. Die Vorstellung wurde wie immer von den Akrobaten eröffnet. Wie elastische Knäuel schnellten sie durch die Luft, und als wären sie aus Gummi, so bogen sie sich auf der Erde. Es folgte Nummer auf Nummer, die

Der Dreimannhoch

Zuschauer waren beeindruckt, wie kompliziert und dynamisch das alles war. Der Kiaza zog alle Register, und das Publikum lachte ständig.

Jedoch immer häufiger schauten die Zuschauer auf das leere Seil. Man spürte, sie warteten darauf, wann denn nun das Wichtigste der Vorstellung begann. Weder die Sprünge der Akrobaten noch die Späße des Kiaza konnten sie davon ablenken.

»Pechlewan-Kardasch! Pechlewan-Kardasch!« begann der ungeduldigste Teil der Zuschauer im Sprechchor zu rufen. Anfänglich suchten der Schalmeienbläser und der Trommler die Schreie mit ihrer Musik zu übertönen, jedoch der Lärm wurde immer lauter, die Forderung des Publikums immer beharrlicher.

»Was machen wir denn da, Jungs?« murmelte der schweißnasse Kiaza verlegen, als er an die Akrobaten herantrat.

»Es ist doch bekanntgegeben worden, daß Daschdemir einen Unfall hatte!«

»Dann hätten wir eben die Vorstellung absagen müssen!« bemerkte einer der Akrobaten verärgert. »Da wir nun aber doch aufgetreten sind, meint das Publikum, für den Pechlewan ist Ersatz gefunden worden!«

»Also muß heute jemand Daschdemir vertreten«, sagte Rabadan, der bis dahin geschwiegen hatte. Und in einem Ton, der keinen Widerspruch duldete, schloß er: »Jetzt gehe ich aufs Seil, und der Kiaza hilft mir. Er reicht mir von unten alles, was ich brauche.«

Rabadans Kameraden wechselten verlegene Blicke, denn niemand in der Truppe hatte Rabadans Seilübungen bisher ernstgenommen. Inzwischen aber wuchs die Erregung des Publikums. Zu überlegen gab es da nichts mehr, und der Kiaza meinte:

»Also los, Rabadan!«

Kaum hatte sich Rabadan die Schuhe ausziehen können (traditionsgemäß traten die Seiltänzer stets barfuß auf), da war der Kiaza auch schon in der Mitte des Kreises und verkündete mit lauter Stimme:

»Jetzt tritt vor euch auf der junge Pechlewan Rabadan, Sohn des berühmten Abakars des Kleinen!«

Die Zuschauer beruhigten sich gleich, zustimmend applaudierten sie, besonders die Alten, die die Auftritte Abakars aus

Zowkra, der so manches Mal in diesen Dörfern gewesen war, noch nicht vergessen hatten.

Dieser Tag blieb Rabadan für immer im Gedächtnis. Mit starkem Herzklopfen machte er seinen ersten Schritt auf dem Seil. Von diesem Augenblick hatte er seit seinen Kinderjahren geträumt, als er noch verwegen über den Schwebebalken auf den Bergwiesen geturnt war. Und nun war sein Traum überraschenderweise in Erfüllung gegangen. Rabadan hielt eine echte Balancierstange in den Händen und trat vor einem richtigen Publikum auf!

Er spürte, wie die Zuschauer und seine Kameraden ihn von unten abwartend betrachteten. Dadurch hielt er sich beim Wenden etwas zu lange auf, die schwere Balancierstange neigte sich in seinen noch nicht gefestigten Händen scharf zur Seite, Rabadan verlor das Gleichgewicht und flog nach unten. So mußte sich der junge Pechlewan schon bei seinen ersten Schritten davon überzeugen, wie tückisch das Seil ist. Es verzeiht niemandem, sich ablenken zu lassen und an etwas anderes zu denken. Das kommt den Pechlewanen stets teuer zu stehen. Nicht wenige von ihnen sind durch einen Moment der Unachtsamkeit ums Leben gekommen, noch mehr wurden verkrüppelt. Es war die Akrobatik, die Rabadan bei diesem ersten Mal noch rettete, denn er machte einen Salto in der Luft und kam wieder gut auf die Beine. Alles hatte sich so schnell abgespielt, daß das Publikum dies für einen geschickten Trick des jungen Pechlewans hielt. Als er deshalb zu den Querhölzern eilte, brach langer zustimmender Applaus aus. Die erste Aufregung war vorbei, und Rabadan ging nun schon sicherer über das Seil.

Seinen Auftritt beschloß Rabadan unter stürmischen Ovationen. Er selber wunderte sich später noch, woher ihm die Exaktheit in seinen Bewegungen und die Leichtigkeit in der Ausführung der einzelnen Nummern gekommen war.

»Nun, jetzt brauchen wir nicht nach Hause zu fahren!« sagten Rabadans Kameraden, als er wieder auf der Erde war. Alle beglückwünschten ihn zu seinem Erfolg. ⟩

Der alte Schalmeienbläser Assad, der in seinem Leben schon viele Seiltänzer aus Tabasaran und Zowkra gesehen hatte, drückte ihm kräftig die Hand.

»Heute ist dein Geburtstag,[1] Rabadan. Vergiß ihn nicht, Junge!« Über Rabadans Erfolg freute sich auch Daschdemir. Da er nicht selber auftreten konnte, befaßte er sich mit Rabadans Seiltänzerausbildung. Der Entschluß, nach Hause zu fahren, wurde aufgegeben, und die Truppe setzte ihre Auftritte fort. In der vorstellungsfreien Zeit feilte Rabadan unter Daschdemirs Anleitung bereits ausgeführte Tricks weiter aus und erlernte neue und schwierigere.

Nach Zowkra kehrte Rabadan kurz vor Schulbeginn zurück. Mutter, Brüder und alle Bekannten bemerkten, daß er den Sommer über männlicher und erwachsener geworden war. In seinen Augen lag Selbstsicherheit, seine Bewegungen waren konzentrierter und geschmeidiger geworden. Das war schon nicht mehr der einstige unruhige kleine Junge, sondern jemand, der die Schwierigkeiten der Pechlewanenkunst erfahren hatte.

Was ist denn ein Zirkus?

Frühjahr 1935. Dagestan feierte seinen fünfzehnten Jahrestag. Nach Machatschkala, der Hauptstadt dieses Landes der Berge, waren aus allen Teilen der Republik Vertreter der Völkerschaften, die Dagestan bewohnen, zusammengekommen.

Die Feierlichkeiten begannen auf dem zentralen Leninplatz. Hier zogen die Demonstrantenkolonnen vorbei, hier fand die Turnerparade statt. Am Abend dann wurde unter Scheinwerferlicht auf dem Hippodrom ein Volksfest veranstaltet.

Das große Hippodromfeld war von den Einwohnern von Machatschkala und deren Gästen gefüllt. Die einen sahen sich Laienspielvorstellungen, andere Ausscheide der besten Tanzkollektive der Republik an. Jedoch besonders viele Zuschauer hatte der Seiltänzerwettkampf. Über fünfundzwanzig Pechlewane rangen um die ersten Plätze, darunter auch der achtzehnjährige Rabadan Abakarow aus Zowkra.

Ein schwieriger Kampf stand ihm bevor. Nach Machatschkala waren die erfahrensten Seiltänzer der Aúle aus dem lakischen,

---

[1] In Zowkra gilt der Tag, an dem ein Junge erstmalig erfolgreich auf dem Seil auftritt, als sein Geburtstag.

dem tabasaranischen und anderen Bezirken zu Wettkämpfen zusammengekommen.

Doch niemand konnte den Pechlewanen aus Zowkra das Wasser reichen. Gemeinsam mit Rabadan belegten seine Landsleute Sabirulla Kurbanow, Magomed Hussein Abakarow, Sadyk Ullubijew und Magomed Sagirbekow die ersten Plätze.

Drei Tage währten die Jubiläumsfeierlichkeiten in Machatschkala, und als sie beendet waren, wurden alle Sieger des Republikausscheids der Volkstalente in die Gebietsparteileitung eingeladen. Die Mitarbeiterin der Kulturabteilung, Jewgenia Batajewa, beglückwünschte sie zu ihren erfolgreichen Auftritten und gab bekannt, daß sie mit Reiseschecks für Exkursionen durch die kaukasischen Mineralbäder ausgezeichnet werden.

Mineralnyje Wody, Pjatigorsk, Shelesnowodsk, Jessentuki und Kislowodsk – in allen diesen Städten bekamen die Artisten viel Interessantes zu sehen. Während ihrer Reisen machten sie aber auch die Urlauber in diesen Kurorten mit der originellen Kunst der Bergbewohner bekannt. Ihre auffallenden Nationaltrachten, Tänze, Lieder und akrobatischen Nummern begeisterten die Zuschauer.

In dem umfangreichen Programm wurde der gesamte zweite Teil von den jungen Pechlewanen aus Zowkra gestaltet. Es war das erste Mal, daß Akrobaten und Seiltänzer dieses lakischen Aúls vor einem großen Publikum auftraten.

Im Freilichttheater von Kislowodsk gaben die Dagestaner ihre letzte Vorstellung. Stürmischer Beifall begleitete jede Nummer. Rabadan Abakarow und seine Kameraden übertrafen an jenem Abend sich selber. Noch nie waren sie mit so einer Begeisterung und einer derartigen Hingabe aufgetreten.

Vor Müdigkeit konnten sie sich kaum auf den Beinen halten, jedoch die Ovationen schwollen immer mehr an, und die Zuschauer verlangten, daß sie ein zweites Mal auf der Bühne erschienen. Als sie wieder hinter die Kulissen verschwanden, sahen sie, daß ein Mann sie erwartete. Erregt sagte er etwas zu den Jungen und schüttelte jedem kräftig die Hand.

Zu der Zeit verstanden die jungen Bergbewohner noch nicht ein einziges Wort russisch und wurden immer von einer Dolmetscherin begleitet. Auch diesmal kam sie zu Hilfe.

»Ausgezeichnet! Beeindruckend!« sagte der Mann. Als er begriffen hatte, warum das Mädchen hinzugetreten war, wandte er sich an sie: »Sagen Sie den Dshigiten, ich bin begeistert von ihrer Kunst!«

Verlegen gemacht durch das Lob, traten die jungen Leute aus Zowkra von einem Bein aufs andere und wußten nicht, wie sie sich gegenüber dem Unbekannten verhalten sollten.

»Sagen Sie den Genossen, ich bin der Direktor des Kiewer Staatszirkus«, fuhr er fort und stellte sich vor – David Semjonowitsch Wolski. »Und fragen Sie noch, ob die Dshigiten nicht im Zirkus auftreten wollen. Natürlich müssen sie dazu noch lernen.«

»Was ist denn ein Zirkus?« fragte Jaragi Gadshikurbanow, der wie seine anderen Kameraden aus Zowkra das Wort zum ersten Mal hörte.

Als das Mädchen die Frage übersetzt hatte, lächelte David Semjonowitsch. Wie sollte er ihnen kurz erklären, was ein Zirkus ist? Daß das eine Stätte ist, wo Menschen Unwahrscheinliches vollbringen, daß es die Kunst der Mutigen ist, obwohl jede Nummer berechnet und hundertmal durchgeprobt wird. Das alles war schwer in Wörten wiederzugeben.

Daher schlug David Semjonowitsch vor: »Paßt auf, Jungs, wir machen das so: Morgen beginnt unser Zirkus sein Gastspiel in Kislowodsk. Ich lade euch alle zur Premiere ein. Wozu soll ich euch erst erzählen, was ein Zirkus ist? Da ist es schon besser, ihr seht es euch selber an. Und nach der Vorstellung treffen wir uns und reden miteinander.«

Am anderen Tag fanden die jungen Leute aus Zowkra ohne Mühe im Park das riesige Zelt des Wanderzirkus. Strahlende Lichter, riesige Reklametafeln, Musik und Zuschauermassen – das alles überwältigte sie bereits, bevor sie das Zirkuszelt betraten. Die Dolmetscherin zeigte dem Einlasser den Zettel, den ihnen Wolski am Vortag gegeben hatte, man ließ sie durch und zeigte ihnen die Plätze.

Die Vorstellung machte auf die jungen Leute aus den Bergen großen Eindruck. Die glitzernden Kostüme, die bis zur Vollkommenheit ausgefeilten Nummern, das selbstbewußte und ungezwungene Verhalten der Artisten in der Manege verblüfften sie.

»Siehst du, Rabadan?« flüsterte Jaragi Gadshikurbanow deprimiert. »Dieser Direktor hat sich wahrscheinlich einen Scherz mit uns erlaubt. Können etwa denn wir so auftreten?«

»Ja, bis dahin haben wir's noch weit«, seufzte Rabadan neidisch.

Als die Vorstellung zu Ende war und sie schon gehen wollten, trat ein uniformierter Requisiteur an sie heran und geleitete sie zu David Semjonowitsch.

»Nun, wie hat Ihnen der Zirkus gefallen?« fragte er lächelnd. »Wissen Sie nun, was ein Zirkus ist?«

Die Antwort auf seine Frage las Wolski auf den erregten Gesichtern der Jungs und aus ihren strahlenden und begeisterten Blicken. Da wiederholte David Semjonowitsch seine Frage, ob die jungen Dagestaner nicht zum Kiewer Zirkus zur Ausbildung kommen möchten. Ihre Auftritte enthielten doch eine ausgezeichnete Grundlage für eine glänzende Nummer.

»Wir würden schon gerne kommen«, erwiderte Rabadan, »aber können wir denn überhaupt Zirkusartisten werden?«

»Das braucht Sie nicht zu beunruhigen. Ich verspreche Ihnen, daß Sie in zwei Jahren im Zirkus auftreten werden.«

Jedoch erwies es sich doch nicht als so einfach, die Frage zu entscheiden. Ein Teil der jungen Leute aus Zowkra hatte Zweifel. Wie sollten sie auf zwei Jahre aus dem Aúl gehen, die Angehörigen allein lassen und in einer fremden Stadt leben? Nur Rabadan Abakarow und Jaragi Gadshikurbanow akzeptierten Wolskis Vorschlag sofort. David Semjonowitsch riet ihnen, sich alles zu überlegen, nach Hause zu fahren und mit den Verwandten zu reden. Er würde dann einen Brief an die Gebietsparteileitung schreiben und darum bitten, sie im Herbst nach Kiew zum Studium zu schicken.

Wolski hielt sein Wort. Seinen Bemühungen war es zu verdanken, daß die jungen Leute aus Zowkra nach Kiew kamen. Hier übergab er sie den erfahrensten Pädagogen, den bekannten Regisseuren Foregger und Michelson.

Die zwei Jahre vergingen bei unaufhörlicher Arbeit in der Lehrmanege. Auch wenn die Arbeitsweisen der traditionellen Akrobatik und Seiltänzerei aus Zowkra noch so originell und koloritreich wirkten, waren sie doch weit von fachlicher Meisterschaft entfernt. Die Regisseure, die sich mit den jungen Bergbe-

Ein Kopf-auf-Kopf-Stand

wohnern befaßten, mußten vieles verändern, verbessern und abschleifen. Die Pechlewane aus Dagestan erlernten die Kultur des Auftretens. Für die neugebildete Truppe aus Zowkra wurden attraktive Kostüme geschneidert und eine charakteristische Musik ausgewählt.

Die Seiltänzer aus Zowkra erinnern sich noch bis heute, welch herzlichen Anteil die Artisten des Kiewer Staatszirkus an ihrem Schicksal nahmen. Viel Zeit opferte der bekannte Akrobat Grigori Tschautschenko aus der Nummer »9 Donvaldo« für Übungen mit ihnen. Bereitwillig vermittelte er den jungen Leuten seine reichen Zirkuserfahrungen. Wie ein Vater kümmerte sich David Semjonowitsch Wolski um sie, so daß sie sich fern von ihrem Heimataúl nicht einsam fühlten.

Angespannte Akrobatikübungen wechselten mit Arbeit auf dem Seil. Monatelang probten Rabadan und seine Freunde schwierige Nummern, die sie allmählich immer komplizierter gestalteten und bei denen sie Sauberkeit und Ungezwungenheit der Ausführung anstrebten.

Ein Jahr Ausbildung verging. Zusammen mit der Konzertbrigade der Zirkusschule reisten die Seiltänzer in die Städte und Dörfer der Ukraine. Auf den Feldern von Kolchosen und Sowchosen, in Betrieben und Truppenteilen erfolgten die ersten Begegnungen mit Zuschauern.

Im Februar 1937 war es so weit. Die Artisten aus Zowkra traten im Kiewer Zirkus auf. Der Ansager kündigte feierlich die Premiere der Nummer an: »Un nun folgen die Springer auf dem Seil ›4 Zowkra‹!«

Unter den Klängen einer Lesginka kamen vier Dshigiten in prächtiger Nationaltracht in die Arena gelaufen: schwarze Papacha, Dolche in aparten silbernen Scheiden und rote bestickte Stiefel aus weichem Leder. Einige Minuten kreisten die schlanken jungen Männer im Wirbel des Tanzes, und dann kletterten sie auf die beiden hohen Metallstützen, die in der Arena aufgestellt worden waren.

Mit Stangen in den Händen stellten sich drei Dshigiten unter Rabadan Abakarows Leitung auf dem Seil auf. Der vierte und leichteste, Magomed Sagirbekow, stieg auf die Plattform, sprang erst dem ersten, dann dem zweiten und schließlich dem dritten Partner auf die Schulter. Letzterer ging mit Magomed auf den Schultern bis ans Ende des Seils.

Dann kam Rabadan Abakarow und tanzte zu einer Lesginka auf dem Seil sogar noch besser als in der Arena. Und als sich seine Partner aufs Seil setzten, sprang Rabadan leicht über jeden von ihnen hinweg.

Die Arbeit auf dem Seil war beendet, die Dshigiten wieder auf dem Teppich, und die Zuschauer zeigten sich erneut verblüfft von der Parterreakrobatik, die in raschestem Tempo ausgeführt wurde. Ihre ganze Nummer brachten die jungen Leute aus den Bergen virtuos und leicht.

Dem Debüt der dagestanischen Seiltänzer wohnten neben David Semjonowitsch Wolski Regisseure und Artisten des Zirkus bei. Erregt beobachteten sie die Leute aus Zowkra: Werden es die Jungs verstehen, gut aufzutreten, und wie nimmt das Kiewer Publikum ihre Nummer auf? Diese Fragen kamen nicht von ungefähr, denn in jenen Tagen hatte gerade erst eine Truppe australischer Seiltänzer ihre Vorstellungen im Kiewer Zirkus abgeschlossen.

Die jungen Leute aus Zowkra erfüllten die Hoffnungen ihrer Lehrer. Der Beifallssturm, der sich nach Abschluß ihres Auftritts im Zirkus erhob, überzeugte alle, daß die Schlacht um diese Nummer erfolgreich geschlagen war.

Im Namen des Zirkuskollektivs beglückwünschte David Semjonowitsch Wolski die dagestanischen Seiltänzer zu ihrem glänzenden Debüt. An jenem Abend erhielten sie noch einen überraschenden Glückwunsch als Anerkennung für ihre Meisterschaft. Sie wurden vom Leiter der australischen Seiltänzertruppe aufgesucht. Bewundernd betrachtete er die mittelgroßen, stämmigen Bergbewohner und sagte:

»Ich hab schon allerhand auf dem Seil gesehen, aber so etwas wie Ihren Auftritt noch nie!«

Zu den Gipfeln der Meisterschaft

Das erfolgreiche Debüt im Kiewer Zirkus machte die Nummer der dagestanischen Seiltänzer zu einer der größten Attraktionen des sowjetischen Zirkus. Einer bestehenden Tradition zufolge erhielt sie den kurzen Namen »4 Zowkra«. Die neue Zirkustruppe bestand aus Rabadan Abakarow, Jaragi Gadshikurbanow, Sabirulla Kurbanow und Magomed Sagirbekow, alle aus Zowkra. Zu ihrem Leiter wurde Rabadan Abakarow ernannt.

Die ganzen Wintermonate hindurch trat die Truppe in der

Arena des Kiewer Zirkus auf. In begeisterten Pressemeldungen wurde die Geburt der neuen Nummer begrüßt. Die Jungs aus Zowkra erhielten viele Angebote zur Mitwirkung in Zirkusprogrammen der größten Städte des Landes. Ihre Gastspiele begannen sie auf der Krim.

Die ersten Vorstellungen fanden in Simferopol statt. Die Zeitung »Krasny Krym« schrieb am 30. Mai 1937, »der Auftritt der vier Dagestaner erlebt einen verdienten Erfolg bei den Zuschauern. Die vier jungen Männer zeigen erstaunliche Sachen. Ihre Sprünge und Tänze auf dem Seil und danach auf dem Teppich lösen Begeisterungsstürme aus. Eine unversiegbare Energie, Geschicklichkeit und Frische zeichnen die vier Dagestaner aus.« Nach Simferopol ging das Gastspiel der »4 Zowkra« in Odessa, Jalta und Woronesh weiter. Die ungewöhnliche Attraktion der dagestanischen Seiltänzer wurde nicht nur in der Lokalpresse gewürdigt, Rezensionen dazu erschienen auch in der zentralen Presse.

Im Herbst 1939 wurde in Moskau der zwanzigste Jahrestag des sowjetischen Zirkus gefeiert. Die besten Kollektive des Landes wurden in die Hauptstadt eingeladen.

Bekanntlich ist ja der Moskauer Zuschauer schwer durch etwas zu verblüffen. Jedoch die dagestanischen Seiltänzer vermochten sich die Anerkennung des hauptstädtischen Publikums zu erringen. Bei ihrem Auftritt in der grandiosen Jubiläumsvorstellung des Moskauer Zirkus erlebte Rabadan Abakarows Truppe einen begeisterten Empfang.

Lange blieb den jungen Seiltänzern der Herbsttag am 19. September 1939 im Gedächtnis. Zehntausende Zuschauer füllten den größten Platz auf der Allunions-Landwirtschaftsausstellung. Unter freiem Himmel traten hier die besten Sänger, Tänzer, Theaterkollektive und Zirkusartisten des Landes auf.

Der dritte Teil des Programms war ausschließlich für die Zirkusvorstellung vorgesehen. Eröffnet wurde er von der bekannten Seelöwendompteuse Tamara Brock.

Ihr folgte die Nummer der dagestanischen Seiltänzer. Rabadan kam wie immer heraus, um die Abspannungen zu befestigen. Fehler daran konnten den Auftritt gefährden.

Gewöhnlich bekam Rabadan den Spannstangenhaken leicht

in den Befestigungsring. Aber jetzt gelang ihm das überhaupt nicht. Die Anspannung der letzten Tage machte sich bemerkbar, denn zur Vorbereitung auf den heutigen Auftritt hatten sie viele Stunden lang neue Tricks, die sie erst vor kurzem in ihre Nummer aufgenommen hatten, geprobt.

»Bleib ruhig, Dshigit, hab keine Angst!« sagte der ihm zu Hilfe geeilte Karandasch leise. Dieser berühmte Clown hatte an jenem Abend die Pausen zwischen den Nummern zu füllen. Als der Haken festsaß, nickte Karandasch dem vieltausendköpfigen Publikum zu und lächelte. »Heute dürfen wir nicht nervös werden. Das ganze Land verfolgt unsere Auftritte.«

Durch Karandaschs Worte ermuntert, riß sich Rabadan zusammen und beendete rasch die Vorbereitungen. Temperamentvolle dagestanische Musik erklang, und die vier Jungs aus Zowkra kamen wie ein Wirbelwind auf die Bühne gefegt.

Die Auftritte in Moskau waren für die dagestanischen Seiltänzer eine ernsthafte Bewährungsprobe, die sie ehrenvoll bestanden. Anerkennung ihres Talents durch das ganze Volk war der Erlaß des Präsidiums des Obersten Sowjets der UdSSR, in dem es hieß, »für hervorragende Verdienste bei der Entwicklung der sowjetischen Kunst« werden die Artisten der Truppe »4 Zowkra« mit Medaillen »Für vorbildliche Arbeit« ausgezeichnet.

Die Kunde von der hohen Regierungsauszeichnung erreichte Rabadan Abakarow und seine Partner im Kaukasus, wo sie zu der Zeit ein Gastspiel im Staatszirkus von Batumi absolvierten. Große Freude bereitete ihnen das Telegramm von David Semjonowitsch Wolski. Rabadan las den Mitgliedern seiner Truppe die herzlichen Worte ihres ersten Lehrmeisters vor: »Ich freue mich für euch, gratuliere euch und wünsche euch große Erfolge in eurer Arbeit!«

Reisen, reisen ... Durch die großen und kleinen Städte des Landes, Auftritte in Tbilissi, Donez, Dnepropetrowsk, Saporoshje und Wladiwostok, Vorstellungen in Zirkusarenen, in Parks, unter freiem Himmel. Hunderttausende Zuschauer lernten die virtuosen Pechlewanen aus dem dagestanischen Aúl Zowkra kennen. Jetzt traten in der Zirkusarena nicht mehr jene schüchternen jungen Bergbewohner auf, die die Zuschauer nur durch Temperament und Geschicklichkeit begeistern konnten, sondern schon Meister, die Konzentration und Sicherheit besaßen. Ein Rezensent schrieb: »Die ›4 Zowkra‹ sind junge Artisten, die springen, Lesginka tanzen und Dutzende der kompliziertesten Tricks mit solcher Leichtigkeit und Eleganz ausführen, als sei unter ihren Füßen kein Seil, sondern der glatte Asphalt einer Hauptstraße. Die ›4 Zowkra‹ arbeiten in raschem Tempo, temperamentvoll und exakt.«

Der Krieg überraschte sie in Omsk.

An jenem Sommertag sollten die Dagestaner im Stadtpark auftreten. Sie waren schon früh aufgestanden, um rasch das übliche Training abzuschließen, die Requisiten zu packen und in den Park zu bringen. Ihr Hotel war weit abgelegen, und Rabadan hatte es nicht gern, sich vor der Vorstellung beeilen zu müssen.

Plötzlich wurde hastig an seine Zimmertür geklopft. Sabirulla war es.

»Es ist Krieg, Rabadan!« rief er von der Schwelle her, als ihn Rabadan ins Zimmer gelassen hatte. »Schaltet schnell mal das Radio an!«

Alexandra, Rabadans Frau, streckte die Hand nach dem Lautsprecher aus, der auf dem Nachtschrank neben dem Bett stand, und gleich war das Zimmer erfüllt von der zornigen Stimme des Nachrichtensprechers Lewitan, der den wortbrüchigen Überfall der faschistischen Truppen auf das Sowjetland und die ersten Bombenangriffe auf sowjetische Städte an jenem Morgen meldete.

»Komm, Rabadan, die Jungs warten auf dich«, sagte Sabirulla. »Wir müssen beschließen, was weiter wird.«

Bald war in dem großen Hotelzimmer, das den übrigen Seiltänzern zur Verfügung stand, die ganze Gruppe »Zowkra« zusammengekommen. Sie saßen schweigend da. Es fiel ihnen schwer, zu reden und in so einem bedrückenden Augenblick die passenden Worte zu finden.

»Schade nur, daß wir die Arbeit an der neuen Nummer nicht mehr abschließen können«, sagte Jaragi Gadshikurbanow schließlich. »Dabei war's gar nicht mehr so viel.«

»Jetzt haben wir an anderes zu denken, Jungs«, erwiderte Rabadan und stand auf. »Kommt, wir fahren in den Zirkus. Dort erfahren wir, was zu tun ist.«

Rabadan Abakarow als Untermann

Trotz der frühen Morgenstunde glich der Omsker Zirkus einem aufgewühlten Ameisenhaufen. Alle Artisten waren schon da. Sie liefen in den Gängen umher, standen gruppenweise herum, unterhielten sich aufgeregt, und an das Zimmer des Zirkusdirektors war einfach kein Herankommen.

»Wir haben die Anweisung bekommen, Genossen, daß sich die Wehrpflichtigen im Wehrbezirkskommando der Stadt melden sollen«, sagte der Zirkusdirektor zu denen, die im Korridor standen. »Daher finden bis zur Herausgabe einer besonderen Verfügung keine Zirkusveranstaltungen mehr statt.«

Rabadan hatte näher an das Arbeitszimmer des Direktors herankommen können und gehört, was gesagt worden war. Zu seinen Leuten zurückgekehrt, schlug er vor, daß alle sofort zum Wehrbezirkskommando fahren.

Jedoch dort wurden sie nur registriert. Man sagte ihnen, sie sollen auf Bescheid warten. Zurückgegeben wurden ihnen auch die Anträge, in denen alle vier Seiltänzer darum gebeten hatten, als Freiwillige an die Front geschickt zu werden.

In unruhigem Warten vergingen mehrere Tage. Endlich kamen die Gestellungsbefehle aus dem Wehrbezirkskommando. Aber nur für Sabirulla Kurbanow und Magomed Sagirbekow. Rabadan und Jaragi eilten ins Wehrbezirkskommando.

»Warum wir nur zwei einberufen? Weil es so sein muß«, erwiderte der Oberst, der sie empfing. »Wenn die Zeit kommt und es erforderlich ist, nehmen wir auch euch. Jetzt aber geht und macht eure Arbeit, im Hinterland muß ja auch noch wer was tun.«

So trennte der Krieg das eingespielte Kollektiv der dagestanischen Seiltänzer. Rabadan Abakarow und Jaragi Gadshikurbanow waren gezwungen, das Werk der Gruppe »Zowkra« zu zweit fortzusetzen. Sie kamen in die Brigade der Zirkusartisten, die zur Betreuung der Truppeneinheiten des Omsker Wehrbezirks eingesetzt wurde. Rabadan und Jaragi mußten ihre Nummer völlig umgestalten, und sie schafften es, dies so zu tun, daß die besten und effektvollsten Tricks blieben.

Es war die Zeit, da in Sibirien rasch neue Truppeneinheiten zusammengestellt wurden. Auftreten mußten die Artisten dort, wo die Soldaten ausgebildet wurden. Gewöhnlich war das irgendwo auf einer Waldwiese, und die Arbeit erforderte unter diesen Bedingungen von den Brigademitgliedern viel Ausdauer und Mut.

Jedoch die wirklichen Schwierigkeiten begannen für die Artisten im Winter bei vierzig Grad sibirischer Kälte. Die Dagestaner erinnern sich noch an einen frostigen Februartag, als sie zum Winterlager eines Truppenteils fuhren.

Der verdeckte Lastkraftwagen kam auf der verschneiten Straße nur mit Mühe voran. Stellenweise waren die Schneehaufen so hoch, daß die Artisten aus dem Wagenkasten springen und schieben mußten. Naß und durchgefroren erreichten sie das Lager. Dort wurden sie mit Freude empfangen und in ein geheiztes Wohnhaus gebracht. Als dann aber die Artisten wissen wollten, wo sie auftreten sollten, stellte sich heraus, daß es keinen Klub gab. Auch ein anderer großer Raum, der sich für ihren Auftritt geeignet hätte, fand sich nicht.

Die Artisten berieten miteinander und beschlossen, unter freiem Himmel aufzutreten. Bei dreißig Grad Kälte. Jedoch einen anderen Ausweg hatten sie nicht. Sie säuberten den Sportplatz von Schnee, und die Vorstellung begann.

Die Soldaten in Pelzen und Filzstiefeln saßen ringsum direkt auf dem Schnee, während die Artisten ihre Kostüme tragen mußten (in Oberbekleidung und Handschuhen konnten sie ihre Nummern nicht ausführen).

Durch den Frost fiel das Atmen schwer, die Gesichter und Finger wurden steif. Aber nicht einmal das war das Schwierigste: Die Erde war derart gefroren, daß nirgends Geräte oder Vorrichtungen befestigt werden konnten. Aus diesem Grunde wäre die Nummer der dagestanischen Seiltänzer fast ausgefallen.

»Da werden wir wohl euren Auftritt ausfallen lassen müssen, Freunde«, sagte der stellvertretende Direktor des Omsker Zirkus, B. L. Chilewitsch, zu Rabadan und Jaragi. »Die Erde ist gefroren, und da können wir hier keine Stützen aufstellen.«

»Wir sind ja nicht hergekommen, um Zuschauer zu bleiben«, brauste Jaragi Gadshikurbanow auf, obwohl er wußte, daß Chilewitsch recht hatte (zum Befestigen der Stützen hätte die Erde aufgebohrt werden müssen). Jaragi sah sich um und schloß selbstsicher: »Auftreten will ich aber mit Rabadan unbedingt. Sehen Sie die beiden Kiefern dort am Rand vom Sportplatz? Das werden die Stützen für unser Seil!«

Rabadan unterstützte den Vorschlag seines Freundes. Jaragis Findigkeit gefiel auch Chilewitsch. Zu dritt gingen sie um beide Kiefern herum und inspizierten sie. Die schlanken Bäume standen etwa dreißig Meter voneinander entfernt. In fünf Meter Höhe einige Haken einzuschlagen, damit das Seil nicht abglitt, bereitete keine Mühe.

Und nun wurden die dagestanischen Artisten auf den Platz gerufen.

»Es folgt der Auftritt der Seiltänzer ›Zowkra‹ – Rabadan Abakarow und Jaragi Gadshikurbanow!«

Die Soldaten schauten verwundert auf die leere »Bühne«: Wo waren denn die Artisten? Noch ganz hingerissen von den vorangegangenen Nummern, hatten sie nicht bemerkt, wie zwischen den Kiefern ein Seil gespannt worden war, und als dann von oben aus den Kiefernzweigen kehlige Assa-Rufe drangen, applaudierten die Soldaten begeistert den beiden Kühnen. Als abgehärtete Sibirier, die um den Preis echten Mutes wußten, sahen sie in der Nummer der Artisten aus Zowkra nicht nur ungewöhnliche Zirkustricks, sondern begriffen auch, daß ihre Ausführung auf dem dünnen Seil, hoch über der Erde, bei solchem Frost von den Artisten riesige Selbstbeherrschung, überdurchschnittliche Geschicklichkeit und Ausdauer forderte.

Zum Abschluß sang der Artistenchor das damals noch neue Lied »Erheb dich, riesiges Land«. Von Hunderten Soldatenstimmen unterstützt, erklang das Lied machtvoll über der Taiga. Rabadan sah neben sich die rauhen Gesichter der Krieger und fühlte sich als einer von ihnen.

Bald kam ein Auszug aus dem Befehl für das Artillerieregiment des Armeekorps, in dessen Lager die Brigade aufgetreten war, in den Omsker Staatszirkus. Der Regimentskommandant bedankte sich bei den Artisten »für den erfolgreichen Auftritt im Felde bei 34 Grad Frost vor den Kämpfern des Regiments«.

Ihre Meisterschaft demonstrierten die beiden Dagestaner auch vor Soldaten in Nowosibirsk, Swerdlowsk, Aschchabad, Taschkent und anderen Städten des Landes. Überall fanden sie herzliche Dankbarkeit.

Percheäquilibristik auf dem Seil

Jedoch obwohl ihre Auftritte so erfolgreich waren, begriff Rabadan, daß ihre Nummer in dieser Besetzung nicht vollständig war. Zur Ausführung komplizierter Tricks brauchten sie noch Leute. Aber wo sollte man während des Krieges gute Seiltänzer herbekommen, wenn alle Zirkusstudios geschlossen waren? Da blieb nur der Ausweg, selber zwei, drei junge Leute für die Nummer auszubilden.

Im Frühjahr 1943 fuhr Rabadan mit dem Sonderauftrag nach Dagestan, in seinem Aúl Ersatz für die an die Front gegangenen Artisten seiner Truppe zu finden. Nach Zowkra kam Rabadan Ende April. Es war die Zeit, da die in Kämpfen gestählte Sowjetarmee begann, die deutschen Eindringlinge aus ihrem Land zu verjagen. Freudig bereiteten sich die Menschen auf die Feierlichkeiten zum 1. Mai vor.

Wie gewöhnlich bei Festen sollte in Zowkra ein großer Wettkampf junger Akrobaten und Seiltänzer stattfinden. Hier konnte Rabadan die Geeignetsten für seine Truppe auswählen.

Seine Erwartungen erfüllten sich. Als die jungen Leute aus Zowkra erfuhren, daß Rabadan die Wettkampfsieger mit in den Zirkus nimmt, bemühten sie sich ganz besonders. Lächelnd beobachtete der zum Ehrenvorsitzenden der Jury gewählte Rabadan, wie die geschmeidigen Körper der Jungs dahinflogen, komplizierte Salti, Brücken und Überschläge ausführten. Er dachte daran, wie er sich vor vielen Jahren auch angestrengt hatte, der Erste zu sein. Damals war sein Preis die Einladung in die Gruppe des Tabasaranen Daschdemir gewesen. Jetzt aber würden drei Sieger des Wettkampfes in seine Truppe kommen und in den größten Städten des Landes mit auftreten können.

Am Wettkampf der jungen Akrobaten beteiligten sich über zwei Dutzend Halbwüchsige. Aufmerksam und mit fachkundigem Blick bewertete Rabadan den Auftritt eines jeden von ihnen, da er ja doch nur drei von ihnen, die Geschicktesten, Kühnsten und Stärksten auswählen sollte.

»Sieh dir mal dieses Paar an«, sagte Ramasan zu seinem Bruder, als zwei mittelgroße junge Burschen in den Kreis traten. Deren braungebrannte Körper jagten so zügig über den Teppich dahin, daß Rabadan nur mit Mühe erkennen konnte, wann die eine Übung endete und die andere begann. »Das sind Kurban

Medshidow und Rassul Agajew, die besten Akrobaten augenblicklich im Aúl.« Daß sie die besten waren, begriff Rabadan sofort, denn die schwierigen Tricks hatte in einem solchen Tempo noch niemand auf dem Teppich ausgeführt. Die Wahl fiel auf sie. Der dritte wurde Rabadans Neffe Magomed Abakarow.

Als der Wettkampf zu Ende war, bat Rabadan die drei Jungs zu sich zum Gespräch. Alle begriffen, daß er sie für seine Truppe ausgewählt hatte. Die anderen beneideten sie, bezeichneten sie als wahre Glückspilze, denn schließlich war es kein Pappenstiel, daß sie im Zirkus auftreten würden! Nun, und was ein Zirkus war, brauchte den Leuten aus Zowkra jetzt niemand mehr zu erklären.

Bald kehrte Rabadan mit den jungen Akrobaten nach Mittelasien zurück. Im Zirkus von Aschchabad wurden sie von Jaragi Gadshikurbanow erwartet. Die aufgefüllte Truppe der Seiltänzer von Zowkra begann ihre Arbeit an einer neuen Nummer.

In Mühen und Sorgen verging das Jahr. Die täglichen Auftritte im Zirkus und in Lazaretten vor Verwundeten mußten mit der Vorbereitung der neuen Nummer unter einen Hut gebracht werden.

Im Herbst 1944 wurde in Moskau der fünfundzwanzigste Jahrestag des sowjetischen Zirkus gefeiert. In das Jubiläumsprogramm kam auch eine Nummer der Pechlewane aus Zowkra. Nun traten wieder dagestanische Seiltänzer unter der Kuppel des Moskauer Zirkus auf.

Das Publikum der Hauptstadt zeigte sich erneut beeindruckt von der Meisterschaft der Truppe Rabadan Abakarows. Die »Iswestija« vom 6. September 1944 schrieb: »Es ist angenehm, feststellen zu können, daß die jungen Pechlewane aus dem dagestanischen Bergaúl Zowkra fachlich gewachsen sind. Die Moskauer erinnern sich noch an ihren ersten Auftritt im Winter 1937. In der Zwischenzeit haben sie ihre Nummer ganz bedeutend durch neue Tricks bereichert.«

Die Nachricht von ihrem erfolgreichen Gastspiel in Moskau drang auch bis nach Dagestan. Die Landsleute wußten die Arbeit ihrer Artisten zu würdigen. Im Dezember 1944 bekamen Rabadan Abakarow und Jaragi Gadshikurbanow die Ehrentitel Verdiente Artisten der Dagestanischen ASSR verliehen.

Sendboten des Sowjetlandes

Die Nachricht vom Sieg über das faschistische Deutschland erfuhren die dagestanischen Seiltänzer in Kiew. Froh bewegt zogen sie durch die ihnen seit ihrer Jugend vertraute Stadt. Gemeinsam mit anderen Zirkusartisten traten sie abends in der Manege auf und arbeiteten tagsüber auf den Straßen der Stadt bei der Enttrümmerung.

Heldenhaft hatte der Panzerfahrer Magomed Sagirbekow an den Fronten des Krieges gekämpft, standhaft hatte Sabirulla Kurbanow Stalingrad verteidigt, während sich ihre Kameraden Rabadan Abakarow und Jaragi Gadshikurbanow angespannt im Hinterland abgemüht und für vier gearbeitet hatten.

Zum Ende des Krieges hatten sich Rassul Agajew, Magomed Abakarow und Kurban Medshidow bereits ausgezeichnet die Erfahrungen ihrer Lehrmeister zu eigen gemacht. Daher akzeptierte Jaragi Gadshikurbanow den Vorschlag, eine neue Truppe dagestanischer Seiltänzer zusammenzustellen. Von da ab gingen Jaragi und Rabadan ihre eigenen Wege in den Zirkusarenen.

An einem Septembermorgen des Jahres 1945 führten die Seiltänzer ihr übliches Training durch. Magomed Abakarow und Rassul Agajew machten Übungen auf dem Teppich, während Rabadan mit Kurban Medshidow auf dem Seil einen neuen Trick – den Seitwärtssalto – einübte.

»Du stößt dich zu ruckartig ab«, sagte Rabadan zu Medshidow, als der nach einem mißlungenen Sprung auf dem Seil das Gleichgewicht verlor. »Flüssiger, weicher mußt du das machen. Komm, wir versuchen's noch mal.«

In dem leeren Zuschauerraum hallten die Worte unter der Zirkuskuppel. Die Unterhaltung lief in lakischer Sprache. Während ihrer Arbeit hatten die dagestanischen Seiltänzer so viele situationsbedingte Kommandos und Wörter entwickelt, daß es ziemlich schwierig war, sie ins Russische zu übersetzen. Daher sprach Rabadan bei den Proben und während der Vorstellungen mit seinen Partnern immer in ihrer Muttersprache.

»Bravo! Ausgezeichnet!« hörte man auf einmal aus dem Zuschauerraum, als Kurban einen Sprung erfolgreich absolviert

Die Gruppe Zowkra: Kurban Kurbanow, Rassul Agajew,
Inna Abakarowa, Rabadan Abakarow, Magomed Abakarow,
stehend Achmed Abakarow, S. Memetta

hatte. Rabadan schaute ärgerlich nach unten. Er hatte es nicht
gern, wenn Fremde bei den Proben dabei waren und durch ihre
Zwischenrufe störten.

»Rassul! Begleite diesen ›Zuschauer‹ mal aus dem Saal!« rief
Rabadan auf lakisch und schaute vom Seil herunter. An der Piste
der Manege erblickte er einen Mann in einem dunklen Anzug,
der nach oben schaute, lächelte und etwas zu Rassul sagte, der an
ihn herangetreten war.

»Der will zu dir!« erwiderte Rassul auf lakisch. »Er sagt, es sei
dienstlich!«

Unzufrieden brummelnd stieg Rabadan in die Arena.

»Ein ausgezeichneter Sprung!« sagte der Unbekannte und
drückte Rabadan fest die Hand. Als er den Unmut in Abakarows
Blick sah, lächelte er wieder. »Entschuldigen Sie, ich habe vergessen, mich vorzustellen. Ich bin Direktor des Wanderzirkus
Baikalow. Ich wollte mir Ihre Truppe beim Training ansehen
und Ihnen auch persönlich eine gute Nachricht überbringen.«
Seine Mitteilung erwies sich in der Tat als angenehm. Aus Mos-

kau war mitgeteilt worden, daß Baikalows Wanderzirkus zu einem Gastspiel in den Iran fahren sollte. In das Programm des Zirkus war auch die Nummer der dagestanischen Seiltänzer aufgenommen worden. Mitte November sollten die ersten Vorstellungen in Teheran stattfinden.

»Das ist eine schöne Überraschung für uns«, bedankte sich Rabadan bei Baikalow. »Ich glaube, unsere Truppe rechtfertigt das Vertrauen!«

In Teheran wiesen farbenprächtige Plakate auf das bevorstehende Gastspiel hin. Das Programm enthielt unter anderem folgende Nummern: »Das fliegende Trapez« der Luftgymnasten Jelena Baranenko und Konstantin Parmakjan, den »Kreis der Kühnheit« von Irina und Alexander Buslajew sowie den Auftritt der Seiltänzer »Zowkra«.

Am 14. November 1945 wurde das Gastspiel des sowjetischen Zirkus in Teheran feierlich eröffnet. Als die Vorstellung begann, spürte das Publikum schon in den ersten Minuten, daß es derartiges noch nie gesehen hatte. Stürmische Ovationen begleiteten jede Nummer.

Den zweiten Teil eröffneten die dagestanischen Seiltänzer. Unter der Zirkuskuppel fühlten sie sich wie zu Hause. Ihre Nummer eroberte die Herzen der Teheraner endgültig.

Am anderen Tag würdigten die Teheraner Zeitungen die Attraktion der dagestanischen Seiltänzer einmütig als phänomenal und phantastisch.

Zwei Monate währten die Auftritte der sowjetischen Artisten in Teheran. Ihr riesiges Wanderzelt erhob sich gegenüber der Nationalbank des Irans. Zwei lange Monate war hier abends nur schwer durchzukommen. Mit dem Anbruch der Dunkelheit füllten die Zuschauer den Zirkus bis auf den letzten Platz.

Das Gastspiel der sowjetischen Artisten endete in Täbris, der nach Teheran zweitgrößten Stadt des Irans. Im Laufe mehrerer Monate besuchten fast hunderttausend Menschen die Vorstellungen. Das Echo des Täbriser Publikums war nicht weniger begeistert als das der Teheraner. Die Artisten waren derart beliebt geworden im Iran, daß es für sie mit Schwierigkeiten verbunden war, sich auf der Straße zu zeigen. Man erkannte sie sofort, bat um Autogramme und lud sie ein. Besonders beliebt waren die jungen dagestanischen Seiltänzer Rassul Agajew und Kurban Medshidow. Bilder der Artisten in Nationaltrachten gingen durch fast alle iranischen Zeitungen und Zeitschriften. Nach dem Gastspiel im Iran fuhren die Seiltänzer nach Zowkra, um Urlaub zu machen.

Rabadan Abakarow nutzte den Aufenthalt in seinem Heimataúl, um weiterhin schöpferisch aktiv zu sein. Als Leiter der Truppe war ihm klar, daß neue und komplizierte Tricks an die Stelle der bereits bestehenden treten mußten, da nur dann auf dauerhaften Erfolg beim Publikum zu rechnen war.

Daher verwandte Rabadan so manchen Tag auf Gespräche mit den Dorfältesten von Zowkra. Wißbegierig erforschte er die Geheimnisse früher bekannt gewesener Seiltänzer und Akrobaten des Aúls und suchte bereits vergessene alte Tricks wiederaufzufrischen. Diese Unterhaltungen blieben nicht ohne Nutzen. Sie halfen Rabadan beim Aufbau der in der Geschichte des Seiltanzes bislang unbekannten Zirkusnummer »Schleuderbrett auf dem Seil«. Das Suchen nach einem eigenen und noch nicht beschrittenen Weg gehört zu Rabadan Abakarows Charakterzügen. Seit seinen Auftritten in der Arena geht Neuerertum mit seinem Talent einher. Diese Eigenschaften zeigten sich ganz besonders beim Aufbau ihrer heute bereits berühmten Nummer »Schleuderbrett auf dem Seil«. Die Idee dazu bekam Rabadan von Sprungakrobaten. Jeder, der schon mehrfach im Zirkus war, hat ja deren Sprünge so manches Mal beobachten können. Die Kraft, die Geschicklichkeit und die exakte Berechnung der Sprungakrobaten erreichen ihren Höhepunkt, wenn der vom Brett hochgeschleuderte Artist wie eine Kugel durch die Luft saust, einen Salto macht und auf den Schultern seines Partners landet.

Anfänglich kam Rabadan dieser Gedanke unrealistisch vor. Wenn schon in der Zirkusarena die Ausführung eines Sprunges von einem Schleuderbrett kompliziert und gefährlich ist, schien es ihm unmöglich, sich das alles auf dem Seil vorzustellen.

Bei jeder sich bietenden Gelegenheit besuchte Rabadan nun die Proben der Sprungakrobaten und sah sich deren Arbeit aufmerksam an. Er erkannte, daß es eigentlich keine grundlegenden Hindernisse für ihre Ausführung auf dem Seil gab. Alles war nur eine Sache der Technik und der Fähigkeit, den Gedanken einer Unausführbarkeit dieser Nummer überwinden zu können. Irgendwie ergab es sich, daß Rabadan unter seinen jungen Partnern gleich Rassul Agajew auserkor. Dessen Besonnenheit, Ruhe und Kaltblütigkeit in allen schwierigen Situationen hatten es ihm angetan. Rabadan beriet sich oft mit ihm und erzählte ihm von seinen Plänen.

So war es auch diesmal. Sie absolvierten damals gerade ein Gastspiel in Mittelasien. Vorsichtige Gespräche mit mehreren Zirkusregisseuren über die Möglichkeit einer Nummer »Schleuderbrett auf dem Seil« hatten zu nichts geführt. Ohne zu überlegen, nannten das alle hoffnungslos, und ein ziemlich bekannter Akrobat bezeichnete Rabadan sogar als Phantasten – Schleuderbrettsprünge auf dem Seil, wurde ihm erklärt, seien so gut wie Selbstmord.

»Die Nummer ist natürlich sehr, sehr riskant«, meinte Rassul, als Rabadan ihm von seinem Vorhaben berichtete. »Aber wenn wir Risiken fürchten, hätten wir im Zirkus eigentlich nichts zu suchen. Wir müssen ausprobieren, was dabei herauskommt.«

»So hab ich mir das auch gedacht«, gestand Rabadan. »Aber alle meinen, das sei Phantasterei, und erlauben es nicht, die Nummer aufzubauen. Da müssen wir sozusagen illegal arbeiten.«

»Wir reden mit den anderen und fangen an«, erwiderte Rassul, der den Vorschlag seines Truppenchefs unterstützte. »Bestell nur rasch ein spezielles Schleuderbrett, das wir auf dem Seil aufstellen können.«

Rabadan machte sich mit Feuereifer an die neue Arbeit. Nach einer Woche war das nach seinen Zeichnungen gefertigte Requisit fertig, und er begann mit den Proben. Zeit hatten sie allerdings wenig, denn die Reisen durch das Land und die häufigen Auftritte gestatteten keine systematische Probenarbeit.

Zuerst klappte es auch nicht. Das Schleuderbrett hielt schlecht auf dem Seil, und die Jungs aus Zowkra fühlten sich unsicher und gehemmt darauf. Das Schwierigste war nämlich das Springen auf das Schleuderbrett. Aus Angst, das Gleichgewicht zu verlieren, sprangen die Seiltänzer zu vorsichtig, wodurch der Schwung für den Springer nicht stark genug war, um auf die Schultern des Partners zu landen.

Jedoch Rabadan war nicht nur wagemutig und geschickt, sondern auch beharrlich. Ungeachtet aller Schwierigkeiten ließ er nicht locker. Da er anspruchsvoll gegen sich und andere war, setzte er bei jeder passenden Gelegenheit das Training fort. Fast zwei Jahre gingen für die Vorbereitung der neuen Nummer drauf. Endlich kam der Tag, an dem sich Rabadan entschloß, sie anderen zu zeigen. Als erster sah sie der Direktor des Rigaer Zirkus, der Verdiente Künstler der Lettischen SSR, S. A. Eldarow. Er hatte eine hohe Meinung von der Meisterschaft der jungen Leute aus Zowkra.

Einige Tage später zeigten die dagestanischen Seiltänzer ihren neuen Trick vor einer repräsentativen Spezialistenkommission. Auf dem Seil wurde ein Schleuderbrett als Sprungbrett angebracht. Ein Artist sprang von der Brücke auf dessen Ende, und der vom Brett hochgeschleuderte Seiltänzer flog wie aus einem Katapult geschossen nach oben, machte in der Luft einen Salto und landete auf den Schultern eines Seiltänzers, der bereits auf dem Seil stand und ihn erwartete.

Dann flog ein anderer Artist vom Schleuderbrett nach oben und landete auf den Schultern seines Vorgängers. Ihm folgte ein dritter, und so entstand auf dem Seil eine lebendige Säule, die sich vorsichtig zur Brücke bewegte.

Die neue Attraktion machte einen sehr großen Eindruck auf die Zuschauer, die buchstäblich den Atem anhielten, als sie beobachteten, wie die Seiltänzer unter der Zirkuskuppel nach oben flogen, sich in der Luft überschlugen und ganz genau auf die Schultern ihrer Partner herunterkamen. 1956 wurde diese Nummer der dagestanischen Pechlewane in das Programm des sowjetischen Zirkus aufgenommen, der zu Gastspielen nach Westeuropa fuhr.

Und nun waren sie wieder unterwegs... Für Zirkusartisten etwas Alltägliches, denn ihr ganzes Leben besteht ja aus Reisen. Belgien war das erste Land, in das die Artisten kamen.

Laut Vertrag sollte die erste Vorstellung bereits zwei Tage später beginnen. In dieser Zeit mußten die notwendigen Zirkusrequisiten zum Auftritt vorbereitet und wenigstens kurze Proben eingelegt werden.

Dann kam der aufregende Abend. Der königliche Zirkus,

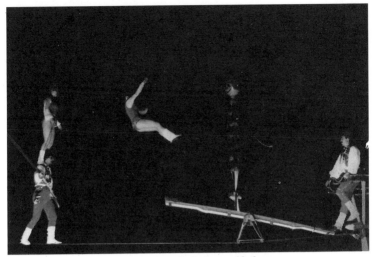

Schleuderbrett auf dem Seil, eine Erfindung Abakarows

einer der größten Europas, erstrahlte im Licht zahlloser Lampen. Die Eintrittskarten waren schon viele Tage zuvor ausverkauft, freie Plätze gab es nicht mehr.

Auf einmal ging Bewegung durch den Raum. Rabadan schaute verwundert in den Zirkus, da er nicht begriff, warum die Zuschauer zu klatschen begannen. Inzwischen intonierte das Orchester die belgische Nationalhymne.

»Die Königin ist gekommen!« flüsterten die Artisten, die den Zuschauerraum aus den Kulissen beobachteten. »Sie soll seit vielen Jahren das erste Mal wieder im Zirkus sein.«

Erst jetzt erblickte Rabadan Belgiens Königin Elisabeth in Begleitung ihrer Suite in der Regierungsloge.

Dann erklang die majestätische Melodie der sowjetischen Hymne. Feierlich tönten die Fanfaren, das Orchester stimmte einen Marsch an.

An diesem Abend traten die sowjetischen Artisten mit besonderem Elan auf. Sie wußten, von der ersten Vorstellung würde in vielerlei Hinsicht der Erfolg ihres Gastspiels abhängen. Die bürgerlichen Zeitungen nicht nur aus Belgien, sondern auch aus Frankreich, Italien, Westdeutschland und Holland hatten ihre Korrespondenten nach Brüssel zur Premiere des sowjetischen

Zirkus geschickt. Daher wurde jede Nummer mit Hingabe und Glanz ausgeführt. Hinterher behauptete der Direktor des königlichen Zirkus begeistert, solchen Beifall hätte er hier noch nie gehört.

Als die Vorstellung zu Ende war, wurden die sowjetischen Artisten zur königlichen Loge gebeten. Die Tür ging auf, und aus der Loge erschien lächelnd Königin Elisabeth. Sie bedankte sich bei jedem einzelnen Artisten herzlich für das gehabte Vergnügen.

Aus der belgischen Hauptstadt führte der Weg der sowjetischen Artisten weiter nach Antwerpen. Auch hier verliefen die Vorstellungen mit großem Erfolg.

Das Gastspiel in Belgien dauerte fast drei Monate. Vor ihnen lag nun Frankreich, Paris.

Paris blieb den dagestanischen Seiltänzern nicht nur durch seine Schönheit in Erinnerung. Hier geschah auch etwas, das erneut Rabadan Abakarows Ruhm als virtuoser Meister auf dem Seil bestätigte.

Die sowjetischen Artisten gaben ihre Vorstellung im größten Sportpalast von Paris. Nach Oleg Popows Auftritt wurde die Nummer der Akrobaten aus Zowkra angekündigt.

Nach einigen Läufen über das Seil blieb Rabadan in der Seilmitte stehen. Eine Lesginka erklang. Mit der Balancierstange in den Händen führte er einen Tanz auf dem Seil vor. Zum Abschluß stieß er sich kräftig ab, um einen Salto zu drehen. In dem Augenblick zerbrach auf einmal die Balancierstange, und ihre Bruchstücke flogen in die Arena. Das Publikum erstarrte und schaute entsetzt nach oben. Im Bruchteil einer Sekunde würde da einer, der das Gleichgewicht verloren hat, aus fünf Meter Höhe herabgesaust kommen. Alle sahen, daß Rabadan wie immer ohne Sicherungslonge arbeitete. Jedoch Stehvermögen und Kaltblütigkeit retteten Rabadan auch dieses Mal. Er traf im Moment des Abspringens die einzig richtige Entscheidung – anstelle eines Saltos machte er Spagat. Jedoch auch der war ohne Balancierstange unwahrscheinlich riskant. Rabadan breitete die Arme wie Flügel aus und gelangte wieder elegant auf das stählerne Seil.

Ein lauter Seufzer der Erleichterung ging durch den Zuschauerraum. Das Publikum klatschte wie wild. Ihre Nummer be-

Die »gebrochene« Kolonne: Vom Dreimannhoch springt der Mittelmann ab, der Obermann landet nach einem Salto auf den Schultern des Untermannes.

schlossen die Akrobaten aus Zowkra unter langen und stürmischen Ovationen.

Als Rabadan dann hinter die Kulissen kam, beglückwünschten ihn alle herzlich zu dem gelungenen Abschluß.

»Monsieur, Sie haben sehr viel Glück!« begrüßte der französische Manager Rabadan. »Sie sind an einem glücklichen Tage geboren!«

»Natürlich, Monsieur«, erwiderte Rabadan, »ich bin tatsächlich an einem glücklichen Tag geboren – am 7. November 1917!«

Ja, Rabadan ist am 7. November 1917 zur Welt gekommen, an dem Tage, der zum Wendepunkt in der Geschichte der Menschheit geworden ist. Die damals geborene Sowjetmacht brachte Lenins flammende Worte vom Recht eines jeden Volkes auf Freiheit und ein glückliches Leben bis in die dagestanischen Berge. Hätte etwa Rabadan als Sohn eines armen Einwohners von Zowkra, der wegen eines Maßes Getreide ums Leben gekommen ist, ohne sie solche Höhen erklimmen können?

Das Gastspiel in Frankreich – auf Paris folgten Marseille, Cannes und Lyon – bestätigte erneut, daß der sowjetische Zirkus der beste der Welt ist.

Die Abschlußetappe der Tournee begann in London.

Der Saal, in dem die sowjetischen Artisten auftreten sollten, faßte über zehntausend Menschen. Jedoch war die Arena hier ziemlich primitiv und eignete sich nicht zur Ausführung von Zirkusnummern. Bis zur ersten Vorstellung waren es nur noch vierundzwanzig Stunden. Deshalb mußten die Artisten selber in aller Eile an den Umbau der Arena und die Aufstellung der erforderlichen Vorrichtungen gehen.

Besonders schwer hatten es die Dagestaner. Die Befestigung der Stützen erwies sich als sehr schwierig. Damit sie fester standen, wurden schwere Barren aus Gußeisen daraufgelegt, und die Abspannungen wurden unter den Sitzen in den ersten Reihen befestigt.

Jedoch auch dann bestand keine Sicherheit, daß sich die Stützen nicht bei der Ausführung der einzelnen Nummern verschoben. Deshalb beschloß Rabadan, ihre Haltbarkeit sofort zu überprüfen. Die fünf dagestanischen Seiltänzer gingen vorsichtig über das stählerne Seil und sprangen darauf herum.

Viele Stunden brauchten die sowjetischen Artisten dazu, um die Arena auf die Vorstellung vorzubereiten. Nach einer kurzen Atempause erschienen sie bereits in ihren Paradekostümen. Und wiederum – wie in Brüssel, Antwerpen, Paris und Lyon – klatschte das Publikum begeistert zu jeder Nummer ihres Programms. Von der traditionellen Gelassenheit der Engländer blieb an jenem Abend nichts – temperamentvoll reagierten die Zuschauer auf Oleg Popows Späße, lachten Tränen über Filatows dressierte Bären und verfolgten mit verhaltenem Atem die Kunststücke der Dagestaner.

Die Premiere des sowjetischen Zirkus in England wurde eine echte Sensation. Die Zeitung »Star« beispielsweise schrieb: »Der berühmte Moskauer Zirkus eroberte die Herzen der Londoner... Dieser Zirkus hat alles, was ein Zirkus haben muß und sogar noch ein wenig mehr. Dieses ›wenig mehr‹ ist Popow, seit Grocks Zeiten der beliebteste Clown. Der Zirkus hat auch glanzvolle Akrobaten von erstaunlicher Kraft. Ja, die Gruppe der fünf Dagestaner tanzt nicht nur auf dem Hochseil, sondern läuft auch als Säule aus mehreren Personen, einer auf den Schultern des anderen, über das Seil.«

In Manchester fanden die Auftritte der Artisten des sowjetischen Zirkus sogar in überfüllten Sälen statt. Bereits nach der ersten Vorstellung brachte die größte Zeitung der Stadt, die »Manchester Evening News«, auf ihrer gesamten ersten Spalte Nachrichten über unsere Artisten. In einem Artikel hieß es u. a.: »Einige Tausend Einwohner von Manchester verließen gestern den Zirkus, überzeugt davon, die größte aller Schaustellungen auf Erden – den sowjetischen Staatszirkus – gesehen zu haben. Das war großartig – drei Stunden lang riesige Aufregung und Erstaunen; dreizehn Nummern, eine unwahrscheinlicher als die andere. Es ist doch völlig offensichtlich, daß es für einen Menschen schwierig ist, über ein Hochseil zu gehen und dabei auf dem Kopf einen, zwei und sogar drei Personen zu tragen. Und schon völlig unwahrscheinlich ist es, daß ein Akrobat mit einem Menschen auf dem Kopf Spagat macht. Aber die sowjetischen Artisten machen das.«

Nach der Rückkehr aus England konnten sich die dagestanischen Seiltänzer nicht lange zu Hause erholen. Zusammen mit anderen Artisten des sowjetischen Zirkus gaben sie nun Gastspiele in Griechenland, Japan, Österreich und der BRD. Überall hatten die Auftritte der Artisten aus Zowkra Erfolg, jedoch ging es auch nicht ohne Provokationen ab.

So kam es in Frankfurt am Main zu einem Zwischenfall, der mit einem Unfall für Achmed Abakarow endete.

Rabadan Abakarow benutzte bei seinen Auftritten kein Sicherungsseil. Wenn jedoch seine jungen Partner gefährliche Kunststücke, wie beispielsweise Salti vom Schleuderbrett, auf dem Seil ausführten, sah er darauf, daß sie Sicherungsgürtel umlegten, an denen ein dünnes Metallseil als Longe befestigt war, das die Artisten im Falle eines Sturzes absichern sollte. Während des Auftritts wird die Länge dieses Seils gewöhnlich von einem uniformierten Manegenarbeiter reguliert. Er hält das mit der Longe verbundene Seil in den Händen. Das ist eine allgemein übliche Sicherheitsmaßnahme für Artisten und wird in jedem Zirkus so gehandhabt. Das wußten auch die Manegenarbeiter in Frankfurt am Main. Sie hielten stets das Seil gespannt und halfen so den Seiltänzern, ihre gefährlichen Tricks ohne Risiko auszuführen.

Jedoch während einer der letzten Vorstellungen wurde das aus irgendeinem Grunde plötzlich vergessen. Als die Artisten aus Zowkra ihre Nummer begannen, standen die Manegenarbeiter in der Arena. Aber sobald die Artisten Kunststücke auszuführen begannen, die eine Longe erforderlich gemacht hätten, waren die Zirkusarbeiter verschwunden.

Rabadan begriff sofort, daß hier ein Nervenkrieg im Gange war. Den Regeln zufolge hätte er die Nummer unterbrechen, nach unten steigen und von der Direktion die Einhaltung der notwendigen Sicherheitsmaßnahmen fordern müssen. Aber eine derartige Unterbrechung wirkt sich immer negativ auf die Vorstellung aus. Das aber wollten gerade diejenigen, die (offensichtlich nicht ohne Entgelt) die Manegenarbeiter dazu überredet hatten, im entsprechenden Augenblick die Arena zu verlassen.

Die schwierige Situation erforderte eine unverzügliche Entscheidung. Rabadan schaute zu seinen Kameraden und sah, daß auch sie Bescheid wußten. Nun ja, dann zeigen sie eben ein weiteres Mal, daß sie starke Nerven haben. »Ruhe, Jungs«, sagte Rabadan auf lakisch zu seinen Partnern, »wir machen weiter!«

Die gefährlichsten Tricks folgten nacheinander unter der Zirkuskuppel. Die Zuschauer reagierten stürmisch, geklatscht wurde ohne Unterlaß, nur hinter den Kulissen schauten unsere Artisten angespannt nach oben, denn sie wußten, was der heutige Auftritt für die Akrobaten aus Zowkra bedeutete!

In der Tat erforderte die Nummer dieses Mal von den dagestanischen Seiltänzern gewaltige Anspannung. Daher konnten sich die Artisten vor Erschöpfung kaum auf den Beinen halten, als die Nummer beendet war. Und hier nun geschah das Unglück mit Achmed Abakarow. Bei der Parterreakrobatik hielt er die Überlastung nicht aus, und ein mißlungener Sprung endete mit einem Armbruch.

Jedoch keinerlei Provokationen konnten den Erfolg der sowjetischen Artisten in der BRD behindern. In Hamburg, Stuttgart und Frankfurt am Main gaben sie über hundert Vorstellungen vor überfüllten Häusern, und genauso wie in den anderen westeuropäischen Ländern würdigte man auch hier die hohe Meisterschaft der dagestanischen Seiltänzer.

In den folgenden zwei Jahren gaben Rabadan und seine Partner Gastspiele im Heimatlande. Am 23. April 1960 wurde Rabadan Abakarow der Ehrentitel eines Volkskünstlers der RSFSR verliehen. Verdiente Künstler und Volkskünstler wurden auch seine Mitstreiter Rassul Agajew, Magomed Abakarow, Kurban Medshidow und andere.

Während der langen Auslandsgastspiele lernte Rabadan Abakarow in Belgien, Frankreich, Österreich, England, Kanada, Finnland, Polen, Jugoslawien, Bulgarien, Kuba und Japan viele Sehenswürdigkeiten kennen, jedoch keinerlei Schönheiten vermochten den kleinen Aúl inmitten der felsigen Berge Dagestans aus seinem Herzen zu verdrängen. Zowkra war ihm der liebste Ort auf Erden – seine Heimat, und wenn er aus dem Ausland zurückkam, war Rabadan stets bemüht, Zeit zu finden, um dorthin zu fahren.

Das letzte Mal war Rabadan im Sommer 1968 mit seiner Frau Alexandra Alexandrowna und der Tochter Inna in seinem Aúl. Inna Abakarowa war dem Beruf ihres Vaters nicht untreu geworden. Erfolgreich absolvierte sie die Moskauer Zirkusschule und trat viele Jahre lang gemeinsam mit dem Vater in der Truppe »Zowkra« auf. In den letzten Jahren entwickelte sie ihre Äquilibristik auf dem Drahtseil. Um dieses schwierige Genre der Zirkuskunst zu erlernen, befaßte sie sich mit Seiltanz und Ballett, Akrobatik und Jonglierkunst, und sie ist mit dieser komplizierten Aufgabe erfolgreich fertiggeworden.

Die Abakarows staunten, wie Zowkra sich in kurzer Zeit entwickelt hatte. Der Aúl hatte seine Grenzen ausgeweitet. Auf vielen Straßen standen nun anstelle der niedrigen Sakljas geräumige Häuser mit Schiefer- oder Eisendächern. Elektrizität und Rundfunk hatten schon längst Einzug gehalten.

Auf Bitten ihrer Landsleute traten Rabadan und Inna vor den Bewohnern des Aúls auf. Das war eine Art künstlerische Rechenschaftslegung vor Zowkras Einwohnern, die wußten, daß sie ihre Kinder nicht umsonst Rabadan Abakarow in die Lehre geben. Während seiner vierunddreißigjährigen Arbeit in der Manege hat er mehrere Generationen von Seiltänzern aus Zowkra ausgebildet. Viele von ihnen wurden Verdiente Künstler und Volkskünstler der Republik, wie z. B. Kurban Medshidow und Scharip Magomedow, Rassul Agajew, Achmed Abakarow und Dutzende anderer. Rabadan Abakarows Truppe »verjüngt« sich ständig. Seine Schüler verlassen die Truppe und treten mit eigenen Nummern auf. Von der Generation der Seiltänzer aus den Zeiten des Großen Vaterländischen Krieges arbeitet jetzt nur noch Rassul Agajew, Volkskünstler der Dagestanischen Republik, mit Rabadan. Vor kurzem bekam die Truppe »Zowkra« Zuwachs – die Gebrüder Hassan und Hussein Chamdulajew, Schapi Agajew sowie Rassul Agajews Töchter Suffijat und Assijat.

Während der Jahre seiner Auftritte in der Manege hat sich Rabadan gründliche Fachkenntnisse und hohes artistisches Können angeeignet. Er, der vor drei Jahrzehnten die eigenständige Kunst der dagestanischen Pechlewane in die Zirkusarena gebracht hat, sucht ständig nach neuen Ausdrucksmöglichkeiten, entwickelt und bereichert jede Nummer mit neuen und noch komplizierteren Tricks.

Als die Truppe »Zowkra« 1969 wieder einmal im Moskauer Staatszirkus auftrat, entstand der Gedanke zu diesem Buch.

Wir sitzen mit Rabadan Abakarow in seiner Garderobe. Müde nach dem Auftritt, erholt er sich im Sessel. Wir unterhalten uns über Erlebtes und weitere Pläne seiner Truppe. Immerhin wird Rabadan am 7. November zweiundfünfzig. Davon hat er fünfunddreißig Jahre mit seiner Lieblingtätigkeit verbracht.

»Ja, ob man will oder nicht, die Jahre gehen dahin«, bemerkt Rabadan lächelnd. »Eine gewisse Bilanz kann man da schon ziehen. Nur, womit soll man die Arbeit eines Seiltänzers messen?«

Und hier erinnert sich Rabadan daran, wie ein Journalist in Finnland einmal versucht hat, nachzurechnen, wieviel Meter ein Artist an einem Abend auf dem Seil zurücklegt. Dann wurde die Zahl mit der durchschnittlichen Anzahl der Vorstellungen im Monat und im Jahr multipliziert, und es ergab sich die solide Ziffer von tausend Kilometer pro Jahr.

»Geht man also von dieser Zahl aus, habe ich bereits fünfunddreißigtausend Kilometer auf dem Seil zurückgelegt«, fährt Rabadan fort. »Außerdem gehen wir ja auch nicht einfach nur, sondern führen auf dem Seil verschiedene Kunststückchen vor.«

Übrigens gingen alle diese Kilometer unter der Zirkuskuppel bei weitem nicht immer glatt. So manches Mal geschah es, daß sie auf irgendeinem Meter abgebrochen wurden und Rabadan Abakarow in die Arena stürzte. So war es beispielsweise in Saratow, wo die Stütze nicht hielt. So war es in Omsk, als das Seil riß und Rabadan mit drei Partnern, die auf seinen Schultern standen, stürzte. Sie alle trug man damals auf der Trage fort. Und jedesmal kehrte Rabadan, nachdem er seine Zeit im Krankenhaus gelegen hatte, wieder in die Arena zurück und stieg aufs Seil.

Ein klarer Augusttag in Moskau. Auf dem Bahnsteig des Kiewer Bahnhofs herrscht wie immer ziemlicher Trubel.

Der Zug fährt an, die Zurückbleibenden winken und rufen noch etwas. Die ersten Wagen rauschen vorbei, in den Fenstern sehen wir die lächelnden Gesichter der dagestanischen Seiltänzer aus der Gruppe »Zowkra« – Rabadan Abakarow, Rassul Agajew mit seinen Töchtern und Inna Abakarowa. Sie alle begeben sich wieder auf eine lange Auslandstournee. Gemeinsam mit anderen Artisten des sowjetischen Zirkus fahren die Akrobaten aus Zowkra diesmal zu einem Gastspiel nach Italien.

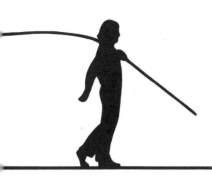

Wladimir Wolshanski

Die Sternenläufer

Berichtet von Natalia Rumjanzewa

Die Wolshanskis sind als eine Familie von Zirkusartisten und insbesondere Hochseilläufern in aller Welt bekannt geworden. Wladimir Alexandrowitsch Wolshanski (geb. 30. 5. 1917 in Iwanowo) und sein Bruder Nikolai Alexandrowitsch (geb. 30.12.1913) absolvierten gemeinsam 1933 das Technikum der Zirkuskunst und traten danach mit einem Partner mit einer Handvoltigenummer auf. Zwei Jahre später veränderten sie die Darbietung zu einer Kopfvoltige. 1939 schuf Wladimir nach eigenem Szenarium eine große plastisch-akrobatische Suite mit äquilibristischen Elementen: die »Waldidylle«. Hier bewies sich erstmals sein Talent, artistische Spitzentricks wirkungsvoll in einer szenischen Gestaltung zu präsentieren. Als diese Nummer durch den Krieg auseinanderzubrechen drohte, brachte Wladimir 1944 eine Solodarbietung heraus als Äquilibrist auf einem originellen Apparat eigener Konstruktion, der aus verschieden hohen Röhren bestand. Nach dem Krieg verwirklichte Wladimir Wolshanski seinen Traum, in der Zirkuskuppel zu arbeiten. Er schuf 1950 mit seinem Bruder und zwei Partnerinnen eine Schrägseilnummer, die viele ungewöhnliche äquilibristische Tricks enthielt (so einen Dreimannhoch, wobei der Mittelmann im Handstand auf dem Kopf des Untermannes und die obere Partnerin im Einbeinstand auf seinem Nacken stand). 1954 konstruierte er eine neue Apparatur, den »Pfeil« – eine Kombination von Seil und einem vertikal und horizontal veränderbaren Piedestal in Form eines Pfeils in der Seilmitte. Hatte er schon damit eine beträchtliche Erweiterung des Aktionsradius für die Seilläufer erreicht, so vervollkommnete er dies durch seine Erfindung einer beweglichen Seilkonstruktion. Statt starr befestigter, gab es nun in der Höhe veränderbare Brücken, womit die Seile von Horizontal- zu Schrägseilen oder sogar zum Schwungseil werden konnten. Die Wolshanskis, zu denen nun vor allem die Familienmitglieder zählten – Wladimirs Ehefrau Marianna (Marina) Irodionowna (geb. 25. 3. 1918), ihre Tochter Marina Wladimirowna (geb.6.3.1938), ihr Sohn Wladislaw (Wladimir) Wladimirowitsch (geb.8.12.1939), ihre Schwiegertochter Jewgenia (Shenja) Iwanowna (geb. 1938), ihr Schwiegersohn Alexander (Alik) Iwanowitsch Asadshew (geb.14.3.1936), ihr Enkel Wladimir Wladislawowitsch (geb.9.5.1961), der Neffe Wjatscheslaw Diodorowitsch Solkin (geb. 1. 9. 1949) –, wurden mit ihrer Darbietung auf dieser Seilkonstruktion, die natürlich nur in festen Häusern installiert werden kann, als »Sternenläufer« weltberühmt. Zu den Spitzentricks gehörten eine Rollschuhfahrt auf dem Seil mit einer Partnerin auf dem Kopf, die Balance von zwei Partnerinnen auf dem Kopf beim Aufstieg auf dem Schrägseil, der Lauf auf dem Schrägseil mit einer Partnerin in der Arabeske auf dem Kopf und das gruppenweise Hinabrollen der Artisten auf dem gesamten System der Schrägseile. Ihre Vervollkommnung erhielt diese Darbietung durch die szenische Gestaltung als Attraktion »Prometheus«, die 1977 im neuen Moskauer Zirkus Premiere hatte. Nach der Musik von Alexander Skrjabin wurden folgende Szenen inszeniert: Der Raub des Feuers; Die Bändigung des Feuers; Das Feuer; Der Flug in den Kosmos; Die Frau vom anderen Planeten; Die Eroberer der Planeten. Der uralte Mythos erhielt einen neuen Sinn, vom Raub des Feuers reicht er nun bis zur Erschließung des Kosmos, dem Schritt in unbekannte Welten. Er stellt einen Hymnus auf den Menschen, seinen Mut, Verstand und seine Phantasie dar.

Mit diesen Arbeiten wurde Wladimir Wolshanski ein echter Reformator der alten Seiltänzerkunst. Die Truppe wurde mit vielen Auszeichnungen bedacht, Wladimir schon 1969 als Volkskünstler der RSFSR geehrt. Die Attraktion »Prometheus« erhielt als erste artistische Darbietung 1978 den Staatspreis der UdSSR.

Während der Arbeiten an einer Weiterentwicklung der Hochseilnummer zu einer neuen Darbietung »Ikarus« starb Wladimir Wolshanski am 3. Oktober 1983 in Moskau.

Es treten auf: die Wolshanskis

Man kann die Bekanntschaft der Wolshanskis während der Vorstellung machen, wenn die Scheinwerferstrahlen über den Vorhang gleiten, zur Kuppel hochstreben, erneut auf den Vorhang fallen und verlöschen. Der Vorhang öffnet sich, und sie treten heraus: die berühmten Wolshanskis, in glänzenden Kostümen, die an die Bekleidung von Kosmonauten erinnern.

Es ist am besten, Zirkusartisten in der Zeit ihrer Auftritte, in ihren Sternminuten kennenzulernen. Denn ihr ganzes ungewöhnliches Leben und sie selbst, jedenfalls viele von ihnen, scheinen außerhalb der Arena sehr gewöhnlich zu sein. Die Wolshanskis sind eine Ausnahme. Ihre Bekanntschaft und Freundschaft möchte man auch außerhalb des Zirkusgeländes pflegen. Nun denn, man kann dies tun – sagen wir mal – am frühen Morgen in der Zeit ihrer Gastspiele in Sotschi. Jeden Tag habe ich gesehen, wie die Wolshanskis die weiße steinerne Freitreppe, die zum Meer und zum Zirkus führt, in der strahlenden Morgensonne hinunterstiegen, leichtfüßig und offenbar in gehobener Stimmung, genau so, wie sie bei der Parade von der Vorbühne in die beleuchtete Arena treten. Und dies war auch ein Auftritt – aus dem Hotel auf die andere Seite der Kurpromenade, unter grünen Palmen, Magnolien und Weinstöcken hinab zum Zirkus, der sich inmitten üppigen Grüns, zwischen Springbrunnen, großen Schalen mit Rosen und von Mauern herabhängenden weißen Rosen befindet. Alles ist festlich und leuchtend wie eine romantische Bühnendekoration. Und vor diesem Hintergrund war der Weg zur Probe eine großartige Schau, als sei sie extra von Wladimir Wolshanski inszeniert worden.

Parade – Allez! Als erster erscheint Wladimir Wolshanski persönlich. Strandkostüm, modische Schuhe mit hohen Absätzen, Sonnenhut. Beschwingt läuft er die Treppe hinunter, als wenn gerade heute ein besonders verantwortungsvoller Auftritt bevorstünde.

»Wladimir Alexandrowitsch, guten Morgen!«

»Ah …«, er bleibt kurz stehen, »guten Morgen. Ich eile zur Probe.«

»Aber so früh ist noch niemand da.«

»Es ist nicht zu früh. Ich muß den Regisseur erwischen, den Direktor sprechen, Moskau anrufen, solange die dort noch nicht zu ihren Sitzungen gerannt sind ...« – und er verschwindet.

Als er bereits in die schmale Zypressenallee eingebogen und in den Zirkus verschwunden ist, zeigt sich auf den oberen Stufen der Freitreppe seine Tochter Marina, im weißen Kostüm elegant gekleidet, aber ohne jede Kosmetik, wie es sich Ballerinen und bekannte Schauspielerinnen erlauben können, die gewohnt sind, daß man immer auf sie blickt. Etwas dahinter Marinas Mann Alik Asadshew, wie stets guter Laune.

In gehörigem Abstand von den Eltern – ihre Tochter Mascha. Sie ist noch in jenem herrlichen Alter, wo man es für sehr wichtig hält, seine Unabhängigkeit zu zeigen.

Es folgt eine längere szenische Pause. Danach kommt Wladimir Wolshanski der Jüngste herabgestürmt, Enkel des alten Wolshanski, ein junger d'Artagnan mit flatterndem Haarschopf und dem Schnurrbärtchen der Musketiere. Er ist überzeugt, daß diese ganze wunderbare Welt – das Meer, der Strand, der Applaus, die schwindelerregenden Tricks unter der Kuppel – zweifellos ihm gehören und daß seine Eltern, schon gar nicht zu reden vom Großväterchen, alte Leute sind, ungefähr vierzig Jahre alt. Sympathisch zwar, aber ... Aha, da kommen sie ja schon.

Wladimir Wolshanski der Mittlere und Shenja, seine Ehefrau. Sie verspäten sich nie zur Probe, erscheinen auf die Minute genau, nicht früher und nicht später. Fast wortlos, als ob alles, was sie sich zu sagen hätten, bereits zu Hause gesagt wurde.

Auf der weißen Treppe erscheinen nun Ludmilla Drushina und Iwan Drushin, die Partner Wolshanskis. Und ein weiteres Paar: Nina Tschuglajewa und Wladimir Burakow, die Interpreten des Feuers und des Prometheus. Man blickt auf sie, die berühmten Gastsolisten sind daran gewöhnt. Man verfolgt sie mit Blicken sogar in jenen Städten, deren Name allein schon nach Abenteuer klingt. Auch in dieser Stadt, die wie ein Fest wirkt, fallen sie auf.

Jetzt steigt eine Gruppe herab: die Partner Wladimir Jegorow, Hussein Chamdulajew und die Ballettmeisterin Lida. Alle sind einfach, aber elegant gekleidet und bewegen sich in vollendeter Harmonie hinunter zur lazurfarbenen Küste. Fast körperlich spürt man das Gefühl ihres Erfolges, ihr Selbstvertrauen, ihre ständige Konzentration.

Ihnen folgt Nikolai Wolshanski, der ältere Bruder von Wladimir Alexandrowitsch. Er hat den Blick eines Beobachters. Diese Welt gehört ihm schon nicht mehr, er sieht sie quasi von dritter Seite.

Als letzte steigt Marina die Ältere, Wolshanskis Ehefrau, hinab. Mit erstaunlich leichtem Gang, ungeachtet ihres Alters. Noch vor einer Minute hatte sie in ihrem Hotelzimmer die Zigarette zu Ende geraucht, die Tür verschlossen, geprüft, ob im Handtäschchen ihr Garderobenschlüssel liegt, und hat dann das Hotel verlassen. Nun schreitet sie gemessenen Ganges die Zypressenallee entlang, vorbei an den rosenberankten Mauern, und betritt das Zirkusvestibül. Die Morgenparade ist beendet. Alle Wolshanskis sind auf der Probe.

Die Erzählung über Wolshanski kann man auch damit beginnen, daß er in seiner Künstlergarderobe sitzt, umringt von Kindern und Zirkusschülern, denen er schildert, wie er vor fünfzig Jahren (er hatte die Zirkusschule schon im Knabenalter absolviert) begann, in der Arena aufzutreten, in welchen Nummern er gearbeitet hatte, wie er zum Seiltänzer wurde. Er erzählt der Reihe nach, ohne Hast und wohlüberlegt, und verdeutlicht damit alle Etappen seines beharrlichen und kontinuierlichen Aufstiegs, seiner glanzvollen Erfolge und Triumphe. Das würde hübsch, aber nicht wahr sein, und Wolshanski würde als erster aufspringen und weglaufen, denn er hat ja tausend Dinge zu erledigen und muß alle Partner beschäftigen. »Wir werden proben und währenddem alle Fragen beantworten, denn anders – meine Liebe – kann ich nicht. Und an alles der Reihe nach erinnere ich mich nicht ... Nein, nur nicht der Reihe nach ...«

Er hat recht: Dem Zirkus fehlt die übliche Logik. Dort verachtet man Logik und Folgerichtigkeit. Und wenn sie in der Arena gezeigt werden, gähnen die Zuschauer. Sogar zwischen zwei Hochseilbrücken, wo man – wie es scheint – keine andere Wahl hat, als Schritt für Schritt vorwärts zu gehen, vermeiden die Wolshanskis diese Folgerichtigkeit. So, wie es Wolodja der Mittlere macht, wenn er vom unteren Brückchen zum oberen im Neigungswinkel von 45 Grad schreitet und auf seinem Kopf zwei Partnerinnen trägt. Und plötzlich – rutscht ein Fuß ab in den Abgrund, und sein Körper schwankt. »Ach!« hört man vom Zuschauerraum voller Entsetzen. Aber was für eine Erleichterung, als er sich wieder aufrichtet und erneut weitergeht ...

Die Beleuchtung im Zuschauerraum verblaßt und erlischt schließlich ganz. Nur die Lampen des »Kleinen Ringes« scheinen und lassen im Ultralicht die Nylonhemden und -blusen des Publikums leuchten. Das Parterre gleicht einem Chaos mit hellen Inseln. Der weißblaue Teppich mit der unregelmäßig-spiralförmigen Zeichnung ergibt ein phantastisches Bild: Berge mit tiefen Schluchten, auf die wir aus großer Höhe schauen wie auf die Oberfläche eines unbekannten Planeten. Ein kalter, leerer Raum. Das »Feuerpoem« von Skrjabin erklingt. Man spürt die Bewegung gigantischer Massen, der Ozeane – die kosmische Schöpfung.

Aber Prometheus ist durchaus nicht jener Hüne, dessen Körperformen in den Felsen des Kaukasus riesige Aushöhlungen hinterlassen haben. Er ist hier ein mittelgroßer, schlanker Jüngling. Sich auf das gefährliche Unternehmen einlassend – das göttliche Feuer herabzuholen –, vertraut er auf seine Entschlossenheit und Kraft.

Von der Kuppel herab senkt sich ein Seil, und er klettert an ihm hoch, bis er sich einer großen silbern schillernden Schale nähert, aus der sich theatralisch Flammenzungen schlängeln. An ihnen entzündet er die Fackel und läßt sich wieder am Seil hinab. Donnerrollen und Aufleuchten greller Blitze. Man hört die Stimme eines Sprechers: »Der Mensch kann sein Haupt stolz erheben und der Natur sagen: Ich habe dich besiegt. Alles, was mich umgibt, habe ich meinem Willen und meinem Geist unterworfen.«

So ist, vom Standpunkt des Zirkus, der Raub des Feuers vor sich gegangen. Und weiter?

Der Mensch erscheint und wird vom Funken des göttlichen Feuers berührt. Sodann beginnt die Unterwerfung, besser gesagt, die Zähmung des Feuers. (Dies ist eine Ballettnummer.) Das Feuer ist eine Frau in flammendrotem Kostüm.

Das Feuer entweicht den Händen, der Mensch versteht nicht,

Wladimir Alexandrowitsch Wolshanski

mit ihm umzugehen. Das Feuer strebt nach oben, schlingt sich ums Seil (jetzt wird die Rolle des Feuers von einer Luftakrobatin übernommen), es flackert im Sturm, scheint mal verschwommen düster, dann wieder grell aufleuchtend, dann schwach und zärtlich, weiblich ...

Nun ist bereits die ganze Arena in purpurrotes Licht getaucht, ist von der kosmischen Feuersbrunst ergriffen, das heißt, wenn man die Zirkussymbolik dechiffriert: Das Feuer des Geistes, der Energie, der Schöpferkraft erobert die Erde. Und über diesem allgemein verbreiteten Feuer erscheint Prometheus mit seiner kleinen, nun schon lächerlichen Fackel.

Der Sprecher: Ja, ich bin schuldig,
und keine Rache wird euch helfen
in eurem ohnmächtigen Haß!
Ja, ich habe es geraubt,
den Menschen gegeben, die in Finsternis
hausten ... Die von mir vererbte Flamme
wird jetzt niemand löschen können.
Tod und Leid verkünde ich zu Feinden,
aber zu Freunden das Leben und Glück! ...

Und sehr leichtsinnig, wie es eben nur im Zirkus möglich ist, überspringen wir Jahrhunderte und Epochen, von den antiken Griechen bis in unsere Zeit hinein. Die Nachfolger des Prometheus im XX. Jahrhundert, dem Zeitalter des Beginns der kosmischen Flüge ...

Und nun kommen diese berühmten Flüge der Wolshanskis zur Kuppel mit der Geschwindigkeit einer Rakete. Oder auf jeden Fall mit einer Geschwindigkeit, die man sich früher im Zirkus nicht vorstellen konnte.

Marina Wolshanskaja, Jewgenia (Shenja) Wolshanskaja, Ludmilla Drushina fliegen so, als wenn der menschliche Körper gar nichts bedeutet, ja, überhaupt nicht existiert, es gibt nur das Symbol der Geschwindigkeit. Und sie selbst, die da hochfliegen, sind schon nicht mehr in der Lage, etwas zu verändern, etwas zu verhindern. Sie verschwinden im Dunkel der Kuppel, eine feurige Schleppe hinterlassend. Aber auf der leuchtenden Vorbühne steht Prometheus – die kleine skulpturhafte Figur als eigenes Denkmal.

Der Sprecher: Er raubte das Feuer von den Göttern des
Olymp, brachte es den Menschen, lehrte die
Gewerbe und Kunst ...

Und an dieser Stelle treten die Wolshanskis heraus, steigen aufs Seil, und so beginnt derjenige Teil des Spektakels, der von

Rezensenten und Zuschauern aller Länder einhellig als etwas Niedagewesenes und Wunderschönes anerkannt wird ...

»Heute sollst du nicht zuschauen«, sagte Wolshanski. »Hussein arbeitet heute nicht.«

Aha, dachte ich, also wird es den Trick des steilen Aufstiegs nicht geben. Ich versuchte zu widersprechen, meinte, daß die Nichtteilnahme des Interpreten eines Tricks nicht den Eindruck vom ganzen Spektakel beeinflussen könne, wo doch darin so viele andere einmalige Tricks gezeigt werden, besonders im Arrangement des »Prometheus«. Aber Wolshanski bestand darauf: nicht zuschauen!

Immer wieder verwundert es mich, wie sehr Zirkusartisten davon überzeugt sind, daß der Eindruck von einer Nummer völlig zunichte wird, wenn zum Beispiel irgendein Bändchen am Kostüm nicht angenäht wurde oder wenn ein Trick ausfällt. Schließlich ist Zirkus doch kein Theater, wo man im »Hamlet« den Monolog »Sein oder Nichtsein« nicht auslassen darf. Darin liegt der Unterschied: Im Zirkus ist alles möglich. Man kann einen Trick durch einen anderen ersetzen, man kann im Programm und sogar in einer Sujetaufführung eine ganze Nummer ersetzen. Und nichts wird sich ändern (es darf nur nicht die Glanznummer sein). Nichts ist unbedingt nötig, weil zwischen Tricks und Nummer die inhaltliche Verbindung nicht obligatorisch ist.

Ich erinnere mich daran, wie eine Artistin, die ihre Bekannten zur Vorstellung eingeladen hatte, schockiert war, als – wie der Teufel es will – gerade an diesem Abend der Beleuchter vergessen hatte, bei einem der wichtigsten Tricks das flackernde Licht einzuschalten! Ihr schien es, als sei sie für alle Zeiten vor ihren Bekannten blamiert, die ihre Nummer für bedeutungslos halten müßten. Du lieber Gott, dachte ich bei mir, haben denn ihre Bekannten nicht schon mitgekriegt, daß die Kleine zwar nett aussieht, lange Beine hat und ein elegantes Kostüm trägt, daß aber die Nummer mittelmäßig ist und keinerlei Erschütterung, Streß oder Katharsis hervorrufen kann. Und glaubt sie denn wirklich, daß beim Einschalten dieser Unglückslampe ihre Bekannten den Eindruck gewinnen würden, in ihr die Venus von Milo, Nadeshda Pawlowa und Irina Rodnina gleichzeitig zu erblicken?

Aber vielleicht geht es hier um die außergewöhnlich strengen künstlerischen Forderungen? Wie viele chrestomatische Beispiele gibt es, wo ein berühmter Theaterschauspieler nicht spielen konnte, wenn man ihm nicht die richtigen Schuhe gab oder nicht den richtigen Stuhl auf die Bühne gestellt hatte. Doch ein Zirkusartist hat keine Rollen, kein Stück zu spielen, er hat nichts als seine Nummer, und auf die schaut er wie auf den Kölner Dom. Jede beliebige Kleinigkeit scheint wichtig, schon gar nicht zu reden von einer nicht rechtzeitig eingeschalteten Lampe ... Ein verpatzter Trick wird manchmal zur Katastrophe. Der Zirkus ist lakonisch, jedes Detail ist wichtig. Eigentlich ist ja eine solche künstlerische Forderung direkt rührend ...

Aber – warum macht in solchem Falle der Artist Jahr für Jahr ein und dasselbe und grämt sich doch nicht wenig über diese Tatsache? Ich kannte eine hervorragende Äquilibristin. Bei der Ausführung eines Tricks ihrer Nummer trat sie vier Schritte zurück, und während der Partner den nächsten Trick darbot, führte sie langsam den rechten Arm zur Seite, wandte den Kopf nach rechts, führte ihn dann in die Ausgangsposition zurück (in diesem Moment war der Partner auf der höchsten Leitersprosse). Danach wandte sie den Kopf im gleichen Rhythmus nach links, führte den linken Arm langsam nach oben, senkte den Kopf und erstarrte für zwei-drei Sekunden, nachdenklich in ihre Achselhöhle blickend (in diesem Augenblick stieg der Partner herunter), dann machte sie vier Schritte, genau vier – Jahr für Jahr, im Winter und Sommer, bei den Vormittagsproben und bei Fernsehaufnahmen, im Jahr der Sonnenaktivität und bei politischen Erschütterungen –, und griff nach der Leiter.

Und hier ging mir ein Licht auf: Vielleicht liegt alles an der Psychologie des Zirkusartisten, der überzeugt ist, daß seine Nummer im Rahmen der Tagesereignisse wenigstens den dritten Platz einnimmt: Auf dem ersten Platz steht die Rede eines Politikers, auf dem zweiten – Hockeymeisterschaften, und an dritter Stelle steht der Eindruck von seiner Nummer. Nein, sie ist in der Tat überwältigend, diese Überzeugung, daß seine Nummer – Minuten der Schönheit und Vollkommenheit – ein ästhetisches Vergnügen fürs Publikum ist und daß die Abänderung irgendeines Details die Zuschauer betrüben würde. Wahrscheinlich können

Laufen mit verbundenen Augen

Artisten ohne diesen Glauben nicht im Zirkus arbeiten. Ich wollte mich nicht streiten mit Wolshanski. Ich ging einfach heimlich hin und sah »Prometheus« von der Galerie aus. Sollte sich wirklich herausstellen, daß der ganze »Prometheus« mit dem gesamten Artistenensemble und den szenischen Effekten bei Ausfall nur eines einzigen Tricks blasser wirkt?

Es erwies sich, daß Wolshanski recht hatte. In der Tat, mit dem Trick von Hussein sah alles besser aus. Der Trick war folgender: Wenn das Seil sich zum letztenmal hebt, fast vertikal in die Höhe steigt und Hussein seinen Aufstieg beginnt, scheint dies an Wahnsinn zu grenzen. Aber er steigt nach oben, allerdings nur mit Mühe. Jeder Schritt bedeutet gewaltige Anspannung. Jetzt hat er die Hälfte geschafft! Doch plötzlich gleitet er ab bis zur unteren Brücke. Und alles beginnt von vorn, Schritt für Schritt. Nun ist er schon fast an der oberen Brücke, rutscht ab, fängt sich, geht einen weiteren Schritt nach oben. Von der Brücke streckt man ihm schon Hände entgegen, er reckt sich nach ihnen – und gleitet nach unten. Wieder von neuem Schritt für Schritt. Er rutscht, aber noch eine letzte Anspannung, und er ist oben. Donnernder Applaus! Der Zuschauerraum ist glücklich. Schluß.

Nach dem Anbringen des Seiles waren die Zuschauer gespannt und ungläubig: Na, was werden sie uns jetzt zeigen, die Seiltänzer? Im äußersten Fall wird einer von ihnen auf diesen »Berg« steigen, das heißt, wenn es ihm gelingt ... Aber, sieh da, gleich hinter ihm geht den gleichen Weg absolut sicher und gleichmäßig ein anderer Seilkünstler. Auf seinem Kopf steht auf der Zehenspitze in der Arabeske eine Ballerina – Marina Wolshanskaja. Wenn er doch wenigstens den Schritt verlangsamen würde! ... Man hatte zu Wolshanski gesagt, auch hier müßte er die außerordentliche Schwierigkeit des Aufstiegs deutlich machen, anderenfalls die Zuschauer meinen könnten, daß der vorherige mühevolle Aufstieg Husseins unglaubwürdig war. Aber Wolshanski war dagegen. Das kleine Spektakel im großen Spektakel ist bereits ausgespielt und vergessen. Die Zuschauer haben eine Lehre erhalten, das Gefühl für den Schwierigkeitsgrad. Das genügt vollauf. Weiter arbeiten die Seiltänzer wieder auf vollen Touren.

Mit Hussein hatte Wladimir Alexandrowitsch lange zu tun gehabt, als er ihn lehrte, glaubhaft darzustellen, wie ihm der nächste Schritt auf dem Seil absolut nicht gelingen will, daß er ganz unerwartet nach unten rutscht. Denn der Interpret wollte glänzen, in einem Schwung nach oben zur Brücke gelangen, jubelnd die Arme ausbreiten bei der Verbeugung – seht, was ich für ein Kerl bin! Aber spielen sollte er die Unerreichbarkeit der oberen Brücke, so überzeugend, daß alle es spüren. Die »alten Hasen« der Zirkusse kennen Kniffe, die veranschaulichen, wie unerträglich schwierig das ist, was sie machen. Und Hussein lernte zu stolpern, abzugleiten … Eine Serie von Unterbrechungen und das Wunder der Rettung – fast phantastisch. Und das Publikum, das bisher ziemlich ruhig die phänomenalen Tricks der Wolshanskis verfolgt hatte, kann sich beim Anblick, wie Hussein sich nach oben quält, davon überzeugen, daß wohl allen Wolshanskis – wer weiß wie – Engel ihre Flügel geliehen haben. Über welche die Seiltänzer dennoch den weißen Frack anlegen …

Vom »Waldidyll« zum »Pfeil«

Wolshanskis bester Partner, Lew Ossinski, ging 1941 an die Front. Die Nummer »Waldidyll« zerfiel wie viele, die ihre Artisten verloren hatten. Doch der Zirkus mußte spielen. Wolshanski arbeitete in jenen Jahren besonders verbissen, seinem Charakter entsprechend, aber auch deshalb, weil diejenigen, die nicht an die Front geschickt wurden, sich dabei sehr unwohl fühlten. Selbstverständlich trat er in Hospitälern und bei Frontbrigaden auf und reiste fortwährend zu verschiedenen Truppenteilen. Aber wo blieb das Schöpfertum? Natürlich konnte man in jenen Jahren nicht mit Schaunummern rechnen, die großen Aufwand erforderten. Im Gegenteil, man brauchte Solo- oder Partnernummern ohne Requisiten; Artisten, die überallhin fahren konnten, auf jedem beliebigen Platz, im Lazarett oder auf freiem Feld auftreten konnten. Eben so eine Nummer brachte Wolshanski im Jahre 1943 heraus. Eine akrobatische Etüde mit der neuen Partnerin Nina Bannaja, einer sehr gelenkigen, zierlichen Akrobatin, die – so hoffte er – für lange Jahre seine Partnerin bleiben würde.

Charakteristisch war für ihn auch diesmal, daß er eine gewöhnliche Nummer mit originalen Rekordtricks füllte, beispielsweise einem Zahnstand auf sich drehendem Mundstück.

Auf der Zweiten Schau neuer Darbietungen der Zirkuskunst im Jahre 1944 trat Wladimir Wolshanski mit der Solonummer »Rekordäquilibristik auf origineller Apparatur« auf. Diese Apparatur bestand aus einer fünf Meter hohen Säule aus Rohren, ähnlich denen einer Orgel, sowie Säulen von unterschiedlicher Höhe. Die große Säule ähnelte einem Piedestal, auf dem er selbst als lebende Skulptur stand. Alle Tricks wurden in ihrer Schlußphase fixiert, wodurch sie sehr plastisch wirkten. Das Finale der Nummer bildeten Handsprünge von Mast zu Mast: von sechs Meter Höhe auf vier Meter und dann auf zwei Meter, wobei der Abstand zwischen den Masten zwei Meter betrug.

Der Krieg dauerte an. Aber die Zirkusse arbeiteten: täglich, ohne freie Tage, ohne Unterbrechungen, fast immer mit überfülltem Zuschauerraum. In den Zirkus kamen Verwundete aus Lazaretten und Soldaten auf Kurzurlaub oder – einfach unendlich müde Menschen an ihren seltenen freien Abenden. Der Zirkus war eine Insel des einst friedlichen Lebens, er flößte das Vertrauen ein, daß bald, sehr bald alles wie früher sein und das friedliche Leben wiederkehren würde. In der Arena arbeiteten dieselben Clowns, Dresseure, die Schwestern Koch. Der Zirkus half, eine Brücke zu schlagen vom Vorkriegsjahr 1940 zum bereits nahen Jahr 1945. Denn das Leben nahm seinen Verlauf, im Zirkus wie überall. Manch einer war an die Front gegangen, einige kamen schon zurück, neue Nummern wurden geprobt, und die Vorstellungen begannen wie eh und je um 20 Uhr.

Zu jener Zeit war Wolshanski bereits Vater von zwei Kindern. Marina arbeitete vorübergehend nicht, und seine Artistengage war immer noch miserabel. Doch ihre persönliche Armut und ein Leben fast an der Hungergrenze sowie das Fehlen eines eigenen Zuhauses bedrückte sie nicht besonders. Es war nur ein unbedeutender, winziger Teil des allgemeinen Unglücks. Sie grämten sich nicht. Sie waren zusammen, die Kinder mit ihnen, sie lebten und arbeiteten. Es ist nicht mehr zu sagen, wann es begann, aber die Zirkusartisten fingen an, Sandalen anzufertigen. Einer lehrte es den anderen, mit einem Wort, sie schusterten, produzierten Schuhe, für jene Zeit sogar ziemlich schicke. Sie brachten ihre Erzeugnisse auf den Trödelmarkt und wurden sie reißend los.

»Marina, ich kann keine Sandalen mehr machen«, sagte Wolshanski eines Tages. »Nein, wirklich nicht ... Lieber würde ich mir eine zweite Nummer ausdenken, wir würden mehr Geld haben und könnten durchhalten.«

26 Jahre alt war Wolshanski im Jahre 1944, ein blühendes Alter. Er war zum Mann geworden, war kräftig und stark. Übrigens, erwachsen war er schon seit langem und ein selbständiger Mensch. Und er wünschte sich so sehr, etwas zu schaffen, was es bisher in der Arena nicht gegeben hatte.

In der Gesellschaft hatte nach dem Krieg ein neuer Prozeß begonnen, Komfort und Bürokratie kehrten ein. Alles wurde veranschlagt, geplant, auch im Zirkus: die Probezeiten, die Regiearbeiten, die Arbeit des Komponisten, des Gestalters; Kostüme wurden genäht, Aufträge für Reparaturen und Requisiten wurden von speziell dafür zuständigen Personen an die Betriebe gegeben; Ballettmeister, Konzertmeister, Inspektor der Manege, Assistenten und noch viele andere – sie alle hatten ihren festen Zeitplan. Ein voller Service für die Vorstellung. Aber alles ohne Eile wie im 18. Jahrhundert. Der Artist wartete, wartete, bis man ihn durch alle Stadien des Probenprozesses geführt hatte.

»Früher war es einfacher«, meint Wolshanski, »man probierte während der Arbeit. Auch Kostüme und andere Dinge wurden, meiner Meinung nach, sehr schnell angefertigt.«

Damals hätte er noch eine zweite Äquilibristiknummer herausbringen können. Doch er erkannte sehr wohl, daß selbst vorzüglich dargebotene Nummern dieser Art bei weitem nicht alles sind, wozu er begabt ist. Sollte er jedes Jahr zwei neue Nummern herausbringen? Und was dann? Kleine Nummern werden fast gar nicht angekündigt, und das Publikum erinnert sich kaum an sie. Heute kann als beste Nummer im Programm der Solojongleur Sergej Ignatow gelten, und das Publikum begreift, daß er das »As« des Programms, die Attraktion ist. Aber damals war Attraktion unbedingt etwas Fundamentales, mit komplizierter Apparatur Verbundenes, großartig Aufgemachtes. Das »Waldidyll« war erneut in der Arena, aber für Wolshanski bedeutete es eine ver-

Ein Dreimannhoch der Wolshanskis

gangene Etappe. Ihm gefielen drei Genres: Jockei-, Flug- und Seilnummern.

Jockei? Nein, daraus würde nichts werden. Dazu braucht man Pferde, doch der Zirkus der Nachkriegszeit besaß nur geringe Mittel für Ankäufe. Außerdem hatte der Pferdezirkus ein zu festes Fundament, zu lange Tradition und zu gute Schule, deshalb hatte jeder Reiter nicht nur eine Nummer, sondern ein ganzes Repertoire. Pflege und Dressur der Pferde sind eine wahre Wissenschaft, die man nicht in einem Jahr erlernen kann. Nein, offenbar liegt das Jockeidasein nicht in seinem Charakter, sonst würde er sich und andere davon überzeugen, daß es notwendig sei, dem Wolshanski zur Jockeinummer zu verhelfen, anderenfalls es ein großer Verlust für den Zirkus wäre. Und alle Gegenargumente würde er in dafürsprechende verwandeln.

Er liebte die Luft, den Flug. Doch mit dreißig Jahren die Arbeit als Luftvoltigeur zu beginnen war ein wenig zu spät. Wer sollte mit ihm proben? Und außerdem – das Wichtigste für ihn war immer seine Familie. Weder Nikolai, noch Marina, noch die kleine Marinotschka konnten eine Flugnummer machen.

Und wie wäre es mit dem Seil? ... Natürlich, ein Seil! Diese Idee gefiel Wolshanski so gut, daß er sogleich entschied, lange Zeit ohne Manege zu proben, das heißt, ohne die Verwaltung um eine Probenzeit zu bitten. Er konnte ohne den Kauf oder die Bestellung einer Apparatur auskommen, also ohne all das, was vorläufige Absprachen, Streitigkeiten, Überzeugungsarbeit in der Verwaltung erfordert hätte. Er würde alles selbst machen, ohne Geld, ohne administrative Hilfe. Wenn man ihm nur gestatten würde, die neue Nummer herauszubringen. Das würde eine großartige Seilnummer werden! Er war Feuer und Flamme.

»Wir brauchen keine Seilnummern«, sagte ihm jedoch der künstlerische Leiter des Leningrader Zirkus, Jewgeni Michailowitsch Kusnezow.

Er hatte recht – Seilnummern wurden nicht benötigt. Im System der sowjetischen Zirkusse gab es mehrere Seilnummern – die Swirins, die Chibins, Sinaida Tarasowa – alles große, solide Nummern, die alle Zirkusse beliefern könnten. Und außerdem ist es ein schweres Genre, das nur Kindern von Seiltänzern zugänglich ist.

»Aber ich werde eine herausragende Seilnummer machen«, sagte Wolshanski beschwörend.

»Ganz egal, wir haben weder die Mittel noch den Bedarf an Seilnummern.«

»Unwichtig«, sagte Wolshanski. »Wir werden probieren, ohne unsere Zirkusarbeit zu unterbrechen, auf eigene Gefahr und Risiko. Und wir fordern vorläufig nichts.«

»Gar nichts?«

»Gar nichts«, sagte Wolshanski.

»Aber, Sie müssen verstehen, wir brauchen tatsächlich keine weitere Seilnummer ...«, sagte Kusnezow, der seine Absage ein wenig abschwächen wollte. »Ich glaube Ihnen gern, daß die Nummer gut sein wird, aber ...«

»Ich werde eine großartige Seilnummer machen«, wiederholte Wolshanski.

»Ich nehme Sie beim Wort. Geben Sie mir Ihre Unterschrift, daß wir die Nummer nicht nehmen müssen, wenn sie nicht hervorragend sein wird. Und daß Sie keinerlei Ansprüche stellen werden.«

Und so unterschrieb Wolshanski diese Verpflichtung und gab sie an Kusnezow.

Auf diese Weise begann im Jahr 1947 sein Schicksal als Seilkünstler.

Wolshanski verzichtete von Anfang an auf ein gewöhnliches Horizontalseil unter der Kuppel. Er wollte weder Stühle noch Fahrräder, keine langsamen Bewegungen, kein Netz über der Arena – all das war schon erschöpft. Und er wollte keine Vergleichbarkeit mit Vorgängern. So mußte er ein Schrägseil von der Arena bis zum oberen Brückchen oder zum Proszenium spannen. Schrägseile existierten auch schon seit langem, und sie ergaben ein erstaunlich langweiliges Bild. Das Wesentliche der Arbeit darauf bestand im langsamen Hochsteigen und raschen Abstieg. Und das Arrangement dieses Hoch- und Abstiegs sowie der Schwierigkeitsgrad hingen nur vom Erfindungsgeist des Interpreten ab. Wolshanski beschloß, zwar das Schrägseil zu benutzen, aber darauf wie auf einem Horizontalseil zu arbeiten, d. h. die gleichen komplizierten Läufe zu vollführen und dazu Tricks der Akrobatik und Äquilibristik, die bisher nur unten in der Manege gezeigt wurden.

Anfangs widmete man ihren Proben keinerlei Interesse. Später stellte man mit Staunen, ja sogar mit Mitgefühl fest, daß sie auf ihrer »Verirrung« beharrten. Jaragi Gadshikurbanow aus der daghestanischen Seiltänzertruppe »Zowkra« lehrte Wolshanski, die Balancierstange zu halten – das ist auch eine Wissenschaft –, und verkaufte ihm zwei Stangen. Wolshanski war froh, sie kaufen zu können, denn er erhielt ja dieses Mal durch die Verwaltung keine Requisiten, und so war das, was er nicht mit eigenen Händen anfertigen konnte, ein Problem.

Jaragi erlaubte ihm sogar, auf seinem Seil zu laufen, und verriet ihm einige Seiltänzertricks. Wladimir Alexandrowitsch dachte später mit Dankbarkeit daran zurück.

Doch machte er auch andere Erfahrungen im Umgang mit Seiltänzern. Als er Nikolai Chibin, den Leiter einer Truppe, bat, auf dessen Seil proben zu dürfen, lautete die barsche Antwort: »Mach dir ein eigenes und verschwinde.« Dagegen war es der alte Boleslaw Josefowitsch Koch, Vater der Schwestern Koch, ein großer Kenner von Seil und Akrobatik, der ihm seine Hilfe anbot. Er selbst hatte viele nicht realisierte Ideen und gedachte nicht, sie auf Eis zu legen.

So verging die Zeit, eingeteilt in Auftritte, Proben und Fahrten von Stadt zu Stadt. Das war sein eigentliches Leben. Immer noch bewohnten sie für kurze Zeit ärmliche, kleine Zimmer, die der Zirkus für seine Artisten mietete. Sie schämten sich vor den Wirtinnen, denn noch immer schliefen sie auf und unter Zeitungen. Und diese Zimmer, diese Wohnungen! Oh, Sie können es sich nicht vorstellen, was es bedeutet, keine eigene Wohnung zu besitzen. Dazu muß man entweder ein Dieb oder ein Zirkusartist gewesen sein. Der Clown Leonid Jengibarow berichtete einmal von diesem Dilemma: »... Am nächsten Morgen, nachdem Sie in der ›Roten Ecke‹ des Zirkus übernachtet und sich mit einer Affiche zugedeckt hatten, bringt man Sie zu Ihrer zeitweiligen Behausung und macht Sie mit Ihrer Wirtin bekannt.

›Ja-a-a‹, sagt diese, kneift die Lippen zusammen und formt ihre Gedanken. Dann wird sie Ihnen mitteilen, daß Sie kein Recht haben ... Es folgen ungefähr zwanzig, dreißig Punkte, in denen lediglich Verbindungen zu afrikanischen Abwehrorganen und spiritistische Seancen nicht enthalten sind. Sie sind zufrieden. Danach händigt die Wirtin Ihnen widerstrebend das Schlüsselbund aus und hämmert Ihnen eine verhältnismäßig kurze, doch inhaltsschwere Instruktion ein, wie die Öffner zu gebrauchen sind.« Jengibarows Schicksal als Zirkusartist hatte Ende der fünfziger Jahre begonnen, als in vielen Städten schon Wohnungen für Zirkusartisten errichtet wurden. Und diejenigen Wohnungen, die er kennengelernt hatte, glichen den Appartements einer Marie Antoinette im Vergleich zu jenen, die an reisende Zirkusartisten in den ersten Nachkriegsjahren vermietet wurden. Ich habe eine solche Wohnung gesehen, wo – neben allen anderen Mängeln – der Putz von den Wänden rieselte und die geflochtenen Furnierleisten entblößte, an denen sich der Stuck gehalten hatte. Und die Zimmerwand erinnerte an eine Gartenlaube: An vielen Stellen konnte man hindurchsehen und die Beine der im Flur laufenden Leute erblicken. In diesem Raum war es verboten, irgendwelche Emotionen zu zeigen. Erst recht durfte man die Tür nicht zuschlagen; denn die Wand würde augenblicklich einstürzen, und die gute Wirtin wäre höchst ungehalten, weil sie das Zimmer nicht weitervermieten könnte!

In solchen »Palästen« also waren die recht und schlecht gekleideten Kinder Marina und Wolodja aufgewachsen. Morgens trabten sie in die örtliche Schule, danach zur Probe. Und mit fünf Jahren trat die kleine Marina bereits im »Waldidyll« auf.

Sein ganzes Leben lang suchte Wladimir Wolshanski nach neuen Tricks. Die allerschwersten, nie dagewesenen, sollten es sein, an der Grenze des theoretisch Möglichen. Sein ganzes Leben lang, vom Beginn seiner ersten Nummern, war das sein Bestreben. Und erst in den letzten Jahren seiner Arbeit spürte er, daß Tricks nicht das Wichtigste sind. Alle, die Auftritte der Truppe sahen und bewunderten, redeten nicht viel über deren Tricks. Früher dachte Wolshanski: »Sie verstehen, daß es schwierige Tricks sind, aber schließlich sind es keine Fachleute. Sie können nicht alles so beurteilen ...«

Es sind keine Fachleute. Trotzdem spüren die Zuschauer im

Zirkus fast ohne sich zu irren, worin das Wesentliche besteht und was wertvoll ist und was nicht.

So verschieden das Auditorium im Zirkus auch ist – es hat quasi das absolute Gehör fürs Neue und Moderne. Mit der Zeit gelangte Wolshanski zur Erkenntnis, daß es bei ihren Auftritten etwas Wichtigeres als Tricks gibt, etwas, das die Aufmerksamkeit der Zuschauer weckt, so daß sie, den Atem anhaltend, jeden Schritt des Seilkünstlers verfolgen.

Die Tricks waren in der Tat einmalig, obwohl heute die Wolshanski-Truppe schon nicht mehr die einzige ist, die sie ausführen kann. Früher haben Wolshanskis Kinder sie auf dem Seil gezeigt, dann verschiedene Partner, die er anlernte. Jetzt tun es alle, die sein Seil mit in der Höhe verstellbaren Brücken kopiert haben. Und einige zeigen sogar solche Tricks, vor denen selbst Wolshanski bereit wäre, den Hut zu ziehen.

Die Kritiker schrieben:

»... Die hohe Zirkuskuppel in Finsternis gehüllt oder vom Leuchten des Universums erhellt. Und in diesem Raum, zwischen lilafarbenen Planeten, vagabundieren auf ansteigenden und absinkenden Trassen in wechselnden Regenbogenfarben, als seien sie aus dem Nebel der Andromeda aufgetaucht – die jungen mutigen Menschen ...« Kein Wort über Tricks ... Wolshanski blätterte in den Zeitungen, die sich bei ihm in den letzten zwei Jahren der Gastspielreisen angesammelt hatten ...

»... Wenn unter der Zirkuskuppel die großartigen Seilkünstler Marina, Jewgenija, zwei Wladimirs und Mascha Wolshanskaja, ihre Partner Ludmilla und Iwan Drushin, Wladimir Jegorow und Hussein Chamdulajew gleichermaßen von Planet zu Planet, inmitten des endlosen Universums von einer Plattform zur anderen schreiten, unter den Blitzen des geraubten und geretteten Feuers, entsteht und festigt sich die Hoffnung: Der Geist, die Schöpferkraft wird siegen.«

»Der ›Vorausschauende‹ ... Im Altgriechischen hieß das ›Prometheus‹. Erstaunlich treffend, wenn man es auf Wladimir Alexandrowitsch, den Szenaristen, Regisseur und Erfinder der gesamten Apparatur, bezieht. Eben der ›Vorausschauende‹, denn sein Werk ist der morgige Tag des Zirkus ...«

Wolshanski las Dutzende solcher Artikel. Schließlich ist es angenehm, immer wieder die Bestätigung seines Erfolges und der Richtigkeit seiner Idee zu finden. Von allen Seiten Applaus, immer wieder Applaus auf allen Kontinenten. Ein berechtigter Lohn.

Aber aus welchen Bewegungen, welchen Tricks entstand das, worin die Zuschauer das »Leuchten des Universums«, den »Sieg des Geistes«, das »Wandern von Planet zu Planet« erblicken? Warum applaudiert man den Wolshanskis so enthusiastisch, sieht in ihnen etwas Besonderes? Schließlich kann auch ich die gleichen Tricks machen ... Diese Frage stellen sich wehmütig und gekränkt andere Seiltänzer mit dem prüfenden Blick von Experten. Aber wichtig sind keine eifersüchtigen Emotionen, um dieses kleine Wunder zu begreifen. Wenn die Läufe auf dem Seil plötzlich ihre zirzensische Konkretheit verlieren, ätherische Gestalt annehmen und an Erinnerungen anknüpfen, die wir beim Anblick einer menschlichen Figur erleben, die langsam durch die Luft schreitet, immer höher, über dem Abgrund, über dem alltäglichen Getriebe, dann bleiben Erinnerungen an den Seilkünstler beim Zuschauer haften, längst nachdem der Vorhang sich geschlossen hat und die Zirkustruppe mit »Prometheus« in eine andere Stadt gereist ist.

Ein phantasieloser Mensch verfolgt den Auftritt der Wolshanskis, und ihm ist alles völlig klar: wie sie auf der Brücke stehen, wie sie die Balancierstangen halten, wie sie die Handflächen mit Kolophonium einreiben, in welchem Moment sie die Longe anlegen, wie sie die »Kolonne« tragen, wie und mit welcher Geschwindigkeit sich die Brücke hebt. Nun ja, das alles kann er auch machen. Und überhaupt, dieses Publikum, was versteht es schon? Es schreit begeistert: Wolshanski, Wolshanski! Als wären sie die einzigen Seiltänzer in der Welt ... Und der Mensch ohne Phantasie schreibt, schreibt überall hin, um allen die Augen zu öffnen, daß nämlich die Wolshanskis nichts Besonderes sind. Außer ihnen gibt es viele, die nicht schlechter sind ...

Doch im »Prometheus« gibt es Minuten, da es dem Zuschauer scheint, als gehe er selbst auf dem Seil ... jetzt hat er den Fuß gehoben, das Seil betreten und geht nun absolut synchron mit den Bewegungen des Künstlers. Fast physisch spürt er jeden zurückgelegten Meter ... und den Sturz, der vom Seiltänzer vorge-

Im Handstand auf dem Kopf des Untermannes auf dem Schrägseil

täuscht wird, empfindet der Zuschauer als eigene Katastrophe ...
In diesen Minuten ist er den Wolshanskis dankbar, daß sie ihn
sich gleichgestellt haben ... Doch der nicht anerkannte Berufs-
bruder des erfolgreichen Artisten sieht sich den Auftritt an,
merkt sich jede Bewegung und sieht, daß diese Truppe besser ist
als andere. Jedoch seinem Empfinden fehlt jede Poesie:

»Aha, jetzt nimmt er die Balancierstange ... zuviel nach rechts,
zuviel ... die Longe hat sich gespannt ... gleich wird sie den
Obermann zurückziehen ... aber die Partnerin steht nicht
schlecht, hat sich nicht bewegt ... nun ja. Den vorgetäuschten
Sturz macht er ja ganz flott, ist aber mit dem Fuß zu weit nach
unten gekommen, kann passieren, daß er nicht mehr hoch-
kommt ... aber jetzt die Pause für den Applaus, möglichst lange
hinziehen.«

Plötzlich begannen alle zu bemerken, daß bei Wolshanski einiges
gelang, daß seine verrückten Ideen durchaus realisierbar waren.
Keiner der Artisten hatte geglaubt, daß Wolshanski das, was er
versprochen hatte, würde verwirklichen können. Ein Neuling auf
dem Seil, der erst mit 30 Jahren mit dieser Arbeit begonnen
hatte – sollte der die Generationen der Seiltänzer überholen?
Seine Proben wurden nun noch schärfer beobachtet. Die Premiere fand im Jahre 1950 in Frunse statt.

»Es wird nicht lange dauern«, sagten die Experten. »So eine
Arbeit werden die nicht lange machen können. Es sind keine
professionellen Seiltänzer. Dazu muß man geboren sein.« Das
Seil war mit 35 Grad Neigung an Stützen befestigt. Auf dem Seil
vier Personen: die Brüder Wolshanski und zwei Partnerinnen,
J. Awdejewa und Nina Bannaja, mit der Wolshanski bereits einige
Jahre in seiner akrobatischen Darbietung aufgetreten war. Ab
1952 kamen noch Marina die Ältere und Marina die Jüngere in
die Nummer.

Was waren es für Tricks, die sie am Seil ausführten? Hier einige davon:

1. Aufstieg auf dem Seil von zwei Partnern, der Obermann im
Zahnstand

2. Abstieg auf Rollen und mit einarmigem Handstand

3. Aufstieg als »Pyramide«. Der Untermann trägt auf seinem

Kopf den Obermann im Handstand, auf dessen Nacken die Partnerin als dritte Person in der Arabeske steht.

4. Der Untermann geht mit der Balancierstange, an der ein Schwungseil befestigt ist, woran die Partnerin die »Mühle« dreht – natürlich unter dem Seil.

Keiner vor ihnen hatte solche Übungen auf dem Schrägseil ausgeführt. Das Publikum applaudierte, obwohl noch niemand begriffen hatte, daß auf diese Weise unmerklich und sehr konkret eine Reform des alten Genres begann, ein allmähliches Hinaustreten aus der Sackgasse, weil Wladimir Wolshanski die Kunst des Seiltänzers mit bester Parterreakrobatik verbunden hatte. Und dies bedeutete, einen wichtigen Schritt zur modernen Zirkuskunst hin getan zu haben. Auch innerhalb des Genres vollzogen sich Verschiebungen alter Begriffe und Möglichkeiten. Aber damals zog niemand Schlußfolgerungen und sah niemand in die Zukunft. Man sagte bloß, daß Wolshanski eine Nummer mit außergewöhnlichen Tricks herausgebracht habe. Und dafür verurteilte man ihn.

»Er hat die klassische Reinheit des Genres verfälscht. Seilkünstler bleibt Seilkünstler und Parterreakrobat – Parterreakrobat. Man sollte nicht eins mit dem anderen vermengen.«

»Wenn es so schon die Väter und Großväter gemacht hatten und der russische Zirkus durch seine Meister berühmt war, weshalb sollte dann etwas verändert werden?«

In jenen Jahren, als in der Nummer eines bestimmten Genres Elemente eines anderen verwendet wurden, wurde dies oft als berufliche Schwäche ausgelegt. Wenn ein Akrobat außerdem noch ein wenig jonglierte, so wurde ironisch getuschelt: »Ein bißchen von allem, und die Nummer ist fertig.« Aber wenn man die Interpreten nicht einer beruflichen »Schwäche« bezichtigen kann? Die Wolshanskis zeigten eine außerordentlich schwierige Arbeit. Doch die Verletzung unsichtbarer Grenzen, unsichtbarer Domänen lag auf der Hand. Wolshanski wurde vom Publikum sehr gut aufgenommen. Aber er hatte die Traditionen gebrochen und damit ungewollt anderen Seiltänzern geschadet. Einige von ihnen begannen, heimlich an höhere Instanzen zu schreiben, daß die Nummer verboten werden sollte.

Rabadan Abakarow dagegen, Leiter der Seiltänzergruppe

»Zowkra«, in dessen Truppe die Tricks ganz offenkundig an Akrobatik erinnerten, hatte, nachdem er Wolshanski gesehen hatte, ihn sogleich in seine Nummer als »Obermann« engagieren wollen. Er würde ein wundervoller Obermann sein. Aber warum sollte er gehen, sich von seinen Partnern und Schülern trennen, wo sie doch alles Schwere gemeinsam durchgestanden hatten!

Doch das Gerede ging weiter: »Na, sehen Sie, lange dauert es nicht mehr. Zum Seiltänzer muß man geboren werden ...«

Sie hatten recht. Es dauerte in der Tat nicht lange. Denn im Jahre 1954 hatten die Wolshanskis für die Schau von Zirkusnummern und -attraktionen schon wieder eine neue Nummer »Äquilibristen auf dem Pfeil« herausgebracht. Diesmal war es ein horizontales Seil, nicht hoch, auf Stützen in der Manege befestigt, mit zwei Brücken. Aber in der Seilmitte lag eine runde Plattform. Die konnte mechanisch bewegt und bis zu zehn Metern hochgehoben werden, um danach wieder ein Teil der Seilstrecke zu werden. Es störte nämlich Wolshanski, daß bei einem Schrägseil die Tricks keinen Ruhepunkt hatten und der Zuschauer sich nicht länger an ihnen erfreuen konnte. Und überhaupt, der Aufstieg auf dem Seil geht zu langsam vor sich, man muß mehr Bewegung hineinbringen! Unbedingt Bewegung. Wie, sagen wir mal, beim »Semaphor« der Schwestern Koch, wo ihre eigenen Bewegungen auf dem rotierenden Semaphor erfolgten. Anders würde es unerträglich langsam und eintönig wirken. Und so dachte Wolshanski sich folgendes aus: Die Seilkünstler werden auf dem Seil bis zur Mitte gehen, dort auf der Plattform bleiben sie stehen. Diese hebt sich in die Höhe, wo die Künstler nach Ausführungen ihrer Tricks wieder unbeweglich verharren. Dann senkt die Plattform sich wieder, und sie gehen weiter bis zur anderen Brücke. Erneut die gleiche Handschrift – die Verbindung von Äquilibristik mit den traditionellen Methoden von Seiltänzern.

Es war sein Wunsch, die Monotonie der Bewegungen hin und zurück zu unterbrechen. Im »Pfeil« war schon die harmonische Verbindung der Bewegungen auf der Horizontalen mit der Vertikalen gefunden worden. Wolshanski hatte recht gehabt: Die Aufmerksamkeit der Zuschauer richtete sich nicht darauf, wie sie auf dem Seil gehen, sondern auf den Moment, da die Plattform sich erhebt – auf dieses sich bewegende Piedestal.

Der »Pfeil« ähnelte dem in jenen Jahren berühmten »Semaphor-Giganten« der Schwestern Koch, wo die Artistinnen nicht gingen, sondern umherschwebten, und jede ihrer Bewegungen, jeder Trick darauf prätendierte, in Bronze zu erstrahlen, wie es übrigens in jener Epoche vielfach üblich war. Der »Pfeil« wurde nach dem gleichen Schlüssel gelöst: langsame Gesten, Feierlichkeit, fast balletthafte Ästhetik in Verbindung mit Rekordtricks. Die Seiltänzer arbeiteten genauso ernsthaft wie Menschen, die an der Werkbank stehen und neue Höchstleistungen vollbringen. Der »Pfeil« kreiste genauso verlangsamt wie der »Semaphor« und der Rhythmus der Künstler entsprach dem Bewegungsrhythmus des Mechanismus. Anfang der fünfziger Jahre sah es nicht nach einer mangelhaften Konstruktion aus. Im Gegenteil, der »Pfeil« mit seinen seitlichen Auslegern, die an einen Baukran erinnerten, war der letzte Nachhall aus der Epoche der Industrialisierung, die sich so deutlich in der Konstruktion des früheren »Semaphors« gezeigt hatte.

Wie auch immer, der »Pfeil« mit all seinen Mängeln und Vorzügen paßte genau in seine Zeit: sowohl die Ästhetik der Nummer, die Konstruktion der Apparatur wie die Rekordtricks und der Bewegungsrhythmus der Seiltänzer. Die Nummer gefiel. Die Wolshanskis wurden die originellsten Seiltänzer im sowjetischen Zirkus. Doch gerade in den fünfziger Jahren änderte sich der Geschmack des Publikums sehr schnell. Zu viele Veränderungen gingen im Lande vor sich. Auf den ersten Blick mag es scheinen, daß dies zwei zu weit voneinander entfernte und absolut nicht miteinander verbundene Erscheinungen sind: irgendwelche gesellschaftlich wichtigen Ereignisse im Leben des Landes und die Beziehung des Publikums zu den Nummern der Seiltänzer. Wenn allerdings die im Zirkus ablaufenden Prozesse mit allen Prozessen verbunden sind, die in anderen Kunstarten ablaufen, wird leicht verständlich, warum den Zuschauern Seiltänzernummern mit gewohntem Trickrepertoire immer weniger gefielen und das Sicherheitsnetz, durch das man nur schlecht sehen kann, sie zu ärgern begann.

Und schließlich die Tricks als solche: Pyramiden aus Stühlen; Leitern zum Hinübersteigen, Fahrräder auf dem Seil, dies alles schien zu sehr ausgedacht. Die Wolshanskis besaßen offensichtlich Vorzüge. Dies waren die Originalität der Konstruktion, das Fehlen eines Netzes sowie der Umstand, daß ihre Apparatur in nur wenigen Minuten aufgestellt und abgebaut werden konnte – in der Pause zwischen den Nummern. Ihr Seil behinderte nicht andere Luftnummern, zum Beispiel »Kreisel« oder »Rakete«. Und die Regisseure setzten gern ihr Seil in die besten Zirkusprogramme ein.

Die Idee zu den Sternenläufern

Zeiten ändern sich schnell. In den Theatern wurden neue Stücke aufgeführt, neue Romane und Novellen erschienen, neue Verse und neue musikalische Rhythmen erklangen; in den Kinos zeigte man völlig andere Filme als die, welche gleich nach dem Kriege gemacht wurden. Nicht nur mit dem sechsten, sondern mit dem siebenten Sinn spürte Wolshanski, daß die Zeit sich schneller ändert, als er seine Nummern ausdenkt. Der »Pfeil« mit seinen Rekordtricks, mit dem er kaum eine Saison in Moskau und Leningrad durchstehen würde, machte ihn nervös. Jeden Abend arbeiteten sie auf dem Pfeil, mit voller Hingabe. Aber gleichzeitig entfernte sich dieser Pfeil immer mehr von ihm. Wolshanski quälte sich damit, daß er im »Pfeil« irgend etwas verändern müsse. Aber was …? Das Hauptseil höher heben? Die Plattform …? Die Distanz verlängern? Letzteres ist unmöglich im Zirkus. Das Anheben der Plattform beschleunigen? Doch die Bewegungen der Seiltänzer waren gleitend, verlangsamt, als seien es lebende Skulpturen. Würde die Plattform sich aber zu schnell heben und senken, müßte alles andere lächerlich wirken, etwa wie die Bewegungen der Schauspieler in alten Stummfilmen. Wolshanski träumte von irgendwelchen seltenen Seilen, die sich bewegten, ihre Form veränderten, sich zum Kreis und dann wieder zu einer Ellipse vereinigten. Und alle schwebten sie in der Luft, entschwanden …

… Der Seilläufer geht direkt unter der Kuppel zwischen zwei Brücken. Von unten erscheint seine Figur als ganz winziges Wesen. Noch ein paar Schritte – und er beginnt mit den Drehungen ums Seil. Ohne jede Longe und mit sehr hoher Geschwindig-

Sprung von der Perche auf die Schultern des Untermannes

keit ... So etwas darf man nicht riskieren. Schließlich ist es das Leben ... Oder ist es hier doch Spiel? Doch der Mensch, der unten am Seiteneingang steht, schaut auf den Seilkünstler und weiß, daß es kein Spiel ist. Und schon gar nicht ähnelt es einem Spiel, wenn der Artist noch weitere Schritte machen wird. Nur einige Schritte noch ...

Wolshanski sagte, daß viele Tricks und sogar ganze Nummern

ihm im Traum erschienen seien, an die er sich nach dem Erwachen habe erinnern können. Als sie am »Pfeil« arbeiteten, fühlte Wolshanski bereits, daß da etwas nicht stimmte. Aber was ...? Er skizzierte verschiedene Konstruktionen von Seilen, horizontale und schräge und kreisförmige. Aber all dies war nicht das Richtige ... Er quälte sich, suchte nach einer Lösung, doch lange ohne Ergebnis. Die Erleuchtung kam im Traum. Er sah die Arena, sein Seil, seltsamerweise ohne Stützen, einfach an Trossen angehängt, und auf dem Seil befanden sich Marina, Marinotschka und Wolodja. Er selbst stand auf der ersten Brücke. Und plötzlich begann die andere Brücke sich an den Trossen langsam nach oben zu bewegen, immer höher und höher, bis das Seil aus einem horizontalen zum Schrägseil wurde. Die Brücke glitt nach oben, und Marina und die Kinder entfernten sich von ihm und wurden ganz klein. Sie winkten ihm mit den Händen wie aus dem Fenster eines Zuges.

»Wolodja!« schrie Marina, und die Brücke blieb stehen.

Und dann betrat er vorsichtig das Seil, als sei er nicht überzeugt von der Sicherheit dieser unerhörten Konstruktion. Er befürchtete, daß das Seil sich vom oberen Brückchen losreißen könnte. Er fing an, nach oben zu steigen ... Fast konnte er mit der Hand bereits die obere Brücke berühren, da fühlte er, daß ein Fuß abglitt und er immer schneller zur unteren Brücke sauste. Die drei oben blickten erstarrt nach unten auf ihn. Sie winkten ihm, und er begann erneut hochzusteigen. Und wieder zog es ihn unmittelbar vor der oberen Brücke hinunter. Er sah das Unverständnis auf den Gesichtern der Kinder. Sie streckten ihm die Hände entgegen. Er aber schüttelte den Kopf – nicht nötig, ich schaffe es selbst! Noch eine Anstrengung, und er war auf der Brücke. Er wandte sich um und blickte hinunter: Dort hing ganz winzig die untere Brücke, wie ein Schemel auf Spinnenfüßchen ... Und die obere Brücke erzitterte und begann erneut, sich höher zu bewegen. Und dann hoben sie alle vier die Arme und verbeugten sich vor dem leeren Zuschauerraum ...

»Marina«, rief Wolshanski nach dem Erwachen. »Mir scheint, ich habe es jetzt gefunden.«

»Was?« fragte Marina.

»Unser neues Seil!«

Aber er selbst verstand damals noch nicht, daß dies nicht einfach eine neue Nummer ist, sondern eine großartige Idee, die ihn nicht nur zum berühmten Seilkünstler, sondern zum Reformator eines ganzen Genres machen wird.

Es war ganz einfach – eine der kleinen Brücken würde bewegbar sein! Und das bewirkte einen echten Umschwung im alten Genre. Das Seil erzitterte, warf die Befestigung ab, erlangte Beweglichkeit. Das Hauptproblem hatte sich von selbst gelöst: Wolshanski gab dem Seil Höhe und Länge, ohne die er unter der Kuppel erstickte. Später zog er vom oberen Brückchen noch ein Seil im bestimmten Winkel zum ersteren – und schon hatte sich die Seillänge verdoppelt. Und den Zuschauern scheint es endlos zu sein, weil die Serie langsamer Aufstiege der Seiltänzer und ihr rasantes Hinabgleiten zum mittleren und unteren Brückchen die Illusion eines unendlichen Weges und Aufstiegs erwecken. Dazu die verschiedenen Rhythmen, unterschiedliche Bewegungsabläufe, und schon ist die Monotonie beseitigt, die ihm an den klassischen Seiltänzern so mißfiel.

Wolshanskis Seil, das ständig den Neigungswinkel verändert, sich immer höher hebt, scheint beseelt, ein lebendiger Partner zu sein, der immer neue Aufgaben meistert. Dabei ist es ein taktvoller Partner. Eine Sekunde lang steht es im Mittelpunkt des allgemeinen Interesses, während des Aufstiegs, danach verschwindet es unbemerkt. Wenn die Seiltänzer im Dunkeln gehen, nur vom Scheinwerferstrahl beleuchtet, bleibt das Seil unsichtbar, so, als schwebten sie durch die Luft. Und zwei, drei Seile im Winkel zueinander wecken den Eindruck, daß die Wolshanskis überhaupt nicht an die Linie des Seiles gebunden sind, daß sie den gesamten Kuppelraum beherrschen und im beliebigen Moment zur Seite treten und genauso leicht und natürlich ihren Weg zu den Sternen fortsetzen können.

Und wenn von der oberen Brücke ein weiteres Seil auftaucht, der Seiltänzer darauf zugeht und plötzlich beginnt, sich mit hoher Amplitude einzuschwingen (in diesem Augenblick hängt das Seil durch) – wird er anhalten können und nicht abstürzen, wenn das Seil sich wieder spannt? Wolshanskis Seil ist einfach und universal: Es kann ein gewöhnliches horizontales Seil sein, es kann schräg oder vertikal verlaufen, es kann frei hängen. Und daraus ergeben sich unbeschränkte Möglichkeiten für diverse Trickkompositionen. Schon die Apparatur als solche ist die Idee der Nummer.

Vor Wolshanski wurde der Kosmos im Zirkus durch den Start einer Rakete dargestellt, mit einigen flimmernden Lämpchen und schmetternder Fanfarenmusik, dazu einige Tricks mit imitierter Schwerelosigkeit. Wenn die Wolshanskis auftreten, haben die Zuschauer das Gefühl, als spielten sich die Ereignisse tatsächlich im Kosmos ab ... Gerade haben sie ihre Aufstiege und Abstiege beendet, im Halbdunkel verschwindet die untere Brücke, während von der oberen vier Seile als Strahlen unter verschiedenen Winkeln auslaufen. Jeder Strahl stützt sich auf eine winzige Plattform, die man wohl kaum betreten kann. Nur die schwach beleuchteten, gebeugten Figuren der Seiltänzer und die kleinen Plattformen sind sichtbar. Im Dunkeln kann man die Distanz zwischen ihnen schwer erkennen, und sie erscheinen wie weit entfernte, kleine Planeten. Doch die Menschen gehen zu diesen Planeten. Ihre Gestalten wirken einsam und im Raum verloren. Und ringsum Finsternis und Abgrundtiefe.

Die »Sternenläufer« gehörten zu den besten Attraktionen des sowjetischen Zirkus.

Vor der Abreise nach Südamerika hatte Wolshanski erfahren, daß sie in der Sporthalle auftreten würden, wo es eine große Höhe für die Aufhängevorrichtungen geben werde. Natürlich könnte man alles lassen, wie es war, aber einen so prächtigen Raum nicht auszunutzen – nein, das konnte er nicht. Sein Leben lang hatte er von gewaltigen Weiten unter der Kuppel geträumt, damit seine Seiltänzer wirken sollten, als schritten sie durch den Äther. Er war gewohnt, um jeden Zentimeter Höhe zu kämpfen. Und hier – zusätzliche 25 Meter für den Aufflug ... Vor der Abreise bestellte er ein 43 Meter langes Seil. Aber proben konnten sie zu Hause nirgends damit. Erst am Gastspielort, nur etliche Stunden vor der Premiere, konnten sie probieren.

»Und wie man uns hochgeschossen hat! Ich fliege und höre, wie ich aus vollem Halse schreie, und wie Marinka, die an der zweiten Trosse hochfliegt, aus aller Kraft kreischt. Wir blieben nur zehn Zentimeter unter der Kuppeldecke stehen! Hätte man uns noch schneller ›hochgeschossen‹ …! Als man uns herunter-ließ, sah ich – ich glaube zum ersten Mal –, daß Vater ganz bleich war.«

»Aber zur Premiere seid Ihr doch hochgeflogen?«

»Natürlich! Aber wieder schrien wir beide aus vollem Halse vor Angst. Es konnte uns aber niemand hören, das Orchester spielte sehr laut …«

Und wenn man fragen würde: Ist es schrecklich für euch, un-ter der Kuppel zu arbeiten? Aber so etwas fragt man nicht. Sel-ber reden sie nie darüber. Wenn etwas unter der Kuppel ge-schieht, erfolgt dies so blitzartig, daß der Artist keine Zeit hat, zu erschrecken. Shenja sagte es sogar einmal:

»Ich hatte keine Zeit, zu erschrecken …« Das war damals, als sie sah, wie ihr Mann und ihr Sohn, die an zwei parallelen Seilen kreisten, sich entgegenflogen. Das war der letzte Trick der Num-mer: Am höchsten Punkt ist das Seil so befestigt, daß der Artist fast mit dem Kopf die Kuppel berührt. Parallel darunter, etwa im Abstand einer Manneshöhe, verläuft das zweite Seil. Der Seil-tänzer hängt seine Sohlen an speziellen kleinen Stiften ans Seil (sie sind so winzig, daß man sie von unten nicht bemerken kann). Die Zuschauer sehen nur: Der Seiltänzer stürzt plötzlich kopf-über herab, beschreibt eine volle Umdrehung ums Seil und stürzt erneut herab, aber gleichzeitig ein Stück in Richtung zum Brück-chen. Auf diese Weise absolviert er mit seinen Umschwüngen den ganzen Weg von Brücke zu Brücke. Am zweiten Seil darun-ter wird das gleiche vom zweiten Seiltänzer durchgeführt. Die Schwierigkeit besteht darin, daß der eine von ihnen dem anderen ein kleines Stück voraus sein muß, damit sie nicht zusammen-prallen. Es muß genau berechnet werden, wie man sich während des Kreisens am Seil vorwärtsbewegen muß.

An jenem Abend hatte der Junge sich ein wenig versehen, und Shenja, die bereits in der Arena stand, sah, wie der Ehemann Wolodja und der Sohn Wolodja plötzlich absolut parallel zuein-ander an den Seilen waren und sich entgegenflogen. Im Bruch-teil einer Sekunde würden sie gegeneinander prallen. Dann wer-den keinerlei Stifte sie halten, und beide werden abstürzen …
Ein Bruchteil der Sekunde bis zur Katastrophe!

Aber in diesem Bruchteil der Sekunde sah Vater Wolodja, daß

der Junge einen Fehler gemacht hatte. Und mit übermenschlicher Anstrengung schaffte er es, seinen eigenen Körper vor dem Jungen ums Seil zu schwingen. Nur ein paar Zentimeter trennten sie voneinander. Shenja stand wie sonst auch in der Arena und hob die Hand zum Gruß. Sie begriff sehr wohl, was sich oben zugetragen hatte. Doch sie hatte nicht mal Zeit, ihre Pose zu verändern.

Wie immer erhielten die Wolshanskis stürmischen Applaus.

»Aber erschrocken war ich erst hinterher ...«, sagte sie.

Einmal, als ich sie besuche, geht Shenja in ihrer Moskauer Wohnung mit kleinen Schritten auf und ab, die Taille mit einem dicken Tuch umwunden.

»Was ist, hast du dich erkältet?«

»Ich – nein.«

»Aber was ist mit dir!«

»Nun, ich bin bei der Probe gestürzt.«

»Was heißt, bei der Probe? Dann arbeitet man doch mit Longen!«

»Ganz recht. Ich war auch an der Longe. Machte alles ruhig, überzeugt, daß unten der Assistent die Longe hält.«

»Und er?«

»Hielt ebenso ruhig und überlegt das Ende einer anderen Longe ...«

Ja, also das gibt es auch ...

»Aber warum liegst du denn nicht? Warum läufst du umher?«

»Gleich wird Mama zu Besuch kommen. Ich will sie nicht aufregen. Werde sagen, daß ich erkältet bin. Na ja, ich laufe schon die ganze Zeit. Würde ich liegen, dann würde es nachher schwierig sein, wieder in Form zu kommen. Wie würde ich dann arbeiten? Schließlich habe ich schon ein gewisses Alter ...«

Wolshanski hatte folgendes Prinzip: nur denjenigen aufs Seil zu lassen, der die Technik vollkommen beherrschte, selbstsicher war und sich nicht auf die Longe verließ. Eine Longe kann nur im kritischen Moment helfen, die übrige Zeit stört sie. Mit der Longe kann man keine Sprünge, keine schnellen Abfahrten, keine Umdrehungen vollführen. Sie würde sich um das Seil wikkeln und den Seiltänzer nur behindern. Der Untermann auf dem

Seil kann praktisch die Longe überhaupt nicht benutzen, und dem Obermann ist sie in vielen Fällen ein Hindernis. Und vielleicht könnte es sogar so sein: je weniger Sicherheitstechnik, desto weniger Gefahr? Paradox, aber nicht unvernünftig. Alles hängt von den Tricks ab. Für manche ist die Longe unerläßlich, für andere unnötig, für die dritten wirkt sie störend.

»Prometheus« und »Ikarus«

»Prometheus« hatte schon Anerkennung und Ovationen geerntet. Doch Ruhe fand Wolshanski nicht. »Ich meine, die Arbeit beginnt erst. Unser Prometheus ist zu einfach. Es gibt nur das Symbol, nur den Namen. Keine Tragödie, keinen Genius, keine Leiden. Und alle Beziehungen zu Zeus und den anderen Göttern – bei uns fehlen sie … Ist denn der Zirkus tatsächlich nicht fähig, ein Drama aufzuführen, ein echtes, großes? … Oder bin ich so unbegabt?«

»Das Publikum ist aber von ›Prometheus‹ begeistert!«

»Nun ja, ich kann nicht behaupten, daß Applaus nicht angenehm wäre. Vielleicht gibt es ihn aber nur, weil die Zuschauer im Zirkus nichts Interessantes erwartet hatten, und auf einmal – so ein Schauspiel. Die Kompensation für die Geistlosigkeit anderer Programme? Und jetzt freuen sie sich.«

»Wladimir Alexandrowitsch, welch eine Stimmung!«

»›Prometheus‹ muß anders werden, das ist es … muß ohne jegliche Vorbehalte Begeisterung hervorrufen, muß viel komplizierter sein, aus zwei Teilen bestehen. Auch Zeus wird auftauchen und die Kräfte des Bösen. Und ein Adler muß über den Felsen fliegen. Und unbedingt muß der Knabe Ikarus über dem Meer fliegen … Ich weiß, wie das technisch zu machen ist. Aufflüge – direkt aus der Manege vertikal nach oben, wie aus einem Katapult!«

»Nun ja, der Effekt wird gut sein, aber lohnt es sich, ein ganzes Stück zu machen?«

Jetzt wartet er, daß man ihm zustimmen möge, um es sofort in Angriff zu nehmen. Mal treibt er an, mal zögert er die konkrete Arbeit am neuen Stück hinaus. Nur wenn er endgültig beschließen wird, es zu machen, wird er sich beeilen. Obwohl er die Skizzen für den Ikarus schon bestellt hat.

Ein derart günstiger Verlauf seines Schaffens – und doch wurden die meisten Ideen nicht realisiert. Er konnte sich schnell eine Nummer ausdenken. Aber er brauchte nur jemandem seine Idee zu verraten, sie anzupreisen, dann begann bereits für ihn der lange Weg durch die Instanzen. Und da hört die Kunst auf, und es beginnt das Schicksal.

Alles war einfach, als er Solonummern probierte, oder als sie das Seil im Hof des Woronescher Zirkus aufhängten und die Administration beobachtete, wie das wohl enden würde. Für »Prometheus« werden Leute gebraucht, Kostüme, Beleuchtungstechnik. Und damit beginnen die Laufereien zu Regisseuren und Bühnenbildnern.

»Wolodja, bist du sicher, daß man es machen soll? Schon so ist doch alles gut. Sieh zu, daß du nichts verdirbst ...«

Und als alles beschlossen und entschieden ist, folgt die Lauferei zu Herstellerbetrieben mit Bitten, Überzeugungsarbeit, denn dort haben sie ihren eigenen Plan, und die Aufträge des Zirkus stehen an letzter Stelle.

Doch als schließlich alles fertig war, hatte Wolshanski sich schon wieder etwas Neues ausgedacht.

»Was meinst du, wird es gelingen?«

Proben auf dem Seil standen bevor. Die Phantasie flog zu neuen Ufern. Doch bei den Vorarbeiten dachte er schon: Wie wird man es aufnehmen ... Er setzte jetzt alles nur auf Tricks. Ein Zirkus der Rekorde sollte es werden. Er dachte sich phantastische, unausführbare Tricks aus, an die niemand glaubte, bis man sie in der Ausführung seiner Seiltänzergruppe sehen konnte.

Jahre der Suche. Bei den Tricks – in der Akrobatik, Äquilibristik, auf dem Seil – wollte Wladimir Alexandrowitsch immer das Maximum der menschlichen Möglichkeiten ergründen. Er brachte Neuerungen in die Apparatur ein. Später verzichtete er auf komplizierte Apparatur und gekünstelte Tricks. Aus seinen Nummern verschwanden Rohrkonstruktionen, Pfeilausleger. Das alles verschwand, nachdem er sein Universalseil erfunden hatte.

Die Vermutung Wolshanskis, daß man bewegliche Brücken machen könnte, erwies sich als Goldgrube für die Seiltänzer und vor allem für ihn selbst. So ein Seil wird steiler und steiler, die Distanz verändert sich vor den Augen der Zuschauer. Am schwierigsten ist es für Seilkünstler, die Distanz zu überwinden. Und mehrere Seile im Winkel zueinander würden die Strecke erheblich verlängern. Und die Hauptsache – die Truppe könnte den gesamten Raum unter der Kuppel beherrschen! Von Trick zu Trick, von Nummer zu Nummer überschritten die Wolshanskis die unsichtbare Grenze, die hohe Meisterschaft von Kunst trennt. Sie hatten bereits begonnen, nur in Tricks zu denken. In der Regel erfassen Menschen mit reicher Intuition besonders klar eine bestimmte Zeitetappe, ihren Charakter, ihren Stil. In dieser Zeit geben sie fehlerlos ihr Bestes, das nämlich, was ihnen Anerkennung und Erfolg sichert. Doch diese Periode geht zu Ende, und der Mensch hört – ohne es zu merken – auf, den Rhythmus der Zeit zu spüren.

Ihm scheint es, als sei alles richtig bei ihm, alles in Ordnung. Aber andere sehen, daß er müde und altmodisch geworden ist. Im Zirkus macht ein Meister sich oft an eine neue Nummer, versichert allen Kollegen, daß sie großartig sein wird, daß es nie derartiges gegeben habe. Aber am Tage der Premiere erkennt das Publikum klar: Dieses Neue ist hoffnungslos veraltet.

Jedes Mal hatte sein erstaunliches Gespür Wolshanski zugeflüstert, was eben jetzt wichtig ist, worin das Wesen der Zeit besteht, welche Gestalten dem Zuschauer heute am nächsten sind. Sein Gespür, diese seltene Gabe, hat ihn niemals betrogen. In den dreißiger und vierziger Jahren war in seinen Nummern die Rekordsucht, das Monumentale vorherrschend. Aber die Seilnummer der sechziger Jahre ist geprägt von Menschlichkeit und Aufrichtigkeit. Alles ist leicht, ansprechend, schön. Keine komplizierte Apparatur im Vordergrund, sondern der Mensch. Die Bewegungen der Seiltänzer sind einfach und natürlich, obwohl sie viel ballettartige Schönheit enthalten. Im Jahre 1972, als die »Sternenläufer« auf den Plan traten, klang das kosmische Thema im Zirkus in reinen, hohen Tönen. Menschen im Kosmos, das ist schwere Arbeit und Müdigkeit, endlose Einsamkeit in einer gewaltigen und lautlosen Leere – und nicht nur siegreiche Flüge und Siegesmärsche über dem roten Läufer des Kosmodroms, wie es vorangegangene Luftakrobaten demonstriert hatten. Er hätte mit seinen »Sternenläufern« noch und noch arbeiten können, aber schon brannten neue Ideen in ihm: sein Stück »Prometheus«, vom Gott, der den Menschen das Feuer bringt, bis zu den Menschen, die den Göttern ähnlich wurden. Er zog das dünne Fädchen seines Seiles durch Epochen und Jahrhunderte, und über dieses Fädchen gehen Menschen auf immer komplizierteren Wegen, mit ihren Problemen, ihrer Kraft und – ihrer Hilflosigkeit.

In den dreißiger Jahren hatte Wladimir Alexandrowitsch Wolshanski mit gewöhnlichen akrobatischen Nummern begonnen und sich nach und nach im Zirkus mehr den Problemen des menschlichen Lebens zugewandt. Vom Blick nach unten, zum Erdboden, vom unergründlichen Sein hob er die Blicke der Menschen im Zirkus zu den Sternen ...

»Es tut weh, Marina! Oh, diese Schmerzen ...«

Er öffnete die Augen. Die Tochter saß noch immer am Bett des Vaters. Er hatte also lautlos geschrien ... nur im Innern.

»Nun, was ist, Vater?«

»Was soll sein. Ich habe prächtig geschlafen. Und du geh jetzt nach Hause. Sage der Mutter, daß ich mich wunderbar fühle, sie soll nicht kommen, soll sich ein wenig ausruhen. Sie fühlt sich ohnehin nicht sonderlich.«

»Gut, gut, Papa. Dann bis morgen ...«

Sie ging.

Wenn man bloß wüßte, in welchem Moment die Krankheit ihn heimlich und gemein überfallen hatte? Während der letzten Gastspiele in Südamerika war er schon krank gewesen ... Er hielt aus, hoffte, zu Hause würde es besser werden. Vielleicht, wenn er nicht immerzu hin und her gereist wäre, könnte alles anders geworden sein ...? »Der ›Ikarus‹ muß dringend herausgebracht werden ... Noch ist die Apparatur nicht ganz fertig, die Kostüme ... Zum Zeitpunkt, wenn alles fertig sein wird, muß ich aus dem Krankenhaus verschwinden ... Um alles in der Welt muß das Werk vollendet werden ...

Es tut so weh, so weh. Marina weiß es vielleicht noch gar nicht. Die Kinder werden es ihr nicht sagen. Doch, wer weiß – mir sagen sie ja nichts ...«

Wahrscheinlich wäre es am besten, hier den Schlußstrich zu ziehen, die Erzählung vom Seiltänzer zu beenden, nichts hinzuzufügen.

Nur daß der junge »d'Artagnan« – Wolodja der Jüngere – zur Armee gegangen ist, und der Vater nicht wußte, wer an seiner Statt die Rolle des Ikarus spielen würde ...

daß Mascha schon ganz erwachsen geworden ist ...

und daß er sein höchstes Brückchen erreicht hatte, noch höher und höher stieg und dann – unseren Augen entschwand ...

Aber sie erheben sich weiterhin Abend für Abend hoch unter die Kuppel, und die Menschen im Zuschauerraum verfolgen atemlos, wie sie zu den Sternen schreiten.

Rudi Weisheit

Auf dem Seil –
die Geschwister Weisheit

Nach Tonbandprotokollen aufgezeichnet
von Dietmar Winkler

Friedrich Wilhelm Weisheit und Maria Traber

Der Stammvater der Seiltänzerdynastie Weisheit war Friedrich Wilhelm Weisheit (13. 8. 1875 Zella Mehlis – 3. 7. 1956 Roßla). Friedrich Wilhelm war kein Artist, er und seine Brüder hatten bürgerliche Berufe – Friedrich Wilhelm war gelernter Büchsenmacher –, doch in ihrer Freizeit betätigten sie sich als Sportakrobaten, eine zur damaligen Zeit beliebte Sportart. Das brachte auch Auftritte auf allen möglichen Veranstaltungen, Festen, Kirmissen mit sich, und eines Tages schloß sich der Bruder Christian einer Arena an. Friedrich Wilhelm folgte ihm, und dort lernte er Maria Traber (7.8.1878 Wolfershausen – 7.1.1948 Roßla) kennen. Maria Traber entstammte einer uralten Artistenfamilie, deren Herkunft sich im Dunkel früher Jahrhunderte verliert. Das berüchtigte bayrische »Zigeunerbuch« von 1905 zählt eine Vielzahl Trabers auf, die eng mit der Seiltänzer- und Komödiantensippe Stey verwandt sind. Eine Barbara Stey wird dort als die »alte Traberin« aufgeführt. Friedrich Wilhelm und Maria hatten fünf Söhne, die alle die damals übliche Ausbildung in der Familie erhielten: Hoch- und Tanzseil, Parterreakrobatik, Clownerie, Musik. Einer der Lehrmeister war der Bruder Marias, August Traber. 1901 machten sich die Eheleute selbständig und gründeten eine eigene Arena. Der älteste Sohn Ernst übernahm 1922 das elterliche Geschäft, er baute nach 1945 in der DDR die »Luftpiloten« auf. Der zweitälteste Sohn Karl Alois reiste mit einem eigenen Zirkus, er heiratete Hilde Probst, eine Tante von Rudolf Probst. Sein Kleinzirkus Karl Weisheit bestand in der DDR bis 1953, dann ging er in die BRD. Von seinen Kindern waren bzw. sind noch als Artisten tätig: Irma (Frau von Helmut Rudat, ehemalige Schulreiterin), Horst (Pudeldressur), Manfred (Cowboy-Akt) und Lothar, der in der BRD mit dem Kleinzirkus Mustang reist. Der drittälteste Sohn August fiel 1943 im faschistischen Krieg im Alter von 39 Jahren. Der jüngste Sohn Otto betrieb in der DDR die Ottero-Arenaschau, seine Kinder sind zumeist als Schausteller tätig.

Lorenz Weisheit (4.3.1908 Enkirch – 4.9.1984 Gotha) trennte sich 1930 von seinen Eltern, um eine eigene Arenaschau zu gründen. Seine Ehefrau Luise (geb. 5.2.1909 Silz) kam ebenfalls aus einer Komödiantenfamilie, ihre Eltern Michel hatten ein reisendes Theater betrieben.

Lorenz und Luise Weisheit hatten acht Kinder, die alle im elterlichen Geschäft tätig wurden (drei weitere starben kurz nach der Geburt).

Man reiste mit einem kleinen Arenaprogramm, Hochseil war natürlich dabei, im Winter wurden auch in Gasthöfen Theaterstücke aufgeführt.

Nach dem Krieg begann Lorenz Weisheit neu, zuerst wieder als Arena, dann gründete er 1949 den kleinen Zirkus »Luxor«, der allerdings nur bis 1955 bestand, danach stieg man wieder auf das Hochseil um. Lorenz Weisheit hatte in der geschäftlichen Führung seines Unternehmens eine wenig glückliche Hand, so daß die fünfziger und sechziger Jahre von großen Schwierigkeiten für alle Familienangehörigen geprägt waren. Zeitweise reiste man auch mit Lorenz' Bruder Ernst zusammen. Dann kam 1963 der Altmeister der Hochseilkunst Camilio Mayer zur Truppe, der den Kindern viel für ihre Arbeit vermitteln konnte. 1960 wurde im Stahl- und Walzwerk Riesa ein 50 m hoher Stahlgittermast gefertigt, 1966 kam das erste Motorrad in die Schau, und 1970 entstand schließlich eine Weltsensation: die Sieben-Mann-Pyramide, die leider nur wenige Jahre gezeigt werden konnte.

Nach und nach schieden Kinder aus der Truppe aus, zuerst Sybilla (heute Schaustellerin in der BRD), dann Otto und Hilde (beide heirateten in die Zirkusfamilie Frank, sie betreiben heute in der BRD kleine Zirkusse), dann Karl, er wurde Schausteller, und zuletzt, 1982, die jüngste, Ingrid, sie ging ebenfalls ins Schaustellergeschäft.

1973 übernahm Rudi Weisheit (geb.14.10.1942 Leipzig) die Leitung der Truppe, und nun ging es langsam, Schritt für Schritt, aufwärts. Zuerst mußten – über Jahre – die Steuerverpflichtungen des Vaters getilgt werden, es wurden neue Geräte und Wagen angeschafft, das Image aufgebaut, ab 1977 arbeitete man mit drei Motorrädern, und heute sind die »Geschwister Weisheit« das führende Ensemble in der DDR. Gegenwärtig gehören zur Truppe neben Truppenchef Rudi Weisheit seine Ehefrau Edeltraud, sein Bruder Heinz-Georg mit Ehefrau Erika, die Schwester Marlis-Luise mit Ehemann Peter, und es arbeiten bereits Rudis Kinder Peter-Mario mit seiner Ehefrau Heike, André und Kathrin, Heinz-Georgs Töchter Verinia, Katharina und Carola und Marlies' Sohn Enrico auf dem Seil mit.

Höhepunkte der erfolgreichen Arbeit der Truppe waren bisher die Auszeichnungen mit dem Ehrendiplom des Ministers für Kultur auf dem V. Interpretenwettbewerb der Unterhaltungskunst in Karl-Marx-Stadt 1980, mit dem Diplom der VI. Leistungsschau der Unterhaltungskunst 1983 in Magdeburg und Rudi Weisheits Auszeichnungen mit der Kurt-Barthel-Medaille 1983 und als höchste Anerkennung mit dem Kunstpreis der DDR 1984.

Das Programm der Truppe ist außerordentlich vielfältig. So werden auf dem Hochseil alle wesentlichen Tricks gezeigt, wie Fächerlauf, Stuhlstehen, Dreierpyramide, bis hin zu den Spitzentricks, wie die Dreier-Fahrrad- und die Fahrrad-Spagat-Pyramide und die Fünf-Mann-Pyramide oder das Steigerrad- und Stangenradfahren. Dazu kommen als lustige Einlagen Rudis Eierkuchenbacken auf dem Seil und das Übertragen zweier Mädchen aus dem Publikum.

Peter-Mario, André und Heike laufen Schrägseil und führen das Übersteigen in der Mitte des Seiles vor.

Die »Geschwister Weisheit« arbeiten als einzige Truppe mit

drei Motorrädern, zu diesem Programmteil gehören u. a. Freistand auf dem Motorrad, die Handstandfahrt, die große Motorradpyramide, ein Verfolgungsrennen in der Luft sowie der Looping. Höhepunkt der Vorstellungen ist zweifellos die Arbeit am Stahlmast, hier zeigen Peter-Mario und André Handstand, Kopfstand, Absteher, Fahne, Freistand und als Abschluß ein Trompetensolo von der Mastspitze.

Oft werden die »Geschwister Weisheit« zur Mitwirkung an historischen Veranstaltungen herangezogen, bei denen sie in entsprechenden Kostümen übers Seil laufen, so in Erfurt beim Krämerbrückenfest oder zur ICOMOS-Tagung in Moritzburg, wo ein Schrägseil zwischen zwei Türme gespannt war, oder sie wirken bei Filmaufnahmen mit, so bei »Wilhelm Meister« oder 1986 bei Aufnahmen zu »Kindheit« vor der Marienkirche in Krakow.

Auslandseinsätze führten die Truppe zum Pressefest der »Tribuna Ludu« nach Warschau, nach Österreich und auf eine längere Tournee durch die Volksrepublik Polen.

Ein Ausruhen auf den Lorbeeren gibt es nicht, die nachrückende fünfte Generation kann neue Tricks ins Programm aufnehmen, die Siebener-Pyramide ist nach wie vor Traumziel, und schon ist die fünfte Generation im Anmarsch ...

Zirkus Luxor

Meine früheste Erinnerung reicht in die Zeit, als Vater einen Zirkus gehabt hat, den Zirkus Luxor. Es war ein Familiengeschäft, da hab ich als Kind in der Manege mitgemacht. Ich habe den Ziegenbock vorgeführt. Der Zirkus besaß ein 18-Meter-Chapiteau, das hatte Vater 1949 von Max Probst gekauft, zeitweise hatten wir bis zu 20 Pferde, andere Tiere gar nicht, nur noch ein paar dressierte Ziegen. Der Vater hat vorgeführt, wie ich mich erinnern kann, war es sehr eindrucksvoll, im schwarzen Frack ...

Mit unseren Pferden haben wir die damaligen Standardtricks geboten: Sitzen, Liegen, das Rechenpferd oder Kratzpferd. Wir hatten einen guten Totlieger und einen Steiger, das war ein blinder Hengst, ein Rappe, ein sehr schönes Tier. Im Programm waren noch Luftakrobatik, Trapez, Perche, Hängeperche. Es waren keine Supernummern, aber zu der damaligen Zeit waren wir froh, daß wir überhaupt ein Programm zusammenstellen konnten. Die Dressuren waren nicht schlecht. Ich habe auch andere Zirkusse jener Zeit gesehen, die hatten die gleichen Dressuren wie wir. Unsere Pferde waren sogar schöne Tiere, nicht solche Senkrücken, wie manche hatten. Mitgebracht haben wir vielleicht zwölf bis vierzehn Wagen, wir hatten auch noch ein paar Leute engagiert, der Hansi Laubinger war bei uns Parterrespringer und sein Bruder Rudi der Clown.

Wir haben meist in größeren Dörfern gespielt, selten mal in einer Stadt, es war ja auch schwer, alles haben meine Brüder selber gemacht, ich war da noch ziemlich klein. Wir haben in der Woche einen Platz, höchstens mal zwei Plätze bespielt, wir hatten ja kaum Zugmaschinen.

Doch in diesen Tagen hat jeder sein Geld verdient, der Zirkus war immer gut besucht, ich weiß nicht, wie viele reingingen, ich schätze, es waren so 800 Plätze, na ja, immer halb- bis dreiviertelvoll, nachmittags war meist voll. Geschäftlich haben wir uns recht und schlecht durchgeschlagen. Ich war wie gesagt ziemlich jung, hatte wenig Einblick, es hat mich auch wenig interessiert, satt geworden sind wir immer.

Wenn die Saison vorbeigewesen ist – wir haben relativ zeitig angefangen, aber auch lange gespielt in den Herbst rein –, sind

Die Hochseiltruppe von Friedrich Wilhelm Weisheit

wir da stehengeblieben, wo wir gerade zuletzt gespielt haben. Wir haben uns ein Winterquartier gesucht, meistens einen Bauernhof oder so was, wo wir die Fahrzeuge einstellen konnten, vor allem, wo unsere Pferde und Ziegen einen Stall hatten. Doch im Winter hat der Verdienst vom Sommer natürlich nicht gereicht, es mußte also was in die Kasse kommen. Da haben wir ein kleines Varietéprogramm auf die Beine gestellt, mit anschließender Musik. Das war ja damals immer so, jede Komödiantenfamilie konnte etwas musizieren, das machen wir heute noch als Hobby, und da haben wir also ein bißchen Varieté gemacht mit Rolle und Stuhlpyramide und Lawinensturz und was damals die gängigen Nummern waren, dann noch den dressierten Ziegenbock. So eine Stunde etwa dauerte das Programm, anschließend haben wir dann Blasmusik gemacht, so haben wir uns über den Winter gebracht.

Ich kann mich noch entsinnen, 1949, es gab keine LKWs und nichts, und wir sind mit dem Pferdewagen, Plane drauf, gefahren. Die Säle waren kalt, Heizmaterial gab es nicht. In diesem Jahr habe ich im Saal das erste Mal den August gemacht, da war ich sieben Jahre. Solche Reprisen und Entrees wie der »Sprechapparat«, »Bienchen, gib mir Honig«, die hatten wir drauf. Meine große Schwester hat Lawinensturz gearbeitet und Kautschuk und der Otto die Stuhlbalance und die Rolle, zusammen mit der Hilde. Unsere ganze Familie war daran beteiligt, es hat den Leuten auch gut gefallen, es war mehr ein Kinderprogramm, wir waren ja viele Kinder, die ältesten Brüder waren auch erst mal 17 und 18, die ganze Familie machte Musik, und so kamen wir eben über den Winter.

Mein Vater hatte in Roßla ein Wohnhaus, aber 1949 oder 1950 sind wir von dort weg und waren von da ab nirgendwo mehr richtig seßhaft. Eine Zeitlang haben wir auch im Rondell gespielt, also nur eine Rundleinwand aufgebaut, da haben wir auch zeitweise Pferde mit vorgeführt. 1952 oder 1953 habe ich mit dem Heino rotierende Leiter im Chapiteau gearbeitet. Der Heino sollte einen Stuhl auf die eine Seite der Leiter stellen. Ich war auf der anderen Seite, ich habe balanciert, und Heino sollte auf den Stuhl hochklettern. Er hatte wohl ein wenig Angst, und da ist der Stuhl heruntergefallen. Wenn so etwas nicht klappte, konnte mein Vater ganz schön wütend werden, und er hat auch schon mal mit der Peitsche zugelangt.

Im Chapiteau habe ich dann auch noch mit dem Karl den August gemacht und mit ihm am Doppeltrapez gearbeitet, Karl als Obermann und ich unten.

Wir haben auch einen Ziegenbock gehabt, Trollmann, das war ein ganz böses Vieh. Er hat gleich jeden umgeboxt, der ihm zu nahe kam. Wir hatten ja kein Stallzelt, und so mußten wir, wenn wir in ein Dorf gekommen sind, die Pferde meist in Scheunen unterstellen. Karl, mein Bruder, spielte gern einen Schabernack. Er hat sich die größten Jungs im Dorf ausgesucht, zwei Mann, die mußten den Ziegenbock festhalten. Er hat gesagt: »Jungs, ihr bleibt mit der Ziege so lange, bis ihr uns nicht mehr seht, dann kommt ihr erst hinterher.« Aber der Ziegenbock war nur so lange ruhig, wie er noch einen Pferdeschwanz gesehen hat. Waren die Pferde weg, hat er einen lauten Bläker von sich gegeben und ist los, da konnten sich vier Mann dranhängen, die hat er alle umgerissen, und die Jungs hat er auf dem Bauch durch den Schlamm gezogen, die Dorfstraßen waren damals meist voller Schlamm!

Einmal haben wir in Mücheln gestanden. Da hat der Vater

Die Weisheits um 1933

den Viererzug geprobt in der Manege. Ich war noch klein, es war Anfang der fünfziger Jahre. Da mußte ich im Sattelgang stehen, damit die Gäule nicht aus dem Zirkus rausrennen. Wir hatten eine Stute, Arabeska, noch recht jung, vor der hatte ich immer Angst, weil sie so wild war. Ich stand also da, auf einmal dreht sich das Biest um – ich habe gerade woanders hingeschaut – und schlägt mir mit beiden Hufen vor den Brustkasten. Ich bin aus dem Sattelgang rausgeflogen bis draußen vors Zelt.

Vor den Vorstellungen haben wir immer selbst Musik gemacht. Der Vater Trompete, Otto Trompete, der Karl Tenorhorn, die Hilde die große Pauke, und meine Mutter hat den Baß geblasen und auch Tenorhorn. Ich habe das kleine Horn geblasen. Blasmusik vor dem Zirkus, das war Einlaßmusik. Während der Vorstellung konnten wir nicht selbst Musik machen, und für Musiker hat es nicht gereicht, so haben wir einen Plattenspieler gehabt. Ich mußte immer Platten auflegen und stand, als kleiner Clown kostümiert, im Sattelgang. Einmal wollte ich gerade eine latte auflegen, da tritt eine Stute, ein richtig schweres Pferd, rüber und mir auf den Fuß. Und da blieb sie stehen! Ich konnte doch nicht schreien! Ich sollte die Platten auflegen. Drin hat der Vater im Frack angesagt, das Publikum begrüßt. Und ich stand hier und der Gaul auf meinem Fuß. Ich habe den Schmerz verbissen und gegen das Tier gestoßen, aber das ging nicht rüber. Nach der Ansage mußte das Pferd ja in die Manege, also half nur, schnell die Platte auflegen, und das Pferd lief los. Ich habe tagelang einen dicken, blauen Fuß gehabt. Wie mein Vater den Umgang mit Pferden gelernt hat, weiß ich nicht. So weit ich zurückdenken kann, hatten wir Pferde. Früher wurden ja die Wagen von Pferden gezogen. Und wohl oder übel haben die Pferde auch in der Arena arbeiten müssen. Schon der Großvater hatte mit Pferden zu tun. Früher konnte man ohne Pferde nicht auskommen. Ein bißchen Talent zur Dressur war also schon drin.

Zum Teil haben wir auch noch die kleinen Wagen mit den Pferden gezogen, die Wohnwagen wurden meist von der MAS gefahren. Später hatten wir einen kleinen Lanz-Bulldog, aber richtige Fahrzeuge haben wir damals eigentlich nie gehabt.

Manchmal kamen wir gar nicht von einem Dorf zum anderen. Wenn große Hitze war, sind die Eisenreifen von den Rädern heruntergefallen, da mußten wir anhalten, die Räder abmachen, zum Dorfschmied gehen, die Reifen wieder aufziehen lassen. Wenn wir auf dem Platz standen und die Sonne hat zu stark geschienen, haben wir die Räder abgemacht. War ein Bach oder Fluß in der Nähe, haben wir sie hineingelegt, damit sie wieder quellen und die Reifen dann halten.

Mein Vater war ein richtiger Seiltänzer, er ist auf der Reise geboren. Ich selbst habe ihn nie auf dem Hochseil arbeiten gesehen, ich kenne seine Arbeit auf dem Seil nur von alten Fotos. Meinen größeren Brüdern hat er das Seillaufen aber noch selbst beigebracht. Als wir wieder vom Zirkus zur Seiltänzerei übergingen, war er dann doch schon zu alt fürs Seil. Ich selbst kam am 14. Oktober 1942 in Leipzig auf die Welt, da stand die Familie schon im Winterquartier, der Vater war bei der Wehrmacht, es war ja Krieg, und die meisten waren eingezogen. Ich glaube, 1944 sind wir weg wegen der Bombenangriffe, es war zu gefährlich in Leipzig. So sind wir nach Whyra gekommen, und gleich als der Vater vom Militär wiederkam, haben wir wieder angefangen zu spielen, zuerst mit einer Arena, da hatten wir noch keinen Zirkus. Da wurde unter freiem Himmel gespielt, Trapez, Doppeltrapez, Hochseil, sieben Meter hoch, Vater, Mutter, Sybilla, die äl-

Zirkus Luxor

teren Brüder. Meine älteste Schwester ist die Sybilla, sie ist 1930 geboren, dann kommt der älteste Bruder, Otto, der ist am 1. Mai 1933 geboren, dann der Karl, der wurde an 29. Juli 1935 geboren, dann die Hilde, geboren am 23. November 1940, dann ich, dann der Heinz-Georg – wir nennen ihn alle nur Heino –, der ist am 1. März 1944 geboren, und dann kommt die Marlies, die wurde am 6. Mai 1945 geboren. Die Ingrid, die am 5. Mai 1953 geboren wurde, war sozusagen ein Nachzügler. Drei weitere Geschwister sind kurz nach der Geburt gestorben.

Mein Vater Lorenz Weisheit hat noch vier Brüder gehabt, den Ernst, dann den Otto, der hat in den fünfziger Jahren auch eine eigene Truppe gehabt, den Karl Alois, der hatte einen Zirkus, und den August, der ist 1943 gefallen.

Meine Großmutter war eine geborene Traber. 1900 haben die Weisheits angefangen mit der Artistik, sie waren eigentlich Handwerker, mein Großvater war Büchsenmacher, aber durch die Heirat mit der Maria Traber ist er ein Fahrender geworden.

Die Weisheits stammen alle aus Zella-Mehlis. 1914 sind sie von dort auf Tournee gegangen, da hat sie der 1. Weltkrieg überrascht in Roßla am Harz. Der Großvater mußte ins Feld einrücken, wie das damals hieß, und da stand die Großmutter mit ihren fünf Kindern alleine, zuerst wohnten sie in ihren Wohnwagen, später hat sie von den Ortsgewaltigen ein kleines Häuschen zur Verfügung gestellt bekommen, wo sie mit den Kindern unterkommen konnte. Dann ist der Großvater aus dem Krieg wiedergekommen, er hat das Haus irgendwie gekauft, so sind wir Weisheits in Roßla, Promenade Nr. 79, seßhaft geworden, von 1914 bis 1949. Dadurch sind wir meist im damaligen Sachsen-Anhalt und in Thüringen gereist. Wenn das Leben auch nicht einfach war und wir zu tun hatten, uns durchzuschlagen, so war es doch auch eine schöne Zeit in der großen Familie. Und dann kam ein besonders für uns Kinder schreckliches Erlebnis:

Eines Nachts, wir standen gerade in Aken, wurde unser ganzes Gelände umstellt, richtig so, wie es in Kriminalfilmen gezeigt wird, der Vater wurde rausgeholt ... aber warum und weshalb, das habe ich damals alles nicht mitgekriegt. Ich weiß nur vom Erzählen, daß Sybillas Mann Otto Kurth – er ist wohl 1964 verstorben – irgendeine Anzeige gemacht hat mit zum Teil völlig erfundenen Anschuldigungen. Das hatte familiäre Gründe, war ein Racheakt. Dem ist man nachgegangen, aber das einzige, was gestimmt hat, war, daß Vater zwei oder drei Marmeladeneimer voll Groschen, Pfennige und Fünfer hatte, das ganze Wechselgeld, das hat er immer im Laufe des Winters gerollt und von dem Geld Futter gekauft. Er wollte es nicht zur Bank bringen, das war sein Fehler. Kleingeldhortung hieß das dann. Es waren auch Steuerschulden entstanden, die Geschäfte liefen nicht immer gut, und die Steuerschulden sind statt weniger immer mehr geworden. Die ganze Buchführung hat er nicht richtig bewältigt, es war da sicher alles sehr durcheinander.

Der Rat des Kreises Sangerhausen an das Ministerium für Kultur:
»Lorenz Weisheit ist am 29.10.1952 auf Grund einer Anzeige seines Schwiegersohnes Kurth durch den Steuerfahndungsdienst Aschersleben und Bernburg aufgegriffen worden. Die Anzeige lautete auf Steuerhinterziehung, Unterschlagung und Geldhortung ...«

Lorenz Weisheits Truppe um 1950

Bericht des Rates des Kreises Bernburg, Abt. Finanzen, Unterabt. Abgaben – Fahndung, vom 5. 11. 1952
»... Der Steuerpflichtige ist von Beruf Artist, als solcher gründete er bereits vor dem Krieg ein Zirkusunternehmen. Nach dem Umbruch nahm er diesen Betrieb wieder auf. Zum Teil nahm er auch Kräfte in seinen Betrieb auf, die mit einem Drittel der Einnahmen beteiligt wurden. Zudem sind drei Familienmitglieder und ein ungelernter Arbeiter tätig. Das Unternehmen besteht aus 9 geschlossenen Wohnwagen, 4 offenen Gerätewagen, 8 Pferden und 3 Fohlen und zwei Stück Kleinvieh. In Rossla a/Harz besitzt der Steuerpflichtige nach seinen Angaben ein eigenes Wohngrundstück ...
Im Rahmen der Vorermittlungen wurde am 29. 10. 1952, zufolge einer Anzeige der augenblickliche Aufenthalt des Zirkusses ermittelt. In den Abendstunden wurden die Ermittlungen, die sich über die ganze Nacht erstreckten, fortgesetzt. Gegen 24 Uhr wurde der Hauptteil des Unternehmens in Aken a. Elbe festgestellt, während der Rest des Betriebes noch in Bernburg verblieben war ...«

Wir lernen die Arbeit auf dem Seil

Jedenfalls wurde dann das Material unseres kleinen Zirkus an landwirtschaftliche Betriebe überführt, die Pferde kamen zu Bauern, auch ein paar Wagen.

Wir hatten nur noch einige Wohnwagen, kleine Kisten von 4½ Metern Länge. Alles andere war weg.

Im Winter haben wir dann in Aken gespielt, Bühnenschauen gemacht, wir sind auch als Straßenmusikanten aufgetreten, und so haben wir recht und schlecht den Winter überstanden.

Im Frühjahr 1953 haben wir dann wieder angefangen mit einer Arena, wir hatten dazu die Genehmigung gekriegt, das Programm wurde abgenommen, mit einigen Auflagen zwar, aber wir waren erst mal wieder im Kommen. Mit Nichts haben wir angefangen, kein richtiges Drahtseil, kaum Requisiten, so standen wir da. Wir haben eine kleine Bühne gebaut, eine Sitzeinrichtung aus Brettern und Balken konstruiert, für das Trapez ein Gerüst gebaut, dazu das Seil in sieben Meter Höhe, so standen wir in Aken auf dem Marktplatz. Von dort sind wir nach Straußfurt, in die Thüringer Gegend, gekommen, und dort habe ich im Mai das erste Mal auf dem Mast gearbeitet, einem zwölf Meter hohen Holzmast. 1954 sind wir dann mit Vaters ältestem Bruder Ernst Weisheit zusammen gereist und haben einige Nummern gestellt: Leiter, Looping, Rolle und Fahrradbalancen, die Luftpiloten zeigten ihre Hochseilarbeit. Da haben wir gearbeitet vom 1. Mai bis Ende August, dann war die Saison zu Ende, wir haben uns wieder getrennt, es gab Unstimmigkeiten zwischen unserem Vater und seinem Bruder. Im Herbst 1954 standen wir in Jena auf dem Gries, da haben wir ein Seil aufgebaut, vier Meter hoch, und haben trainiert und trainiert und trainiert. Von Jena sind wir dann, als es kühler wurde, nach Stadtroda und haben dort überwintert.

Da wir während des Engagements bei Ernst Weisheit auch was dazugelernt hatten, haben wir uns ein Hochseilgerät gebaut, fünfzehn Meter hoch, alles Holzmasten, dazu einen Peitschenmast von 35 Metern, auch Holz.

Dann sind wir 1955 in Stadtroda das erste Mal aufs Hochseil gegangen. Es war vorher Abnahme vom Rat des Kreises oder Bezirkes, die haben alles als gut befunden, wir wurden allgemein gelobt, die Lautsprecheranlage, Scheinwerfer und Ausrüstungen waren ja neu, so sind wir dann losgefahren und haben richtig angefangen mit der Hochseilarbeit. Natürlich haben wir uns schwer getan die erste Zeit, aber wir haben viel gearbeitet. Nach der Abnahme hat Vater gesagt: »Nehmt meinen Cousin[1] mit, der hat vier erwachsene Söhne und auch erwachsene Töchter.« Die sind dann mit uns gereist und sollten das Programm verstärken. Die haben bei uns Schrägseil gemacht und haben genauso von uns abgeguckt wie wir damals bei Ernst Weisheit. Im Herbst 1955 gingen sie dann von uns weg nach Holland und sind danach in der Bundesrepublik geblieben.

Wir haben damals das Hochseil aufgebaut, ein Schrägseil extra und den Mast. Dazu hatten wir ein Gerüst für Looping, ein Gerüst für Trapez und ein Stehtrapezgerüst, die Lawinensturzleiter und ein Piedestal für Kautschuk. Der Auf- und Abbau war immer eine mächtige Arbeit.

Aktenvermerk Ministerium für Kultur, HA Darstellende Kunst, Abt. Artistik und Kleinkunst vom 11. 5. 1955
»... Der gesamte Aufbau auf dem Schützenplatz war sehr großzügig angelegt und machte einen ausgezeichneten Eindruck. Alle Requisiten waren neu und erstklassig ... sehr gutes Licht durch Scheinwerfer und Bogenlampen, die alten Requisiten und Wohnwagen waren frisch gestrichen, und das Requisiten- und Umkleidezelt war ebenfalls neu. Das Kollektiv besteht aus den 10 Kindern Weisheits, seinem Vetter Karl Müller (Bruder von Marg. Krieg) und als einzigem fremden Artisten Bob Raya ...
Die Witterung war am 4. Mai abends sehr ungünstig, feucht, stürmisch und sehr kalt, so daß die Hochseilarbeit vorzeitig abgebrochen werden mußte. Die gesamte Veranstaltung, die sehr großartig und übertrieben angekündigt war, erwies sich als schlechte Hauptprobe. Trotzdem ist die Veranstaltung insgesamt, unter Berücksichtigung dessen, daß die alte Kunst des Hochseillaufens im Aussterben begriffen ist, für Orte bis zu 5.000 Einwohnern durchaus tragbar. Da das Ensemble aus-

[1] Karl Müller aus Großengottern – d. Hrsg.

schließlich aus Kindern und Jugendlichen besteht, ist dem Unternehmen in Zukunft größte Aufmerksamkeit zu schenken, um den Nachwuchs zu qualifizieren und zu fördern ...«

1956 waren wir in Sankt Kilian bei Schleusingen, dort haben wir eine Gaststätte übernommen im Winter, die wollten wir auch kaufen, wollten seßhaft werden, endlich wieder mal ein Zuhause, eine Heimat, aber das war westdeutsches Eigentum, wir konnten es nicht kaufen, also hat es wenig Sinn gehabt, weiter dort zu bleiben. Meine Mutter hat das Ding weiterbetrieben bis Mitte Mai. Sie hat es dann allein nicht mehr ausgehalten. Als draußen die Sonne schien, hat sie kurzerhand die Tür zugeschlossen und ist uns nachgereist.

1958 waren wir wieder mit den Luftpiloten zusammen, weil Ernsts Leute nicht mehr mitmachen wollten. Da hat er ihnen gesagt: Euch werde ich beweisen, daß wir doch hinausfahren, ich brauche Euch nicht. So ist er im Winter nach St. Kilian gekommen und hat uns so lange Honig um den Bart geschmiert und erzählt, wieviel wir bei ihm verdienen können und was für eine große Sache das ist, daß wir den Papa herumgekriegt haben mitzumachen. Er wollte nicht mehr mit seinem Bruder zusammen reisen, weil er wußte, das gibt nur Ärger.

Wir hatten einen Vorreisenden damals, Karl-Heinz Reichenbach. Er war zuvor, 1957, bei Alfred Traber, hat die Zugspitztruppe gemanagt, 1958 und 1959 war er bei uns, und danach ist er bei Zirkus Frank gelandet. Wir sind also mit den Luftpiloten bis Dresden gefahren. Da haben Ernsts Leute wieder Lust gekriegt, sie sahen, daß das Geschäft lief, zum Pressefest sind sie wieder hingekommen, und schon war Ernst wieder obenauf. Schnell war der Streit vom Zaun gebrochen. Mein Vater sagte: »Du kannst mir den Buckel runterrutschen, ich fahre wieder allein.« Da wollten sie Karl-Heinz Reichenbach abwerben, aber der hat gesagt: »Das mache ich nicht, ich bin beim Onkel Lorenz gewesen, der hat mich engagiert, und da mach ich auch die Reise zu Ende, ob ich da mehr oder weniger verdiene, steht nicht zur Debatte.« Das war ein ehrlicher, fairer Kerl, er ist mit uns gegangen. Aber Karl ist bei den Luftpiloten geblieben.

Nach Sybilla und Hilde war auch Otto gerade weg von uns, er

hatte seine jetzige Frau Christa kennengelernt, vom Zirkus Frank. Wir waren dort zur Silberhochzeit, da hat er sich verliebt und wollte dann eben weg. Er ist dann zum Zirkus Frank und hat dort gearbeitet, Hochbalance usw.

Im Frühjahr waren der Heino, ein junger Bengel, und ich und die beiden Mädchen übriggeblieben. Da wollte Papa aufhören. Ich sagte: »Warum denn aufhören? Wir müssen weitermachen!« Da kam Ernst Weisheit – das war schon eine Frechheit – noch hin nach Weißensee im Kreis Sömmerda, da waren wir im Winterquartier. »Nock«, hat er zum Papa gesagt: »Nock, du fährst doch sowieso nicht mehr raus, hast doch kein Programm. Du kannst mir deinen Rudi geben!« Als ob ich ein Stück Vieh wäre, das man verkaufen kann. »Das weiß ich nicht, da mußt du meinen Jungen selber fragen, ob er Lust hat, zu dir hinzukommen.« Da war ich sechzehn Jahre alt. Ich kam gerade in den Wagen hinein. »Ich komme nicht zu dir. Was will ich denn bei dir? Es reicht ja, wenn du den Karl hast, der uns laufend im Stich läßt und uns in den Rücken fällt. Soll der dir doch helfen! Wir wollen im Frühjahr wieder raus. Warum sollen wir denn unser Zeug an den Nagel hängen?« So war er praktisch ungewollt schuld daran, daß wir wieder herausgefahren sind. Der Karl-Heinz Reichenbach ist bei uns geblieben, hat die Verträge gemacht, die Plätze ausgemacht, wir haben eine schöne Tournee gehabt.

Als wir 1956/58 in St. Kilian überwinterten, war dort eine rührige FDJ-Organisation. Da sind alle, die damals über vierzehn waren – Hilde, Otto, Karl und ich – in die FDJ eingetreten. 1959 kam dann Werner Rinn als Geschäftsführer zu uns. Da haben wir uns bei der Bezirksleitung der FDJ in Gera als »reisende« FDJ-Grundeinheit konstituiert. Ich habe den Sekretär gemacht. 1960 hat der Bezirk Gera den Komplexwettbewerb gewonnen, nicht zuletzt durch unsere Hilfe. Wir haben Spendenmarken gleich auf die Eintrittskarten hintendrauf geklebt und verkauft. Wir sind auch 1960 Jungaktivisten geworden. Damals haben wir uns auch offiziell »FDJ-Brigade der Luftelite« genannt. Rinn war ein mit allen Wassern gewaschener Geschäftsführer, manchmal schon zu clever, und er hat unsere FDJ-Firmierung natürlich ausgenutzt. Andererseits war sie für uns oft gar nicht so günstig, weil die Leute geglaubt haben, es kommt eine Amateurtruppe.

Der junge Rudi Weisheit auf dem Holzmast

Es gab aber auch solche, die meinten, wir machen das nur, um Geld zu verdienen, aber es war unsere wirkliche Überzeugung. Bei unserer Überwinterung in Riesa haben wir, um Geld zu verdienen, im Stahl- und Walzwerk gearbeitet, und dort haben uns dann auch die Stahlwerker den Gittermast gebaut, fünfzig Meter hoch, die Anlage für das Stahlrohrhochseil und Fluggerüste, an denen die Trapeze hingen.

1960 haben wir zum ersten Mal in Berlin vom Café Zenner bis zur Insel der Jugend unsere Seile gespannt. Da bin ich auch das erste Mal über Wasser gelaufen. Das waren dann schon größere Gastspiele. In diesem Jahr haben wir auch am Werbellinsee in der Pionierrepublik »Wilhelm Pieck« das erste internationale Kinderlager mitgemacht, wir sind dort aufgetreten. 1960 hatten wir eine gute Tournee gehabt, flott gespielt, zwei bis drei Plätze die Woche. Eines Tages waren wir in Waldenburg. – in der Zeit hatten wir keine Festverträge, sondern Differenzverträge, d. h., wir haben mit Schulen, Institutionen, dem Rat der Stadt oder einer LPG Verträge abgeschlossen, daß die kassieren, Werbung machen und prozentual an der Einnahme beteiligt werden. Im Fall Waldenburg haben wir das mit der Pädagogischen Schule für Kindergärtnerinnen gemacht. Die Schülerinnen haben die Werbung organisiert, kassiert, und dort habe ich auch meine Frau kennengelernt, die Traudel. Sie hatte Blumen gebracht, und da habe ich sie zum ersten Mal gesehen. Da war noch nichts weiter, bis wir viel später in Stollberg im Erzgebirge gearbeitet haben, da ist sie zu Hause gewesen. Da kam sie wieder an und hat ihre Mutter mitgebracht. Wollte wohl ein bißchen angeben, wie die jungen Mädel sind, ach, Rudi ist wieder da. Sie hatte sich in Waldenburg übers Hochseil tragen lassen, die Mutter und die Geschwister haben das nicht geglaubt. Da sagte sie: »Heute spielen sie wieder, Mutti, du gehst mit.« Sie hat sich wieder rübertragen lassen, dieses Mal habe ich sie getragen, das erste Mal jemand anderes. Als wir runterkamen, hab ich zu meiner jetzigen Schwiegermutter gesagt: »Frau Pohl, daß Sie Bescheid wissen, Ihre Tochter heirate ich.« Die ist bald aus allen Wolken gefallen. »Ach, so ein Zigeuner fehlt mir noch in meiner Familie!« Wir haben aber doch geheiratet, hat allerdings noch ein bissel gedauert. Traudel ist mir oft an die Gastspielorte nachgefahren, ohne daß es ihre Mutter wissen durfte. So also hab ich meine Frau kennengelernt. Sie arbeitet seit vielen Jahren auch mit, hat sich sehr gut eingefuchst bei uns.

1960 in Forst, Traudel war gerade zu Besuch, rief es früh um 5 Uhr, wir haben noch geschlafen: »Hallo, ich glaub', bei Ihnen brennt irgendwas.« Wir haben ganz verschlafen rausgeguckt: Wo brennt was?

Aus dem Küchenwagen kam an der Seite Qualm raus. Da sind wir schnell hin, die Tür aufgemacht, und es gab einen explosionsartigen Knall. Die Feuerwehr hat hinterher festgestellt, daß 1400 Grad Hitze in dem Wagen gewesen sind, es war ein Schwelbrand. Alles hat gekohlt, die Ventile sind zusammengeschmolzen, Kostüme verbrannt, das Küchenabteil kaputt. Wir konnten nicht mehr kochen. Da hat meine Mutter einen elektrischen Kochtopf gekauft, wir waren ja ein Haufen Leute, etwa zwanzig Mann, und keiner hatte eine eigene Küche gehabt. Sie hat also einen Kochtopf gekauft, riesengroß, und hat Suppe kochen wollen, unter einem Baum, wie in alten, romantischen Zeiten, nur daß man früher ein Feuer darunter gemacht hat. Wir jedoch hatten einen modernen Kochtopf, mit Strom. Nur, daß früher die Suppe gar wurde, und mit dem elektrischen Topf wurde sie es nicht. Wir haben fünf Stunden gewartet auf die Krautsuppe. Der Magen hat uns geknurrt, die Mutter ist bald verzweifelt. Sie hat gerührt und gerührt, aber das Kraut kochte und kochte nicht. Endlich haben wir es gegessen, da war es immer noch hart. Und sie hat geschimpft: So ein modernes Zeug! Früher wurden ein paar Steine zusammengelegt, ein bißchen Holz darunter, da hat es wenigstens geklappt, aber jetzt ist das doch nichts!

1969 hat es übrigens unseren Küchenwagen noch einmal erwischt. Wir wollten nach Holzhausen hoch, zur Wachsenburg. Wir sind mit einem LPG-Trecker um die Kurve gefahren, in der Kurve hat es den Wagen abgehängt, er ist rückwärts gerollt, immer schneller, hat sich überschlagen und lag plötzlich im Chausseegraben. Alles war hin. Das einzige, was Heino gerettet hat, war eine riesige Schüssel mit Gehacktesklößchen, es waren mindestens sechzig bis siebzig, die die Mutter schon vorgebraten hatte. Wir haben uns hingesetzt, die Klößchen gegessen und angefangen, den Wagen wieder herauszuziehen. Er war völlig zusammengefallen, nur noch Schrott. So hatten wir wieder keinen Küchenwagen. Natürlich ist auf der Reise noch mehr passiert, 1962 zum Beispiel, meine jüngste Schwester war gerade zehn Jahre alt, und die Mutter ist mit der Kleinen im Wohnwagen im Bett geblieben, fährt der Karl zwischen Dresden und Karl-Marx-Stadt auf der Autobahn mit dem LKW und zwei Wohnwagen dran den Berg hoch, ganz langsam. Auf einmal Reifenpanne, durch die Panne brummte der Wohnwagen, die Mutter ist ausgestiegen im Nachthemd, weil sie gerade so langsam fuhren, rannte vor, und wie sie gerade in Höhe der Fenster des Wohnwagens war, war der Berg zu Ende, Karl hat Gas gegeben und war verschwunden, und meine Mutter stand im Nachthemd auf der Autobahn. Sie hat dann einem PKW-Fahrer gewunken, der hat angehalten: »Mutter, wo wollen Sie denn hin? Im Nachthemd auf der Autobahn!« Er hat sie dann hinterhergefahren …

1960 haben wir unter anderem in Stalinstadt, dem heutigen Eisenhüttenstadt, gespielt. Wir sind auch vom Bürgermeister eingeladen worden, und bei dem Gespräch hat er erfahren, daß wir keine Wohnungen hatten, sondern den Winter im Wohnwagen verbrachten. Da hat er gesagt, das ist unmöglich heutzutage in unserem Staat, im Wohnwagen überwintern, das kann doch nicht möglich sein. Und er hat uns sofort Neubauwohnungen zur Verfügung gestellt, das waren herrliche Zimmer, Balkon, fließend warmes und kaltes Wasser, Zentralheizung, richtiger Wohnkomfort, da sind wir drei Winter gewesen. Aber wir hatten nichts, wo wir unsere Wagen hätten abstellen können, wir konnten nichts reparieren, nicht trainieren. Es waren zwar wunderschöne Wohnungen, aber für unsere Arbeit waren keine Voraussetzungen gegeben. Die Wagen standen auf freiem Feld, mal haben Räder gefehlt, es war jedenfalls kein Zustand.

1962/63 waren die Geschwister Schubert bei uns, sie haben am Hängeperch gearbeitet, und es lief eigentlich alles recht gut, bis wir in der Saison 1963 plötzlich ein Auftrittsverbot erhielten. Das Ganze war eine ziemlich undurchsichtige Sache. Vater hatte immer noch Probleme mit seinen Steuernachzahlungen, in der Wohnungsgeschichte in Stalinstadt war er sicher auch nicht sehr geschickt, er ist eben einfach nicht zurechtgekommen, dazu hat sein Bruder Ernst, wo es nur ging, gegen uns gearbeitet und an alle möglichen offiziellen Stellen Briefe geschrieben, die uns diskreditierten. So kam eine Kommission aus Berlin, die haben in Kamenz eine Abnahme gemacht, doch das war keine Abnahme, das war eine Farce. So etwas könnte sich heute keine Abnahmekommission mehr erlauben. Es war kein einziger Fachmann dabei, und wir fielen natürlich durch.

Das Ministerium für Kultur an den Rat des Bezirkes Frankfurt am 13. 2. 1963
»... Lorenz Weisheit hat für 1963 nur eine bis 30. 5. befristete Auftrittserlaubnis erhalten ...«

Aktenvermerk des Ministeriums für Kultur vom 26. 7. 63
»Lorenz Weisheit ist mit seiner Truppe nicht nach Eisenhüttenstadt zurückgekehrt. Zwei Wohnwagen sind dort verblieben, es sind weitere Steuerschulden aufgelaufen ...«

Ab Juni 1963 durften wir nicht mehr spielen. Wir wollten dann ins Engagement in die anderen Zirkusse, doch die wollten uns nicht, Ernst Probst, Max Probst, Schmidt, keiner hat uns mitgenommen. Angeblich hatten sie genug Leute, keinen Platz; sie haben uns alle sitzengelassen, sogar die Tante Adelheid, aber bei der kann ich es verstehen, die hatte selbst zu kämpfen, einen Haufen Leute und nicht viel Einnahme, aber die anderen, wie Ernst Probst, die hatten was verdient, und wir hätten ja auch mitgearbeitet. Aber aus der heutigen Sicht bin ich froh, daß die uns damals nicht genommen haben, da wären wir wahrscheinlich nie wieder als Hochseilartisten aufgetreten.

Unser Lehrmeister Camilio Mayer

Als im Mai akut wurde, daß wir Auftrittsverbot bekommen sollten, ist mein Vater nach Stedten an der Ilm gefahren zur Familie Mayer und hat mit Camilio Mayer gesprochen, ob er uns nicht ein bißchen unter die Arme greift und uns Jungs trainiert. Da der seine Truppe 1959 aufgelöst hatte, war er als alter Seiltänzer und Komödiant froh, daß er wieder etwas machen konnte. Er hat uns auch sehr gut gefallen, der konnte mit der Faust Steine zerschlagen, Geschichten hat der erzählt ... Er war für uns Jungs schon zu Lebzeiten eine Legende, das war für uns natürlich die Erfüllung, als er vor uns stand. Als wir nicht mehr spielen durften, sind wir nach Erfurt auf den Domplatz gefahren und haben dort überwintert. Und Camilio hat zu uns gesagt, als er in Karl-Marx-Stadt unsere Arbeit gesehen hatte, nachdem schon das Auftrittsverbot ausgesprochen worden war: »Es ist nicht auszudenken, wie man so was verbieten kann. Die Arbeit ist sehr gut, man kann sie natürlich noch verbessern, aber es reicht niemals aus, um Auftrittsverbot zu erteilen. Wer das gemacht hat, der hat keine Ahnung.«

In Erfurt haben wir den ganzen Winter trainiert, und mit einem LKW haben wir Kartoffeln und Gemüse gefahren, damit wir etwas verdienten.

Ich muß an dieser Stelle sagen, wir haben Camilio Mayer sehr viel zu verdanken. Er hat uns ganz schön rangenommen. Das ging vom Seillaufen über die Arbeit mit Fahrrädern, Einrädern, Stangenrädern. Wir waren vorher auch nicht schlecht, wir haben auch Fahrräder gehabt, aber Einrad, Steigerrad, Stangenrad, das haben wir uns erst durch Camilio Mayer zugetraut.

Camilio war ein lebenslustiger Mann, ein Unikum, er hat immer Witze draufgehabt. 1957/58 war er ja noch beim größten Zirkus der USA, Ringling Bros. and Barnum & Bailey, gewesen. Am ulkigsten war es, wenn er mit seinem Moped ankam, er war ja ein Mann von drei Zentnern, mit seinem »Spatz« kam er an vom Thüringer Wald. Er war sehr streng, wenn es um die Proben ging, früh, kaum, daß der erste Hahn gekräht hatte, mußten alle raus. Wenn abends etwas nicht so richtig geklappt hatte auf dem Hochseil, so wie er es wollte, mußten wir wieder ran.

Das letzte Mal sah ich ihn im Mai 1963 im Dr.-Kurt-Fischer-Stadion in Karl-Marx-Stadt arbeiten. Da hat er mit 73 Jahren noch Polka auf dem Hochseil getanzt und Eierkuchen gebacken. Wir waren alle sehr erstaunt, daß er in dem Alter noch diese Arbeit so gut machte. Danach ist er auf dem Hochseil nicht mehr aufgetreten, er war dann doch zu alt und wollte es uns nur noch einmal zeigen. Wenn wir gearbeitet haben, ging er ans Mikrofon und erzählte etwas aus seiner Jugend. Feldsteine hat er sich von den Leuten bringen lassen und hat sie mit der bloßen Faust zerschlagen. Ich habe es gesehen, es waren richtige Feldsteine. Er hat einen Vorschlaghammer untergelegt, damit eine harte Unterlage da war, und mit der bloßen Faust hat er mit vier, fünf Schlägen den Stein mitten durchgeschlagen. Natürlich gehörten besondere Voraussetzungen dazu (wie faßt man den Stein an usw.). Ich habe es einmal versucht, habe mir bloß die Hand verstaucht. Ohne Präparat, ohne Taschentuch, ohne etwas in die Hand zu nehmen, hat der den Stein kaputtgeklopft. 75 Jahre war er, als er das noch gemacht hat. Bis 1969 ist Camilio Mayer bei uns geblieben, dann hat er sich endgültig zur Ruhe gesetzt.

1963 haben wir das erste Mal versucht, mit einem Motorrad auf dem Seil zu arbeiten, aber das ist nicht richtig gelaufen, wir haben es wieder weggeschmissen, es war nichts. Die erste richtige Maschine, eine 350er BK, haben wir 1965 ins Programm genommen, 1970 haben wir das zweite Motorrad gehabt, dann haben wir probiert, ein zusätzliches Drahtseil anzumachen, und da haben wir dann ab 1977 mit drei Motorrädern gearbeitet, was – soviel ich weiß – keine andere Hochseiltruppe in der Welt zeigt.

1964, am 10. Mai, haben wir das erste Mal wieder eine Abnahme gehabt. Damals hieß es, daß keine zentrale Abnahme mehr gemacht wird, sondern erst eine bezirkliche, und wenn der Bezirk es für gut befindet, dann kommt es vor die Zentrale. Das war sehr vernünftig. Am 10. Mai haben wir also die Bezirksabnahme gehabt, in Staßfurt auf dem Sportplatz, es ist alles hervorragend gelaufen. Wir haben dann eine vorläufige Auftrittsgenehmigung bekommen und sind im Bezirk Erfurt herumgereist. Erfurt ist ein großer Bezirk, wir haben alles mitgenommen, dieses Jahr war ziemlich erfolgreich. Und am 4. Oktober 1964 in Tabarz war dann die endgültige Abnahme mit einer Kommission von ungefähr 30 Leuten. Da kam auch Felix Niewar als Fachberater mit, das fand ich sehr gut, weil sonst nie ein Fachmann dabeigewesen war. Danach haben wir unsere Berufsausweise bekommen.

Im Winter 1964/65 sind wir nach Emleben im Kreis Gotha ins Winterquartier gefahren. Der Vater hat über einen Makler ein Grundstück in Gotha gekauft, die Kesselmühle. Wir konnten aber noch nicht hinein, es waren noch zwei oder drei Familien drin, und es hat noch ganz schön lange gedauert, bis das Haus frei wurde. Dann ist der Vater hineingezogen, da wohnen heute auch Heino und Marlies mit ihren Familien.

Ich bin erst seit 1968 in Gotha seßhaft, habe da mein Haus in Siebleben gekriegt. Seitdem bin ich immer in Gotha, will auch von da nicht weg. Ich bin froh, daß wir endlich ein richtiges Zuhause haben.

Ein neuer Anfang: die »Geschwister Weisheit«

1973 habe ich die Leitung der Truppe übernommen. Unser Vater hatte die finanzielle Seite nie richtig in den Griff bekommen, so daß wir, als ich die Leitung übernahm, einen immensen Schuldenberg mit übernehmen mußten und den auch abzuzahlen hatten. Im Laufe der Jahre sind wir den losgeworden, haben alles abgezahlt und auch Neues anschaffen können. Der Vater ist am 4. September 1984 gestorben, er konnte ruhig einschlafen, er hat gesehen, daß es bei uns weitergeht.

Rückschläge hat es immer wieder gegeben, sei es durch das Ausscheiden von Geschwistern oder aus anderen Gründen, so wie 1973, als wir am 4. Juli von Berlin nach Merseburg gefahren sind. Auf der Autobahn in Höhe Niemegk ist uns ein westdeutscher Lastzug mit 100 km/h auf den Gerätehänger draufgefahren. Wir hatten einen Traktor vorn dran, der lief nur 20 km/h, die gesamte Ausrüstung war in Klump. Wir haben bis zum heutigen Tag noch nicht alles wieder zusammengekriegt.

Seit 1972 sind wir in der Besetzung, wie wir jetzt sind, zusammen. Wir hatten viele Babys, wenn wir in einen Ort gekommen sind und die Wagen aufgemacht haben, kamen überall zwei, drei kleine Kinder rückwärts die Treppe runtergekrabbelt. Die Ingrid hatte eins, die Marlies zwei, wir drei und Heino vier, zusammen zehn. Die zehn sind herumgekrabbelt. Da haben die Leute gedacht, die gehören alle zu einer Familie; es waren aber vier Familien. Vier Familien – zehn Kinder, das ist doch nicht viel! Wir hatten manchmal 150 Meter Leine mit Windeln drauf. Wir hatten kein fließend Wasser, es waren nicht mal solche Wagen wie heute. Es waren schwere Zeiten, aber wir haben es auch überstanden. Wir hatten gar keine Heizung. Mit dem Gaskocher haben wir die Wohnung ein bißchen erwärmt. Heute gibt es elektrische oder Gasheizung, fließend warmes und kaltes Wasser, und jede Familie hat einen eigenen großen Wohnwagen und zusammen einen Wagen für die Kinder mit Abteilen. Natürlich haben wir auch Waschmaschinen mit und Kühlschränke und Fernseher – davon konnten wir damals nicht mal träumen. Diese sozialen Verbesserungen sind erst in den letzten Jahren eingetreten, durch unsere gemeinsame Arbeit.

Leider ist Ingrid, die Jüngste, 1981 das letzte Mal mit uns gereist, 1982 hat sie mit ihrem Mann Waldemar ein Schaustellergeschäft aufgemacht und reist nun selbständig.

Unsere Kinder, wie es in so einem Familienbetrieb früher auch schon gewesen ist, versuchen wir so zeitig wie möglich mit der Arbeit vertraut zu machen, daß sie mit auf das Hochseil gehen oder eine artistische Darbietung mitmachen, um sich von der Pike auf in die Freiluftartistik hineinzufinden. Es ist ja nicht einfach, bei Wind und Wetter zu arbeiten, das müssen sie schon als Kinder mitmachen. Wenn unsere Kinder die 10. Klasse abgeschlossen haben, bemühen wir uns, daß sie einen Handwerksberuf erlernen können, damit sie, falls sie aus irgendeinem Grunde später nicht mehr artistisch tätig sein können, einen Beruf haben. Andererseits suchen wir natürlich solche Berufe, die innerhalb unserer Truppe gebraucht werden. Zum Beispiel hat der Peter-Mario, unser Ältester, Elektroinstallateur gelernt und A- und E-Schweißen, die Fatima, das Mädel meiner Schwester Marlies, Facharbeiter für Schreibtechnik, die Ramona, die Älteste von Heino, ist Dreher, dann die Verinia, die ist Friseuse, der André ist Autoschlosser, die anderen sind noch in der Schule. Der Rat des Kreises in Gotha unterstützt uns dabei recht gut. Unsere Kinder sind unterwegs zur Schule gegangen mit guten bis sehr guten Ergebnissen. Meine zwei Jungs haben die Lessing-Medaille in Gold als beste Schüler des Schuljahres bekommen, die Kathrin hat jetzt im Halbjahreszeugnis alles Einsen, sie wird wahrscheinlich mit »Sehr gut« abschließen.

Wir haben immer versucht, unsere Arbeit zu erleichtern, wir machen ja alles selbst, höchstens, daß wir mal eine Hilfskraft haben. So haben wir uns einen Kleingeräteträger RS 09 besorgt, das Ding ist für uns Gold wert. Damit laden wir die Masten auf

Die Dreier-Fahrrad-Pyramide

und ab, die Wuchterei mit den schweren Dingern ist damit passé, wir brauchen keine Anker von Hand aus der Erde herauszuziehen, das macht alles der kleine Trecker, damit rollen wir auch die 180 m langen Motorradseile auf. Die Anker schlagen wir mit einer Maschine in die Erde. Unser Packwagen dient gleichzeitig als Bühnenwagen. Wenn wir aufgebaut haben, ist also nichts übrig, die LKW's werden gleich als Hauptverankerung für die Motorradseile genommen. Es hat sich doch auch einiges entwickelt auf dem Gebiet der Technik, aber man muß natürlich mit Interesse bei seiner Arbeit sein und immer gucken, wo es etwas gibt, das man verwenden kann.

Unser großes Ziel und vielleicht auch ein wenig unser Trauma ist die Sieben-Mann-Pyramide, die Höchstleistung für jede Hochseiltruppe.

1960 haben wir schon zum ersten Mal probiert. Wir hatten Gabeln machen lassen, und auf der oberen Gabel – es sollte eine Doppelgabel sein – sollte ein Stühlchen stehen, und da sollte die kleine Ingrid hoch, weil wir sonst niemanden hatten für ganz oben. Wir haben unten probiert und haben gesagt: Das ist zu gefährlich, wenn wirklich etwas passiert, kriegt das Kind die Gabel auf den Kopf, da wird es gleich erschlagen, das hat keinen Sinn. Da haben wir die Finger davon gelassen. Aber wir haben immer wieder angefangen. 1969 haben wir wieder trainiert. Da hat es mit diesem nicht hingehauen, und jener mußte fester werden im Kreuz. Die Besatzung war schließlich: Unten kam der Waldi[1], dann der Karl, dann ich, der Heino hinten, in der zweiten Reihe war vorn der Peter[2] und hinten die Marlies, und obendrauf war die Ingrid. Es war schwierig, den richtigen Abstand herauszubekommen. Beim Wallenda, beim Zimmer und beim Camilio Mayer ist die Pyramide zusammengebrochen, weil die Untermänner den Abstand nicht halten konnten. Wir haben eine Schnur, ein Stück Wäscheleine, dazwischengehängt. Ich mußte darauf achten, daß die Leine immer straff war. Da hat es geklappt, das haben wir hundertprozentig sicher gemacht.

Im Juni 1970 wollten wir sie in Gerbstedt zum ersten Mal im Programm zeigen, wir standen dort gerade am Schwimmbad. Traudel war unten und wollte uns fotografieren, da fiel auf einmal die Pyramide zusammen, keiner weiß eigentlich, weshalb. Sie zog sich wie Kaugummi auseinander, die Obermänner fielen ins Netz, alles wie in Zeitlupe, drei Untermänner standen aber noch fest auf dem Seil.

Am schwersten hatte sich Ingrid dabei verletzt, sie ist auf die Absegelung gefallen und hatte sich am Arm große Prellungen geholt. Die anderen, die ins Netz gegangen waren, hatten Glück, sie sind mit Hautabschürfungen davongekommen. Einige haben natürlich die Balancierstangen und Gabeln, die mit herunterka-

---

[1] Ingrids Ehemann Waldemar – d. Hrsg.
[2] Marlies' Ehemann Peter – d. Hrsg.

Die Fünf-Mann-Pyramide mit Spagat

men, auf den Kopf gekriegt. Wenn so eine Pyramide zusammen-
fällt, das sieht schrecklich aus.

Aber wir haben weiter geübt, wieder unten am Boden, die Ab-
messungen nachgeprüft, die Zeiten gestoppt, da ja alle Untermänner gleichzeitig losgehen müssen.

Im August 1971 haben wir sie dann in Bernburg zum ersten
Mal wieder auf dem Hochseil gezeigt, da aber nur für den Fotografen. Dann haben wir sie bei gutem Wetter und einwandfreien
Plätzen schon mal wieder ins Programm genommen, in Rottlebe-
rode sogar bei regnerischem, trübem Wetter, da kamen die Luftpiloten zu Besuch, und da hat es unsere Ehre natürlich nicht erlaubt, die Siebener wegzulassen.

Ab 1971 war sie dann fest im Programm. Da haben wir auch
längere Zeit im Berliner Prater gestanden und sie sogar zweimal
täglich gezeigt. Alles lief einwandfrei. Leider haben wir damals
viel in unserer Werbung versäumt, so richtig bekannt ist diese
Spitzenleistung damals gar nicht geworden.

Immerhin gab es zu jener Zeit keine andere Hochseiltruppe
der Welt, die die Siebenerpyramide im Programm hatte.

Natürlich ist so ein großer Apparat wie die Sieben-Mann-Pyramide vor jeder Vorstellung eine unheimliche Nervenbelastung für jeden einzelnen. In den ersten Jahren haben wir einen Spundus vor der Fünf-Mann-Pyramide gehabt, heute machen wir sie im Schlaf, spielend. Wir hätten die Sieben-Mann-Pyramide weitermachen können, wenn der Karl nicht herausgegangen wäre, aber damals hat er uns endgültig sitzenlassen. Da hatten wir uns gerade richtig eingearbeitet. Für 1972 hatten wir extra große Plakate drucken lassen »Das hat die Welt noch nie gesehen, die Sieben-Mann-Pyramide, der Welt größte Hochseiltruppe«, die konnten wir dann gar nicht aufhängen, die haben wir als Einpackpapier genommen. Karl hatte heimlich, still und leise das Schaustellergewerbe beantragt. Als er es gekriegt hat, hat er uns kurz vor dem Herausfahren sitzenlassen. Wir haben die Traudel, meine Frau, und Heinos Frau Erika mit hochgenommen, wir brauchten ja Leute für die großen Pyramiden, und das hat gut geklappt, sie arbeiten ja heute immer noch mit auf dem Seil. Vorher hatten wir auch schon meine beiden Schwäger, den Peter und den Waldemar, angelernt. Das geht gar nicht anders, jeder muß da mit ran. Aber: wir hatten wieder keine Siebenerpyramide. Wir haben sie noch einmal geübt. Sie lief einwandfrei. Wir stoppten die Zeit, es waren zwei Minuten mit Auf- und Abbau, manchmal bloß 110 Sekunden. Die erste Zeit waren es drei Minuten, dann wurden es zweieinhalb und dann zwei, bei zwei Minuten sind wir dicke raus! Dann ist die Traudel mit hochgegangen, vorn, wo Peters Platz war, und Peter ist mit runter. Dann wollten wir sie in Dresden machen, zum Pressefest. Aber der Platz war so weich, das Risiko wollte ich nicht eingehen. In Erfurt, zur iga, war alles fest verankert. Da wollten wir sie machen. Mit einem Mal hat sich Ingrid dagegen gewehrt, Papa wollte auch nicht. So haben wir es eben gelassen. Einmal haben wir es noch versucht in Markkleeberg mit der neuen Besatzung. Es lief auch alles einwandfrei. Die Mama saß unten und hat sich alles angesehen. Der Aufbau klappte, Traudel stand vorn als erster Obermann, dann die Marlies, die sich aus dem Sitz von der Mastbrücke aufrichten mußte, und auf Marlies die Ingrid, die auf der oberen Stange in die Mitte gehen mußte. Und da ist irgendein Fehler passiert, entweder sind die Untermänner zu schnell losgelaufen, oder die Marlies ist nicht rechtzeitig hochgekommen, weil sie ja das Ge-

Die Sieben-Mann-Pyramide der Weisheits

wicht von Ingrid mit hochdrücken mußte, jedenfalls wurde Traudel zurückgerissen und ging ins Netz. Ingrid kam aus dem dritten Stock angeflogen und mir ins Genick, sie hing da wie eine Katze. Wie ich sie gehalten habe, weiß ich heute noch nicht, ich bin jedenfalls mit ihr auf dem Rücken über das Seil gekommen. Peter und Marlies sind natürlich auch ins Netz, Heino stand noch, und Waldemar war noch gar nicht von der Brücke weggekommen. In so einer Situation gibt es nur eins: irgendwo festhalten. Viele glauben, das Fallen ins Netz könne man lernen, das stimmt nicht. Die Strecke vom Seil zum Netz ist zu kurz, als daß man da irgendwelche Kapriolen machen kann, außerdem purzelt alles durcheinander, Partner und Requisiten. Seitdem hat es mit der Sieben-Mann-Pyramide noch nicht wieder geklappt.

Das Schwierige an der Sieben-Mann-Pyramide ist das absolute Zusammenspiel aller Mitwirkenden da oben, und das allerschwierigste ist, erst mal die sieben Leute zu finden, die gewillt sind und das Rüstzeug mitbringen, eine Pyramide aufzubauen. Eine Drei-Stock-Pyramide hat eine solche moralische Wirkung, das traut sich nicht jeder. Es ist sehr schwer für die Mittelmänner, der Obermann ist sehr weit über dem Netz, die Untermänner müssen ganz exakt arbeiten und Kraft haben. Wenn man die Leute hat, kann man in einem halben Jahr die Siebenerpyramide machen, nach hartem Training. Die Schwierigkeit dabei ist, daß man ganz gleichmäßig laufen muß, weil es zwei voneinander unabhängige Pyramiden sind: Wenn die unteren Männer einen Schritt schneller machen, besteht die Gefahr, daß der obere Mann von der Gabel heruntergezogen wird. Da fällt alles zusammen, wie es ja passiert ist.

Wir üben natürlich schon wieder, die Mädel sind alle so groß, daß sie auf die Pyramide können, sie stehen schon ganz gut, aber wie es oben aussieht, das ist eine ganz andere Frage. Da gibt es nur üben, üben und nochmals üben.

So einen Trick kann man auch nicht über Jahre halten, oder es müssen fremde Leute rein, und das bringt meist Spannungen. Man muß sich hundertprozentig auf jeden verlassen können. Wenn morgen Vorstellung ist, muß man eben heute abend um neun im Bett liegen und darf keinen Alkohol trinken.

Richtig klappen wird es wohl erst, wenn die Kinder mit der Schule und der Lehre fertig sind, dann ist wieder mehr Zeit. Jetzt kommen sie zwar zu den Vorstellungen am Wochenende, aber die Schule können wir ja deshalb auch nicht vernachlässigen. Sonst hatten wir eigentlich relativ wenig Unfälle, bis jetzt auch noch nie durch Materialschaden, hoffen wir, daß es so bleibt. Es war immer irgendwie menschliches Versagen.

In Aschera ist es einmal passiert, daß Waldemar mit dem Motorrad einen Unfall hatte, der ist aber noch glimpflich abgegangen. Der Platz war ein wenig erhöht und damit der Neigungswinkel der Motorradseile flacher, und da kriegen die Maschinen natürlich mehr Tempo. Beim Überholungsrennen hat er falsch geschaltet, dachte, der Gang wäre raus, aber er hatte den dritten erwischt und ist mit voller Wucht gegen den Mast gefahren, das Vorderrad der Maschine war schon am Mast vorbei. Ingrid am Trapez unter ihm hatte glücklicherweise die Beine angezogen, und Waldi konnte sich an einem Steg am Peitschenmast festhalten, sonst wäre er davongeschossen wie eine Rakete. Die beiden waren bleich vor Schreck, den Waldi mußten wir mit zwei Mann runterholen, so einen Schock hatte er. Ich hatte mir 1979 den Mittelfuß gebrochen, bin vom Netzbalken abgerutscht, und ge-

Die Motorrad-Pyramide

rade als ich wieder arbeiten konnte, ist der Peter-Mario beim Runterklettern vom Gittermast zu schnell geklettert und ist aus 17 Meter Höhe abgestürzt. Das war in Großbreitenbach in Thüringen. Wir haben es alle gesehen, waren wie gelähmt. Er hat es überlebt, hat auch keine weiteren Schäden zurückbehalten. Er hatte zwölf Knochenbrüche und war über zweieinhalb Jahre arbeitsunfähig. Jetzt ist er aber wieder voll dabei und arbeitet alle Tricks auf dem Seil und dem Mast.

Den Heino hat es auch schon ein paarmal erwischt gehabt, einmal ist er mit dem Hochrad abgegangen, da hat er sich den Oberkörper so geprellt, daß er mehrere Wochen nicht richtig arbeiten konnte.

In Aschera, wo der Unfall mit Waldi passiert war, gab es auch eine recht lustige Begebenheit. Die LPG dort hat eine große Schweinezucht, und so haben wir ein kleines Schweinchen übers Seil getragen, das hat uns dann der LPG-Vorsitzende geschenkt, um es als Spanferkel zu braten. Unsere Kinder waren alle noch klein, und denen hat das Tierchen natürlich leid getan, so haben wir es in der LPG in Pension gelassen, im Winter war es dann zum Schlachtschwein herangewachsen.

Beim Übertragen von Personen aus dem Publikum, was ja jedesmal ein großer Spaß ist, haben wir auch schon allerhand erlebt. Früher haben wir angesagt: Im Alter zwischen 17 und 70 Jahren kann sich jede Dame melden, um über das Hochseil getragen zu werden. Wer ist mutig und macht mit? Es hat sich einmal eine Frau gemeldet, die über 60 war. Weil wir gesagt haben »bis 70«, mußten wir sie nehmen. Sie kam an, hat fürchterlich nach Alkohol gerochen und brachte einen großen Schäferhund mit. Wir hatten sie endlich mit einem Gurt um den Bauch und einem Strick dran auf das Hochseil hochgehievt, da wollte sie absolut ihren Hund mit hochhaben. Das haben wir natürlich nicht gemacht. Sie hat dann gesagt: Gib den Knüppel her, ich will gleich mal selbst 'nüberlaufen! Sie hat die Balancierstange auf den Buckel genommen, und unser Waldi hat sie dann rübergetragen, das war irgendwo im Thüringer Wald, in Steinheid oder Steinach.

Es ist auch schon passiert, wenn junge Mädchen hochkamen, hübsch angezogen, die Hosen schön eng, daß dann die Naht geplatzt ist, wenn Heino seinen Ulk auf dem Seil macht und sie auf seinem Rücken hinundherwippt. Es ist auch schon mal naß auf unseren Rücken geworden, und es haben sich Zweizentnermädchen gemeldet, die schaffen wir natürlich nicht.

In Dresden hat sich vor wenigen Jahren eine ältere Dame gemeldet, die hatte sich vor dreißig Jahren schon mal rübertragen lassen. Wie sie uns dann erzählte, ist sie vorher mehrmals in ein Hochhaus gegangen, um zu sehen, ob sie noch schwindelfrei ist, hat sich also richtig vorbereitet, und wir haben sie auch rübergetragen.

Gefährlich bleibt unsere Arbeit immer, besonders, weil wir ja im Freien auch sehr der Witterung ausgesetzt sind. Solange es geht, arbeiten wir, bei Wind, Regen, nur bei Gewitter heißt es sofort abbrechen. Der Blitz schlägt ja in den Gittermast ein, die Verspannungen leiten ihn zwar in die Erde ab, aber wenn man oben arbeitet, ist die Gefahr zu groß.

Einmal habe ich gerade das Schrägseil verschraubt, da kam fast aus heiterem Himmel ein Blitz, rein in den Gittermast, über die Seile weg, ich kriegte einen Schlag, mein Ringschlüssel flog weg, den habe ich hinterher gar nicht mehr wiedergefunden. So schnell kann das gehen.

Wir arbeiten ja ohne jede Sicherung, das würde auch wenig nützen. Auf dem Hochseil und bei den Motorrädern, da sind immer mehrere zusammen. Aber auf dem hohen Mast ist man ganz allein, das ist schon mitunter ein komisches Gefühl. Früher habe ich noch am Holzmast gearbeitet, der war 22 Meter lang und wurde auf einem Einachsenanhänger befördert. Wenn es um enge Kurven ging, bog er sich wie ein Flitzbogen, und einmal wurde er dabei angeknackt. Wir haben ihn mit Brettern wieder zusammengenagelt, aber oben knackte er mächtig, und mir war ganz schön mulmig. Auch einen Rohrmast habe ich verbogen, da wird man doch nervös, wenn sich beim Schwingen der Mast nach der Seite biegt und mit einem Mal nicht mehr zurückgeht. Übrigens behalten wir den Obermast immer nur zwei bis drei Jahre, dann wechseln wir ihn aus, aus Sicherheitsgründen. Seit diesem Jahr habe ich mich von der Mastarbeit zurückgezogen, in meinem Alter soll man doch damit aufhören. Jetzt machen es meine beiden Söhne, Peter-Mario und André, alternierend. Die ersten Male waren für beide ganz schön problematisch, sie wollten sich

Rudi Weisheit bei der Arbeit auf dem Mast

nicht schmeißen lassen, aber ich weiß ja selbst, wie allein man sich da oben fühlt.

Der Wind pfeift, man darf nur an die Arbeit denken. Ähnlich ist es auch beim Lauf auf dem langen Schrägseil, vielleicht noch übers Wasser, das nimmt dann bei den ersten Läufen auch kein Ende. Mit siebzehn bin ich das erste Mal in Berlin über die Spree gelaufen, das Seil läßt sich dann nicht so richtig festmachen, da hat man ganz schön zu kämpfen. Ich bin da von oben nach unten gelaufen, als ich unten war, konnte ich keinen Schritt mehr tun, so verkrampft war ich, ich mußte mich erst ein Weilchen hinsetzen.

Beim Wasser kommt noch hinzu, daß durch das Fließen kein Bezugspunkt mehr da ist, man darf nur zum Mast sehen, sonst kippt man ab, man muß das einfach verdrängen.

Den Mast haben wir zuerst im Garten aufgebaut, im Winter, anfangs nur die Spitze, und Peter-Mario und André haben hundertmal die Tricks geübt, Handstand, Liegen, Stehen, bis es alles saß. Dann wurde das Ganze höher, wir haben den oberen Teil, also den Peitschenmast, genommen, da war alles schon wieder ganz anders, und die größte Hemmschwelle war eben dann die Höhe von 48 Metern. Peter-Mario war ja schon vor seinem Unfall oben, aber er mußte von vorn beginnen. Zuerst ist er hoch, wenn ich nicht dabei war, um sich wieder mit dem Mast vertraut zu machen. Dann hat es André probiert, erst nur hoch, dann nach und nach einige Tricks, ich stand unten und habe Anweisungen gegeben, das mache ich auch heute noch während der Vorstellung, so als moralischen Rückhalt. Das Schwerste war wohl das Freistehen auf der Spitze, da ist nichts zum Festhalten, nach oben sehen kann man nicht, da ist nur Weite. Nach den Wolken darf man nicht gucken, wenn man die ziehen sieht, ist es mit dem Gleichgewicht vorbei. Beide haben auch das Trompeteblasen geübt, Peter-Mario bläst schon von oben, das ist ja nicht nur die Beherrschung des Instruments, nach dem Hochklettern und den Tricks braucht man dazu auch noch eine ganze Menge Luft, damit die Töne einigermaßen sauber kommen.

Peter-Mario hat schon geheiratet, seine Frau Heike, Schneiderin von Beruf, ist zur Hochzeit im Brautkleid das erste Mal übers Seil gelaufen. Auch sie mußte sich bei uns einfügen, nur unten-

Bei Filmaufnahmen zu »Wilhelm Meister« 1981 in Naumburg:
Heino und Ingrid Weisheit

stehen, das gibt es nicht. Also arbeitet sie mit auf dem Hochseil, Fächerlauf, einige kleine Tricks, läuft zusammen mit ihrem Mann schon recht gut Schrägseil und wirkt auch bei der Motorradschau mit. Die beiden haben zwei Kinder, Jasmine und Alexander, die fünfte Generation ist also schon da, und ich hoffe, daß sich unsere Arbeit, die meine Geschwister und ich geleistet haben, auszahlt und unsere Familientruppe noch viele, viele Jahre bestehen wird.

ADN-Meldung vom 25. 5. 1984
    Der Minister für Kultur hat mit dem Kunstpreis der DDR ausgezeichnet: ... Rudi Weisheit, Artist ...

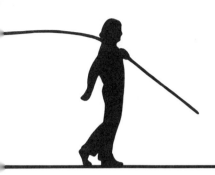

Philippe Petit

Der Traum vom Seil

Philippe Petit wurde am 13. August 1949 in Nemours (Seine-et-Marne) geboren. Der Sohn einer französischen Millionärs- und Generalsfamilie zeigte schon als Kind einen Hang zum Ungewöhnlichen und erprobte im Park des Familienbesitzes seinen Mut und seine körperlichen Fähigkeiten beim halsbrecherischen Spielen in den hohen Bäumen. Er lernte reiten, besuchte sechs Jahre lang das beste Kunstinstitut in Paris, er begann zu jonglieren, balancierte auf dem Einrad, lernte Zauberkunststücke und schließlich die Äquilibristik auf dem Seil. Sein jüngerer Bruder Alain war Mitglied der Hochseiltruppe »Die weißen Teufel«, gab aber bald den Seiltanz wieder auf. Als siebzehnjähriger Straßenartist durchs Land ziehend, erwarb Petit sich bald einen gewissen Ruf. Zum Ruhm wandelte der sich, als er 1971 heimlich, nur mit Unterstützung einiger Freunde, sein Seil zwischen den Türmen der berühmten Kirche Notre-Dame de Paris spannte. Diese Seilüberquerungen ohne behördliche Genehmigungen wiederholten sich in den folgenden Jahren, so zog er sein Seil 1973 zwischen den Türmen der Sydney Harbour Bridge in Australien und 1974 zwischen den Wolkenkratzern des New-Yorker World Trade Center in 412 m Höhe. 1975 folgte eine Tournee mit dem Ringling Bros. and Barnum & Bailey Circus, im gleichen Jahr überquerte er auf dem Seil das Louisiana Superdome, das größte Hallenstadion der Welt, bei dessen Eröffnungsfeier.

Für den Seilkünstler Philippe Petit ist das Ungewöhnliche kennzeichnend, nicht nur in der Wahl seiner Auftrittsorte (z. B. neben den genannten 1982 St. John The Divine in New York, die größte gotische Kathedrale der Welt, das Museum of the City of New York 1984, das Lincoln Center in New York anläßlich der Feierlichkeiten um die Freiheitsstatue im Juli 1986), sondern vor allem in der Art seines Auftretens, des einfachen schwarzen Kostüms, der Tricks (so jongliert er sogar in schwindelnder Höhe – natürlich ohne Balancierstange).

Er sagt: »Eine Begrenzung der Möglichkeiten gibt es nur in den Seelen derjenigen, die nicht träumen können.«

Petit verfaßt daneben Stücke, in denen er als Seilkünstler auftritt, spielt in Pantomimen, schreibt Bücher und Szenarien. Schon als Jugendlicher wirkte er in einigen Theateraufführungen mit, und aus seiner Feder stammen die Stücke »Concert in the

Sky« (1982 in New York mit der Pianistin Evelyne Crochet), »Corde Raide – Piano volant« (1984 im Palais de Chaillot, Paris) und »Ascent« (»Konzert für Piano und Hochseil«, 1986 in der St.John The Divine Cathedral mit der Pianistin Evelyne Crochet und dem Saxophonisten Paul Winter), die er auch inszenierte und spielte. Bei einem 1986 gedrehten Film über die Niagarafälle stellte Petit seinen berühmten Landsmann und Vorgänger Blondin dar. Da die USA-Behörden die Überquerung der Fälle verboten hatten, mußte Petit auf kanadischer Seite auf dem von Kränen gehaltenen Seil über dem Fall in 50 Meter Höhe balancieren.

»Um das zu tun, was ich mache, muß man das Gegenteil von verrückt sein. Ich sorge exakt für jedes Detail…«, stellte Petit auf die Frage eines Reporters fest. Doch der französische Seilkünstler hat etwas an sich, das ihn selbst von anderen Hochseilartisten unterscheidet. Sein Freund Marcel Marceau sagte über ihn: »Er erscheint wie von einem fremden Planeten gekommen. Der Himmel ist sein Reich, und das einzige, was ihn zwischen dem Leben und dem Nichts hält, ist ein Seil vierhundert Meter über dem Erdboden.«

Meine Begegnung mit dem Seil

Man muß nicht alles erzählen.

Dennoch muß ich zeigen, auf welche Art und Weise das Seil von Notre-Dame sich in meinem Kopf verankert hat und um was für ein Seil es geht.

Alle möglichen Geschichten sind erfunden worden, was meine Entdeckung der Seiltänzerei anbetrifft. Die Wahrheit ist viel einfacher und reicht aus:

Mein kleiner Bruder kommt aus den Ferien und redet nur noch von einer Gruppe Akrobaten, die er getroffen hat. Männer und Frauen, die sich auf einem Drahtseil im Gleichgewicht halten und quer durch den Himmel laufen.

Sie sind schön, sie sind stark, sie sind wunderbar.

Und ich, ich bin sechzehn.

Ich verbringe meine freien Tage seit elf Jahren damit, reiten und zeichnen zu lernen, zu zaubern und alleine zwischen Felsen oder Bäumen mit Hanfseilen zu spielen.

Dieses Jahr sind es die Bäume in einem der Familie gehörenden Park nicht weit von Nevers. Ich baue sehr weit oben im Blattwerk einige geheime Schlupfwinkel aus, die nur für mich erreichbar sind. Ich dringe zu einzeln stehenden Zweigen mit Hilfe meiner Seilwinde vor, einer Erfindung, die zehn Meter vom Boden blockiert, wenn ich mich zu langsam in die Höhe ziehe, oder die frei fällt, wenn ich eine Hand loslasse, um Fliegen zu fangen. Die Höhe dieser Bäume ist es, die mich interessiert. Ich schaffe es, mich an den zerbrechlichen Verästelungen der letzten Zweige im Gleichgewicht zu halten. Dann ziehe ich mich mit angehaltenem Atem auf die Fußspitzen, um größer zu werden als der Baum.

Vorsichtig hole ich wieder Atem, der Gipfel des Baumes erfaßt es sogleich, und ohne Hast beginnt er zu schwanken. Ich weiß nicht, ob der Zweig brechen wird, ich achte nicht auf die Veränderungen des Windes, ich freue mich einfach, daß ich so hoch gekommen bin, erstaunt, daß ich mein Gleichgewicht halten kann, ich genieße die Angst mit gierigen Augen. Aber das reicht nicht, ich erträume das Unmögliche.

Also stoße ich den Zweig mit meinem ganzen Gewicht an, das

Schaukeln wird stärker, bringt alles zum Schwanken, ich zwinge den ächzenden Baum, meinen Befehlen zu gehorchen. Ein schreckliches Krachen kündigt das Ende des Spiels an, mein Herz hört auf zu schlagen. Ich bleibe an dem Zweig, der brechen will, hängen und lasse zu, daß der Baum seine Rechte zurücknimmt. Die Bewegung beruhigt sich, mein Herz auch. Glücklich über dieses Wunder bleibe ich unbeweglich da bis zum Abend und überwache mit einem Fernglas die Feldwege, auf denen nichts geschieht.

Ich habe meine unterschiedlichen Sitzstangen, die ich als Schaukel benutze, mit vertikalen Seilen verbunden, indem ich jeweils ein Stück Holz an den äußersten Enden befestigt habe. Ich schaukele mich sehr hoch. Ich beeile mich, an die breiten schwarzen Stämme heranzukommen, von denen ich mich im letzten Moment zurückstoße, wobei ich meine festgeschlossenen Füße ganz flach machen muß. Wenn ich mich während des Fluges drehe oder die Füße schlecht aufsetze, werde ich an der Baumrinde zerquetscht, und niemand wird es erfahren.

Manchmal bricht der Sitz, und ich werde zum Menschen des Dschungels, der an einer Liane hängt. Ich ziehe auch horizontale Seile, wenige allerdings; sie sind mit der Kraft der Handgelenke schwierig und schmerzhaft zu ziehen.

Ich habe eine Affenbrücke zusammengebaut, wie ich es über Bergbäche getan hatte: zwei parallele Seile für die Hände, ein Seil drunter für die Füße. Man läuft auf dem »Boden-Seil« und hält sich fest an den »Geländer-Seilen«; wenn man wackelt, dreht sich das Ganze um. Ich drehe mich oft um, aber gehe auch mit Hilfe nur einer einzigen Hand rüber, und manchmal lasse ich ganz und gar los für einen Moment und rufe meinem vorbeigehenden Bruder zu:

»Sieh mal! Sieh mal!«

Seine Seiltänzer? Ja, das sind Leute, die auf einem Seil laufen. Und ich, ich kenne das sehr gut. Es ist einfach.

Ich, ich würde Seiltänzer werden.

Ich, ich kann Seiltänzer werden.

Ich, ich will Seiltänzer werden!

Sehr weit oben und sehr allein.

Die Brücke aus Hanf in den Kastanienbäumen, ich habe sie heute am späten Nachmittag »ohne Hände« überquert!

Ich weiß, daß sie einen Balancierstab benutzen, also nehme ich ein langes Stück Holz. Die Tage sind sich einander gleich: Ich lerne einsam und allein, auf einem starren Seil zu laufen. Endlich bin ich soweit.

Ich will die Seiltänzer treffen.

Ich gedulde mich. Ich warte. Morgen wird es sein.

Da bin ich also unter den 18 Meter hohen Masten in Gesellschaft der Truppe von Akrobaten, die mich nicht auf ihren Einrichtungen üben lassen wollen.

»Du kannst es nicht.«

»Doch, ich kann es! Ich verstehe es!«

»Nicht zwischen den Masten.«

Sie weigern sich. Ich bestehe darauf. Ich zwinge sie: »Eine Minute nur auf dem durchhängenden Stahlseil, dort, wo es nicht hoch ist!«

Das immerhin gesteht man mir zu, aus Freundlichkeit.

Ich schnüre, so schnell es geht, meine schweren Bergschuhe auf (mit denen ich am leichtesten auf meinen Seilbrücken vorwärtskomme), sie verlassen meine Füße; ich schwinge mich auf das Stahlseil, ich schneide mir in die Finger, ich greife nach dem Balancierstab, werde von seinem Gewicht erdrückt; ich wage nicht, dem Mann, der unter mir steht, zu sagen, daß er mich stört; ich weiß nicht, wohin mit meinem Blick auf dieser glänzenden schwankenden Linie, und biete dem Himmel die Stirn; ich bin nicht umgeben von Zweigen, die mich unterwegs absichern und mich halten, wenn ich schwanke; das ist was ganz anderes als meine Bäume; ich habe Angst.

Ich setze einen Fuß auf das Seil. Sie warten.

Ich mache einen Schritt. Macht und Freiheit.

Ich fühle mich schon als Seiltänzer.

Ich mache zehn Schritte vorwärts. Ein Lächeln.

Ich komme an meinen Ausgangspunkt zurück. Ich habe keine Kraft mehr.

Es regnet, oder das Publikum bleibt hier aus, ich erinnere mich nicht mehr, aber die angekündigte Vorstellung findet nicht statt.

Philippe Petit 1969 als Straßenartist in Paris

Ich werde also keine Seiltänzer sehen.

Aber ich werde mich an den Tag und die Nacht immer erinnern, diese zehn ersten Schritte nach vorn auf einem echten Seil, auf dieser über den Dingen gespannten Linie, wo man stark sein muß um vorwärtszugehen.

Das war auf dem Platz Mésirard à Dreux. Mit der Truppe Omankowsky – Die Weißen Teufel.

Von da ab wird sich das Seil mit tausend Leidenschaften und tausend Abenteuern verwickeln.

Ich bin Zauberkünstler, ich arbeite mit der Manipulation von Billardkugeln; auf ganz natürliche Weise entdecke ich das Jonglieren.

Ich bin Troubadour, ziehe einfach los auf die Straßen und mache den Autofahrern Zeichen, anzuhalten und mich mitzunehmen, oder wenn ich durch Dörfer komme, schreie ich meine Lieder hinaus, ohne mich darum zu kümmern, ob es Tag ist oder Nacht. Ich habe in meiner Tasche Kugeln, Karten, Keulen zum Jonglieren und mein Seil des Seiltänzerlehrlings. Ich ziehe meine Straße mit Jean-Louis, dem Photographen, mit Christian und

Chinito, den jungen Toreros, Santiago, dem Flamencogitarristen. Ich biete ihnen Vorstellungen eines Jongleurs, wo immer es ist, auf offener Straße. Eines Abends gehe ich mit einem alten, hohen Hut bei den Leuten, die sich angesammelt haben, herum. Ich werde Straßenjongleur.

Auf der Feria von Arles[1] improvisiere ich ein Seil zwischen zwei Bäumen für den vorbeikommenden Manitas de Plata. Ich ziehe einen Kreidekreis um mich herum und verbiete, daß man ihn übertritt. Meine Straßenpersönlichkeit wird geboren, und sie wird mich nicht mehr verlassen.

Ich kann zwar kaum jonglieren, aber ich werde eines Tages meinen eigenen Zirkus aufmachen!

Ich habe mich auf mein Seil gestellt, ich werde der größte Seiltänzer der Welt werden! Ich werde die Gipfel des Erdballs miteinander verbinden!

Das Stahlseil fehlt mir. Dieses Stahlseil, das ich überhaupt nicht kenne. Ich trete meine Seile ab für elende Stücke von Stahlseilen, die es mir nicht gelingt, korrekt zu spannen.

Was für eine Länge? Was für ein Gewicht? Was für einen Durchmesser? Was für Knoten?

Ich gehe noch mal los, die Seiltänzer anzusehen. Sie überschlagen sich nicht gerade, mir zu zeigen, was ich wissen möchte, aber der Vater Omankowsky ist über meinen Enthusiasmus verblüfft: Er wird mir ein schönes schweres Stahlseil leihen, ein Spannschloß und wird mir – als gäbe er damit ein Geheimnis preis – den Knoten zeigen, den der Seiltänzer verwenden muß.

Man stellt mir einen Garten zur Verfügung, ich montiere die Einrichtung zwischen zwei kolossalen Zedern.

In ein paar Wochen verschlinge ich die ganze Seiltänzerkunst. Das Gleichgewicht auf dem Stuhl, die Fahrt mit dem Fahrrad, das Jonglieren, die Rollen. Mir gelingt das alles sehr schnell. Ich verdiene das nötige Geld. Ich sehe den Seiltänzer wieder. Ich kaufe ihm Material und die Geheimnisse ab.

Er will mich unterrichten, aber ich möchte nicht. Ich will nicht die Kunst der Zirkusleute. Mit dem Lächeln zur Menge hin, mit

[1] Das Stierkampffest findet in der Arena von Arles statt, die eine der ältesten erhaltenen Arenen der Welt ist (erbaut um 46 v. u. Z.). – d. Hrsg.

324

vorgetäuschtem Gleichgewichtsverlieren, flatternden, mit fal-
schen Diamanten besetzten Ärmeln und Jahrmarktsmusik. Ich
möchte meine Liebe zum Seil auf meine Art entwickeln, einzigartige und persönliche Figuren erfinden, meine eigenen Komposi-
tionen entdecken und ihnen Gestalt verleihen, mich wie ein Torero auf dem Seil bewegen und mich dabei über die Regeln
hinwegsetzen.

Morgens, bevor ich in die Schule gehe, besuche ich oft meine
Anlage. Wenn ich den Unterricht schwänze, wissen meine Mit-
schüler, daß ich dort bin, um die bewußten hundert Schritte auf
dem Stahlseil zu machen. Die Lehrer erfahren es.

Und dann muß ich, um meinen Garten zu behalten, mein
Stahlseil verborgen, muß ich Stunden geben!

Ich versuche es.

Ich will nicht, daß man an mein Seil rührt.

Ich bin eifersüchtig auf mein Seil.

Ich habe kein Seil mehr.

Also führe ich mich bei den Artistenagenten ein:

»Ich bin der beste Seiltänzer! Ich habe es allein gelernt! Ich
mache sehr schöne Schritte, sehr langsame, so wie vor einem
Stier! Ich halte mich gerade! Ich tue nicht so, als ob ich runter-
falle! Ich gehe ganz in Schwarz!«

Das genau durfte man nicht sagen.

Diese Krämer betreiben ihre Geschäfte ohne jede Phantasie. Sie
erwarten eine klassische Nummer. Eine traditionelle Musik. Ein
Kostüm, was man schon gesehen hat. Ich lerne, daß man »verkaufen« muß, das Wort verletzt sie nicht.

Man verkauft die Schwierigkeit eines Tricks.

Ich erfahre, daß man, um zu arbeiten, schon gearbeitet haben
muß. Aber dann beginnt man ja niemals?

Wie es ihnen beweisen?

Sie würden es sicherlich akzeptieren, mich in einer Truppe un-
terzubringen, man fordert manchmal junge Leute für Ensemble-
nummern.

Ich stelle mich im Zirkus vor. Das ist noch schlimmer.

Ihnen gefällt mein Enthusiasmus nicht und meine Originalität, ich bin jemand, der alles verändern könnte, und außerdem
bin ich nicht bei ihnen geboren.

Damit man mir eine Vorstellung auf dem Seil zubilligt, bin ich zu allem bereit, was es auch immer sei.

In einer Zeitung für Schausteller heften sich meine Augen auf eine Zeile: Seiltänzer sucht Partner.

Ich werde Partner.

Aber nach einer Probe mit dem anderen sind die Rollen vertauscht.

Unsere erste Vorstellung wird vor Pommes-frites-Essern stattfinden; er will, daß eine blau-weiß-rote Fahne an der Spitze jedes Mastes wehen soll; wir teilen uns das Programm mit Autokaskadeuren, die nach Wein riechen; ich werde das Opfer des elenden Gequatsches eines Jahrmarktschreiers, der sich anschickt, per Mikrophon jede meiner Bewegungen zu kommentieren, und dessen Wortspiele kaum vom Boden abheben. Ein paar Wochen dieses Mischmaschs, und unsere Seile trennen sich. »Künstler«! Das ist dann seine Beleidigung an meine Adresse.

Dann kommt das Durcheinander von anderen Reisen – mit einem kleinen Lieferwagen diesmal und echtem Material für einen Seiltänzer. Ich produziere mich auf öffentlichen Plätzen, auf einem höheren und längeren Seil, und Tausende von Leuten werden kommen, um mich zu sehen.

So geht das aber nicht. Man braucht Genehmigungen, Lizenzen, Handelsregister, um auf ein Seil zu steigen. Ich reise einmal rund um Frankreich, ohne ein einziges Mal die Möglichkeit zu haben, öffentlich mein Stahlseil zu spannen. Ich treffe meine Freunde, die Toreros, ich nehme an ihren Proben teil, ich begleite sie in die Arenen, ich spiele, daß ich mich vor einen Stier werfe, ich will Torero werden, nein, ich will Seiltänzer werden. Das ist das gleiche.

Ich entdecke das Schauspiel, das Theater, ich will Regisseur werden, ich schreibe ein Stück für die Bühne: »Die Eibe«, natürlich mit gespanntem Seil und zwei Personen, die nicht miteinander reden. Ich entdecke das Schachspiel. Ich lerne Russisch. Ich verlasse die Schule für immer. Ich beteilige mich an der Gründung eines Theaters. Wir spielen Yeats, mit meinem Seil über den Zuschauern. Ich komme nach Paris, um hier zu leben. In dem Atelier von Sam, dem Pastellmaler, posiere ich lange auf dem durchhängenden Seil und vervollkommne die liegende Position, die in den Himmeln zukünftiger Überquerungen meine Unterschrift sein soll.

Ich schreibe Gedichte.

Ich bin Illusionist in Kabaretts.

Ich bin Straßenjongleur.

Warum das alles erzählen? Weil es nur das gibt, was für mich zählt: das Unnötige lernen. Und all das werde ich mit auf das Seil steigen lassen.

Auf mein erstes richtiges Seil.

Am Ende des Tages gehe ich an der Kathedrale Notre-Dame vorbei, um in mein Zimmer zu kommen – die Rumpelkammer –, das ich in der Rue Laplace mietete. Seit langem schon bleibt mein Blick auf jedem vertikalen Objekt einer gewissen Höhe hängen, wo es schön wäre, ein Stahlseil zu spannen: ein Mast, ein Baum, ein großer Wohnblock, ein Berg...

Auch heute morgen, als ich die Rue Valette hinuntergehe, betrachte ich die Türme, die Spitzen der Türme.

Ich habe Seilfieber. Ich habe Hunger nach Spektakel, Theater, Komposition, Arroganz, ich nähre mich von Freiheit. Ich werde mich eines Tages im Angesicht der Welt aufrichten, ganz hoch, sehr allein, schön, frei und stark.

Die Kathedrale stellt sich mir erneut quer in den Weg. Die Gewaltigkeit ihrer Fassade, wenn ich vor ihrem Portal des Jüngsten Gerichts anhalte, zwingt mich, sie langsam mit dem Blick emporzuklettern. Die ungeheure Ausgewogenheit des Mauerwerks aus Stein, was sich trennt, um den Wolken ihren Lauf zu lassen, dämpft meine Sicherheit.

Notre-Dame, das wichtigste Denkmal von Frankreich, das Symbol von Paris, die mysteriöse Kathedrale, das ist ein königlicher Platz für die Vorstellung eines Seiltänzers.

Schade, daß der Zirkus, daß die Impresarios, daß man verkaufen muß, daß man zu einer Truppe gehören muß, daß man eine Erlaubnis braucht...

Dennoch erklimme ich eines Tages im Sturmangriff die Kathedrale, getrieben von meinen Lüsten des absoluten Seiltänzers, meinem Verlangen des Kindes in den Bäumen.

Ich entdecke die Leere zwischen den Türmen. Ich entdecke

Paris. Die Touristen sperren Mund und Nase auf vor den Traufrinnen in Tiergestalt und all diesen Phantasiebildern. In meinem Winkel atme ich die Höhe ein, ich schmecke die Tiefe, ich atme den Wind und die Luft, die sie nicht spüren. Ich stehe Auge in Auge dem Horizont gegenüber, der die Hauptstadt umgibt, ich zeichne in meinem Kopf die Welt, die sich darüber befindet, sie ist voll von wunderbaren Plätzen, zwischen denen sich ein Seil spannen ließe, wenn man mir die Erlaubnis dazu gäbe.

Das ist sicher: Man würde mich niemals zwischen den Türmen von Notre-Dame laufen lassen. Ich steige hinunter.

Aber Notre-Dame bleibt da, unbeweglich, während die Tage sich in die Länge ziehen.

Ich brauche niemanden. Ich werde der Welt zeigen, was ich will. Ich werde sie zwingen, mir zuzusehen. Ich werde bald ein Seil spannen, irgendwo, ich werde die Stadt aufwecken mit einem Spektakel, das ich wie eine Überraschung schenke, ich werde all denen imponieren, die nichts von mir wissen wollten. Ich werde sie zwingen, mir zu applaudieren.

Wiederum mache ich mich zu dem Abenteuer auf, spiralförmig auf den Steintreppen hinaufzugehen, die sich im Inneren der Kathedrale nach oben schrauben, ich postiere mich auf der Spitze, ohne eine Bewegung, die Ellbogen abgestützt auf der Brüstung aus Stein. Man weckt mich auf, die Führung ist beendet, man muß hinuntergehen.

Am Abend kündige ich meiner Freundin Annie an:

»Hör mal, ich werde ohne Erlaubnis zwischen den Türmen von Notre-Dame ein Seil spannen.«

Ich bin gar nicht auf die Idee gekommen, um eine Genehmigung nachzusuchen. Das bringt einen zum Lachen: eine Erlaubnis für ein Schauspiel mitten in der Hauptstadt, die Zusammenrottung von Tausenden von Leuten, Stillstand des Verkehrs um des Vergnügens eines Seiltänzers wegen, der davon träumt, sich zwischen den Türmen ihrer Kathedrale von der Sonne bräunen zu lassen.

Ein Jahr wird vergehen, bevor die eigentliche Organisation des Abenteuers beginnt.

Die Vorbereitung des Coups

Von diesem Moment an und bis zum Tage des Angriffs werde ich nicht hinaufsteigen, um die Höhe einzuatmen noch um mir mich vorzustellen im Mittelpunkt des Raumes, der die beiden Türme trennt. Ich werde nicht an die erste Überquerung denken, daran, was das für einen Seiltänzer bedeutet, der niemals auf einem Seil höher als 10 m über dem Boden war und der sich niemals gemessen hat mit dem Wind noch dem Raum auf einem nicht mit Spannseilen befestigten Stahlseil. Ich schiebe diese Gedanken weg und lasse meine Befürchtungen abprallen.

Ich werde erst nach dem ersten Durchlauf über der Menge die Verrücktheit meines Unternehmens begreifen.

Jeder Besuch hat jetzt ein wohldefiniertes Ziel: einen Teil des Turmes kennenzulernen, die Anzahl der Stufen zu zählen, sich der Breite einer Tür zu versichern, die Höhe einer Decke zu verifizieren, eine Skizze der Spitze anzufertigen, einen Punkt für die Verankerung zu entdecken.

Dann kündige ich das Abenteuer meinem Freunde, dem Photographen, an: Jean-Louis ist begeistert.

Er begleitet mich bald in die Türme, um einen Faden zum Boden hinunterzulassen und die Entfernung zwischen zwei Mauern zu messen oder die Länge von einer sich windenden Treppe, wobei er die Füße der Touristen meidet, und natürlich, um Fotos zu schießen.

Zwei Monate vergehen. Notre-Dame kennt mich. Ich kenne Notre-Dame. Der Turmwart hat mich bemerkt.

Ich besitze eine genaue Zeichnung der Spitze, ich kenne die Geographie der Türme, ich bin stolz auf meine Sammlung von Postkarten, Photographien, historischen und architektonischen Führern.

Der Plan hat sich von selbst aus diesen Elementen entwickelt. Man müßte bei einbrechender Dunkelheit ankommen, das Material in den Gebüschen des Platzes hinter Notre-Dame ablegen, nacheinander die drei Gittertüren passieren, die uns von den Kirchenmauern trennen, lautlos über den Kiesweg gleiten, der zur Eingangstür der Türme führt, genau gegenüber dem Hause des Sakristans, so schnell wie möglich die dreihundertfünfund-

In 400 m Höhe zwischen den Türmen des World Trade Center

siebzig Stufen hinaufsteigen zum Gipfel, in der Nacht das Stahlseil installieren, ohne Licht, ohne Geräusch und platt auf dem Boden liegend, um nicht gesehen zu werden ... Der Rest ist meine Sache.

Das Problem ist vor allem, sich in das Innere der Türme einzuschleichen.

Die Touristen haben keinen Zugang zum Nordturm, dem »verbotenen Turm«, diese Tür ist also ständig geschlossen. Auf halber Höhe der Treppe zum Ausgang trifft man auf eine andere Tür, die immer geöffnet ist, aber sie ist vielleicht abends geschlossen wie die von unten, die der Turmwart mit einem Schloß verriegelt, wenn er um siebzehn Uhr weggeht. Ich brauche Nachschlüssel.

Der Turmwart trägt an seinem Gürtel einen großen Ring, an dem eine Kollektion mittelalterlicher Schlüssel hängt. Ich nähere mich ihm, ich streife ihn, ich berühre ihn. Unmöglich, ihn ihm abzunehmen.

Ein Freund, der Journalist ist, benutzt seinen Presseausweis, um eine besondere Genehmigung zu bekommen, eine Aufnahme von der Höhe des verbotenen Turmes zu machen. Ich kreuze den Turmwart in dem Moment, in dem er den Schlüssel sucht, den er in das Schloß steckt; alles geht ganz schnell, ich sehe nur ganz kurz die Form des Bartes. Ich habe keine Zeit, mich an die Stärke oder an die Tiefe der Kerben zu erinnern. Schnell werfe ich aufs Papier, was mein Auge fotografiert hat: die vage Zeichnung eines Schlüssels. Ich nehme auch den Abdruck des Schlosses und übergebe diese Angaben einem Schlosser, er ist einverstanden, mir bei der Herstellung eines Dietrichs zu helfen.

Der schwere und lange schwarze Schlüssel, noch lauwarm, verschwindet unter meinem Hemd. Ich fliege zur Spitze der Kathedrale. Ich spritze pulverisiertes Öl in das Innere des Schlosses, wie das bei Einbrechern üblich ist. Ich schiebe meinen Schlüssel hinein. Jean-Louis steht Schmiere. Notre-Dame wird mir gehören. Nein, der Schlüssel dreht sich nicht. Ich bringe den Schlüssel zu seinem Hersteller zurück. Sofort steigt der mit einigen Werkzeugen nach oben, er schleift mit einer Feile eine zu harte Kante ab. Der Schlüssel funktioniert perfekt.

Der Coup wird plötzlich ganz real faßbar.

So nennen wir das, was vorbereitet wird: den Coup.

Der erste Teil ist abgeschlossen.

Ich muß jetzt die Montage organisieren.

Ich weiß, daß ich jede Spitze mit einem Kabel umgeben, das Seil durchziehen und es an einem Seilspanner befestigen kann. Aber ich will herausbekommen, was »ein richtiger Seiltänzer« davon hält. Ich zwinge Vater Omankowsky, mich zu begleiten. Er entdeckt sofort die sicherste Variante. Noch ein Geheimnis eines Seiltänzers. Das Kabel muß die Tiefe überqueren, die Spitze des Turmes entlanglaufen, durch die Treppe hindurchgehen, zwei Etagen hinunterführen, sich dann um eine kurze Eisenstange herumwickeln, die quer am rechten Fenster verkeilt wird. So wird das Seil, was sich auf einen Berg von Stein stützt, die Tendenz haben, diese beiden Etagen hochzuheben, während in meiner Lösung die gesamte Spannung auf den paar Blöcken des Gipfels geruht hätte.

Das ist einfach, das ist einleuchtend, das ist genial.

Wir wissen, daß der andere Turm nicht genauso aufgeteilt ist, es gibt kein Fenster auf der Treppe, das Kabel wird sich also zweimal um die Basis der Hinterpforte auf den letzten Treppenstufen winden.

Nach seinem Besuch weigert sich mein Berater, sich mit mir vor dem zukünftigen Schauplatz meiner Heldentaten fotografieren zu lassen.

»Man weiß nie, der Coup ist zwar sehr sympathisch, aber das Ganze ohne Erlaubnis zu machen … die Polizei … das ist doch ganz schön ernst, und dann kann alles noch schiefgehen, alles kann eine unvorhergesehene und dramatische Wendung nehmen.«

Das stimmt, die Fassade von Notre-Dame ist 100 Meter von der Polizeipräfektur von Paris entfernt. Wie soll man sicher sein, daß es keinen Hund im Hause des Sakristans gibt, die Krypta der Kathedrale birgt immerhin einen Schatz…

Ich bereite das Material vor, das ich brauchen werde.

Ich wähle das aus, was am wohlfeilsten ist, denn ich bin sicher, daß die Polizei alles konfiszieren wird.

Bleibt noch, die Person zu finden, die Jean-Louis und mir hilft, das Material bis oben in den Turm zu tragen. Er kennt jemanden. Freunde sind bestimmt, um Schmiere zu stehen. Der Coup ist für morgen geplant.

Ich glaube nicht daran und trotzdem... Heute abend klopft es ununterbrochen an meine Tür. Ich öffne, man begrüßt mich mit einem kleinen Lächeln, mein Zimmer füllt sich. Der Ton ist wie bei einer freundschaftlichen Zusammenkunft am Feuer. Ich gebe laut noch einmal den Plan bekannt: »Aufbruch um 23 Uhr, wir richten die Nacht über ein, dann warte ich allein, bis es zehn Uhr schlägt, sich die Tür unten öffnet, und beim Anblick des ersten Touristen werde ich auf mein Seil springen.«

Und das Wetter? Die Leute um mich herum sprechen von Meteorologie. Es regnet viel seit einigen Tagen, die Zeitungen und die Flughäfen, mit denen wir Kontakt aufgenommen haben, haben dieselben Voraussagen gemacht: Morgen ist schlechtes Wetter, Wolken und Regengüsse. Also? Sollen wir den Coup wagen? Eine heftige Diskussion setzt ein. Ich bin wütend, daß der Coup so zum Versteigerungsobjekt der unterschiedlichen Meinungen wird. Endlich wirft einer ein:

»Es ist an Philippe, das zu entscheiden.«

Ich entscheide wie der Blitz: »Auf geht's, und zwar sofort.«

Ich würde gerne keinerlei Gründe angeben, aber ich bin gezwungen durch die vorangegangene Diskussion. Also sage ich nicht, daß ich von dieser Eroberung träume, von diesem Wunder, diesem Fest, dieser Rache, diesem Feuerwerk, diesem Moment der absoluten Freiheit; ich sage nicht, daß mein Blut nicht mehr dasselbe ist, seitdem sich Notre-Dame in meinem Kopf festgesetzt hat, daß es mir unmöglich sein würde, wieder ein normales Leben aufzunehmen, wenn ich den Gedanken an diesen tollen Tag, der mich erwartet, aufschieben würde; ich sage nicht, daß der Coup für mich so wichtig geworden ist, daß es heute eine Frage von Leben und Tod geworden ist; ich sage nur, daß den Coup aufschieben heißt, ihn auf das nächste Jahr zu verlegen. In der Tat haben wir zu lange gewartet. Sonntag ist der große Aufbruch der Pariser in die Ferien. Ich weiß, daß sie durch Tausende von Touristen ersetzt werden, aber das hier ist eine Sache zwischen Paris und mir. Die ganze Stadt muß da sein, da, zu meinen Füßen, Gefangene meines Schauspiels, ganz Paris muß mir zujubeln.

*Keulenjonglerie auf dem Hochseil an der Kathedrale von Laon
in 80 m Höhe, 1975*

Und wenn ich gegen Wetter und Sturm kämpfen muß, und wenn ich von meinem Seil davonfliege mitten im Wind, was für ein herrliches Ende!

Wir brechen auf.

Der LKW dringt in die Nacht ein. Notre-Dame ist nicht erleuchtet. Wir setzen Pablo auf dem Vorhof ab, er wird Wache schieben. Ich parke längs des Platzes der Kathedrale. Und lachend über die Unverschämtheit, die Leuten, die einen Coup starten wollen, eigen ist, organisieren wir ein Hin und Her des gesamten Materials von dem Lastwagen bis zu der Bank, die am Rande des Dickichts steht.

Unser Träger, der nicht zum Treffpunkt nach Hause gekommen war, ist immer noch nicht aufgetaucht. Er wird nicht kommen. Jean-Louis zeigt mir einen jungen Burschen, ganz blond: Jean-François. Er ist gekommen, um Schmiere zu stehen. Ich frage ihn mit unsicherer Stimme, ob er es akzeptieren würde, den Mann, der uns fehlt, zu ersetzen.

»Du mußt nur Material nach oben tragen und mir bei der Montage helfen, im großen und ganzen keine große Sache.« Ich weiß, wenn er es ablehnt, wird der Coup nicht stattfinden. Jean-François ist einverstanden unter einer Bedingung: Er will morgens um 11 Uhr fertig sein, wegen eines Tennisspieles. Das ist kein Spaß. Ich verspreche ihm, daß er zu dieser Zeit frei sein wird, und denke dabei daran, daß es gut und gerne möglich wäre, im Gefängnis Tennis zu spielen…

Ich genieße einen letzten Atemzug frischer Luft, und wir dringen alle drei in das Gestrüpp ein, ohne Aufmerksamkeit auf uns zu lenken. Wir ziehen das Material bis zum Fuße der Gittertür. Wir lassen die Rolle mit dem Stahlseil zum Laufen durch die Stäbe hindurchgleiten, den Spanner und das Kabel, die Ankerschrauben unterschiedlicher Länge, den in zwei Teile zerlegten Balancierstab, die beiden Rucksäcke mit den Werkzeugen, mein Kostüm und etwas zu essen und dann schließlich die Köfferchen, die die Fotoapparate von Jean-Louis, der eine außergewöhnliche Reportage vorgesehen hat, enthalten.

Das gesamte Material war so vorbereitet und ausgewählt worden, daß es durch die Stäbe dieser Gittertür, die Abstände von 17 cm haben, ging.

Ich überquere die Wiese mit hohem Gras, die hinter dem Chor liegt, wobei ich die Füße gut anhebe, um kein Signal auszulösen, wenn meine Beine sich in versteckten Drähten verfangen oder um keine Mine hochgehen zu lassen wie im Kino. Das Delirium ist schon da!... Der Kies auf dem Pfad, der zur Ausgangstür der Türme führt, knirscht infernalisch, auch wenn ich die Füße ganz sachte aufsetze. Ich hätte mir die Schuhe ausziehen müssen.

Ich liege auf den Steinplatten am Fuße der Tür. Ich hebe den Arm, ich stecke den Schlüssel ins Schloß.

Die Tür öffnet sich vor mir.

Ich liege platt auf dem Bauch, keuchend in der Finsternis.

Es ist Mitternacht.

Ich werde von Jean-Louis und Jean-François eingeholt. Die ganze Ausrüstung kommt ohne allzu großen Lärm an, und wir ziehen sie hinein. Ich halte die halbgeöffnete Tür auf und durchforsche mit meinem Blick die Länge des Bürgersteigs, den ich vor dem Vorplatz wahrnehmen kann: Ich kann zwei Schemen im Schatten ausmachen. Pablo erfüllt seine Aufgabe und tut so, als ob er die junge Frau küßt, die er umschlungen hält, bereit, sich von seinem Unterschlupf im Halbschatten zu entfernen, was für uns das Zeichen für eine Gefahr wäre.

Die Tür schlägt zu. Ich schließe ab. Wir sind am Fuße der Treppe. Es ist stockfinster.

Mit viel Lärm verteilen wir die Last. Man gibt mir das, was am leichtesten ist, sie teilen sich den Rest. Es fällt mir schwer zu glauben, daß sie fähig sind, mehr zu tragen als das, was sie mir gerade auf die Schultern gepackt haben. Dennoch legen sie ein Gewirr von Säcken und Kabeln an und beginnen den Aufstieg.

Jedes Mal, wenn wir durch eine Tür gehen, schließe ich sie hinter mir wieder ab, wobei ich ein Gehänge von verbundenen Muttern durch einen feinen Faden in das Schlüsselloch einführe. So ist die Tür von innen blockiert, und ich denke, daß etwa zehn Minuten nötig wären, um damit zu Rande zu kommen. Angesichts der Vielzahl der Türen wird uns das, wenn wir einmal entdeckt sind, etwa eine Stunde vor der Polizei schützen. Gebeugt unter dem Schmerz, mit leerem Kopf, lassen wir uns von den zu schweren Bündeln aus dem Gleichgewicht bringen, während wir vorwärtsstapfen. Was wir transportieren, schlägt dauernd an die Mauern an, unsere Fußsohlen schlagen auf den kalten Stein, das Echo dieses Klapperns mischt sich mit dem Lärm unserer Atemgeräusche, die wie von erschreckten Raubtieren klingen, die in dieser teuflischen Manege eingesperrt sind. Die drehende Bewegung trägt mich hinweg, ich habe mehrere Male den Eindruck hinunterzusteigen. Diese Wendeltreppe aus Stein, dunkel und stickig, wird mich erst 70 Meter weiter oben loslassen, an der Stelle, wo ein Verbindungsgang ins Freie zu den engeren Treppen von jedem Turm führt.

Das war eine Reise in die Hölle.

Was für eine Wonne, in die kalte Luft einzutauchen, was für eine Erschöpfung aber auch!

Wir meinen, nicht mehr fähig zu sein, auch nur fünf Stufen noch hochklettern zu können.

Paris schläft und ahnt nicht, was es erwartet.

Jean-François steigt hinunter, um vorübergehend die Treppentüren zu blockieren, durch die die Besucher kommen werden. Jean-Louis beginnt, in dem verschlossenen Nordturm zu arbeiten. Ich hingegen klettere auf den Südturm, denjenigen, den ich für den Start ausgesucht habe, natürlich wegen seines Zugangs für das Publikum, für die Freunde, die gekommen sind, um zu applaudieren, für Jean-Louis, um zu fotografieren ... Dann beginnt die ernsthafte Arbeit.

Platt auf dem Boden liegend, ohne Licht und ohne Lärm, jeder auf seiner Seite, bringen wir die Verankerung an. Eine Stunde später richte ich mich wieder auf, um Jean-Louis ein Zeichen zu geben, daß ich fertig bin. Er ist es noch nicht ganz, zweifellos wegen der fünfzehn Meter zusätzlichen Kabels, die ihn hindern, die Befestigungen anzubringen, und deren Gewicht enorm ist. Ich muß zugestehen, daß ich mich verrechnet habe, als ich die Länge auf die Skizze gesetzt und daß ich mich mehrere Male geirrt habe.

Wir hatten ein Übereinkommen, daß wir uns nicht rufen würden. Aber der Nordturm hat ein Problem. Ich lehne mich über die Tiefe und werfe laut die Losung hinüber; ich muß lauter sprechen, die Worte kommen schlecht hinüber, ich schreie. Eine unnütze Konversation beginnt. Aber wir sind so glücklich, miteinander in Kontakt treten zu können. Mir kommt es vor, als ob ganz Paris zuhörte. Ich bin wütend über diese Unvernunft. »Pst!« Schweigen füllt von neuem den schwarzen Raum, der uns trennt.

Jean-Louis macht sich fertig, die Kugel von einem Turm zum anderen zu werfen. Das ist der Moment, den ich sehr fürchte. Achtzehn Meter in der Finsternis.

Die große harte Kautschukkugel, deren ich mich beim Jonglieren bediene, ist an einem Nylonfaden befestigt, an dessen Ende ein Hanfseil fixiert ist, dann kommt das Stahlseil. Wir haben nicht trainiert. Ich betrachte das nicht als Training, die paar Stunden, die wir lachend auf einem Parkplatz voller Autos verbracht haben, um dort diese Kugel zu werfen und aufzufangen, die an den Karosserien abprallte, die wir ausgesucht hatten, die Türme darzustellen, wobei wir versuchten, die Frontscheiben zu umgehen, die nämlich die Fenster darstellten. Übrigens habe ich die Kugel niemals korrekt gefangen. Manchmal landete sie außerhalb meiner Reichweite, und wenn der Wurf präzise war, kam ich nicht dazu, sie zwischen meinen Händen festzuhalten. Das war ein Anzeichen für eine Katastrophe. Wenn mich heute abend die Kugel um 10 Meter verfehlt, auf dem Schiefer des Dachgefälles zurückprallt, zertrümmert sie einige Scheiben, oder wenn die Angelschnur reißt ... Wir haben keine Ersatzschnur oder Ersatzkugel.

Ein Moment des Schweigens: Ich weiß, daß das Projektil in Marsch gesetzt worden ist. Ich sehe es nicht auftauchen, ich suche herum, verzweifelt. Es ist schiefgegangen. Da, ein weißer Blitz. Meine Hände machen keinerlei Fangbewegung, ein hartes und kühles Etwas kommt an und drückt sich hinein, ganz genau, die Nylonschnur berührt mein Gesicht. Was für eine Symmetrie! Welche Perfektion! Ich möchte mit einem gewaltigen »Bravo, Jean-Louis!« antworten, aber ich halte mich zurück. Ich ziehe an der Schnur. Ich lasse das Seil vorüberziehen. Das Laufseil kommt an.

Ganz allmählich tritt es aus dem schwarzen Raum heraus, nimmt an Gewicht zu. Die Spannung schneidet in meine Finger, ich ziehe mehr, es kommt an, ich halte es.

Mit den Bewegungen eines eiligen Chirurgen befestige ich die Schluffe des Kabels am Haken des Spanners. Ich spanne. Unten beobachten meine Freunde diese schattenhafte Linie, die Paris entdecken wird, wenn es aufwacht.

Zum ersten Mal gehe ich hinunter. Frisches Blut kommt in die Muskeln meiner Beine. Ich lasse mich hinwegtragen über die Stufen, ich rolle fast. Ich überquere in leichtem Lauf die Terrasse, die die beiden Türme miteinander verbindet, frohen Herzens dringe ich zum ersten Mal in das Innere des verbotenen Turms ein.

Alles da oben ist perfekt, Jean-Louis ist ein Kabelmonteur ohne Fehl und Tadel. Ich laufe noch leichter den Weg wieder zurück. Wir werden fertig mit der Einrichtung. Ich lege Säcke aus Jute zwischen das Kabel und den Stein an den Stellen, wo sie der Reibung ausgesetzt sind, um das Gebäude im Moment der maximalen Spannung des Seils nicht zu beschädigen. Die Dunkelheit wird belastend, das Schweigen scheint erzwungen, mit einem Mal steht der Himmel in Flammen. Notre-Dame wird angestrahlt! Zehn starke Scheinwerfer sind auf uns gerichtet. Wir werfen uns platt auf den Boden und versuchen, mit den rutschigen und eiskalten Steinplatten zu verschmelzen.

Ich schließe die Augen und denke an die Kriegsfilme, wo der Strahl der Scheinwerfer dem Abschuß von Flugzeugen voranging. Ich warte darauf, daß die Lautsprecher mit Echo verkünden: »Sie sind umzingelt, ergeben Sie sich!« Ich verstehe, alles ist verloren. Ich klettere auf die Seite des Vorhofs hinauf, stecke meinen Kopf zwischen zwei Abflußrinnen und suche meine Freunde. Sie machen keinerlei Anstalten, das vereinbarte Alarmsignal zu geben: eine schwarze Handtasche auf dem Dach eines weißen Autos. Nichts hat sich gerührt. Was ist passiert?

Wir nehmen die Arbeit wieder auf, ohne zu verstehen.

Wir erfahren später, daß irgend jemand, sicherlich ein Millionär, je nach seiner Laune die Illumination eines Denkmals von Paris bestellen kann. Die Stadt des Lichtes hat ihre Tarife. Zwei Minuten später erlischt die Beleuchtung.

Das Schwarz wird nach und nach auf den Boden gedrückt, ein dunkles Blau nimmt seinen Platz ein, dann kommt die blau-rosa Morgenröte und richtet sich auf halber Höhe ein, und endlich, ganz langsam, zieht der Tag herauf. Die benachbarten Schornsteine heben sich einer nach dem anderen auf dem Hintergrund des Himmels ab, der nun fast weiß ist, die Sonne versucht, seine Barriere von schlechtgelaunten Wolken zu durchstoßen. Der Coup tritt in seine Endphase ein.

Wir schreiben den 26. Juni 1971. Jean-François steigt mit Beklemmungen wieder hinunter, denn in dieser Klarheit wird die Route gefährlich. Er bekommt das Signal von Pablo »Niemand in Sicht«, er schleicht am Haus des Wächters vorbei, steigt durch die Gittertür, betritt den Platz. Die Gruppe, die an den Zufahrten des Pont-au-Double wartet, sieht einen Jean-François auftauchen, der bleich und zitternd vor Müdigkeit fast zusammenrutscht und eingesteht: »Das haut hin, aber es war härter, als ich gedacht hatte.«

Es ist morgens fünf Uhr.

Jean-Louis hilft mir beim Zusammenstecken des Balancierstabes, dann gehen wir und schützen uns vor dem kalten Wind unter dem kleinen konischen Dach, das die Treppe abschließt. Ich trinke mit geschlossenen Augen einen Liter Obstsaft, ich verschlinge ein paar Sandwiches. Ich wasche meine Hände und mein Gesicht. Jean-Louis macht Fotos. Ich schlüpfe in mein Seiltänzerkostüm: eine Hose aus schwarzem Samt, ein schwarzer Rollkragenpullover, meine Seilschuhe, alles in Schwarz. So jongliere ich seit mehreren Jahren auf der Straße.

Ich will, daß eins klar ist: Der Jongleur, der seinen Kreidekreis an der Ecke der Rue de Buci und Boulevard Saint-Germain zieht, der sein Seil vor dem Café Deux Magots spannt, beim Select und an La Coupole, der hinterher immer unter Zeitdruck mit dem Hut sammeln geht und sich systematisch von der Polizei einsperren läßt, das ist dieselbe Person wie derjenige, der sein Seil zwischen den Türmen von Notre-Dame gespannt hat.

Ich befestige an meinem Gürtel eine Feldflasche mit eisgekühltem Tee, ich stecke in meine rechte Tasche ein Kartenspiel, was meine Stunden im Gefängnis weniger lang werden lassen und vielleicht meine Aufpasser verführen wird, ein Silberstück, womit ich manipulieren werde, während ich darauf warte, daß mein Fall geklärt wird, während der Verhöre auf den Kommissariaten. In die andere Tasche lasse ich meinen Personalausweis gleiten und ein paar trockene Früchte. Warum eine Reserve an Nahrung und Getränken?

Bei der Eröffnung des Louisiana Superdome in New Orleans

Ich bin der einzige, der es weiß ...

Ich habe niemals daran gedacht, was sich einmal auf einem Seil abspielen würde. Es ist das Unbekannte. Aber wenn das Stahlseil korrekt gespannt ist, wenn das Wetter wunderbar ist, wenn sich eine zahlreiche Menge entschließt, sich dort hinzustellen, ist es sicher, daß sich meine Vorstellung in die Länge ziehen wird. Und wenn das Glück, dort zu sein, nichts von seinem Glanz einbüßt? Wenn ich beschließe, auf meinem Seil zu bleiben? Wenn ich Stunden verbringe, um mich unter den Flug der Vögel zu mischen? Wenn mich die Nacht überrascht und ich sitzend oder liegend auf dem Stahlseil bleibe, um einen einzigartigen Abend in der Luft auszukosten, und wenn der Traum sich verlängert? Wenn ich wünsche, hier das Morgengrauen abzuwarten, und wenn ich mich entschließe, um dem Publikum, das hier biwakiert hat, um mich nicht aus dem Auge zu lassen, zu danken, am frühen Morgen noch eine Vorstellung zu geben, und wenn ein neuer Tag heranbricht? Dann, ja dann würde ich nicht wollen, daß ausgerechnet Hunger und Durst mich zwängen, mein Seil zu verlassen.

Ich habe zu niemandem davon gesprochen, diese Idee war zu extravagant, einfach absurd.

Es ist ganz Tag geworden.

Ich lasse meinen Blick über das glänzende rauhe Stahlseil schweifen, was sich in der Sonne aufheizt; es scheint gut gespannt. Jetzt habe ich nichts anderes mehr zu tun als zu träumen. Um zehn Uhr wird der Turmwart unten die Tür öffnen, die Besucher werden in einem Ansturm drin verschwinden, und ich werde auf das Seil springen. Jean-Louis macht Fotos und lächelt dabei.

Es ist sechs Uhr morgens. Das ist der Moment, wo wir uns trennen müssen. Er wird am Eingang mit den ersten Besuchern warten und zusehen, daß er als erster auf der Spitze ist, ich werde dann also wissen, daß mir noch einige Sekunden bleiben, bevor ich auf dem Stahlseil Fuß fasse. Er wird mir helfen, wenn ich es wünsche, und die ersten Polizisten empfangen und versuchen – ohne zu zeigen, daß er mein Komplize ist –, sie davon abzuhalten, das Stahlseil zu berühren. Ein Ruck am Kabel, und mein Laufseil würde beginnen zu zittern.

Allein!

Das Warten beginnt. Die Kälte greift nach mir.

Ich habe nicht mehr die Kraft, stillzusitzen.

Ich habe das Gefühl, als hätten die Glocken geläutet.

Es sind viele Leute auf der Straße, ich schleiche mich am Geländer vorbei, ein Polizist regelt den Verkehr direkt unter mir.

Meine Freunde sind da, als Gruppe an das Fahrzeug gelehnt. Ich habe schon den Eindruck, daß jeder das Seil gesehen hat, daß mich alle bemerkt haben, und jetzt sind da meine Freunde, die mit dem Finger auf mich zeigen und die Feldstecher auf mich gerichtet haben. Dann verstehe ich, daß es nichts Normaleres gibt als das: Eine Gruppe Touristen sieht sich Notre-Dame an. Ich versuche, mich irgendwie bemerkbar zu machen: Ich stecke den Kopf durch das Geländer und strecke den Hals so, daß er einem Abflußrohr ähnelt! Stimmt, sie lassen mich nicht aus ihren Augen. Ich sage ihnen Guten Morgen mit den Fingerspitzen, sofort bewegen sich etwa zwölf Arme in alle Richtungen. Sie müssen verrückt vor Freude sein, daß es ihnen endlich gelungen ist, den Kontakt mit mir herzustellen, nachdem sie zweifellos seit Stunden das kleine Stück Turm, hinter dem ich mich verstecken mußte, überwacht haben.

Ich versuche, wieder Kräfte zu sammeln, meine Muskeln sind durch die Kälte eingeschlafen. Ich frottiere meine Arme und Beine heftig, das reicht nicht aus, das Blut fließt schlecht. Ich werfe mich auf die Treppe, um mich wieder aufzuwärmen, und es fehlt nicht viel, daß ich mir den Kopf gegen das Kabel ramme, das den Weg versperrt. Ich laufe schnell wieder nach oben, reiße einen Sack in Stücke und komme zurück, um das Hindernis mit kleinen Stoffetzen zu garnieren.

Es schlägt neun.

Nicht mehr nötig, mich aufzuwärmen. Die Entspannung ist so nahe, daß sich mein Herz mit Kraft und Stärke füllt und meine Beine unruhig werden. Ich überprüfe noch einmal genau, ob auch alles an seinem Platz ist. Ich verstecke meine Kleidungsstücke und den Rest der Nahrungsmittel an einem Ort, den niemand entdecken kann.

Es ist absolut unglaublich, niemand hat das Seil bisher bemerkt, ein Seil, das zum ersten Mal die beiden Türme von Notre-

Dame verbindet. Wer würde denken, daß das die Domäne eines Seiltänzers ist, der in einigen Augenblicken... Es schlägt zehn.

Die schwarze Handtasche ist gerade auf das Dach des weißen Wagens gelegt worden. Ich stürze mich auf das Seil. Jean-Louis ist schon da. Das ist doch nicht zu fassen, sollte er besser sein als ich beim Schnellauf über die Treppen? Ich setze mich an den Rand der Tiefe, ohne das Seil noch den Abgrund zu sehen. Es bleibt mir nur noch eins zu tun, was niemand vermutet und was ich geheimhalten wollte. Ich schiebe drei Jongleurkeulen in ein Einkaufsnetz, das ich an einem Bindfaden festmache, ich lasse den Sack am Mauerwerk hinunter, er schaukelt sacht und dreht sich um sich selbst, bevor er sich fünf Meter weiter unten zwischen zwei Abflußrohren festhält.

Jeder hätte es für dumm gehalten, diese Accessoires mitzunehmen, wo es doch unmöglich ist, ohne Balancierstab in großer Höhe jonglieren zu wollen.

Aber wie soll man wissen, ob der Wunsch nach einer solchen Verrücktheit sich nicht ergeben wird? Ich habe den Sack gerade so plaziert, daß die Polizisten ihn nicht an sich ziehen können.

Ich richte mich wieder auf. Lehne mich ans Geländer. Ich greife nach dem Balancierstab. Ich setze den rechten Fuß auf mein Seil, dann den linken. Ich halte mich gerade.

Die Tiefe starrt mich an. Sieht mir ins Gesicht. Das ist der langersehnte Moment.

Ich mache den ersten Schritt. Ich löse mich vom Turm. Ein neuer Schritt.

Ich bin tatsächlich auf dem Seil.

Der Seiltänzer von Notre-Dame

Die Situation wird plötzlich klar, dort, einen Meter weg vom Start... Ein Wind packt eisig nach mir, meine Balancierstange ist zu leicht und zu kurz (wegen der Treppenmaße), das nicht mit Seilen verspannte Kabel schwankt, rollt sich und senkt sich, es richtet sich unter jedem meiner Schritte wieder frisch auf, denn der zu leichte Spanner hat nicht die notwendige Kraft, um ein Kabel dieses Durchmessers zu halten. Und dann diese Tiefe. Diese Tiefe, die ich mich zwinge nicht anzuschauen. Ich bin verloren.

Achtzig Meter über dem Zentrum von Paris, bin ich Gefangener eines Universums, das zusammengefaßt ist in einem Stück grauem Stahlseil und meinem Herz, was zu stark klopft.

Es kommt mir vor, als würde ich zum Fluge ansetzen.

Ich sehe nichts anderes als diese Länge des Seils, das sich vor mir spannt, auf dem ich bei jeder Bewegung, ganz hypnotisiert, noch einen Augenblick Überleben gewinne. Ich muß davonkommen!

Eine Kraft, die nicht von mir kommt, stößt mich vorwärts, während die Rettung, der Stein, sich ein paar Zentimeter dahinter befindet. Ein Schritt nach vorn, den ich wirklich mache, ohne es zu wollen, wird gefolgt von einem anderen Schritt, und dann noch ein anderer, ich fühle, wie mich Schwindel erfaßt, wie mich eine grenzenlose Angst erdrückt.

Wenn ich mich bewege, wenn ich vorwärtsgehe, bin ich in Gefahr. Wenn mich die Unbeweglichkeit wiederhat, bin ich dem Tode geweiht.

Ich kralle meine Finger um die Balancierstange, ich gehe ganz betört, ich erobere die Mitte des Seils. Der Wind verfängt sich zwischen den beiden Bergen von Stein, die ich gewagt habe, miteinander zu verbinden; Gotteslästerung.

Mit all meinen Kräften weigere ich mich zu fallen, ich öffne den Mund, um zu erklären, ich kämpfe frontal mit der tödlichen Luft, und während ich noch daran denke zurückzuweichen, mit dieser Verzweiflung, die meinen Schädel schon durchbohrt, gehe ich Schritt für Schritt vorwärts, ich spalte den Himmel, ich komme durch.

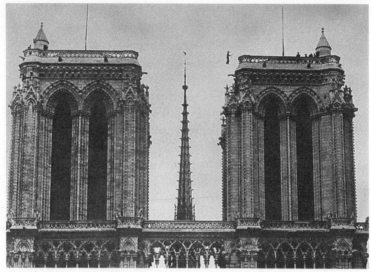

Der Seiltänzer von Notre-Dame

Der Turm nähert sich, das Kabel wird härter, ich bin gerettet. Zukünftig werden jede Überquerung, jede Geste auf dem Seil eine verzweifelt gefährliche Geste und Überquerung sein, verzweifelt schön. Ich setze mich mitten auf dem Seil hin, ich habe keine Angst. Ich bin alleine auf meinem Kabel, Paris ist mein. Mein Blick gleitet die Dächer entlang, verharrt auf den Firsten von geschichtsbeladenen Denkmälern, die die gewaltige Innenstadt überwachen. Von hier aus gesehen ist die Stadt ohne jedes Maß.

Zu meinen Füßen gibt es einen Auflauf von Polizeiwagen, Krankenwagen und Feuerwehrautos, die ihre Kriegsschreie hören lassen. Man sperrt Straßen ab, man umzingelt den Platz, Befehle werden ausgegeben, und ich, ich lache auf meinem Seil!

Wir hatten beschlossen, die Tür des verbotenen Turms nicht zu verschließen, die beiden Spitzen füllen sich also mit Besuchern und Bekannten.

Ich improvisiere.

Nach einigen Schritten, um das Seil kennenzulernen, Raum zu gewinnen und zu spazieren, setze ich mich wieder und lege mich langsam hin. Der Himmel blickt mir ins Gesicht.

Als ich mich wieder aufrichte, werde ich gemustert von einer Reihe Herren in Uniform, bemützt mit Käppis, die überall voll kleiner Sterne sind. Sie sind neugierig, harmlos und beunruhigt. Sie gehen zur Bewunderung über. Ich beobachte sie, ohne es mir anmerken zu lassen.

»Bringen Sie die Zivilisten weg!« Sie stoßen meine Zuschauer zur Treppe hin und halten sich bei einem braven Mann auf, der sich seit einigen Augenblicken – ohne mir mehr als einen zerstreuten Blick zukommen zu lassen – verbissen darangemacht hat, Fotos vom Panorama zu machen, was so schön vor ihm liegt. Er hat mich gesehen, nichts hat sich bei ihm geregt, er hat mich kaum angeschaut. Was mag er denken? Daß die Vorstellung des Seiltänzers jeden Tag im Eintrittspreis inbegriffen ist? – Wenn er Seiltänzer verachtet, seis drum, aber einen Seiltänzer einfach nicht zu registrieren, Gott sei seiner Seele gnädig!

Die Polizisten kommen zurück und lehnen sich auf die Balustrade. Eine andere Gruppe hält ihren Einzug. Die Uniformen sind sehr rauh, das müssen Männer der Tat sein, sie tragen keine Sterne. Sie deponieren ein enormes Seil am Fuße des Kabels, was zu nichts Großem dienen kann, sowie auch eine Anzahl Krampen, Haken und Anker. Wollen sie einen Seiltänzer angeln? Der Chef (er lehnt sich mehr nach vorne als die anderen) sucht meinen Blick und schreit mit einer den Vorschriften entsprechenden Stimme: »Haben Sie Schwierigkeiten? Sind Sie in der Lage zu sprechen? Verstehen Sie mich?« Ich habe nicht gehört. Ich werde nichts hören. Er diktiert unterhalb seiner Schulter: »Der Mann weigert sich zu antworten!« Man befiehlt mir, hinunterzukommen; aber dort abzusteigen, wo ich mich gerade befinde, wäre außerordentlich gefährlich! Und da ich ja ohnehin nichts höre...

Die Zuschauer auf der Straße werden kein Vergnügen an dem gehabt haben können, was folgt. Ich nähere mich dem Turm, die Uniformen gruppieren sich ruhig an der Stelle, wo ich anlegen werde, und lehnen sich unmerklich, mit der falschesten, unbeteiligtsten Miene, sogar noch vor sich hinpfeifend, hinüber. Ich weiß, daß sie auf den Moment warten, wo ich in ihrer Reichweite bin. Noch einen Schritt, und sie werden mich bei den Kleidern, bei den Haaren packen...

»Sie stehen unter Haftbefehl!«

»Aber nein, ich stehe unter dem Befehl der Schwerelosigkeit!«
Und dann, ganz präzise, ebenfalls mit der falschesten unbeteilig-
ten Miene, mache ich halt, gehe sachte zurück und wieder hinüber. Aber in meinem Rücken bereitet sich die gleiche Szene vor.
Zweifellos ihres Fanges sicher warten die zwölf Polizisten darauf,
ihren Seiltänzer zu harpunieren, das dürfte ihnen nicht jeden
Morgen geboten werden. Aber ich, ich kenne mein Seil, ich muß
überhaupt nicht mehr nach hinten sehen, um zu wissen, wo ich
bin, meine Füße erkennen jeden Zentimeter von diesem Kabel.
Ich komme heran, ich bin ganz dicht dran, ich weiß, daß sie sich
bereits nach meinen Schultern ausstrecken, ich spüre eine leichte
Berührung, das ist die Stelle, die ich wähle – per Zufall – um anzuhalten.

Mit einem breiten Unschuldslächeln gehe ich nach vorn. Be-
dauernswerte, wütende Polizisten, es ist schwierig, einen Seiltänzer einzufangen.

Nach einigen Proben mit der Absicht, sie verstehen zu lassen,
verstehen sie. Sie richten sich komfortabel ein, um zu warten, bis
meine Vorstellung zu Ende ist. Dann, mit einem vorangeschick-
ten Siegeslächeln, beginnt die Vorstellung.

Ich gehe. Ich laufe. Ich mache Drehungen. Kehrtwendungen.
Ich gehe auf die Knie. Ich entbiete den Gruß der Seiltänzer. Ich
mache Waagen. Ich komme ins Zentrum der eisernen Straße zurück. Ich setze mich, sehe lange um mich herum, und indem ich
die Luft anhalte, strecke ich mich ein erneutes Mal aus, die Wirbelsäule wie vom Seil durchgesägt. Ich schließe die Augen, ich
ruhe mich aus, ich schlafe fast. Meine Seele erhebt sich bis zu
den Wolken, während mein Arm sich bewegungslos von meinem
Balancierstab löst. Bin ich überhaupt noch am Leben? Liege ich
im Atelier von Sam, hingestreckt auf den Pastellfarben einer seiner Leinwände?

Das Gleichgewicht ist voller Wollust. Notre-Dame gehört mir,
Paris gehört mir, der ungeheuer weite Himmel gehört mir, darüber vergesse ich zu atmen. Es kommt mir so vor, als hätte ich
sehr lange für irgendeinen himmlischen Maler Modell gestanden.

Ich richte mich wieder auf und beginne von neuem: den Gang
des Toreros, den Gang des Spaziergängers mit dem Balancier-

Ein Seiltänzer ruht sich aus.

stab auf der Schulter, und wieder ausruhen auf dem Rücken, gewiegt vom Schaukeln eines gezähmten Seiles. Ich blicke unter mich. Das Publikum, das meine Vorstellung von Anfang an gierig verfolgt, ist sehr zahlreich geworden. Die Polizisten, Hunderte, die Sanitäter und die Feuerwehrleute sehen auch zu, die Köpfe nach oben gerichtet.

Paris ist in Feststimmung.

Alle Einwohner drängen sich an den Fenstern, teilen sich die Bäume, kleben auf den Schrägen der Dächer, drängeln sich entlang der Bürgersteige, setzen sich mitten auf die Straße, dekorieren das Geländer der Brücken und lassen ihre Beine über der Seine baumeln wie in Erwartung eines Feuerwerks. Die Menge, die jede Überquerung und jede meiner Bewegungen mit einem fröhlichen Lied von Schreien und Applaus begrüßt, hat gerade geschwiegen, sie wartet. Meine Unbeweglichkeit ist ihr unverständlich. Das Warten zieht sich in die Länge. Dieses Schweigen berührt mich.

Ich tauche aus meiner Kontemplation auf. Ich schüttele den Kopf. Meine Beine beugen sich. Ich setze meinen Gang fort. Ein

Getöse von Bewunderung und Erleichterung steigt zu mir empor. Mir kommt ein Traum: Ich werde von meinem Seil nur unter einer Bedingung hinuntergehen: Die große Glocke von Notre-Dame muß läuten, und nach ihr sollen alle Glocken des Landes ertönen! Ich stelle mir das Land im Freudenrausch vor, wie es widerhallt von dieser entfesselten Musik, die von den Glockentürmen heranrollt. Der Faden dieses Gedankens wird unterbrochen durch den Wind, der mich seit dem Tagesanbruch nicht hat durcheinanderbringen können, im Moment allerdings rächt er sich und überfällt mich.

Heute lache ich bei der Erinnerung an diese harmlose Brise, aber da oben bei meiner ersten großen Überquerung fühlte ich, wie meine Arme zerbissen wurden durch den heftigen Wind. Ein feiner Regen beginnt, sich unter die feuchten Lüfte zu mischen, die um mich herum tanzen, um mir die Schultern zu beugen und meine Überquerungen zu verlangsamen. Unter dem Regen verliert meine Luftreise ihre Schönheit. Die Polizei wird ungeduldig. Das Seil wird traurig. Ich beschließe eine letzte Vorführung, bevor ich den Fuß auf die Erde setze. Ein Wunder.

Ohne zu überlegen lege ich meinen Balancierstab auf den Rand des Turmes, die Polizei, besorgt, mich nicht zu stören, hat beschlossen, sich fernzuhalten, bravo. Ohne zu überlegen ziehe ich den Beutel mit den Keulen an mich heran. Ich lege sie zwischen meine Finger. Ohne zu überlegen gehe ich rückwärts auf dem Seil, was auf Grund der Veränderung des Gewichts empfindlicher geworden ist. Ich bin ganz schön weit weg von meinem Turm. Ich stelle hastig mein Gleichgewicht ohne Balancierstab wieder her und zwinge dabei meinen Körper, sich nicht mehr zu bewegen. Ohne zu überlegen werfe ich die Keulen.

Der Wind greift nach ihnen. Der Regen macht sie rutschig. Jean-Louis, der am Boden ist, seitdem die Polizei von der Spitze alle weggeschickt hat, wird von diesem Heldenstück keine Aufnahmen machen, seine Hände zittern, er wendet sich ab. Annie, die weiß, daß ich erst seit einigen Wochen auf dem Seil jongliere, ist wie gelähmt, ohne es zu begreifen. Sie sehen sich bestürzt an.

Ich verliere das erste Mal das Gleichgewicht. Ich nehme alle meine Kräfte zusammen, ich klammere die Finger um meine Beine. Ich halte stand.

Wiederum verliere ich das Gleichgewicht, dieses Mal werde ich von dem Stahlseil und den Winden gestoßen. Ich bin dabei zu fallen, ich falle.

Verzweifelt werfe ich den rechten Arm über meinen Kopf, ich verrenke mir die Schulter, meine Augen packen gierig das Seil, der Horizont verschiebt sich, ich finde die vertikale Achse wieder, bin wieder im Inneren meines Gleichgewichts. Eine Kleinigkeit ist es, die mich gerettet hat:

Ich hielt in meiner Rechten zwei Keulen; die dritte war in meiner linken Hand. Diese Keulen sind sehr schwer, um dem Wind Widerstand entgegenzusetzen. Das Gewicht, das meine rechte Hand drückt, habe ich über mich nach der Linken gehen lassen, das hat mir die Schwere wieder zurückgegeben. Immer beende ich mein Jonglieren auf dieselbe Art: die drei Keulen in der linken Hand. Außer heute. Welches Wunder!

Mein Herz ist leer. Aber ich habe keine Wahl. Es ist nicht nur angesichts der Hunderte von Zuschauern, es ist auch gegenüber Notre-Dame und mir selbst, da gibt es etwas zwischen dem Seil und dem Bergsteiger. Heute oder niemals nehme ich die Weihe als Seiltänzer. Ich brauche einen Endsieg.

Ohne das geringste Bewußtsein für das, was mir gerade wiederfahren war, und völlig unempfindlich setze ich mich wieder auf das rechte Bein und jongliere. Ich jongliere lange Sekunden lang. Ich jongliere mit Furioso mitten in diesem sichtbaren Orkan meiner selbst.

Die drei Keulen beenden ihren Flug in meiner linken Hand, ich springe vor Freude auf den Turm zu mit soviel Kraft, daß ich von der anderen Seite des Geländers zurückgeworfen werde. Ich rolle zu den Füßen der Ordnungskräfte.

»Nehmen Sie sich Zeit, wenn Sie wieder Luft bekommen, bitten wir Sie, uns zu folgen.« Auf diese polizeiliche Höflichkeit war ich nicht gefaßt.

Mein erster Gedanke ist, mich verbeugen zu gehen. Ich möchte auf die Balustrade steigen, mich vor dieser Menge aufrichten, die drei Stunden ausgeharrt hat; ich möchte meine Arme öffnen und ihnen danken, sie verlassen mit einem Gruß des Triumphes. Aber die Polizisten umringen mich schon, ich werde gefesselt. Die Feuerwehrleute beglückwünschen mich.

Auf dem Seil zwischen einem sechzehnstöckigen Hochhaus und der Cathedral St. John The Divine 1982 in New York

Ich nehme der Installation ihre Spannung weg, indem ich an dem Hebel des Spanners etwas verstelle. Dann der Abstieg. Ich gehe an der Spitze. Wir treffen auf halber Höhe drei Journalisten, die mir Journalistenfragen stellen, aber ich gebe ihnen Seiltänzerantworten. Sie fordern die Warums und die Wies. Wie alt? Aus welchem Grund? Wer hat mich bezahlt? Ist es wegen der Publicity? Wie lange? Welche Höhe? Wieviel wiegt? Wieviel kostet?

Aber unten wird alles wieder wunderbar. Eine beachtliche Versammlung verlangt nach mir. Um sie zu umgehen, lassen mich die Polizisten enge Arkaden nehmen, geheime Durchgänge, Souterrains. Bei jedem Versuch hinauszukommen beeilt sich die Menge, mir zuzujubeln. Endlich tauchen wir ins Innere der Kathedrale ein. Diese Durchquerung des kühlen und flüsternden Schiffes bereitet mir, obwohl ich nicht wüßte zu sagen warum, ein merkwürdiges Vergnügen. Vielleicht werden mir nach meinem Flug zwischen den Türmen die Ehren zuteil, von denen ich träumte... Und das Ungeheure geschieht.

Die Pfeiler werden von einem unsichtbaren Schauder durchzogen, der Boden macht sich bereit zu zittern, die Luft wird dichter, das Schweigen undurchdringlicher. Der Weihrauch bleibt in der Luft stehen: Eine glänzende Symphonie durchbricht die Stille. Stimmen von Bronze verfangen sich im Hauptschiff, ballen sich in großer Unordnung über dem Chor und wirbeln herum, wenn sie auf die Steinplatten treffen, um uns taub zu machen. Die Glocken von Notre-Dame läuten Sturm! Draußen verfrachtet man mich schnell in das Polizeiauto, das im Galopp davonfährt, sie betätigen die Sirene ... des Sieges. Hunderte von Leuten werden dann meiner gewahr. Sie laufen schnell und verfolgen applaudierend den Wagen, schreien, machen Zeichen. Das ist unvergeßlich, eine Horde von glücklichen Menschen. Als wenn sie es wären, die gerade den Triumph davongetragen hätten. Sie laufen, sie springen auf der gesamten Breite der Straße, sie rufen »Alles Gute«, sie rufen »Auf Wiedersehen«, sie rufen »Philippe«, sie rufen »Bravo!«.

Wie sich die Straße plötzlich verändert, wie sie menschlich, warm und freundschaftlich wird. Durch die Gitter meines rollenden Gefängnisses betrachte ich gierig diese Freunde, die ich nicht kenne, eine tiefe Heiterkeit überkommt mich, ein langer

Strom von Freude fließt statt des Blutes in meinen Adern, und vor Glück oder Müdigkeit lasse ich mich auf die Pritsche des Wagens fallen.

Sie wollen mich zum Krankenhaus bringen.

»Aber nein! Ich bin nicht krank, nicht verletzt, ich wollte mich nur ein wenig ausruhen. Ich will nicht ins Krankenhaus! Warum?«

Wir kommen im Polizeikommissariat an. Ich muß meine Geschichte erzählen. Man glaubt mir, oder man will mir gerne glauben, es kommt eigentlich nicht mehr darauf an, die Affäre ist jetzt ein sehr sympathisches Vorkommnis geworden; das Fernsehen hatte die ersten Überquerungen gefilmt, die Rundfunkstationen kommentierten jeden Moment des Heldenstücks, die Journalisten »journalisierten«.

Man bittet mich, als Souvenir die Abdrücke meiner Finger dazulassen. Was für ein Irrtum! Einen Seiltänzer erkennt man an den Abdrücken seiner Füße. Sie wissen es nicht, ich werde also rückfällig werden.

Wegen einiger Formalitäten machen wir noch bei anderen Polizeikommissariaten Besuche. Jedes Mal muß ich erzählen, was nicht geschehen ist, jedes Mal werde ich mit mehr Ehren empfangen, man drückt mir die Hand, man erbittet mein Autogramm, ich entdecke einen Herzkönig, der sich unter das Revers eines Brigadeführers verirrt hatte, ich lasse die Karte verschwinden, man applaudiert mir.

Der Befehl wird gegeben, die Einrichtung abzubauen.

Es ist eine Spezialeinheit der Polizei, die mit dieser Mission betraut wird. Sie sind überhaupt nicht lustig. Sie lehnen meine Mitarbeit ab, sie sprechen davon, das Seil abzuschneiden. Ich erkläre, daß es äußerst gefährlich sei, ein gespanntes Stahlseil zu kappen, denn es würde sich wie eine Riesenpeitsche verhalten. Im Moment des Aufschlags würde es einen menschlichen Körper buchstäblich in zwei Stücke hauen, mehrere Abflußrinnen niederreißen und Scheiben zertrümmern. Wenn sie das wollten – ich hätte sie gewarnt, ich will dabei keine Verantwortung übernehmen, ich nehme diejenigen, die um mich herumstehen, als Zeugen. Was ich nicht ankündige, ist, daß derjenige, der mein Seil kappt, mich zum wilden Tier macht. Trotz meiner Vorwarnungen beginnt die Einheit ihre Expedition. Ich bleibe alleine gegenüber der Tafel, wo die Steckbriefe ausgehängt sind, die internen Dienstvorschriften, die Befehle und Weisungen, die geheimen Kommuniqués. Ich mache mich an die Lektüre. Eine Stunde später Gegenbefehl: Die Spezialeinheit ruft über Funk:

»Alles in allem sind wir nicht gegen das Kommen des Akrobaten. Es gibt da einige Details ... es ist besser, wenn er dabei ist.« Sieg!

Vier solide Männer mit Bürstenschnitt und in viereckigen Regenmänteln nötigen mich, in einen schwarzen Wagen zu steigen, ein Polizist in Uniform setzt sich ans Steuer. Ich kehre an den Ort des Verbrechens zurück.

Ich steige ohne Eile die Treppen hinauf, ich genieße diesen letzten Aufstieg. Wird alles wieder von vorne anfangen? Nein, meine Eskorte hält an, und wie um auf diesen Gedanken zu antworten, binden sie mir die Handgelenke hinter dem Rücken zusammen.

Da bin ich schon in freier Luft. Mein Seil ist immer noch da. Ich verfluche mich, daß ich niemals trainiert habe, mit auf dem Rücken gebundenen Händen auf dem Seil zu gehen. Die Spezialisten machen eine Pause und verschränken die Arme. Sie können sich in meinen Seiltänzerknoten nicht zurechtfinden. Ich gebe ihnen Ratschläge, ich leite den Abbau. Eine Stunde solider Arbeit für fünf Männer. Der Chef merkt, daß ich gerne das Wort mit der Tat verbände, und da er versteht, daß die Aufgabe – mit mir zusammen – schneller beendet werden könnte, entschließt er sich, mir die Fesseln abzunehmen. Dennoch bittet er mich, nicht sehen zu lassen, daß meine Hände frei sind. Er zeigt mir diskret die Kameras der Polizeipräfektur, die uns überwachen. Der Befehl lautet, ich muß gefesselt sein. Ich spiele das Spiel und führe jede Geste so aus, indem ich dafür sorge, daß die Handgelenke dicht beieinander sind. Dank meiner Initiative beschleunigt sich der Abbau, ich habe jetzt fünf Mann unter meinem Befehl. Hoher Respekt vor meinem Können in der Wissenschaft, mich in einem Gelände zu bewegen, das eigentlich ihre Domäne ist. Sie nehmen mich freundschaftlich an. Ich muß präzisieren, was die famosen Kameras anbetrifft: Sie sind hauptsächlich für die Überwachung des Autoverkehrs gedacht, aber wenn es der Um-

Porträt um 1980

stand erfordert, können sie sich auch um die eigene Achse drehen und die Nachbarschaft ins Schußfeld nehmen. Die Bilder werden »life« auf riesige Bildschirme in den Kontrollsaal projiziert.

In diesem Moment werden wir observiert.

»Und während meiner Vorstellung auf dem Seil...?«

»Na ja«, belehrt mich der Brigadier, »da saßen sie in den vordersten Logen. Sie hatten alle Kameras auf Sie gerichtet, und Sie liefen unter verschiedenen Einstellwinkeln auf allen ihren Bildschirmen, ein einzigartiger Trick!«

Wir müssen hinuntersteigen, die Demontage ist beendet. Unter Entschuldigungen fesselt mich mein Wächter von neuem, diesmal die Hände vorn. Ich weiß diese Aufmerksamkeit sehr zu schätzen. Ich habe die Überraschung, meinen Lieferwagen vor dem Kommissariat stehen zu sehen. Jean-Louis sitzt am Steuer, Annie an der Tür, alle meine Freunde sind drin. Noch Formalitäten, die das Material betreffen, was wir von unserer Expedition zurückführen, dann laden wir es in unseren LKW. Ich habe wieder freie Hände. Ich gebe ein letztes Autogramm. Ich überschreite die Schwelle des Reiches der Hüter der Ordnung. Es regnet. Ich rufe Jean-Louis meine Begeisterung zu, bevor ich das erste Interview gebe: ein junger Mann, am Vorabend eingestellt, neu in seinem Beruf, den seine Zeitung zu dem Coup geschickt hat in der Überzeugung, daß diese Geschichte mit dem fliegenden Mann bei Notre-Dame Quatsch wäre, so daß es nicht lohnte, einen richtigen Journalisten hinzuschicken. Er hatte drei Stunden vor dem Kommissariat gewartet und wollte nicht zurückkommen mit einer verpatzten ersten Reportage. Er schützt unter einem breiten Regenschirm sein Tonbandgerät, wie man es auf dem Lande hat und das er nur mit Müh und Not in Gang bringt. Und ich, ich lasse ihn gar nicht erst Fragen stellen, ich antworte, schreie, heule, lache, mache große Gesten, erzähle alles. Es hat nicht aufgenommen? Das macht nichts, fangen wir nochmal an! Er hält den Ablauf seines Regenschirmes genau über meinen Hals. Ich entfliehe triefnaß vom Regen, und das erinnert mich daran, daß ich einen Riesendurst habe. Wir fahren los. Ich bin frei.

Ich erfahre, daß während meiner Vorstellung im Inneren der Kathedrale eine religiöse Zeremonie stattgefunden hat. Deshalb also haben die Glocken angefangen zu läuten, das ist der Brauch, um den Ausgang zu begleiten. Keiner wird jemals wissen, welches der beiden Ereignisse wirklich von ihrem Geläut gegrüßt worden ist. Als ich mich zwischen die beiden Türme von Notre-Dame legte, war also Tag der Ordination. Fünfzig Priester in Weiß, die Arme zum Kreuz gelegt, erhielten ihre Weihe, das Gesicht zur Erde. Achtzig Meter weiter oben, ganz in Schwarz, weihte ich mich ganz berauscht zum Seiltänzer, das Gesicht zum Himmel.

Als ich vierundzwanzig Stunden später aufwache, sind alle Zeitungen da. Der Coup steht auf der ersten Seite mit Jean-Louis' Fotos. Man erinnert an die Legende des Gauklers von Notre-Dame, ich werde der Seiltänzer von Notre-Dame, der Jongleur von Notre-Dame.

Ich bekomme Telegramme. Das Telefon klingelt pausenlos. Trotz der Müdigkeit muß ich noch eine Sache regeln, zwischen Paris und mir, um den Kreis zu schließen.

Ich lege in aller Eile noch einmal das Kostüm an, das ich auf dem Seil getragen habe, ich werfe meinen alten Jongleurbeutel quer über die Schulter und Brust, setze meinen alten hohen Hut auf, besteige rittlings mein Einrad und sause durch den Verkehr zu einer Jongliererei des Sieges. In meinem Kreis an der Ecke der Rue de Buci und des Boulevard Saint-Germain führe ich eine vom Teufel besessene Jongliererei vor. Zuschauer erkennen mich. Sie rufen: »Das ist er! Der Jongleur! Der Seiltänzer! Das ist derselbe!« Dann spanne ich schnell mein Hanfseil vor den Deux Magots. Die ganze Terrasse erhebt sich, als man mich erkennt. Man applaudiert mir im Stehen! In Frankreich hat die Straße reagiert, aber Paris wird sich nicht rühren. Ich gebe ein Interview beim Fernsehen, ich spreche einmal im Radio, aber nichts geschieht.

Die Zirkusse wollen mich nicht.

Die Manager für Artistik bleiben stumm.

Die Presse scheint mich nicht zu brauchen, um zu erzählen.

Der Himmel der Hauptstadt fordert keine neue Überquerungen. Per Anhalter fahre ich als Straßenjongleur nach Süden. Frankreich interessiert sich nicht für den Seiltänzer von Notre-Dame. Das macht nichts, es bleibt ihm die ganze Welt!

Die Sydney Harbour Bridge

Ich bekomme einen langen Brief aus Sydney.

Man schlägt mir vor, hinzukommen, um ein Festival mitzugestalten.

Bevor ich Australien wieder verlasse, wird eine Tournee durch die Universitäten organisiert: Ich werde jonglieren, man wird für meine Unterkunft sorgen. Aber während ich auf meinen Abflug nach Sydney – meiner ersten Etappe – warte, verliere ich die Geduld; das Festival langweilt mich.

Meine Tournee ist immer noch nicht organisiert. Nur die Universität von Sydney ist benachrichtigt. Es gelingt ihnen einfach nicht, mir einen Platz in einem Flugzeug auf den Nachbarflugplätzen zu reservieren.

Ich werfe bald die nonchalante Gastfreundschaft der Verantwortlichen des Festivals über den Haufen und zwinge ihren alten

Jeep, mich bei einer Todesfahrt durch Berge und Wüsten zu eskortieren. Hundert Kilometer weiter erwische ich im Sprunge ein schmutziges Flugzeug, das in der Hauptstadt landen soll.

Ich laufe kreuz und quer durch die Stadt.

Unterwegs stoße ich auf die Sydney Harbour Bridge, die größte Bogenstahlbrücke der Welt. Ein Gargantua, der 140 m über den Wellen einen Katzenbuckel macht und eine einen Kilometer lange Zunge herausstreckt, um seine tägliche Ration zu verschlingen: etwa hundertfünfzigtausend Fahrzeuge. Die größten Schiffe fahren darunter hinweg, ohne um ihre Schornsteine zu bangen, und der Autofahrer, der eine der acht Spuren nimmt, die dann zwischen zwei Türmen aus Granit einmünden, die genauso hoch sind wie Notre-Dame, muß dann fünfhundert Meter unter freiem Himmel durchfahren, bevor er durch den Schlund, den zwei gleichermaßen unbezwingliche Türme bilden, wieder auftaucht.

Ich gehe an die Basis der Pfeiler, wo sich der Stahl mit der Maßlosigkeit eines vulkanischen Baumes vom Stein losmacht. Wie ein Fuchs schleiche ich lange um meine Beute herum, ohne daß es mir gelänge, sie zu packen. Eine Gewißheit habe ich: Die Brücke wird sich nicht erobern lassen.

Am nächsten Morgen ist derjenige, der an meine Tür klopft, nicht der, den ich erwartete. Er nennt sich Filmemacher, er hat mich kurz beim Festival gesehen, er möchte einen Film über meine Straßenjongliererei drehen. Ich empfinde keinerlei Affinität zu diesem Unbekannten mit dem langen, blonden Pferdeschwanz, mit dem matten Gesicht und der dicken Kette aus bunten Steinen.

Bevor er sich zurückzieht, fragt er: »Und die Brücke?«

»Die Brücke?«

»Die Sydney Harbour Bridge.«

Ich spiele den Unschuldigen: »Die Sydney Harbour Bridge?«

»Ja, du kamst von einer Anhaltertour zurück, ich saß mit Freunden bei einem großen Lagerfeuer, du bist angekommen, hast dich zu uns gesetzt, hast eine Flasche Wein getrunken, bist über die Flammen gesprungen, und dann hast du erklärt, daß du ohne Erlaubnis an der Brücke von Sydney ein Seil spannen würdest. Ich wollte mitkommen und dich dabei filmen. Ich habe meine Telefonnummer aufgeschrieben. Du hast das Stück Papier in deinen Hut geworfen und ihn dann auf den Kopf gesetzt. Und dann bist du verschwunden.«

»Ja, die Brücke ... Ich bin hingegangen, um sie anzusehen, aber... Es gibt nicht so recht eine Stelle, wo man das Seil plazieren kann ... Und, ich kenne niemanden in Australien, niemanden, der mich bei solch einem Abenteuer begleiten könnte... Ich habe kein Geld, um das Material zu kaufen ... Aber vor allem bleibt mir nicht mehr genügend Zeit, um den Coup zu organisieren.«

James, mein langmähniger Filmemacher-Student, läßt sich nicht entmutigen. Er denkt, daß seine Filmschule uns Hilfe leisten wird, da er ja das Abenteuer filmen wird. Er hat Freunde, die bereit sein werden, sich uns anzuschließen. Er wird schon ein bißchen Geld auftreiben. Und er hat ein Auto, was just dort unten parkt!

Wir betrachten diese Brücke, die mich mit ihrem Profil verspottet. Keine Linie gibt es da, die sich mit denen des kolossalen Bogens verbindet, so daß ich mich daran mache, erstmal kräftig zu fluchen. Vom Auto aus, von weitem, von nahem, in allen Stellungen. Und keine Rede davon, in der Mitte anzuhalten, die Polizei steht auf Wacht. Noch immer nichts. Eine letzte Durchfahrt, bevor ich aufgebe. Dieses Mal in Zeitlupe, trotz des wütenden Hupens, was hinter uns ertönt. Plötzlich kommt mir eine Idee:

Ans Werk!

Aufklärung zu Fuß am folgenden Tag. Entdeckung eines Kabels, was außerhalb eines Turmes hängt, am Ausgang der Brücke. Es wird mir gelingen, die Polizei glauben zu machen, daß wir uns mit dem Material bis zur Spitze hochgehievt haben. Wir werden das Kabel zwischen den beiden Nordpfeilern verlegen. Die Sonne ertrinkt, der Mond verdampft, die Sydney Harbour Bridge erglüht. Das ist das Schauspiel, was sich im Rahmen meines neuen Fensters abspielt – ich habe um ein Zimmer mit Blick auf den Hafen gebeten.

James stellt mich seinen Freunden vor: Phil, der mir ähnelt, und Mark, der lächelnde Riese mit den Lederstiefeln. Sie drehen ihre Zigaretten mit der Hand. Sie werden es mir beibringen, das ist abgemacht! Und wenn ein Seil heimlich über der Brücke installiert werden soll, sie sind mit von der Partie, der Schwur gilt!

Dann systematisches Ausforschen. Nacht für Nacht. Mit James. Ich probiere das hängende Kabel aus. Von dieser Seite aus nichts zu machen. Zu gefährlich. Am Eingang jedes Turms ein großes, mit Stacheldraht versehenes Gitter, ein mit einer Kette verschlossenes Ausfalltor. Eine innere Treppe, eine zweite Tür, ein Treppenhaus, was jeden Durchgang untersagt.

Schließlich entdecke ich eine Spalte zwischen dem Weg und der Säule, gerade breit genug, daß ich durchschlüpfen kann. Ich komme unter der Straße an. Eine Art von Souterrain, das die Treppe mit jedem Turm verbindet. Das Summen des Verkehrs ist erstickt. Die Dunkelheit ist dicht. Ich gehe tastend vorwärts. Ein paar Schritte ... eine Falltür aus Holz ... Ich hebe sie geräuschlos an. Mein Blick taucht auf dem Niveau der Straße auf ... Das Heulen einer Sirene. Ein Orkan kommt heran. Der Donner zerreißt den Halbschatten mit seinem Dröhnen der Apokalypse. Ein Windstoß wirft mich zu Boden.

Und dann nichts mehr. Der Meteor ist weit. Ich lache über meine Angst. Die Zugangsklappe zur Eisenbahn befindet sich just zwischen den Schienen! Ein Expresszug kam gerade vorbei und strich mir übers Gesicht!

Ich schlage die Klappe wieder zu, die ich von innen her verriegele und schlüpfe hinaus durch den geheimen Durchgang zur Straße. Wir haben also unseren Eingang.

Wir überfallen die Brücke bei jeder Dämmerung, um jedesmal zu fliehen, wenn uns das Morgengrauen überrascht. Endlich weicht die Stange im Treppenhaus des Nord-West-Turmes. Ah, der Weg zum Gipfel!

Hunderte von Treppenstufen. Ein leerer Saal, drei Etagen hoch. Eine Tür. Ein Sägeschnitt, wir gehen hindurch. Ein zweiter Saal.

Noch Stufen. Und die letzte Etage: eine Bastion von Stein, die von sechzehn Fenstern und zwei Türen durchlöchert ist, die sich gegenüberliegen. Ein Balkon, der um den Turm herumgeht. Trotz des Halbschattens bleibt mein Blick auf dem Balkon gegenüber hängen. Die Tiefe ist furchterregend.

Inmitten des Raumes eine Leiter. An der Decke eine Falltür.

Wir sind hier auf dem Dach einer simplen Plattform aus Beton. Mit einem Blick übersehe ich das Problem der Montage: Das Seil wird durch das Abflußrohr kommen, den Rahmen der Falltür überqueren und mit einer Eisenstange über einem Fenster in der Etage drunter festgehalten.

Verspäten wir uns nicht.

Ein großer Krug mit frischem Orangensaft vereint uns um sechs Uhr morgens auf dem Teppich meines Zimmers. Ich blättere in meinem Kalender. Donnerstag, da ist Himmelfahrt. Ohne Erklärung lege ich das Datum des Coups fest: Donnerstag, der 31. Mai. Meine Himmelfahrt auf dem Seil wird in vier Tagen stattfinden! Ich teile es James, Phil und Mark mit, daß jetzt alles mit der rasenden Geschwindigkeit eines Zyklons passieren muß. Und ich wünsche ihnen, daß sie durchhalten können. Wenigstens diese vier Tage lang.

Montag, 28. Mai 1973

Ich brauche ein Kabel, einen Spanner, Seile und einen Balancierstab.

Wir werden mit ein bißchen Straßenjongliererei anfangen, auf dem Martin Place, dem dann ein Interview im Studio folgt. James wird davon profitieren, um die letzten Szenen seines Filmes zu drehen. Einverstanden.

Schon wieder ist der Tag vorbei!

Die Züge streifen diese Nacht den Nord-Ost-Turm, wobei ihr Höllenlärm das Hin und Her unserer Metallsäge schützt. Es bleiben noch drei Millimeter durchzusägen, als das Sägeblatt bricht. Beim nächsten Zug bricht das Ersatzblatt. Wir werden morgen weitermachen.

Dienstag, 29. Mai

Martin Place. Weiter Kreidekreis. Zweihundert Leute. Und dann betritt die Polizei die Bühne. Ich spiele einen Augenblick mit meinen neuen Partnern zur Freude der Kameramänner und Tontechniker. Man legt mir Handschellen an. Man wirft mich in einen geschlossenen Polizeiwagen. James und das Fernsehteam haben die Festnahme gefilmt. Drei Stunden später bin ich in den Studios der Held des Tages. Ich spreche mit Leidenschaft von dem Tag, wo ich überraschend über irgendeine australische Stadt hinwegfliegen werde, ich erkläre, daß diejenigen, die mich heute unterbrochen haben, gut und gerne gezwungen sein werden zu warten, die Hände an der Hosennaht, mit dem Kopf nach oben, bis ich geruhe, von meinem Seil hinunterzusteigen.

James gelingt es in zwei Minuten, mit dem Kabelwerk, was ich einen ganzen Vormittag lang versucht habe zu erreichen, in Kontakt zu treten. Wir müssen vor Schließung im Bullivans Haus von Alexandria sein.

Wir treffen den Direktor auf dem Weg zum Parkplatz. Er gesteht uns dreißig Sekunden zu, während er seine Autoschlüssel sucht. James erklärt und wägt seine Worte genau ab: Seiltänzer ... Vorstellung eine Überraschung ... Ort und Datum geheim ... Im Gegenzug werden wir erzählen, daß Sie das Material geliefert haben ... phantastische Publicity ...

Und ich, wie bei einer Versteigerung, ziehe die Beweise heraus: hier Notre-Dame 1971, auf der ersten Seite! Hier, das bin ich als Straßenjongleur! Ich könnte eine Extravorstellung für Ihre Angestellten geben, und das käme dann auch im Film! Ja, wir drehen einen Film! Inzwischen hat der Mann gefunden, was er suchte. Er steckt seinen Schlüssel in das Schloß. Er wird uns durch die Lappen gehen.

Ich springe mit erhobener Faust vor das Fahrzeug. Der Ausdruck des Mannes hat sich verändert. Aber meine Faust öffnet sich ... läßt seine Armbanduhr zum Vorschein kommen, die ich vor seiner Frontscheibe hin- und herwiege. Der Direktor verliert seine Kaltblütigkeit. Er setzt seine Scheibenwischer in Gang, betätigt die Scheibenwischanlage, hupt und läßt den Kofferraum sich öffnen, bevor er den Motor zum Stehen bringt. Er greift mit beiden Händen nach seiner Uhr, bricht in schallendes Gelächter aus. Der Meister, der die Szene verfolgt hat, applaudiert und schüttelt den Kopf.

»Der Handel gilt. Kommen Sie morgen wieder und holen Sie das Material. Sie werden mir einen Scheck geben, den Sie wiederbekommen, wenn Sie mir alles intakt zurückbringen.«

Mitternacht ist schon lange vorbei, als wir uns an der Treppe des Nord-Ost-Turms mit einem Paket frischer Sägeblätter treffen. Um drei Uhr morgens weicht der Haken. Wir lassen den

Über der Isorno-Schlucht in der Südschweiz, 1980

Aufstieg in den Turm für morgen. Es ist klüger, die angesägten Balken in jedem Turm wieder mit Metallpaste anzukleben und alle Schnittstellen mit grauer Farbe zu bestreichen. Morgen wird ein Faustschlag genügen, um jeden Durchgang wieder zu öffnen.

Mittwoch, 30. Mai

Es ist schön, auf einem gespannten Seil über einem Platz voller Kabel zu jonglieren. Ich bin voll von Wagenschmiere, als ich den Boden wieder erreiche, während die Buchhaltungsgehilfen und die Sekretärinnen klatschen. Der Direktor und der Meister sehen sich lächelnd an. James filmt. An die Arbeit!

An der anderen Seite der Stadt, im Inneren eines fensterlosen Lagers ist Seilzeug jeglicher Provenienz aufgeschichtet. Ein Mann zieht sein Messer aus der Scheide und macht sich über meine Liste her. Er kommt zurück, drei Spulen rollen zu meinen Füßen. Wir transportieren sie bis zum Auto.

Hingerissen durch unseren Plan kommen wir in dem Werk für Metallrohre an. Die Schweißer reiben sich die Augen, als ich die breiten Straßen auf imaginärem Seile überquere und dabei Röhren, die als Balancierstäbe dienen sollen, abwäge. Sie sind mit einem Film von Schmutzfett überzogen. Zwei Röhren und ein Stab zum Zusammensetzen sind Gegenstand des Geschäftes. Wir verhandeln mit den Autoritäten, um das Material schließlich ohne Bezahlung davonzutragen. Das klappt nicht. Ich ziehe meine Rollen von Geldstücken heraus und zahle mit Kleingeld. Draußen erwartet uns die Dunkelheit.

Der Balancierstab wird bei einem Freund, der Sinn für Gastfreundschaft hat, abgestellt, und wir finden uns alle wieder im Hotel ein zu einer allgemeinen Zusammenkunft. Da sind James, der Hippie-Filmemacher, Mark, der gestiefelte Abenteurer, Phil, der motorradfahrende Architekt, und Paul, der Intellektuelle. Und alle diejenigen, deren Name und Silhouette mir nicht im Gedächtnis geblieben sind. Verteilung von Arbeit und von Orangensaft. Ich falte meine Skizzen für die Montage und meine Aktionspläne breit auseinander.

Donnerstag, 31. Mai
Das Kabel kommt aus seinem Abschmierbad heraus, aber es bleibt ein Rest von Fett in den Vertiefungen. Das Kabelwerk erlaubt uns, das Seil auf dem Hof auszuspannen, um es mit der Hand zu reinigen. Zentimeter für Zentimeter, mit einem Mittel, was die Haut ätzt. Für James und mich würde die Operation zwei Tage beanspruchen. Mark, Phil und Paul stoßen bald zu uns. Als das Werk schließt, schlägt James vor, auf dem Hof seiner Filmschule weiterzumachen. Und dort legen sich dann ein Dutzend Freiwilliger auf die Knie, um sich beim Schein von Straßenlaternen ans Werk zu machen, während ich meine Mannschaft letztmals zusammenhole. Ich bestimme die Träger, die Monteure, die Wächter, die Verbindungsleute zum Boden. James organisiert seine Filmerei: Ein Kameramann wird nach der Montage auf der Spitze zu uns stoßen, eine zweite Mannschaft wird von der Straße aus filmen. Wir sind schrecklich spät dran. Wir raffen das Material zusammen. Wir machen Pakete. Keine Zeit mehr, jedem zu erklären, wohin er jeden Gegenstand, der zur Montage dient, bringen soll... Ich markiere schnell mit einem Stück weißen Klebebands alles, was in den Nord-Ost-Turm zu transportieren ist, den Turm von James und Paul, den »weißen Turm«. Und mit rot alles, was Mark und mir in den Nord-West-Turm folgen

wird, den »roten Turm«. Endlich sind die erwarteten Wagen an
Ort und Stelle. Endlich ist auch das Kabel sauber und trocken.
Wir beeilen uns, wir rollen es auf. Kurzer Versuch für das Tragen. Wir werfen das gesamte Material in die Kofferräume. Wir
schieben den Balancierstab zusammen. Wir stürzen ein bißchen
Kaffee hinunter. Wir schlagen die Türen zu und lassen die Mo-
toren an... Halt! Es ist ein Uhr morgens, in vier Stunden wird es
hell. Wir haben keine Zeit, das Kabel zu montieren.

Der Coup ist im Eimer!

Verzweiflung. Erschöpfung. Ich werfe mich auf den eisigen Bi-
tumenbelag.

Man eskortiert mich ins Hotel. Trotz meiner Proteste schaffen
meine Freunde Wein herbei, etwas zu essen, Zigaretten und Gesellschaft. Morgen wird der Coup gestartet! Alles wird gut gehen!
Das muß gefeiert werden!

Freitag, der 1. Juni

Ein Schmerz im Finger weckt mich auf. Meine Hand ist ge-
schwollen. Ich schneide sie mit dem Rasierapparat auf. Ich ziehe
einen Kabelsplitter heraus und übergieße mit Alkohol.

Und dann zieht sich der Tag in die Länge, grau, elend. Eine
pessimistische Beklommenheit bedrängt mich.

Die Mannschaft kommt an. Wir gehen über diese vermale-
deite Brücke. Wir parken unter der nördlichen Zugangsrampe.
Was ist aus dem Geheimnis geworden, von dem man mir ge-
schworen hatte, es gut zu bewahren? Zehn Wagen kommen aus
dem Schatten. Dreißig Personen! Gekommen um zu helfen, um
Mut zuzusprechen, um Zeuge zu sein. Man hätte denken können, bei einem Picknick zu sein. Selbst ein Pärchen mit Klein-
kind in einem Haus auf Rädern fragt, ob wir Decken brauchen!

Ich schicke brutal all die weg, die nicht mit zum Coup gehören. »Schnell, Paul! Mark! Die Zeit läuft uns davon!«

James hält mich an: Es ist riskant, mit dem Auto zu fahren, um
das Material am Eingang der Türme abzulegen. Diese letzten
Tage hat James meine Achtung gewonnen, solider Kamerad, guter Organisator, erlebt er das Abenteuer total, ohne den Film ein-
zurechnen, den er wieder drehen will.

Ich verjage meine schlechte Laune mit einem Schlag auf die

Schulter: »Hast recht. Gehen wir zu Fuß.« Wir entladen unter Lärm und Lachen. Der Balancierstab wird zusammengeschoben. Acht Meter lang, dreißig Kilo. Zwei Träger werfen ihn sich über die Schulter. Jeder hat sein Bündel.

Ein halber Kilometer zu laufen. Wir steigen die Stufen in einem Zug hinauf und machen dabei Spaß. Wir brechen atemlos auf dem Schutzgitter zusammen. Und dann ist es der fröhliche Weg hin zum Turm. Er gehört demjenigen, der zuerst da ist. Wer am lautesten singt. Ich springe rittlings auf den Rücken von Mark und schreie: »Los!«, er galoppiert ohne nachzulassen.

»Hinlegen! Bullen!«

Ein Wunder. Der Wagen fährt vorbei, ohne uns zu bemerken. Ich erzwinge Ruhe. Ich verjage die unnützen Träger.

Ich mache eine Schnur an den äußersten Enden des Balancierstabes und einigen hinderlichen Paketen fest, und unsere Karawane gelangt auf den Westturm, ohne jemanden behelligt zu haben.

Zwei Stunden später haben Menschen und Material auf den Dächern Platz genommen. Der »weiße Turm« und der »rote Turm« tauschen Zeichen der Begrüßung aus. Einige Augenblicke, um Luft zu schnappen. Eine halbe Stunde Wartezeit, bis der Verkehr verstummt.

Gegen ein Uhr morgens, beim hellen Mondlicht, geht das Kabel durch.

Um zwei Uhr sendet der weiße Turm einen Hilferuf aus.

Ich konstatiere ein Desaster: Sie ziehen das Seil nach allen Kräften, aber das Kabel kommt nicht an. Es ist zu kurz oder zu schwer. Bei den vier Seilen mit den fünfzig Metern von Cavaletti-Stabilisatoren, die es transportiert, war das vorauszusehen. Ich fliege auf meinen Turm. Ich lasse das Seil durchhängen, indem ich die Verankerungen lockere, die wir gerade mit soviel Mühe angebracht haben. Alle auf den weißen Turm. Wir ziehen. Die Öse des Kabels nähert sich. Wir packen es. Wir lassen den Haken des Kabelspanners durchgleiten. Wir lassen es hinunter in die Tiefe. Das Kabel spannt sich. Aber die Öse des Laufkabels schaukelt zwei Meter unter uns. Wir ziehen aus Leibeskräften. Nein. Das Stahlseil ist zu kurz!

Ich reduziere die Verankerungen; ich gewinne Millimeter. Bei jedem neuen Versuch schlägt das Ende wie eine Ohrfeige zurück: Das Seil ist zu kurz.

Wie nur habe ich mich beim Messen täuschen können? Oder ist es das Kabelwerk, was sich beim Abschneiden getäuscht hat? Ich hatte doch schon fünf Meter mehr gerechnet, zur Sicherheit. Niemand, der mir helfen könnte zu verstehen... Gegen drei Uhr morgens springt mir die Lösung in die Augen. Von dem Rand des Daches bis zum Fenster der Etage unten folgt das Seil einem sehr kurvenreichen Weg. Wenn man alle diese Ecken wegläßt, auf jedem Turm, wird man gut und gerne drei Meter gewinnen. Man muß also das Seil in der Etage unten installieren. An den Fenstern verankern. Das ist ganz sicher weniger solide, aber dies Wissen behalte ich für mich.

Wir bringen das Seil an meine Spitze zurück. Es ist vier Uhr morgens...

Wir lassen das Fangseil, das weiterhin die beiden Türme miteinander verbindet, zur unteren Etage runter. Vier Uhr dreißig schon...

Die Morgenröte stößt uns an.

»Sieh mal! Es wird Tag!«

Das ist der Untergang. Bald wird ein Passant mit dem Finger auf uns zeigen, die Polizei wird unsere Aufpasser, die an den Füßen der Türme vor sich hindösen, aufgreifen, die Arbeiter werden kommen.

Wir haben keine Wahl. Wir müssen fliehen. Wir müssen das ganze Material im Stich lassen. Wir werden später nachdenken! Wir werfen auf dem Dach alles durcheinander, die Seile, die Werkzeuge, die Säcke mit den Montageskizzen – die klar und deutlich ein zwischen zwei Türmen gespanntes Kabel zeigen. Die Messer, die Taschenlampen, die Reste der Sandwiches, alles. Panik.

Oh! Der Balancierstab! Ich springe seitlich darüber, mit Fußtritten lege ich das Seil frei. Die lange, weiße Stange erhebt sich über der Straße und geht hinüber zur Spitze. Ein morgendlicher Spaziergänger ist stehengeblieben, einige Autofahrer sind langsamer geworden.

»Scheiße! Schnell! Schnell!«

Rette sich, wer kann!

Als er sich die Treppen runterläßt, ruft James: »Wenn niemand nach oben steigt, haben wir die Chance, heute abend zurückzukommen, um den Coup zu landen!«

Wir schlängeln uns durch das Loch des Treppenhauses, wir stoßen uns, wir schneiden uns. Keine Zeit, die Stangen hinter uns wieder perfekt anzukleben. Ein bißchen Metallpaste, keine Farbe. Es wird gehen! Zwanzig Meter von uns entfernt, im Souterrain, riegeln die Arbeiter eine Ausfalltür auf. Sie werden uns überraschen. Wir entwischen gerade noch zur Zeit durch die Falltür der Schienen. Wie durch ein Wunder kommt kein Zug vorbei, der uns in Stücke reißen kann.

Sonnabend, 2. Juni

Ich schlafe und kaue dabei den Mißerfolg wieder, der mir Körper und Seele ausgeleert hat.

Beim Aufwachen ein Schrei: »Die Fahnen? Die Fahnen!«

Aus dem Fenster meines Zimmers sehe ich die Brücke flankiert von australischen Fahnen. Zwei auf der Spitze des Bogens, eine auf jedem Turm. Um sie auf dem Dach von unseren Türmen zu installieren, mußten die Arbeiter auf unsere Wirtschaft von Seilen und Werkzeugen gestoßen sein. Sie haben meinen Montageplan entziffern müssen. Alles ist entdeckt.

Es wird nicht lange dauern für diejenigen, die mich im Fernsehen gesehen haben, um Ähnlichkeiten festzustellen: das auf der Brücke zurückgelassene Material ... der junge französische Seiltänzer auf der Lauer zu einer heimlichen Montage ... Die Studios haben meine Adresse. Die Polizei muß schon unterwegs sein. Ich muß das Hotel verlassen, ohne noch eine Sekunde zu verlieren. Und dabei das Wesentliche mitnehmen: mein Kostüm des Straßenjongleurs, meinen hohen Hut, meinen Beutel und mein Einrad. Ich antworte auf das Lächeln des Portiers mit Kopfschütteln.

Ich bringe mich auf einem benachbarten Platz in Sicherheit. Ich rufe James zu Hilfe. Ich überlasse das Zubehör seiner Obhut und kehre ins Hotel zurück. Ich entweiche diesmal über die Nottreppe und nehme einen Koffer und zwei Taschen mit. Für mich beginnt das Leben eines Clochards.

Und endet um fünf Uhr nachmittags, als klar ist, daß das alles nur die Ausgeburt meiner Phantasie ist. Nach allem haben die entsprechenden Leute mit den Fahnen auch glauben können, daß hier gerade Arbeiten im Gange sind, das betrifft sie nicht... Und wenn die Polizei mich seit heute morgen nicht gefunden hat, dann zweifellos, weil sie mich gar nicht gesucht hat... Der Hotelportier hebt die Augenbrauen, als er mich mit neuem Gepäck zurückkommen sieht.

Zu Beginn des Abends gehe ich allein los zu einer Ortsaufklärung. Ich komme triumphierend zurück. Alles ist noch am selben Platz. Man hat an nichts gerührt. Der Coup ist also für heute abend.

Alle in zwei Stunden ins Hotel zu einer letzten Zusammenkunft.

Meine Kameraden finden sich ein, ausgeruht, optimistisch. Ein festlicher Abend wird organisiert für die Freunde, die entschlossen sind, nicht zu schlafen, und die morgen früh die ersten sein wollen, die den Himmel anstarren. Das lohnt sich schon mehr, sie so zu sehen, als gestern – kampierend am Fuße der Türme, so um Mitternacht herum, gesenkten Hauptes. Die Sydney Harbour Bridge schwebt über der Finsternis. Ihre Fahnen flattern fröhlich. Zuerst prüfen, ob die durchgesägten Stangen seit meinem letzten Besuch nicht entdeckt worden sind.

Wir gelangen wieder auf unseren Posten an der Spitze jeden Turmes. In der Dunkelheit ist es nicht einfach, all die Seile auseinanderzufitzen.

Eine tolle Nacht. Mit Befehlen, Gegenbefehlen, Polizeialarm und Montageirrtümern. Endlich ist das Kabel an seinem Platz. Die Cavalettis? Zuviel Verkehr, wir wagen nicht, die Seile zu werfen. Ein Uhr morgens? Wir werden niemals fertigwerden. Wenn, dann nur, wenn wir uns als Arbeiter der Wegebauverwaltung mit den gelben Regenmänteln verkleiden! Mark und Paul machen den Autofahrern Zeichen, diese vom Himmel kommenden Seile zu umgehen. Eine Minute später rufen sie mir zu: »Es ist zu kurz!«

Aber nein, das ist lächerlich.

Ich rolle von meinem Turm nach unten. Ach ja, die Seile sind zu kurz! Wir werden später darüber nachdenken. Von jeder Spitze werfe ich ein kleines Seil, wir binden die Cavalettis an, wir zichen sie rauf. Zwei Stunden verschwendet. Was tun? Wo jetzt ein Seil auftreiben?

Ich werde das Seil abschneiden, ich werde in den Hafen springen, ich werde den ersten besten erwürgen, es ist nichts mehr zu gewinnen und nichts zu verlieren ... Während ich wüte, haben meine Komplizen schon nach Hilfe gerufen. Das System der Kommunikation funktioniert fabelhaft. Phil verschwindet auf dem Motorrad in der Nacht. Er schlägt in einer Zusammenkunft von Freunden wie der Blitz ein, die feierten schon unseren Sieg. Vollgas. Er ist mit einem Passagier zurück. Ich, eine wütende Ratte auf der Spitze meines Turmes, er, ein großer lustiger Blondschopf meines Alters, barfüßig. Er heißt Terry, streckt mir mit dem breitesten Lächeln die Hand hin und bietet uns seine Hilfe an. Ich beleidige den Neuankömmling: »Uns helfen? Natürlich! Treibe mir vierzig Meter Seil in den nächsten zehn Minuten auf. Gib noch zehn Meter an jedem Cavaletti hinzu, und mach' dabei lange Verschweißungen. Wirf das über die Straße, bring es an, und spanne die Seilrollen. Alles das fast bei hellem Tage und mitten zwischen vorüberfahrenden Autos! Wenn du das kannst, dann kannst du uns helfen!«

»Was für eine Art Seil? Hanf? Sisal? Schäkel? Drei Rundstäbe? Sechs Rundstäbe? Neunzehner? Zweiundzwanziger? Sowas muß man doch auf der Brücke finden ...«

Sein Wissen überrascht mich zwar, beruhigt mich aber nicht. Ich ziehe Terry unter die Straße und spanne den Arm wie ein Tollwütiger zu einem Paket Seil, was weit weg schaukelt, sechzig Meter über dem Wasser.

»Sieh dir das an! Ich habe nicht auf dich gewartet, um das zu finden! Aber es ist einfach unmöglich, sich in diese Schwärze zu werfen, überall ist Öl und keinerlei Möglichkeit, dahin zu krauchen.«

»Unmöglich?« Terry wirft mir ein Lächeln zu, was den Blitzschlag nicht fürchtet und springt in die Finsternis. Zehn Minuten später, als wir alle denken, daß er in den Hafengewässern verschwunden ist, erreicht mich eine ermattete Stimme von unten her, von den Stahlträgern: »Philippe, biste da? Ich schmeiß' dir 'n Ende rauf, mußt ziehen, wenn ichs sage.« Fünfzig Meter Seil des richtigen Durchmessers laufen mir durch die Finger. Ankommt Terry, überall zerschnitten, fettbeschmiert, triumphierend. Ich springe meinem neuen Freund an den Hals. Und da sind wir schon auf den Spitzen und spleißen. Weil er sich im Spleißen auskennt! Er besteht darauf, jeden Schnitt mit einem Schweineschwanzknoten abzuschließen, »damit es nach was aussieht«. Ich habe nicht die Grausamkeit, ihn dieses Vergnügens zu berauben.

Vier Uhr morgens. Gelbe Wettermäntel. Terry regelt den Verkehr! Seile geworfen. Seile festgemacht. Seile gespannt. Alle nach unten, hört mal her! »Ich brauch einen Aufpasser bei jedem Cavaletti: Wenn jemand an ein Abspannseil faßt, wird da oben die Schwingung größer, und ich falle vom Seil! Und wenn die Bullen kommen, geht ihr ihnen voran und bittet sie um ihre Hilfe: ein Polizist an jedem Cavaletti, um zu verhindern, daß jemand dranfaßt. O. K.? O. K.! Auf bald!«

Ich komme wieder in meinem Adlerhorst an. James sucht seinen Kameramann.

Und dann geht die Sonne auf ihre Bahn. Sie heizt den Granit auf. Sie macht, daß sich der riesige Bogen dehnt.

Und wieder allein im Angesicht des Seiles

Sonntag, 3. Juni 1973, im Morgengrauen

James ist zurück. Sie haben etwas zu trinken mitgebracht. Wunderbar! Ich belebe meinen leeren und ausgetrockneten Körper wieder.

Warten.

Sieben Uhr morgens. Wolken zeichnen Schatten über das Meer. Die Kälte prallt von einem Turm zum anderen. Ach, mein Seil, es ist herrlich!

Ich drehe meinen Balancierstab zwischen zwei Säulen zurecht, um ihm diese leicht abgerundete Form zu geben, die ich gerne habe. Und ich nehme alle ziehenden Stücke des Tauwerks zusammen, um im Inneren der letzten Treppe ein unzerreißbares Geflecht zu weben, das Türen und Fenster vermauert und die Aufgabe derjenigen komplizieren wird, die kommen werden, um mich umzusiedeln. Lachen steigt bis zu uns hinauf, unten rotten sich die Freunde zusammen. Ein türkisfarbenes Blau überzieht den Himmel.

Ein brennendheißer Schluck von bitterem Kaffee wärmt mein Blut wieder auf.

Die Zugluft schweigt jetzt. Ein ruhiger Wind bereitet seinen Angriff vor. Das ist der Moment, den James, die Kamera in der Hand, wählt, den Seiltänzer zu interviewen. Die Banalität seiner Fragen zerreißt mir das Herz, gutmütig lasse ich ein paar aufnehmbare Worte ab. Ich sage ja. Ich schüttele den Kopf. Aber ich höre nicht mehr hin. Meine Augen haben sich am Seil festgehakt. Alles klar, es ruft mich. Ich tätschele es ... ein bißchen aus Freundschaft, um zu beweisen, daß ich nicht unruhig bin. Vielleicht um es aufzuwecken, zweifellos, um zu beurteilen, ob die Spannung ausreichend ist, wer weiß? Ich greife gierig nach dem Balancierstab. Durch die dünnen Sohlen spüren meine Füße die Rauhheit des Granits. Ein Fuß gleitet auf das Seil. Meine Haare fliegen hoch. Wie auf Notre-Dame, wie überall, wie immer, ich weiß, daß der Abgrund mir gegenüber ungeheuer tief ist.

Der erste Schritt.

Ohne hinzusehen, sehe ich das Seil, das nachgibt. Ich laufe zitternd vorwärts. Das Kabel ist schlecht gespannt. Die Cavalettis schlagen unter dem Wind an.

Ich entziehe mich Schritt für Schritt dem Tod, der mir auf den Fersen ist. Die Mitte bewegt sich zu stark. Ich werde nicht hinüberkommen. Aber ich gehe weiter. Der Turm gegenüber rückt in dem Maße nach hinten wie ich vorwärtskomme. Ich werde ihn nicht erreichen. Ich bin hier.

Ich lebe. Ich habe diese so unterschiedliche Schwere, die die fliegenden Tiere kennen, ausgekostet.

Schreie und Applaus steigen vom Boden auf.

Halbe Strecke.

Ich lache dem Wind ins Gesicht, werde gegen meinen Willen zu einer zweiten Überquerung hinweggetragen. Hinübergehen vom Schatten zum Licht, so wie der Matador der Stiere, der weiß, daß er nicht zurückweichen darf. Mit Rufen, die mich geleiten, entkomme ich dem Flugsand der Mitte. Auf Knien entbiete ich den Gruß des Seiltänzers. James filmt. Ich komme an seiner Seite an. Wagen werden langsamer und hupen. Der Zug ist stehengeblieben. Reisende an den Türen! Die Menge wird größer und klatscht Beifall. Ich bin allein. Ungeheuer allein. Und wieder im Angesicht des Seiles. Von neuem unterwegs. Diesmal mit der Eleganz des Siegers. In der Mitte lege ich mich lang und betrachte den Himmel. Plötzlich dringen die Sirenen der Seiltänzerjäger zu mir. Ich warte festen Fußes, aufrechtstehend, am Cavaletti. Ich beobachte.

Drei Polizeifahrzeuge, ein Rotkreuzwagen und Wagen vom Fernsehen. Knirschen von Pneus. Alle steigen aus.

Schnelles Laufen zu den Abspannungen. Unmittelbare Festnahme meiner Leibgarde. Saubere Arbeit. Und dann bemächtigen sich zwei Polizisten meines Cavalettis. Sie lösen die Seilknoten. Sie kappen das Seil.

Das Kabel knallt. Der Schlag bringt mich aus der Fassung. Erzwungener Sprung von dreißig Zentimetern. Meine Augen haben das Kabel wieder erfaßt, einen Sekundenbruchteil später suchen meine Füße das Seil. Dort hält der Sturz an. Ich schwanke. Ich laufe nach hinten, Füße im Entengang, um das Kabel nicht zu verfehlen, was hochspringt. Ich verlasse das Seil.

Fünfzig Meter Tiefe?

Nein. Zwei Meter weiter unten prallt mein Kopf auf dem Beton der letzten Etage ab. James heißt mich willkommen. Ich wende mich zu dem Stahlbogen, dem Turm gegenüber, zum Kabel – eine Art von Lebewohl. Fast ebensobald Schreie hinter der Tür. Wir lassen sie sich von den Schnüren befreien, die den Durchgang blockieren. In großer Hast lassen meine Freunde die bereits belichteten Spulen an einem Seil hinunter. Das schlägt auf halber Höhe auf. Ich ziehe das Ganze wieder rauf und wikkele es ebensoschnell in den Schlafsack ein. Ich nehme die Mitte der Bucht ins Visier – wegen des Windes –, und das Paket landet zu den Füßen von Phil: Ein vertrautes Brummen zeigt an, daß Bild und Ton den Weg ins Labor antreten.

Die Tür gibt nach. Drei wütende Bären springen uns an die Gurgel. Ich bin der erste, dem sie Ketten anlegen. Sie haben denjenigen wiedererkannt, der sich schuldig gemacht hat, auf dem Seil zu laufen. Diese Unterscheidungskraft freut mich. Ich verzeihe ihnen, daß sie die Handschellen auf meinem Rücken falsch zusammengepreßt haben.

Die Sydney Harbour Bridge

Ohne jede Rücksicht auf die Zerbrechlichkeit von Filmapparaten schubsen unsere Hüter Menschen und Material für einen wirksamen Rückzug. Die Faust, die mich umklammert, wird mich erst im Inneren des Polizeiwagens loslassen.

Unser rollendes Gefängnis entfernt sich. Aber das Fernsehen hat sich so weit genähert, daß die Bodenmannschaft von James, der nicht aufgehört hat zu filmen, Zeit gehabt hat, uns zuzurufen:

»Wir haben ihnen gesagt, daß du runterfallen würdest, wenn sie an die Cavaletti fassen. Sie haben geantwortet: Das ist nicht unser Problem, im Gegenteil, wir werden ihn umsiedeln, indem wir das Seil kappen! Aber wir haben das alles auf dem Film und den Tonbändern! Kopf hoch!«

Abschiedslächeln für Sydney Harbour Bridge und vorwärts zu irdischen Abenteuern.

Auf der Polizei spiele ich den Ohnmächtigen, um zu hören, was man entscheidet. Irgend jemand zahlt für unsere provisorische Freilassung. Ich lasse meine Fingerabdrücke dort. Draußen umringt uns die Presse.

Später dann das heiße Bad, raffiniertes Essen, das Wiedersehen mit den Freunden.

Eine Vorstellung des Stückes »Corde Raide-Piano volant« 1984 in Paris

Am nächsten Tag das Gericht.

Ich erscheine im Aufzug des Straßenjongleurs. Ich erhebe mich, ich setze mich, je nach Anweisungen des Rechtsgelehrten, der das Spiel leitet. Um mir die Zeit zu vertreiben, mache ich eine Skizze vom Dekor: ein riesiger Ventilator an Holzpfählen und an der Wandverkleidung das heraldische Emblem der australischen Justiz – ein Eichhorn, eine Krone, ein Löwe und die Inschrift in französisch: »Honni soit qui mal y pense.« Sehr passend.

Bußgeld? Ich habe kein Geld. Aber der älteste Zirkus von Australien hat das Ereignis verfolgt. Sein Direktor Ashton bietet sich an, die geschuldete Summe zu bezahlen, wenn ich einverstanden bin, unter seinem Zirkuszelt auf dem Seil zu laufen. Das Geschäft wird abgeschlossen. Der Mann des Gesetzes unterbricht mit einem Hammerschlag den farbenfrohen Wortschwall des Herrschers über die Manegenpiste.

Zwei Tage später bin ich über einem Löwenkäfig, der voll von Löwen ist. Die Dompteuse weigert sich, in den Käfig zu gehen. Mit mir da auf dem Seil laufen ihre Raubkatzen Gefahr, die Nerven zu verlieren. Und ich? Wenn sie das äußerste Ende des Balancierstabes zu packen kriegen, wenn sie mich in ihre Klauen ziehen? Nichts zu machen. Der Kompromiß? Ich biete meine Seiltänzernummer über einem leeren Käfig. Ich komme wieder auf den Boden und borge mir den Schal einer Besucherin aus. Ich klettere die Leitertreppe hinauf. Ich verbinde mir die Augen und hebe den Balancierstab.

Unterdessen hat man die Wildkatzen hereingeschickt. In dem Schweigen schreite ich majestätisch vorwärts über den wilden Tieren. Aber bald macht sich Lachen durch die Gitterstäbe breit. Als die Überquerung vorüber ist, nehme ich die Binde ab – um meine sechs Atlaslöwen zu entdecken, wie sie sich in der anderen Ecke des Käfigs um ein Stück Fleisch streiten. Zirzensische Vorsichtsmaßregeln.

Und dann die Zeitungen. Das Fernsehen. Die Fotografen.
Künstliche Interviews. Aufgesetztes Lächeln. Hohle Fragen.
Die Warums. Die Wies.
Ich erzähle.
Das Wesentliche bleibt ungesagt.

Kurzbiographien
bedeutender Hochseilartisten

Adler-Truppe

Der 1880 im schweizerischen Hallau geborene Heinrich Gasser zeigte schon als Kind großen Gefallen am Turnen, und so brach er 1898 kurzerhand die begonnene Metzgerlehre ab, um sich in der Welt umzusehen. Schon in Straßburg schloß er sich einer Arena an. Er arbeitete am Trapez und lernte bei seinen Reisen die deutsche Artistin Elisabeth Schubert kennen, die er heiratete und mit der er sich selbständig machte. Sie zeigten Hochseilarbeit, Balancen am schwankenden Mast und Trapezakrobatik. 1922 kehrten sie in die Schweiz zurück. Besonders bekannt wurde ihr Sohn Dominik (1903–1982) als »Verächter des Todes« mit seiner Arbeit am 18 m hohen schwankenden Mast, später zeigte er auch als einer der ersten Artisten Saltos über ein Auto. 1926 heiratete Dominik Maria Bauer aus einer alten elsässischen Artistendynastie, zeitweise zogen beide Familien gemeinsam durch die Lande. Die Leitung der »Adler-Truppe« war inzwischen von Heinrich Gasser auf seinen Sohn Max übergegangen. 1931 machten sich Dominik und Maria selbständig und eröffneten eine eigene Arena. Der jüngste Bruder, Johann, heiratete die Tochter von Pio Nock und hatte ebenfalls einige Jahre eine Arena. Die »Adler-Truppe« löste sich später auf, da Max' Söhne keine Artisten geworden waren. 1949 gründeten Dominik und Maria Gasser ihren Zirkus »Olympia«, heute ein bekanntes mittelgroßes Unternehmen der Schweiz, das inzwischen vom Sohn Dominik jr. geleitet wird. Drei weitere Söhne, Anton, Franz und Ernst, gründeten einen Zirkus in Australien.

Die Alichanows

Alichan Rasachimowitsch Alichanow (geb. 11.6.1941) leitet diese aserbaidshanische Seiltänzergruppe, zu der außer ihm die drei Kinder des Seilartisten Rsachan Alichanow (geb. 26.2.1904) gehören: Alichan (geb. 14.3.1942), Inna (geb. 7.12.1943) und Tatjana (geb. 25.10.1945). Rsachan Alichanow trat von 1935 bis 1962 auf, er zeigte u. a. akrobatisch-äquilibristische Übungen auf einem Stuhl, der in einem Kupfergefäß auf dem Seil stand. Zu den Tricks der Alichanows gehören ein Dreimannhoch, von dem der Obermann auf die Schultern eines vor ihnen stehenden Partners springt.

Eric Alwin

Eric Alwin, geboren am 8.3.1953 in Paris, und seine »Sky's Tripper« gehören zu den gegenwärtig jüngsten Truppen von Hochseilartisten, sowohl vom Durchschnittsalter als auch dem Debüt her.

Eric begeisterte sich schon als Kind für den Zirkus, insbesondere für die Kaskadeure und Hochseilartisten. 1974 schloß er sich dem Zirkus Zavatta fils an, er arbeitete als Kraftfahrer und in der Reklameabteilung. 1979 lernte er den Hochseilartisten Franck Tescourth kennen, der ihm die Anfangsgründe seiner Kunst beibrachte. Wenige Monate später verunglückte sein Lehrer und Freund tödlich, und Eric Alwin brauchte viele Wochen, ehe er den Schock überwunden hatte und sein Training wieder aufnahm. Er wurde von Gérard Gondard und den Drahtseiläquilibristen »Alvanos« unterstützt und konnte so 1980 zu seiner ersten Tournee als Hochseilartist aufbrechen. Er arbeitete vorwiegend auf dem Schrägseil, dessen Länge von 40 bis 100 m differierte. 1982 arbeitete er eine Nummer auf dem Hochseil aus, mit der er vor allem auf Jahrmärkten und Dorffesten gastierte. Als Attraktion für die Kinder entwickelte er »Die Ankunft des Weihnachtsmannes« auf dem Hochseil.

1985 bildete er zwei junge Partner aus, Yannick und Alain,

The Sky's Tripper

seitdem treten sie zu dritt als »The Sky's Tripper« auf. Zu ihren Tricks gehören Gleichgewichtsübungen, Übersteigen, Stuhltricks und Pyramiden und ein Fahrradlooping in einem Halbkreis auf der Mastspitze.

Les Aranis

Eugen Klaas (geb. 1944), der Truppenchef, sein Bruder Marcel (geb. 1959), dessen Frau Silvia (geb. 1960) und Eugens Töchter Liome (geb. 1967) und Gina (geb. 1968) bilden die Truppe Aranis-Klaas. Sie stammen aus einer Artistenfamilie, die sich schon seit Generationen dem Hochseil verschrieben hat; die Mutter Dorothea Klaas war eine bekannte Trampolinartistin.

Der dritte Bruder Alfred (geb. 1949) war bis zu seinem plötzlichen Tod 1984 ebenfalls Mitglied der Truppe.

Die Aranis haben sich eine Show aufgebaut, die sehr vielfältig ist: Hochseil, Schrägseil (mit zwei Motorrädern) und Mast, wobei der Motorrad-Todeslooping von Liome auf der Spitze des 35 m hohen Mastes eine besondere Sensation darstellt.

Die Aranis zeigen auch Hochseilläufe zwischen Gebäuden, Motorradfahrten wie z. B. zum Westberliner Funkturm, Stunts und Motorradakrobatik, so Sprünge über eine Reihe PKW.

Auch die Kinder der Familie (bisher acht) werden schon artistisch ausgebildet, und die ältesten arbeiten bereits in der Show mit.

Alfred Klaas

King Arthur the Lion

Arthur Duchek, am 5. 7. 1930 in Wien geboren, und seine Frau Isolde (Goldie) haben – nach verschiedenen anderen Nummern – mit »King Arthur the Lion and Goldie« eine wirkungsvolle komische Hochseildarbietung aufgebaut. Duchek stammt aus der österreichischen Artistenfamilie Troestl, seine Eltern Friedrich Duchek und Maria geb. Troestl waren bekannte Hochseilartisten. Arthur begann mit 7 Jahren auf dem Hochseil aufzutreten. Bis 1953 reisten sie mit ihrer Hochseilnummer durch Europa, daneben trat Arthur mit seiner Frau Kathy als »Les Arturos« mit einer Hand-Kopf-Äquilibristik auf. 1956 gingen sie zum Zirkus Ringling Bros. and Barnum & Bailey nach den USA, ein Jahr später kamen sie als »The Cosmos« mit einer Motorrad-Hochseil-Nummer heraus. 1963 verunglückte Kathy dabei tödlich. 1965 heiratete Arthur Isolde Samter, die in einer Kugeläquilibristikdarbietung aufgetreten war. Mit ihr und der damals 15jährigen Tochter bot Arthur Duchek sowohl die Motorrad-Hochseil- wie eine Handäquilibristiknummer, mit der sie zwei Jahre in Europa reisten. 1969 kehrten sie nach den USA zurück, bei der Walt Disney Show entwickelte er eine komische Hochseilnummer im Kostüm von Goofey, später auch von anderen Disney-Figuren. 1975 veränderte er sie zur Komiknummer »King Arthur the Lion«, bei der er mit einem Löwenkopf auftritt und humoristische Dialoge mit Goldie führt. Er bietet Radtricks mit Goldie am Trapez und fährt ein Minifahrrad auf dem Seil. Durch die originelle Form und die ausgefeilten Tricks ist King Arthur eine sehr beliebte Nummer geworden.

Les Astary's

Unter diesem Namen reiste der Sohn Camilio Mayers, Günther Ahrens, mit einer eigenen Truppe in Frankreich. Sie zeigten u. a. Schrägseilläufe zu hohen Bauten, die Motorradfahrt auf dem Schrägseil, Stelzenlauf mit Partner auf den Schultern auf dem Hochseil, eine Dreierpyramide mit Stuhlstehen und Günther Ahrens-Mayers Balancen am schwankenden Stahlmast von 60 Meter Höhe. Günther Mayer verunglückte im September 1967 bei einem Autounfall tödlich, die Truppe löste sich danach auf.

Joselito Barreda

Der junge Artist beginnt seine Hochseilnummer gleich mit einem ungewöhnlichen Aufstieg auf dem steilen Schrägseil, dessen Schwierigkeit aber kaum von jemand erkannt wird. Da er im Kostüm eines Torero auftritt, muß er das über die Schulter geworfene Cape des Toreros mit einem Arm festhalten, so daß er zum Gleichgewichthalten nur auf den anderen Arm angewiesen ist. Auf dem horizontalen Hochseil vollführt er dann waghalsige Tricks, die den Zuschauern den Atem stocken lassen, beispielsweise einen Überschlag – ohne jede Sicherung – und die Überquerung auf einem sattellosen Einrad, d.h. einem einfachen Rad mit an der Nabe angeschweißten Pedalen, was besondere Körperbeherrschung erfordert.

Auf dem 8. Festival International du Cirque Monte Carlo 1981 errang Barreda einen Silbernen Clown.

Berondini-Truppe

Die Berouseks sind eine weitverzweigte Artistenfamilie, die heute in der sechsten Generation auf dem Hochseil arbeitet. Matej Berouseks Urgroßvater überquerte mit seiner Frau die Niagara-Fälle und errang damit weltweiten Ruhm. Der Leiter der Truppe, Jan Berousek (geb. 29. 3. 1933 in Lesany bei Prostějew) übernahm diese Funktion von seinem Vater Matej Berousek (1906-1983), der bis zu seinem 67. Lebensjahr auf dem Hochseil auftrat. Gegenwärtig besteht die Truppe aus neun Familienmitgliedern: Jan, seiner Frau Stanislava (geb. 1940), Vlasta (geb. 1939), Vaclav (geb. 1950), Jitka (geb. 1953), Robert (geb. 1960), Manuel (geb. 1960), Jasmin (geb. 1970) und Jan jr. (geb. 1971). Die Berondini-Truppe zeigt auf dem Hochseil (in 7 bis 20 m Höhe) u. a. Einradfahren mit verbundenen Augen, Fünf-Mann-Pyramide, das Fahren auf einem Einrad von 2,50 m Durchmesser, Stuhl- und Leiterbalancen, Tandemfahren. Am 40 m hohen Mast führen die Artisten Kopfstand, Handstand, Fahne, Absteher und den »lebenden Propeller« vor. Sie arbeiten auch auf dem Schrägseil bis zur Höhe von 20 Metern.

Gastspiele führten die Truppe durch ganz Europa, sie reisten auch schon durch Indien, Japan und Burma und wirkten in mehreren Filmen mit.

Bertelly-Truppe

Werner Neubert (geb. 25. 7. 1924 Auerbach/Vogtl.) erlernte den Beruf eines Wäschezuschneiders und trieb in seiner Freizeit aktiv Sport. Die Einberufung zur faschistischen Wehrmacht unterbrach erst einmal alle beruflichen Pläne, doch in amerikanischen und englischen Gefangenenlagern erhielt er Kontakt zu Artisten und betätigte sich selbst als Amateur. Zusammen mit zwei Mitgefangenen baute er sich eine akrobatische Darbietung auf, mit der sie nach der Entlassung auftreten wollten. Als der dritte Mann jedoch im Durchgangslager Friedland verschwand, suchte sich Neubert Arbeit im Zwickauer Steinkohlenbergbau, um aber schon bald zur damals bestehenden IAL-Ausbildungsstätte in Leipzig überzuwechseln. Einer seiner Lehrer war dort Harry Tagoni. 1948 ging er zur Luftdarbietung Falchi und debütierte am 22.5.1948 im Zirkus Aeros. Dort lernte er auch seine spätere Frau kennen. Beide erarbeiteten sich eine eigene Darbietung, mit der sie 1950 bei der »Großschau deutscher Hochartisten« von Pastelli debütierten. Im folgenden Jahr schlossen sie sich den »Wolkenstürmern« an und reisten eine weitere Saison mit den »Filmartisten«. Werner Neubert machte sich selbständig, baute sich eigene Geräte, so zwei Gittermasten und einen Peitschenmast von 32 m Höhe, er nannte sich nun »Bertelly-Truppe«, zeitweise auch – mit größerem Programm – »Menschen zwischen Himmel und Erde«. 1956 war die Hochseiltruppe Cimarro an seiner Schau beteiligt.

Neubert zeigte zusammen mit seiner Frau eine Arbeit am Fangstuhl, Leiterbalancen am Mast und Balancen am Peitschenmast. Am 9. 7. 1960 verunglückte seine Frau beim Abgang vom Gerät tödlich, Neubert löste noch im gleichen Jahr seine Schau auf. Die Geräte erwarben Ernst Weisheit für seine »Luftpiloten« und die Berliner Laientruppe »Luftkometen«. Werner Neubert selbst wurde 1962 Lehrer an der Staatlichen Fachschule für Artistik, er bildete dort u. a. die Truppen »Estarolis«, »Ilona und die Jokers« und »Palomas« aus, bis er 1977 aus gesundheitlichen Gründen diese Tätigkeit aufgeben mußte. Daneben – bis 1966 – war er Ausbilder der »Luftkometen«, denen er wesentliche Kenntnisse in der Luft- und Hochseilarbeit vermittelte.

Los Bordini

Toni Celotto (geb. 1953) und Alexander Alexander (geb. 1969) sind heute die beiden Akteure der Truppe, die von Walter Alexander (geb.1940) gegründet wurde. Er war zwanzig Jahre lang Artist und Geschäftsführer bei der Oskani-Truppe gewesen, bis er sich 1978 mit seinem Freund Celotto selbständig machte. Als Vater Walter Alexander, der aus dem bayrischen Ort Moosburg stammt, 1985 die Arbeit auf dem Seil aufgab, übernahm sein Sohn seine Rolle, und der sechsjährige Bruder Michael trainierte bereits. Los Bordini zeigen vor allem Motorradfahrten auf dem Schrägseil, wobei Alexander am darunterhängenden Trapez akrobatische Tricks vorführt, zum Repertoire gehört auch das Seillaufen auf dem langen Schrägseil.

Familie Bossle

Der Ursprung der Familie läßt sich rund dreihundert Jahre zurückverfolgen. Wie viele der Fahrenden beherrschten die Bossles
auch die Kunst des Seillaufs, die sie bis in die Gegenwart ausüb-
ten. Ein Nachkomme der weitverzweigten Familie, Carl Stephan
Bossle, betrieb einen Zirkus »Olympia«, mit dem er sich – auf
der Flucht vor der heranrückenden Front – 1945/46 auch auf
dem Gebiet der heutigen DDR aufhielt und dann ins Bayrische
überwechselte. Als sein Sohn bei Verladearbeiten einen tödlichen
Starkstromunfall hatte, löste er den Zirkus auf, der 1954 unter
dem gleichen Namen »Olympia« von Adolf Firschke-Laforte
übernommen wurde. Eduard Bossle trat unter dem Namen Boß-
lini als Hochseilartist auf, er verstarb im September 1953 in Wie-
scherhöfen. In den sechziger Jahren reiste die Hochseiltruppe
von »Kapitän« Bossle in der BRD und auch in den Niederlan-
den, Attraktion war die Arbeit Kapitän Bossles am 72 m hohen
schwankenden Stahlmast. Heute reisen die Bossles unter Leitung
von Leonhard Bossle als »Hell-Driver«-Artisten (Auto-Rodeo).
Nachdem sie noch in den siebziger Jahren Hochseil (u. a. mit
Motorradfahrten auf dem Schrägseil) und Auto-Rodeo kombi-
nierten, haben sie sich jetzt auf die Auto-Crash-Attraktionen be-
schränkt, sie gastieren schon viele Jahre in Skandinavien.

Carrillo Brothers

Pedro Carrillo wurde am 2.11.1946 in Neiva/Huila in Kolumbien geboren. Mit 13 Jahren riß er von zu Hause aus, um sich einem Zirkus anzuschließen. Er fing erst einmal als Zirkusarbeiter an, probte dann insgeheim nachts auf dem Seil. Nach drei Jahren durfte er in einer Hochseilnummer mitarbeiten, 1963 hatte er sein Debüt. 1967 schloß er sich der Rosell-Truppe an, mit der er vier Jahre in den USA reiste. Dann baute er sich mit Daniel Acosta eine Duonummer auf, mit der sie erfolgreich sechs Jahre lang auftraten. 1977 stürzte Acosta während eines Engagements beim Zirkus Ringling Bros. and Barnum & Bailey ab und mußte die Hochseilarbeit aufgeben. Carrillo fand als neuen Partner Luis Posso, mit dem er bis heute zusammenarbeitet. 1984 beendeten sie ihr Gastspiel beim Ringling-Circus, 1985 reisten sie mit dem Big Apple Circus. Die Carrillos gewannen 1967 in Lima, Peru, den ersten Preis als beste Zirkusnummer, 1977 erhielt Pedro Carrillo beim Zirkusfestival in Monte Carlo den Silbernen Clown. Zu ihren Tricks gehören Übersteigen und Überspringen des Partners, Rolle rückwärts, Seilspringen, Sprung vom Zweimannhoch. Einige Tricks werden mit verbundenen Augen bzw. ohne Balancierstange gezeigt.

Die Chmyrows

Boris Fjodorowitsch Chmyrow (geb. 11.5.1923) hatte als Sechzehnjähriger seinen ersten Auftritt als Sprungakrobat. Nach dem
Krieg arbeitete er als Luftakrobat, seit 1962 zusammen mit seinem Sohn Eduard (geb. 27.6.1948). 1968 schuf er die Darbietung
»Äquilibristik auf dem Doppelseil« (Schräg-und Hochseil). Zu
den Tricks gehört Eduards Aufstieg auf dem Schrägseil mit seiner Partnerin A. Sharkowa auf der Stirnperche. In der Mitte angelangt, wird das Seil schlaffer, und er schwingt darauf. Dann
strafft es sich wieder, so daß er weiter aufsteigen kann. Boris läuft
auf dem Schrägseil mit Stelzen. Bei der Allunionsschau neuer
Zirkusattraktionen 1970 wurden die Chmyrows ausgezeichnet.

Die Chrismos

Christian Zuckschwerdt (geb. 27.11.1950 Neuenegg) und Monika
Fuß (geb. 17.11.1964 Biel) sind zwei junge Schweizer Artisten, die
1985 ihr Debüt im Zirkus Medrano mit einer Kugellaufnummer,
Papierspielen und einer Arbeit am Schwungseil hatten. In dieser
Zeit trainierten sie für eine Hochseilnummer, mit der sie 1986
herauskamen. Christian steigt mit Stelzen auf dem Schrägseil zur
Brücke auf, weitere Tricks sind Übersteigen, Stuhlbalancen,
Fahrradäquilibristik, Zweimannhoch. Daneben zeigen sie weiter-
hin ihre Schwungseilarbeit, Monika tritt mit Antipodenspielen
und einer Taubendressur auf.

Chuchin

Er war einer der bekanntesten Artisten Mexikos und sicher der
beste Clown auf dem Hochseil. Als vagabundierender Straßen-
junge von Guadalajara kam er zum »Circo Bells«, entwickelte
sich ehrgeizig zum Artisten und heiratete schließlich in die Familie Bells ein. Er arbeitete als Clown in der Manege und auf dem
Hochseil, das er grundsätzlich barfuß bestieg. Er zeigte seine
Tricks auch auf den Abspannungen der Luftnummern und trat

Die Chrismos

in Lateinamerika sogar als Sänger auf (es wurden mehrere Langspielplatten mit ihm produziert).

In der Stierkampfarena von Guadalajara zeigte er sich als Sänger, als komischer Stierkämpfer (mit einem großen Kalb) und auf dem über die Arena gespannten Seil (150 m lang, 60 m hoch), auf dem er sogar Rad fuhr.

Beim Versuch, auf einem zwischen zwei Hubschraubern gespannten Seil zu balancieren, stürzte er vor einigen Jahren in Kuweit ab.

Die Cimarros

Der Gründer der Truppe, Siegfried Neumann (geb. 1928 im damaligen Schlesien) begeisterte sich für den Sport, vor allem für das Turnen, seine erste Berührung mit der Artistik hatte er als Halbwüchsiger, als er in der Lausitz den kleinen Wanderzirkus »Hermanos« kennenlernte, der dort sein Winterquartier bezogen hatte. Der Direktor brachte ihm die Grundbegriffe der Artistik bei. 1946 tat Neumann den Schritt zur Berufsartistik, er nannte sich nun Cimarro, im folgenden Jahr gründete er zusammen mit einem Partner die »Marelli-Cimarro-Hochseilschau«, der Partner stieg jedoch schon bald wieder aus. Cimarro wurde in Berlin ansässig, wo seine Truppe oft zu sehen war, so zeigte er 1948 die »Todesfahrt« am 200 m langen Seil von der Galerie des Französischen Domes. Im Sommer 1950 stürzte Siegfried Neumann bei einer Probe am S-Bahnhof Neukölln ab und verletzte sich schwer am linken Arm, so daß an weiteres Arbeiten vorerst nicht zu denken war. Einige Mitglieder seiner Truppe, die im damaligen Berlin sowohl im Ost- als auch im Westteil der Stadt wohnten, hatten die »Liste zur Ächtung der Atomwaffen« unterzeichnet, was in Westberlin eine wüste Pressekampagne gegen die Truppe entfesselte. Noch im gleichen Jahr mußte sie sich auflösen. Neumann unterzog sich einer schwierigen Operation, begann wieder zu trainieren und bildete gleichzeitig seine Neffen Matthias, Michael und Thomas aus. Mit ihnen gründete er die Cimarro-Truppe neu, zwischen 1957 und 1960 gastierten sie u. a. auch in Japan, auf den Philippinen und in Thailand. In dieser Zeit arbeiteten sie auch unter dem Namen »Internationale Zugspitzartisten«, nachdem Neumann-Cimarro zusammen mit Lothar Lange und Thomas Kluge 1958 auf einem 180 m langen Seil eine 1500 m tiefe Schlucht im Zugspitzmassiv überquert hatte.

Die Cimarros gastierten auch in Zirkussen und 1963/64 bei »Menschen, Tiere, Sensationen« in der Westberliner Deutschlandhalle. 1970 löste Cimarro seine Truppe auf, eine Weile managte er noch andere Shows, so eine Hell-Driver-Truppe, seit 1978 betreibt er einen Zeitungs- und Spirituosenladen in Westberlin. Seine Neffen führten noch eine Weile die Darbietung unter dem Namen Cimarro weiter, sie sind heute in Großbritannien ansässig geworden, und Thomas und Matthias sind dort im Zirkusgeschäft tätig.

Diavolo und Carina

Heinz-Jürgen Weidner, geboren am 8.1.1942 in Leipzig, erlernte den Beruf eines Werkzeugmachers, aber schon mit neunzehn Jahren wagte er den Sprung in einen neuen Beruf: den des Hochseilartisten. Er kam zu einem der besten Lehrmeister der damaligen Zeit, Felix Niewar, einem erfahrenen Hochseilläufer. Mit ihm und zwei weiteren Partnern reiste er bis 1968 durch die DDR, und als Niewar 1968 plötzlich verstarb, leitete Weidner noch drei Jahre die Darbietung unter dem Namen »Niewars«. Dann machte er sich mit einer Hochseilnummer selbständig, er zeigte u. a. einen Stelzenlauf nur mit Fächer, bis er 1972 Karin Foss kennenlernte. Karin kommt aus einer alten Artistenfamilie, sie selbst war Artistin auf dem Tanzseil und arbeitete viele Jahre im Zirkus Alberti, in dem ihr Vater für die Administration verantwortlich war (ihre Mutter ist eine geborene Probst).

Karin fand sich sehr schnell in das für sie neue Metier hinein, und schon bald arbeitete sie auf dem Hochseil mit, 1974 heirateten sie.

Diavolo und Carina zeigen u. a. den seltenen und schwierigen Stelzenlauf mit Partnerin auf den Schultern, eine Leiterbalance auf dem Hochseil, die Sohlenwelle, Sprung über die Partnerin. Beide gastierten oft in den Betrieben des Staatszirkus der DDR, aber auch in der UdSSR, der VR Polen, in Großbritannien, Japan, Finnland und zahlreichen anderen Ländern.

The Great Doval

Manfred Fritsch, im schlesischen Ort Löwenberg geboren und in Weimar aufgewachsen, stammt keineswegs aus einer Artistenfamilie. Doch schon als Kind sehnte er sich nach dem Leben der Fahrenden und bewunderte insbesondere die Hochseilartisten. So schloß er sich – gegen den Willen seiner Eltern – der Hochseiltruppe von Felix Niewar an. 1951 ging er, zusammen mit zwei weiteren Mitgliedern der Niewar-Truppe, zur Truppe von Camilio Mayer, mit dieser kam er in die USA und wurde dort ansässig. Nach drei Jahren Dienst in der US-Kriegsmarine baute er sich eine Solonummer auf, mit der er 1960 herauskam, nun unter dem Künstlernamen Doval. Er heiratete die bulgarische Artistin Smeza, die ihm seitdem assistiert.

Unfälle blieben in seiner Laufbahn nicht aus, so stürzte er in Manchester bei seiner Arbeit in der Camilio-Mayer-Truppe aus 18 m Höhe ab, einige Jahre später in Kuba aus 12 m Höhe, wobei er sich das Rückgrat verletzte.

Zu seinen Spitzentricks auf dem Seil – er arbeitet grundsätzlich ohne Netz – gehören der Kopfstand, Salto, Stelzenlauf, der Abstieg auf dem steilen Schrägseil (45° Neigungswinkel), der simulierte Absturz. Doval wurde mehrfach Sieger in der Sparte Hochseil bei den Zirkus-Weltmeisterschaften in London.

Die Farrell Brothers

Die beiden amerikanischen Artisten (1951 und 1953 geboren) haben eine aufregende Hochseilnummer aufgebaut. Hettig, der ältere, begann bereits mit sechs Jahren auf dem Seil zu balancieren. Das war in Sarasota, der Zirkusstadt in Florida, in einer Schule für junge Amateurartisten. 1973 debütierte er bei den Wallendas, danach machte er sich mit seinem Partner selbständig. Passagen in großer Höhe ohne Sicherung, gefährliche Sprünge, Übersteigen des Partners gehören zu ihren Tricks. Bemerkenswert auch der Abstieg auf dem Schrägseil ohne Balancierstange, wobei der Abstand zwischen beiden kaum einen Meter beträgt.

Für ihre Arbeit erhielten die Farrell Brothers auf dem 6. Festival International du Cirque Monte Carlo 1979 den Silbernen Clown.

Jaragi Issajewitsch Gadshikurbanow

Der Volkskünstler der RSFSR (geb. am 7. 11. 1917) gehörte mit Abakarow zu den Schöpfern der Seiltänzernummer »Zowkra«: Von 1946 bis 1976 leitete er die Nummer »Dagestanische Seiltänzer«, in der u. a. seine Töchter Dsharijat (geb. 1941), Elmira (geb. 1944), Aischat (geb. 1946), Almas (geb. 1948), Sulejchat (geb. 1951), Patimat (geb. 1953) und Isumrud (geb. 1956) auftraten. Weitere Mitwirkende waren Sch. Magomedow (geb. 1933), M. Abakarow (geb. 1940) und S. Gadshijew (geb. 1954). Auch Magomed Magomedow und Michail Iwanow traten in seiner Gruppe auf.

Zu den herausragenden Tricks gehörten der Rückwärtssalto und das Balancieren einer 5 m hohen Perche mit zwei Partnerinnen mit verbundenen Augen.

Die Truppe gastierte u. a. in Schweden und zahlreichen sozialistischen Ländern.

Die Guerreros

Werner T. Guerrero (geb. 3. 5. 1959 in Bogotá) stammt aus einer Artistenfamilie in Kolumbien, die schon fünf Generationen lang auf dem Hochseil arbeitet. Sein Vater Arturo (geb. 1930) baute mit den beiden Kindern Werner und Yajaira (geb. 1965) eine attraktive Seilnummer auf, die anderen sieben Geschwister zeigen ebenfalls artistische Darbietungen. Werner hatte mit sechs Jahren am Trapez und auf dem Seil begonnen. Zu den Tricks der Guerreros gehörte der freie Sprung über den Partner, den sie noch heute im Programm haben. Seit einigen Jahren tritt Werner mit seiner Frau als Duo auf, und ihre Hochseilnummer gehört zu den besten der Welt. Sie zeigen u. a. den Zweimannhoch auf dem Schrägseil und in der Stuhlbalance (Werners Frau und seine Schwester sind die einzigen Hochseilartistinnen, die als Untermann arbeiten und den freien Sprung über den Partner vollführen). Werner Guerrero bietet auf dem Hochseil ohne Sicherung Tricks der Tanzseilarbeit, wie Pirouetten, Grätsche, Kurbettesprünge.

Die Guerreros traten u. a. in Las Vegas (1977–1979), beim Zirkus Ringling Bros. and Barnum & Bailey und beim Zirkus Krone (1983) auf und wirkten in zahlreichen Fernsehshows mit.

Guzman & Monique

Maria Albert wurde am 12.3.1944 in Budapest geboren und arbeitete mit ihrem Vater als 2 Alberts in einer Peitschen- und Messerwurfnummer. 1967 kamen sie ins Engagement zum Ringling Bros. and Barnum & Bailey Circus in die USA. Dort traf Maria-Monique Joseph A. Guzman (geb. 3.11.1937 in Los Angeles), der bei den Flying Comets als Flugtrapezartist auftrat.

Sie heirateten und bauten eine Seilnummer auf, die »Skycycle Sensation«, mit der sie 1968 im Tom Packs Circus, der von Karl Wallenda und Jack Leontini gemanagt wurde, Premiere hatten. Joe Guzman befährt mit einem Motorrad ein Schrägseil, während Monique am darunterhängenden Trapez akrobatische Übungen zeigt. In großer Höhe vollführen sie Tricks wie den Handstand auf dem Motorrad und den seitlichen Überschlag.

Sie reisten erfolgreich mit verschiedenen amerikanischen und europäischen Zirkussen und auch mit der berühmten Eisrevue »Holiday on Ice«.

Henry's

Henry Rechatin wurde am 12.3.1931 in Saint-Etienne geboren. Er stammt aus einer Bergarbeiterfamilie, aber sein Vater hatte sich gemeinsam mit seiner Frau Charlotte eine Akrobatiknummer zusammengestellt. Henry begann schon als Fünfjähriger mit Jonglerie- und Kautschuktricks in der elterlichen Nummer mit aufzutreten. Nach Militärdienst und Heirat baute er sich mit seiner Frau eine eigene Darbietung auf. Doch der Durchbruch gelang ihm erst 1957, als er eine Tour de France auf Stelzen (in 99 Tagen über 4400 km) unternahm, von seiner Familie im Auto begleitet. Unterwegs gab er auch Vorstellungen vor allem als Jongleur, wobei seine Jonglerie mit scharfen Sensen besonders beachtlich ist. Neben dem Stelzenlauf, der Akrobatik und Jonglerie hatte er auch Seillaufen trainiert. Vor allem reizten ihn auch da Rekorde, insbesondere im langzeitigen Gleichgewichthalten auf dem Seil. 1958 brachte er es auf 50 Stunden. 1965 blieb er in Valence acht Tage auf einem gespannten Drahtseil. Dort lernte er seine zweite Frau Renée Hamdani kennen, die später unter dem Namen Janyck mit ihm zusammenarbeitete. Spektakuläre Aktionen wie Seilbalancen auf einem 155 km/h fahrenden Auto, 24-stündiges Jonglieren ohne Pause, sechs Stunden auf dem Seil ohne Balancierstange, 172 Stunden gemeinsam mit seiner Frau auf dem Seil, 190 Stunden über einer tiefen Schlucht, 1966 Überquerung des Hafens von Monaco, 1969 der Seillauf auf einem 3,5 km langen Seil in Super-Besse, einem Winterkurort in der Auvergne, Durchquerung eines Feuertunnels auf dem Motorrad. 1973 krönte er seine Ausdauerleistung mit der Langzeitnummer auf der Messe von Montélimar: Henry's verbrachte sechs Monate, vom 28.3. bis 28.9., auf dem Seil.

1975 überquerte er die Niagarafälle, 1980 das Olympiastadion von Montreal und die Wasserfälle von Saint-Abbe (87 m Höhe) in Quebec.

Ungewöhnlich auch die Geburt seiner Tochter Corine: Sie wurde 1968 auf dem Seil geboren und auch dort getauft.

1980 erschien über sein Leben das Buch »Henry's Le funambule« von Jean Bertail.

Die Iwanows

Michail Alexandrowitsch Iwanow (geb. 26. II. 1929), Volkskünstler der Dagestanischen ASSR, beschäftigte sich schon als Kind mit der Akrobatik, er trat schließlich in die Kindergruppe an der Moskauer Zirkusschule ein. 1945 wurde er in die Schleuderbrett-darbietung von P. Schidlowski integriert, später arbeitete er auch in einer Flugnummer (unter S. Arnautow) mit. Als er 1948 den dagestanischen Seiltänzern von Jaragi Gadshikurbanow begegnete, erwachte seine Liebe zum Seil, und er schloß sich der Gruppe an. Dank seiner guten akrobatischen Ausbildung konnte er bald ungewöhnliche Tricks auf dem Seil ausführen. 1962 baute er mit seiner Frau Nina Stepanowna (geb. 1929) aus der Artisten-familie Ostrowski eine Schrägseilnummer auf, die viele effekt-volle akrobatische Tricks enthielt. Daneben studierte er Regie am Institut für Theaterkunst (GITIS) und inszeniert seit 1971 Pa-raden, Prologe und Kinderprogramme. Später wurde seine Schrägseilnummer erweitert, der Sohn Alexander und der Artist Robert Poita kamen hinzu. Kennzeichnend für ihre Arbeit auf dem Schrägseil ist deren tänzerischer Charakter. Zu den Tricks gehören u. a. Michails Aufstieg mit Nina, einbeinig auf seinem Kopf stehend, Percheäquilibristik (mit einer 5 m hohen Bambus-stange), Salto auf dem Schrägseil, Sprung auf den Kopf des Part-ners, Ninas Aufstieg mit hohen Absatzschuhen. Gastspiele führ-ten die Iwanows in viele Länder Europas und nach Mexiko. 1978 schuf Michail Iwanow auch noch eine neue Nummer »Ein Bär als Seiltänzer«.

Familie Kaiser

Die tschechoslowakische Artistenfamilie kann ihre Tradition als Puppenspieler und Seiltänzer zweihundert Jahre zurückverfolgen. Als ihr Stammvater gilt Wilhelm Kaiser, der Sohn eines katholischen Seelsorgers, der nach der Schlacht am Weißen Berg bei Prag mit den Liechtensteinern nach Böhmen gekommen war. Wilhelm Kaiser lebte zusammen mit Theresie Stauber, und sie zogen mit ihren Kindern als Seiltänzer und Marionettenspieler durchs Land. Berühmtheit erlangte ihr Sohn Mathias Kaiser (1820–1882), der Urgroßvater des heutigen Truppenchefs Ladislav Kaiser. Die weiteren Generationen waren František Kaiser (1841–1897), ein herausragender Seilläufer, Rudolf Kaiser (1881–1936), ein vielseitiger Artist und Puppenspieler, Josef Kaiser (1906–1984), ebenfalls als Seiltänzer, Clown, Puppenspieler und mit Sensationsartistik bekannt. Ladislav Kaiser gründete 1966 die Hochseiltruppe »5 Kaiser«, in der er gemeinsam mit seinen Geschwistern Artur, Karel, Jindra und Marcela, später auch der Schwägerin Marta Staubertová und seiner Ehefrau Dana Kocková auftrat. Auslandsgastspiele in vielen europäischen Ländern machten sie schnell international bekannt. 1983 wurde ihre Vorstellung auf dem Seil zwischen den Türmen einer Prager Kirche fürs USA-Fernsehen gedreht, 1984 überquerte Ladislav Kaiser in Finnland den 100 m breiten Fluß Imatra in einer Höhe von 40 Metern – erstmalig nach Blondins Überquerung dieses Stroms 100 Jahre zuvor. Herausragend auch seine Arbeit auf dem 200 m langen Schrägseil bis zu einer Höhe von 90 m. Die Kaisers arbeiten als freiberufliche Artisten in der ČSSR und gastierten in vielen Ländern Europas.

Die Familie ist mit der Artistendynastie der Třiška durch die Großmutter Stanislava Třišková, Tochter des Seiltänzers Karl Třiška, und die Mutter Josefa Třišková, Tochter von Karel Třiška und Schwägerin von Rudolf Omankowsky – den Gründern der »Weißen Teufel« – verwandt, Josefas Bruder Matej leitet in den USA eine Hochseiltruppe. Verwandtschaftliche Beziehungen bestehen auch zu den Artistenfamilien Berousek, Kellner und Staubert, viele Familienmitglieder arbeiten als Artisten in verschiedenen Genres oder als Puppenspieler.

Familie Knie

Als dem ehemaligen Leibarzt der Kaiserin Maria Theresia, Friedrich Knie, 1784 in Erfurt ein Sohn geboren wurde, der ebenfalls den Namen Friedrich erhielt, war diesem die medizinische Laufbahn vorbestimmt, und so nahm er auch an der Universität Innsbruck das Studium auf. Als dort eine Kunstreitergesellschaft gastierte, verliebte er sich – so die Fama – in die Kunstreiterin Demoiselle Wilma und schloß sich der Truppe an. Als die große Liebe vorbei war, trennte er sich von der Gesellschaft – inzwischen hatte er die Kunstreiterei erlernt und ebenso den Seillauf – und schlug sich durch die Wirren der kriegerischen Auseinandersetzungen dieser Zeit. Der Ehe mit der schönen Baderstochter Toni Stauffer aus Innsbruck entsprossen fünf Kinder, von denen sich Franz (1816–1896) und Rudolf (1808–1858) selbständig machten und bekannte Seiltänzer wurden. Von Franz wird behauptet, er habe 34 Kinder gehabt; er ging bis ins Alter von 74 Jahren noch aufs Seil. Friedrich Knie verstarb am 5. 2. 1850 in Burgdorf, das väterliche Erbe trat sein Sohn Karl (1813–1860) an. Nach dessen frühem Tod führte seine Witwe Anastasia Maria Staudinger die Arena weiter, bis die Leitung an die Söhne Charles (1845–1891) und Ludwig (1842–1909) überging. Charles verunglückte 1880 schwer, so daß er nicht mehr auftreten konnte. Im Jahre 1900 wurden die Knies, die schon in diesen Jahren sehr oft in der Schweiz reisten, Schweizer Staatsbürger, die Gemeinde Gerlikon-Gangnach erteilte ihnen das Heimatrecht. 1907 siedelten sie nach Rapperswil um, wo sie noch heute ansässig sind.

Zu den Produktionen der Knies gehörten Schrägseilläufe zu Kirch- und Rathaustürmen, Tänze auf dem hohen Bockseil mit und ohne Balancierstange, aber auch Parterreakrobatik. Ludwig Knie hatte fünf Söhne, von denen sich der älteste, Louis (1880–1949), schon bald vom elterlichen Geschäft trennte und mit einem Circus-Varieté vorwiegend in Deutschland reiste. Auch diese Knies waren alle ausgezeichnete Seilläufer, der begabteste von ihnen war wohl Eugen (1890–1955). Ludwig Knie verstarb 1909, das Geschäft ging an die Witwe und an die Söhne Eugen, Rudolf (1885–1933), Charles (1889–1940) und Friedrich Knie

Nina, Eugen, Charles, Rudolf, Friedrich, Ludwig Knie

(1884–1941) über. Schon lange hatten die Brüder den Gedanken an eine Zirkusgründung erwogen, und am 1.6.1919 war es soweit: In Bern hatte der »Grand Cirque National Suisse« Premiere. Ein Jahr später wurden die Hochseilarbietungen aus dem Programm gestrichen, und so war aus der Seiltänzer- eine Zirkusdirektorenfamilie geworden.

Rudolf und Charles Knie blieben kinderlos, Friedrichs Söhne Freddy (geb. 1920) und Rolf (geb. 1921) übernahmen nach dem Tode des Vaters die Leitung des Zirkus, zeitweise war auch Eugens Tochter Elanie (geb.1915) beteiligt. Freddy Knie wurde vor allem als Pferdedresseur bekannt, Rolf widmete sich den Elefanten. Seit vielen Jahren sind nun auch die Kinder der beiden, Freddy jr. und Rolf sowie Louis und Franco, im Unternehmen tätig, ebenfalls als Dresseure, und Rolf reist mit einer eigenen Clowntruppe.

Der Zirkus Knie ist heute das größte Zirkusunternehmen der Schweiz und einer der international renommiertesten Zirkusse.

Kolter-Malmström

Urkundlich belegbar ist die Herkunft der Kolters bis ins 18. Jahrhundert. Dem Seiltänzer und Zirkusprinzipal Johann Kolter wurde am 12.6.1795 in Großwardein in Ungarn ein Sohn geboren, Wilhelm. Dieser wurde ein bekannter Seiltänzer, der durch ganz Deutschland reiste. Bekannt wurde Kolter durch eine offenbar von ihm kolportierte Story, nach der er 1818 zum Aachener Frieden aufgetreten sei. Dort soll der Engländer Jack Barred gastiert und großen Publikumszulauf bewirkt haben. Friedrich Wilhelm III. von Preußen habe daraufhin in aller Stille Wilhelm Kolter herbeiholen lassen, der nun, ohne daß der Engländer davon wußte, ihm von oben auf dem schrägen Seil entgegenkam. Barred war schockiert, Kolter nutzte seine Chance und sprang über ihn hinweg. Belegbar ist die Geschichte nicht, sie stammt aus dem Carl von Holtei zugeschriebenen »Kolter-Album« und ist wohl eher literarisch als historisch von Bedeutung. Zumindest war Kolter zu seiner Zeit sehr bekannt, denn auch Fontane hat diese Geschichte in seinen Roman »Unterm Birnbaum« aufgenommen. Wilhelm Kolter starb am 19.3.1888 in Leipzig. Eine seiner Töchter heiratete Robert Weitzmann, die Arena nannte sich dann Kolter-Weitzmann, bis Kolter ganz ausschied. Die jüngste Kolter-Tochter, Louise, heiratete Carl Malmström (1832–1865), ebenfalls ein Seiltänzer, der vermutlich aus Skandinavien nach Deutschland gekommen war. Der Sohn Willi – er wurde vor allem als Kraftakrobat bekannt – gründete einen Zirkus. Als das Unternehmen um 1929/30 eingestellt werden mußte, gingen seine drei Söhne Artur, Hans und Herbert mit einer Trapez- und einer Perchedarbietung ins Engagement. 1946 gründeten sie ein Reisevarieté, das fast ausschließlich durch Mecklenburg reiste. Herberts Söhne, Volker und Torsten, sind ebenfalls Artisten, letzterer ist Truppenchef der bekannten Darbietungen Rectons/Samarras des Staatszirkus der DDR.

Kolter und Carl Malmström waren Repräsentanten der alten Form des Hochseillaufes, des Turmseils. Mit ihren Gesellschaften zogen sie von Ort zu Ort, um an Kirchen und Rathaustürmen ihr Seil zu spannen und verschiedene Tricks auf dem Schrägseil, auch das Abbrennen von Feuerwerk, auszuführen.

Die Arena Kolter-Malmström.

Kosmonauten der Hochartistik

Die Truppe wurde 1967 von den Hochseilartisten Werner Lauche (geb. 1931) und Erich Naumann (geb. 1923) gegründet. Lauche hatte vorher bei Willi Krüger-Cowlers »Weißen Condors« und dann bei den »Luftpiloten« gearbeitet, Naumann war ebenfalls in verschiedenen Truppen tätig gewesen. Die Geräte erwarben sie von Krüger-Cowler, nachdem dieser seine Schau aufgelöst hatte.

Heute gehören fünf Personen zur Truppe, Truppenchef ist Werner Kilb (geb. 17. 9. 1947 in Berlin). Kilb kam vom Arbeitervarieté des EAW Berlin-Treptow und erhielt seine Ausbildung vor allem von Werner Neubert.

Naumann ist inzwischen aus der aktiven Hochseilarbeit ausgestiegen und für technische und organisatorische Fragen verantwortlich.

Zum Repertoire der Truppe gehören Balancen am 40 m hohen Mast, Schrägseillauf (u. a. Übersteigen mit verbundenen Augen), Motorradfahrt auf dem Schrägseil, die Arbeit an Rakete und Trapez am kreisenden Ausleger des Hochmastes, Luftakrobatik am Standperche und an der Laterne.

Die Truppe gastierte in den vergangenen Jahren fast in jeder Saison auch im Kulturpark Berlin.

Lothara

Der Vater Lothar Kasteins war selbst Hochseilartist, und so erlernte der am 15.7.1954 in Bocholt geborene Lothar im Alter von 14 Jahren das Seillaufen, zuerst auf einem niedrigen Drahtseil in 1,80 und dann in 4 m Höhe. Erst später entschloß er sich, zusammen mit seinem Bruder auf dem Hochseil zu arbeiten. Als Lotharas wurden sie bald bekannt, sie zeigten u.a. Zweimannhoch und den Schrägseillauf abwärts mit dem Zweimannhoch. Nach fünf Jahren trennten sich die Brüder, Lothar arbeitet seitdem im Solo, er hat dazu neue Tricks entwickelt, so den Grätschsprung, den Kopfstand und den Stelzenlauf mit nur einer Stelze auf dem Hochseil. Höhepunkt seiner Arbeit ist der Salto vorwärts auf dem Hochseil. Lothara führt alle Tricks – mit Ausnahme des Saltos – ohne Netz vor, er arbeitet in Zirkussen und Hallen.

Die Luftkometen

Die Truppe der »Luftkometen« wurde 1950 von Günther Menzel (geb. 25.2.1925) begründet. Menzel arbeitete selbst als Gu Menzellos, der fallende Mensch (dabei ließ er sich von einer Leiter, die auf einem Piedestal in 15 m Höhe stand, auf eine mehrere Meter entfernte Plattform fallen).

Zur Truppe gehörten – in wechselnder Besetzung – u.a. Hannelore Reim auf dem Hochseil, die 2 Pahlows, Helmano am 20 m hohen Mast, die 2 Komets an der rotierenden Wippe.

Nach der Überprüfung aller Zirkusse und Freiluftschauen war das Ministerium für Kultur 1953 bereit, der Truppe eine Lizenz zu erteilen, sie ging jedoch im gleichen Jahr noch in die BRD. Dort firmierte sie als »Die Wolkenstürmer«. Zur Truppe gehörten im wesentlichen noch die gleichen Artisten. Später wurde die Truppe in Büdingen ansässig, 1963 löste sie sich auf.

Günther Menzel tritt heute als »Vogelsberger Kasper« mit einer Puppenbühne auf, daneben betreibt er in Merkenfritz einen kleinen Freizeitpark »Märchenland«.

Lothara

Die Luftpiloten

Ernst Weisheit (geb. am 7.8.1902 in Zella-Mehlis) war der älteste Sohn von Friedrich Wilhelm Weisheit und Maria Traber, zusammen mit seinen Brüdern Otto, Karl Alois, Lorenz und August erlernte er in der elterlichen Arena die Kunst des Seillaufens. Um 1920 übernahm er sie in eigener Verantwortung, nachdem er vorher auch bei Camilio Mayer gearbeitet hatte. Er reiste mit seiner Truppe durch ganz Deutschland, dabei zeigte er u. a. auch Feuerwerksproduktionen auf dem Seil.

Im Krieg wurden er und seine Söhne zur faschistischen Wehrmacht eingezogen, die Geräte durch die Kriegseinwirkungen im schlesischen Sorau zerstört, so daß die Familie, die in Harzgerode ansässig geworden war, 1945 vor dem Nichts stand. Aber schon im Frühjahr 1946 starteten die Luftpiloten neu, 1947 reisten sie mit der Schau »Menschen zwischen Himmel und Erde« zusammen, ab 1948 wieder selbständig.

Zur Truppe gehörten damals Ernsts Söhne Ernst jr., Otto, Helmut, Erich und die Tochter Rosel. Schon 1956 gastierten sie in Paris, Auftritte in Wien, auf Pressefesten der DKP-Zeitung »Unsere Zeit« sowie in Bulgarien (1964) und Südamerika (1966) folgten. 1974 ging die Leitung der Truppe auf Ernsts Enkel Wilfried (geb. 20.1.1948 Harzgerode) über. Ernst Weisheit sen. verstarb am 17.6.1984 in Hermsdorf. Heute gehören zur Truppe neben Wilfried und seiner Frau sein Vater Ernst jr., Herbert Kamin und drei weitere Artisten.

Zum Repertoire der Truppe, die nur unter freiem Himmel auftritt, gehören die Arbeit auf dem Hochseil (u. a. mit der Dreier-Fahrrad-Pyramide sowie Einrad- und Steigerradfahren), Balancen am 50 m hohen schwankenden Stahlmast (u. a. mit dem Handstand auf der Mastspitze im Schwung) sowie Motorradfahrten mit zwei Motorrädern.

Der Bruder Wilfrieds, Ernst-Dieter, arbeitet mit seiner Frau in der Seildarbietung »Duo Weisheit«, der Sohn Erichs, Bernhard Weisheit, ist Truppenchef der Schleuderbrettdarbietung »Arconas« im Staatszirkus der DDR, und der Sohn Ottos, Manfred, arbeitet als Raubtierdompteur im Zirkus Probst.

Die Magomedows

Magomed Magomedowitsch Magomedow (geb. 11. 9. 1930), Volks-künstler der Dagestanischen ASSR und Verdienter Künstler der RSFSR, begann seine Arbeit auf dem Seil in der Gruppe »Zowkra« unter Rabadan Abakarow. 1953 wechselte er in die Gruppe von Jaragi Gadshikurbanow, wo er u. a. einen Viermann-hoch trug und mit zwei Partnern auf dem Kopf Spagat machte. 1956 baute er sich eine Solonummer auf, deren Höhepunkt der Salto von einer 2,5 m hohen Leiter war. Von 1964 bis 1973 trat er mit seiner Frau Lolita Anatoljewna (geb. 1. 7. 1938) auf dem Schrägseil auf; die ausgebildete Vokalistin brachte in die Num-mer das musikalische Element ein. Auslandsgastspiele führten das Duo u. a. nach Nord- und Südamerika. Seit 1974 leitet Mago-medow eine Gruppennummer auf dem Hoch- und Schrägseil; seine Frau mußte nach einer schweren Verletzung die Hochseil-artistik aufgeben und tritt mit einer Zauberdarbietung auf.

Die Manuilows (Foto rechts)

Die bulgarische Hochseiltruppe besteht aus Milan Iwanow Ma-nuilow (geb. 1953), seiner Frau Ramona Sawowa Dimchewa (geb. 1959), seiner Tochter Ginka Milanowa Manuilowa (geb. 1978), Iwan Borislawow Nikolow (geb. 1968) und Simeon Stefanow Simenonow (geb. 1969). Milan Manuilow arbeitete mit einer Hochseiltruppe, die u. a. einen Dreimannhoch und Salto vom Schleuderbrett (auf dem Seil) zeigte, bis er 1974 im Madison Square Garden in New York abstürzte. Sie kehrten nach Bulga-rien zurück, und er mußte zwei Jahre im Krankenhaus verbrin-gen. 1977 heiratete er Ramona aus der Perchetruppe Dimchewis, und sie bauten die Hochseilnummer erneut auf. 1981 hatten sie damit in Sofia Premiere. Zu ihren Spitzentricks gehören der Viermannhoch, der Salto auf die Schultern eines Partners, ein doppelter Salto zum Dreimannhoch, ein dreifacher Salto und der Dreimannhoch mit verbundenen Augen. Für diese außergewöhn-liche Darbietung wurden sie 1981 in Bulgarien als beste Hochseil-nummer ausgezeichnet.

434

El Gran Mar

Mark B. Horton wurde am 24.2.1952 in Flint Michigan, USA, geboren. Obwohl nicht aus einer Artistenfamilie stammend, interessierte er sich von Kindheit an für den Zirkus. Während seines Studiums an der Universität von San Diego ging er bei der Familie Preciado, die mit ihrem »Circo Blue Star« jenseits der Grenze im mexikanischen Tijuana spielte, in die Lehre. Jorge und Armando Preciado unterrichteten ihn auf seinen Wunsch vor allem im Seillaufen. Nach vier Jahren, 1974, hatte er sein Debüt in Mexiko, brach das Studium ab und widmete sich nun ganz der Karriere als Hochseilartist. Seitdem arbeitet er solo auf dem Hochseil, läßt sich aber meist zusammen mit seinem Bruder Rex, der Bären vorführt, engagieren. Sie treten sowohl in Zirkussen wie Freizeitparks und bei anderen Shows auf.

El Gran Mar, wie er sich seit seinem ersten Auftritt in Mexiko nennt, bietet eine traditionelle Hochseilarbeit mit Balancierstange. Er zeigt solche Tricks wie Radfahren, Stuhlbalancen, Legen, Tanzen, der Lauf mit Körben an den Füßen und mit verbundenen Augen. Er ist besonders stolz darauf, daß er als Freiluftartist auch bei Windstärken auftritt, wo andere Hochseilartisten passen. 1985 und 1986 reisten Mark und Rex Horton mit dem Ronald McDonald Circus durch die USA und Kanada.

Camilio Mayer

Der am 25. 4. 1890 in Mühlhausen im Elsaß geborene Camilio stammte nicht aus einer Seiltänzerfamilie, obwohl er später einer der bekanntesten Hochseilartisten wurde. Der Sohn eines kleinen Kaufmanns träumte aber schon als Kind davon, Seilartist zu werden, und übte an allen möglichen Stellen. Mit sechzehn riß er von zu Hause aus, ging über die Grenze nach Frankreich und verdiente seinen Lebensunterhalt durch kleine Vorführungen auf dem Seil. In Bordeaux stieß er auf eine Arena, die ihn als »Turmseilkünstler« verpflichtete, obwohl er vorher nur auf dem niedrigen Tanzseil gearbeitet hatte (so schildert Camilio Mayer es selbst in einer kleinen Broschüre über sein Leben). Im Pariser »Cirque d'Hiver« arbeitete er auf dem Hochseil über dem Löwenkäfig. Er gründete eine eigene Hochseiltruppe, mit der er zahlreiche Länder in Europa und Übersee bereiste, so war er in Ägypten, Indien und Australien und 1935 in den USA.

Zu den Starartisten seiner Truppe zählte Camilla Mayer (Charlotte Witte), die u. a. am 53 m hohen schwankenden Stahlmast arbeitete. Bei einem Auftritt in der Berliner Deutschlandhalle am 21. 1. 1940 brach der Mast, und Camilla verunglückte tödlich. Mayer arbeitete zeitweise auch mit den Hochseilartisten Omankowsky und Třiška zusammen, dabei zeigten sie auch die Sieben-Mann-Pyramide. Die Stelle von Camilla Mayer nahm später Camilla Mayer II (Ruth Hempel) ein, sie trennte sich aber in den vierziger Jahren von Mayer, um in der Truppe von Hans Zimmer zu arbeiten. Camilio Mayer war nach 1945 in Stedten bei Weimar ansässig geworden und ging von dort aus wieder auf Reisen, eine Tournee führte ihn 1953 noch einmal in die USA.

Zeitweise gehörte zu seiner Truppe auch Manfred Fritsch-Doval, als weibliche Artistin stellte er Dorissa heraus. Nach der Auflösung seiner Truppe setzte er sich zur Ruhe, um aber dann von 1963 bis 1969 als Lehrmeister bei den »Geschwistern Weisheit« zu wirken. Camilio Mayer verstarb am 21. 5. 1972 in Blankenhain.

Camilla-Mayer-Truppe

Die Truppe entstand in den vierziger Jahren, als sich einige Artisten von Camilio Mayer trennten, ihr Star war vor allem Camilla Mayer II (Ruth Hempel). Geleitet wurde die Truppe von Hans Zimmer, der aus der im damaligen Chemnitz ansässigen Arena Zimmer kam und selbst mit seinem Bruder Rudi am schwankenden Mast gearbeitet hatte. 1943 erhielt die Truppe Auftrittsverbot, 1945 begann sie neu, schon im Oktober 1945 gastierte sie vor dem zerstörten Dom im Berliner Lustgarten.

Zum Ensemble gehörten neben Camilla Mayer II mit ihrer Arbeit am 42 m hohen schwankenden Mast u. a. Margret Zimmermann mit ihrem Schrägseillauf und Arthur Omankowsky. Die Truppe zeigte u. a. die Sieben-Mann-Pyramide, steile Schrägseilläufe und verschiedene Loopings am 32- und am 50-m-Mast. Zimmer betrieb einen sehr hohen gerätetechnischen Aufwand, so verfügte die Truppe über unterschiedlich hohe Masten und großangelegte Seilanlagen.

Die Artisten reisten damals in allen vier Besatzungszonen Deutschlands, ihr Winterquartier hatten sie im hessischen Raum angelegt, mehrfach gastierten sie auch in Frankreich. Zimmer plante sogar den Aufbau einer eigenen Artistenschule, doch schon nach wenigen Jahren löste sich die Truppe auf.

Kurban Warissowitsch Medshidow

Wie Rabadan Abakarow stammt der am 20.10.1930 geborene Artist aus dem kleinen dagestanischen Bergdorf Zowkra.

Er begann 1943 in der Gruppe »Zowkra«, wo er u. a. einen Rückwärtssalto vom Schleuderbrett auf die Schultern eines Partners zeigte und dann einen dritten Partner auf die Schultern nahm. 1959 machte er sich selbständig und tritt seitdem mit einer Nummer auf dem Schwungseil auf. Er zeigt u. a. einen Seitwärtssalto (ohne Balancierstange). Auslandsgastspiele führten ihn nach Belgien, Großbritannien, Frankreich, Griechenland, Jugoslawien, Japan und den Iran. 1954 wurde er als Verdienter Künstler der Dagestanischen ASSR ausgezeichnet.

Camilla-Mayer-Truppe

Gene Mendez

Der heute weltbekannte Hochseilartist wurde 1934 in Moca in Puerto Rico geboren, dann emigrierte seine Familie nach New York. Als der Junge eine Vorstellung des Zirkus Ringling Bros. and Barnum & Bailey im Madison Square Garden gesehen hatte, begann er eifrig mit dem Training des Seillaufs. 1953 schloß er sich der Wallenda-Truppe an, hier war er einige Zeit ein Untermann der Siebener-Pyramide. Bei den Wallendas lernte er auch Joe Seitz kennen, und sie beschlossen, mit Leon Ford eine eigene Nummer aufzubauen, mit der sie dann drei Jahre auftraten. Die folgenden 15 Jahre gab es das berühmte Duo Mendez & Seitz, das vor allem durch seine gewagten Sprünge (ohne Netz) bekannt wurde. 1973 trennten sie sich und bauten jeder eine Solodarbietung auf. Gene Mendez zeigte ohne Balancierstange auf dem Hochseil eine Darbietung, wie sie gewöhnlich auf dem niedrigeren Tanzseil geboten wird, voller Temperament und tänzerischer Eleganz. Als er seine Frau Eleanor Carroll (von der Flugtrapeznummer Flying Carrolls) ausgebildet hatte, wurde aus seiner Soloarbeit wieder eine Duo-Nummer in der früheren Art von Mendez & Seitz, wobei die schwierigen Tricks der alten Nummer durch die tänzerische Darbietung einen neuen Akzent erhielten. Natürlich wirkt auch der Auftritt Eleanors besonders attraktiv, beim Zweimannhoch beispielsweise ist sie der Untermann.

Michel Menin

Menins Leben wird von zwei Leidenschaften bestimmt: der Höhlenforschung und der Hochseilartistik. Am 12.9.1948 in Lons-le-Saunier geboren, war Michel Menin ein bekannter Speläologe und erforschte die Grotten und Höhlen des heimatlichen Jura-Gebirges, bis er 1980 mit dem Hochseilartisten Brachet, genannt der Weiße Teufel, zusammentraf. Er begann mit dem Seiltraining, und als er später von Barbizier die Ausrüstung – u. a. den Spezialbus »Carafunambule« – kaufte, war der Schritt vom Amateur zum Profi getan. Über die gesamte Länge des Busses ist in zehn Meter Höhe ein Seil gespannt, auf dem Menin verschiedene Tricks vorführt. So läuft er beispielsweise in Holzschuhen, mit Dolchen an den Fußknöcheln, in einem Reifen oder mit verbundenen Augen. Doch er spannt das Seil auch über Flüsse, so 1985 über die Saône (ca. 300 m lang) und 1986 über den Doub (ca. 200 m lang, bis 45 m hoch). Mit seinem Bruder Gilbert befährt er in großen Höhen das Schrägseil mit einem Motorrad. Als August bietet er eine komische Aufführung für Kinder auf dem Seil. Seine Frau Elisabeth assistiert ihm vom Erdboden aus und bedient die Beleuchtungs- und Tonanlagen. Michel Menin tritt vorwiegend auf den Jahrmärkten und Festen seiner französischen Heimat auf.

Meraz-Familie

Die weitverzweigte mexikanische Artistenfamilie Meraz betreibt mehrere Zirkusse und Zelttheater. Das größte dieser Unternehmen ist »Circo Hollywood« von Don Miguel Meraz, einem ehemaligen Reckartisten. Von seinen 16 Kindern arbeiten mindestens 10 auf dem Hochseil – neben anderen artistischen Nummern. Herausragend unter ihnen vor allem die Brüder Enrique, Abundio und Jorge, aber auch drei von Abundios Kindern arbeiten bereits wieder auf dem Hochseil. Am begabtesten ist José Luis Meraz (geb. 1959), der meist als Clown in der Familienschau auftritt. Als Fünfzehnjähriger stellte er in kürzester Frist eine Hochseilnummer mit dem damals noch unerfahrenen Mark Horton zusammen, die Tricks wie Übersteigen und Radäquilibristik (mit »Zusammenstoß« in der Seilmitte) enthielt. Besonders mit dem Einrad bietet er verblüffende Tricks auf dem Seil.

Fjodor Fjodorowitsch Molodzow

Der russische Seiltänzer (1853–1919) hatte sein Debüt als Zwanzigjähriger in einem Petersburger Vergnügungsgarten, von 1887 bis 1897 trat er u. a. im Zirkusbau von Helsinki als Akrobat und Seilläufer auf. Er lief auf Stelzen, Schlittschuhen und mit an die Beine gebundenen scharfen Schwertern übers Seil, balancierte auf dem Kopf einen Samowar und mit heißem Wasser gefüllte Tassen und tanzte Lesginka, Mazurka und Kasatschok. Seine effektvollste Vorführung war der »feurige Ritter« in einer Ritterrüstung, an der Dutzende Feuerwerksraketen angebracht waren, die er auf dem Seil entzündete. In den neunziger Jahren vollführte er sensationelle Überquerungen der Themse, der Newa sowie des Wasserfalls Imatra in Finnland.

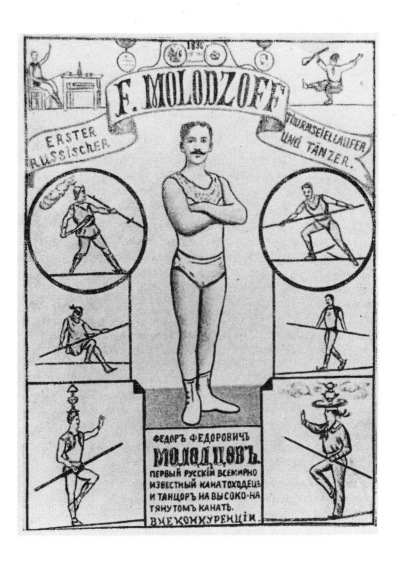

Die Montis

Die Montis gehören zu den bekanntesten Hochseilartisten in der Bundesrepublik Deutschland. Der Truppenchef, Jean Hahn-Monti, wurde am 9. 8. 1946 in Geislingen an der Steige geboren. Urgroßvater der Montis war der Kunstreiter Jerome Bügler, verheiratet mit Magdalena Althoff. Der Großvater betrieb bis zum 2. Weltkrieg einen Zirkus, der Onkel Johann Bügler bis in die fünfziger Jahre, er besaß sogar in diesen Jahren einen festen Zirkusbau in Essen. Auch zwei Tanten waren Hochseilartistinnen, Selma Traber geb. Bügler und Margot Bügler. Letztere verunglückte bei einem Auftritt mit der Trabertruppe am 29. 7. 1947 tödlich. Die Mutter Jean Montis, Isabella Bügler-Hahn (1918–1980), gründete 1946 die Hochseiltruppe. Neben ihr und Jean gehörten zur Truppe seine beiden Geschwister Roland (geb. 16. 5. 1934) und Rosita (geb. 2. 8. 1941). Tourneen führten die Truppe nach Mittelamerika, Marokko, Spanien und Skandinavien. Roland machte sich 1962 selbständig, mußte aber wegen eines Unfalls 1978 seine artistische Arbeit aufgeben. Rosita stürzte bei einem Auftritt im Stockholmer Vorort Jacobsberg am 13. 4. 1973 vom 62 m hohen Mast und erlitt dabei tödliche Verletzungen. Nach dem Tode der Schwester führte Jean Monti allein das komplette Programm der Darbietung vor. Er reiste von 1974 bis 1976 durch die VR Polen, dort lernte er auch seine Frau Katarina kennen, die seitdem in seiner Darbietung mitarbeitet.

Die Montis treten sowohl als Freiluftschau (vor allem in Parks), aber auch in Zirkussen und Hallen auf.

Jean Monti doubelte in dem amerikanischen Film »Der Magier« den Hauptdarsteller, für den österreichischen Fernsehfilm »Anatol« lief er für André Heller in Wien über den Donaukanal. Monti fuhr mit dem Motorrad auf einem Seil zur Müngstener Eisenbahnbrücke bei Solingen hinauf (107 m) und erreichte einen Weltrekord, als er auf einem Seilbahnseil in Österreich 1 000 m bei einer Steigung von 45° und einer Höhe bis zu 40 m lief.

Zum Repertoire der Truppe gehört die Arbeit am 62-m-Mast, Motorradfahrten auf dem Schrägseil mit dreifachem Looping, freier Kopfstand auf dem Seil, Stuhlbalancen. Monti spannt sein Seil aber auch an Hochhäusern, Kirchen, Brücken usw.

Paul Niagara-Fließ

Paul Fließ wurde am 5.4.1872 in Stendal geboren.

Den Namen »Kapitän Niagara« legte er sich aus Reclamegründen zu – eine tatsächliche Überquerung der Niagarafälle durch ihn konnte nicht nachgewiesen werden. Fließ-Niagara arbeitete als Soloartist auf dem Hochseil unter freiem Himmel, aber auch in Zirkussen, er betätigte sich auch als Feuerwerkskünstler auf dem Seil. Viele Jahre reiste er mit einer eigenen Truppe als »Niagara Brothers«. Sein bekanntester Lehrling und späterer Hochseilartist war Felix Niewar.

Mit seiner Truppe reiste Fließ viele Jahre in Skandinavien, Belgien, Lettland und auch mehrmals in der Sowjetunion. Zum Repertoire der Truppe gehörten u. a. Kopfstand auf dem Seil, Schulterstehen, Fahrradbalancen. Niagara-Fließ selbst lief das lange Schrägseil, er bewältigte dabei ein 280 m langes Seil mit einer Steigung bis zu 58 m Höhe.

Fließ wurde in Sachsenhausen bei Oranienburg ansässig, dort verstarb er am 22.6.1950.

Felix Niewar

Der am 29.12.1905 in Berlin geborene Felix Niewar trat 1924 als Lehrling in die Hochseiltruppe »Die Niagaras« von Paul Fließ ein. Mit dieser Truppe reiste er durch Deutschland, Skandinavien, Belgien, Lettland und die UdSSR. In der UdSSR machte sich Niewar mit einer Drahtseilnummer selbständig.

1932 nach Oranienburg zurückgekehrt, baute er sich mit zwei jungen Partnern eine Hochseilnummer auf, mit der er in Skandinavien, Belgien und Großbritannien arbeitete. Nach einem Engagement im Kopenhagener Tivoli 1939 wurden seine beiden Partner zur Wehrmacht eingezogen. Niewar begann wieder von vorn, diesmal mit zwei Mädchen, zuerst auf dem niedrigen Drahtseil und dann auf dem Hochseil. Zur Hochseilarbeit kamen Schrägseil und ein 20 m hoher Mast hinzu, herausragende Tricks waren die Genickhangfahrt und eine Radabfahrt zur Erde ohne Kontergewichte.

Nach 1945 gehörte zu seinen Lehrlingen auch Manfred Fritsch, der 1951 zusammen mit zwei anderen Truppenmitgliedern zur Camilio-Mayer-Truppe ging und später als »The Great Doval« bekannt wurde. Die Niewars wirkten in mehreren Filmen mit, u. a. übernahm Felix Niewar für den DEFA-Film »1-2-3-Corona« die Ausbildung und Leitung der jungen Artisten.

Bereits 1955 gastierten sie zu den 5. Weltfestspielen in der VR Polen, sie gehörten auch der nur kurzzeitig in der DDR bestehenden Truppe »Internationale Filmartisten« an.

Engagements führten die Niewars in die UdSSR, die ČSSR, die VR Bulgarien, nach Norwegen, Dänemark und Ägypten.

Zu ihren Haupttricks gehörten das Einrad- und Stangenradfahren, die Steigerradfahrt und der freie Zehenhang.

Mehrere Saisons arbeiteten sie auch in den Zirkussen Aeros und Busch. Die letzten Lehrlinge und späteren Partner Felix Niewars wurden Heinz-Jürgen Weidner, der heute mit seiner Darbietung Diavolo und Carina international bekannt ist, und Herbert Kamin, heute Mitglied der »Luftpiloten«. Als am 17.8.1968 Felix Niewar in Sachsenhausen plötzlich verstarb, arbeiteten Weidner und Kamin noch drei Jahre unter dem Namen der Niewars weiter, bis sie diese Darbietung auflösten.

Pio Nock

Der Hochseilartist Pio Nock, geboren am 10.11.1917, kommt aus der Schweizer Artisten- und Zirkusfamilie Nock, die schon im 19. Jahrhundert – teils mit Arena, teils mit Zeltgeschäften – reiste. Sein Vater Pius Nock war der älteste der Gebrüder Nock, die mit ihrem Viermastzirkus in der gesamten Schweiz einen guten Namen hatten. Später übernahm Pios Bruder Franz das Geschäft. Die Mutter Amanda kam aus der Familie Strohschneider. Pio arbeitete zuerst im elterlichen Zirkus, 1945 ging er zur Arena Pilatus (Bühlmann), wo er auch seine Frau kennenlernte. Bis 1958 zeigte Pio Nock gemeinsam mit seinem Schwager Moritz Bühlmann eine Seilnummer über dem Löwenkäfig, dann trennten sie sich von der Familie und gastierten bei verschiedenen europäischen Zirkussen, zum Teil reisten sie auch als eigene Hochseilshow. 1964 bezog Pio bereits seine Tochter Isabella in die Seilarbeit ein, später wurde sein Schwiegersohn Mario Cort (Max) sein Partner. 1972 verunglückte er schwer bei einem Gastspiel im US-Zirkus Ringling Bros. and Barnum & Bailey. Nach seiner Genesung unternahm er eine Tournee durch Nordamerika, dann kehrte er nach Europa zurück. Seit einigen Jahren tritt er aus Altersgründen nicht mehr pausenlos auf, doch ist seine Hochseilnummer nach wie vor eine Attraktion. Neben seinem Schwiegersohn tritt auch der Enkel Sascha bereits mit auf. Pio Nocks Söhne Pius und Toni und deren Ehefrauen reisen als Hochseilartisten vorwiegend in den USA, sie zeigen auch eine sehr gute Arbeit an schwankenden Masten. Ebenfalls mit Mastarbeit wurden die »Neveller Nocks« bekannt, es handelt sich dabei um die Geschwister von Pio Nock.

Pio Nock wurde vor allem durch seine Verbindung von Clownerie und Hochseil bekannt, er zeigt alle schwierigen Hochseiltricks als Clown kostümiert. Im Clownkostüm fuhr er mit dem Fahrrad auf dem Hochseil über den Löwenkäfig. Daneben ist Nock auch ein ausgezeichneter Soloclown.

Die Oskanis

Der »Chef« der Oskanis, Walter Neigert, entstammt einer alten Seiltänzerfamilie, die erstmals 1612 – durch ein Privileg des Kurfürsten von Württemberg – erwähnt wurde. Sie sind auch mit den Steys verwandt. Heute gehören zur Truppe, die im bayrischen Moosburg ansässig ist, rund 20 Personen. Sie arbeiten am 52 m hohen schwankenden Stahlmast, u. a. mit Kopf- und Handstand, und auf dem Schrägseil, sowohl mit Seilläufen als auch mit Motorradfahrten mit zwei Maschinen. Die Oskanis arbeiten meist in speziellen Showveranstaltungen, bei denen sie ihr Seil zu Hochhäusern spannen, so u. a. zum Münchner Olympia-Turm und zum Europa-Center in Berlin (West). Sie gastierten auch in Südamerika, den USA und in Skandinavien. Bei einem Gastspiel in Schweden verunglückte 1970 Truppenmitglied Bernardi tödlich, als der Mast brach.

Ottero-Truppe

Otto Weisheit (1909–1974), Sohn von Friedrich Wilhelm Weisheit und Maria Traber, der in der elterlichen Arena und Hochseilschau aufgewachsen war, gründete nach 1945 seine eigene Truppe. Hauptakteure waren dabei neben ihm seine sechs Kinder. Die Truppe zeigte ein kleines Arenaprogramm mit Tanzseil, Kautschuk, Hängeperche und Clownerie. Günther Weisheit arbeitete am 12 m hohen schwankenden Holzmast, Otto Weisheit selbst und später seine Kinder zeigten auch Schrägseilläufe, wobei das Seil meist an Gebäuden befestigt wurde. 1953 erhielt die Truppe eine Lizenz des Ministeriums für Kultur, die allerdings schon 1955 auslief und nicht mehr erneuert wurde. Die Kinder sind heute vorwiegend im Schaustellergewerbe tätig, ein Enkel Ottos arbeitet als Artist in der Darbietung Majongs beim Staatszirkus der DDR.

Ottero-Truppe 1955

Preciado-Familie

Sie gehören zu den ersten mexikanischen Artisten, die einen Hochseilakt vorführten. Ihre Mutter kommt aus der Familie Macias, die mit Drahtseiläquilibristik bekannt war. Die Geschwister Jorge, Mario, Armando und Elbia lernten frühzeitig verschiedene artistische Genres, spezialisierten sich dann aber auf die Seilarbeit (Tanz-, Schlapp- und Schwungseil). Als sie eine Hochseilnummer gesehen hatten, bauten sie sich eine eigene Show auf. 1962 traten sie damit im »Circo México« auf: Mario, Armando, Elbia und ihr Cousin Arturo Méndez, den Elbia später heiratete. Sie zeigten u. a. Radtricks, den Schubkarren und eine Drei-Mann-Pyramide. Später kam der Bruder Jorge hinzu, und sie gründeten den Zirkus »Blue Star«, der in Mexiko reist. Jorge und Armando traten darin mit einer Hochseilnummer auf, wobei u. a. Armando von Jorges Schultern aufs Seil sprang.

Los Hermanos Quiros

Die heute auftretende Hochseiltruppe stellt die fünfte Generation einer spanischen Artistenfamilie dar. Ihre Vorfahren waren Allround-Artisten, seit dreißig Jahren besitzt die Familie in Spanien einen kleinen Zirkus »Circo Hermanos Quiros«. Die Brüder Quiros – Vicente (geb. 31. 12. 1961), Angel (geb. 19. 6. 1963), Mari Nieves (geb. 8. 7. 1966 – alle in Madrid) – begannen 1974 mit den Proben auf dem niedrigen Seil. Der kubanische Hochseilartist Manolo sah sie und riet ihnen, es mit dem Hochseil zu versuchen. 1978 debütierten sie mit ihrer Hochseilnummer im familieneigenen Zirkus, Engagements bei anderen europäischen Zirkussen folgten (so 1985 beim Schweizer Nationalzirkus der Gebrüder Knie). 1985 schloß sich ihnen der jüngste Bruder Roberto (geb. 16. 2. 1970) an.

Zu ihren Tricks gehören der Rückwärts-Aufstieg auf dem Schrägseil (Vicente), Seilspringen, Degenfechten, Sprung über zwei sitzende Partner, Zweimannhoch (mit Aufsteigen auf dem Seil), Fahrradäquilibristik, Pyramiden mit Stuhlbalance. Sie arbeiten dabei mit großem Tempo in Torerokostümen zu spanischer Musik.

Rudolfo-Stey-Truppe

Rudolfo Stey (24. 7. 1908–17. 10. 1979) entstammt wahrscheinlich der Linie des 1870 in Hiltenfingen geborenen »Gymnastikers und Seiltänzers« Rudolf Stey. Er wuchs im elterlichen Geschäft (Vater Dominikus, Mutter Augusta Stey), einer stattlichen Arena, auf, das Programm wurde hauptsächlich von den acht Kindern bestritten. Nachdem Rudolfo Stey seine Cousine Gusti (geb. 1908) geheiratet hatte, baute er seine Hochseiltruppe auf, vor allem seine Kinder Sonja, Alexander und Margaretha wirkten in der siebenköpfigen Truppe mit. Rudolfo Stey verunglückte zwölfmal, 1948 gab er die aktive Hochseilarbeit auf und trainierte nur noch seine Truppenmitglieder. Die Steys zeigten eine traditionelle Hochseilarbeit vor allem mit Pyramiden und gastierten in zahlreichen namhaften europäischen Zirkussen.

Als Rudolfo Stey 1979 durch einen Autounfall verstarb, löste sich die Truppe auf, die Kinder wurden Schausteller.

Joe Seitz

Der amerikanische Hochseilartist, 1929 geboren, stammt aus einer Bauernfamilie. Als Sechzehnjähriger lief er von zu Hause fort, um Artist zu werden. Jahrelang arbeitete er bei den Wallendas, dann formierte er mit Gene Mendez und Leon Ford ein Trio, das wenig später, 1960, zu dem berühmten Duo Mendez & Seitz werden sollte. 15 Jahre lang reisten sie mit ihrer Darbietung durch die Welt, sie traten in Europa wie Amerika, im Iran, in Japan und der Sowjetunion auf.

In ihrem Duo bildete die Ruhe und Sicherheit von Joe Seitz den wirkungsvollen Kontrast zum Schwung und der Kühnheit, die Gene Mendez in seinen Sprüngen bewies.

1973 trennten sie sich, Joe Seitz baute sich eine komische Solonummer auf, die u. a. riskante Tricks mit dem Fahrrad enthielt. Nach einem schweren Unfall zog er sich ins Privatleben zurück.

Rudolfo-Stey-Truppe

Joe Seitz und Gene Mendez

Simet

László Simet wurde am 22.2.1938 in Budapest geboren. Er kam durch den Leistungssport – 1954 war er Juniorenmeister im Turmspringen – zur Artistik. Zu dieser Zeit gastierte in Budapest die ungarische Hochseiltruppe Baldio, und er schloß sich ihnen an. Zwei Jahre später hatte er sein Debüt, als erste Truppe in Europa zeigten sie die Sieben-Mann-Pyramide. 1962 trennte sich Simet von der Truppe und begann nun mit seiner Frau, eine eigene Nummer aufzubauen. Als Originaltrick zeigten sie den Zweimannhoch auf dem Einrad, mit dem sie 1962 im Zirkus Arnado einen Unfall hatten. Seit 1977 tritt der Sohn László jun. (geb. 4.8.1959) mit den Eltern auf. Da es an der Budapester Artistenschule keine Ausbildung für das Hochseil gab, wurde er von den Eltern trainiert. Er arbeitet im modernen Stil ohne Balancierstange.

1983 wurde er als bester Artist des Jahres vom ungarischen Kulturministerium ausgezeichnet. Die Simets gastierten mit ihrer Hochseilnummer schon in vielen Ländern Europas.

Maria Spelterini

Als uneheliche Tochter einer Näherin und eines Malers, der Zindel hieß, wurde Maria am 9.11.1850 in Berlin geboren. Schon als Kleinstkind wurde sie der durchreisenden italienischen Künstlergesellschaft des Fernando Spelterini in Pflege gegeben. Bei Spelterini wurde sie von Kind auf in allen artistischen Sparten ausgebildet, auch im Seiltanz, hier erreichte sie für die damalige Zeit Spitzenleistungen. Sie fuhr mit einem schweren Holzfahrrad übers Seil und lief mit Körben an den Füßen. Nachdem Blondins Überquerung des Niagarafalles 1859 Furore machte, entschloß sich Maria Spelterini, das gleiche Wagnis einzugehen. Als erste Frau überquerte sie am 19.Juli 1876 schließlich den Niagarafall. Das Seil, 330 Meter lang, in 65 m Höhe gespannt, wurde von Maria mit verbundenen Augen in elf Minuten bewältigt. Auf der amerikanischen Seite angekommen, führte sie den Lauf rückwärts wieder zur kanadischen Seite aus, dieses Mal in 17 Minuten. Alle Welt feierte sie nun als »Königin des Niagarafalls«. Sie wiederholte die Überquerung noch zweimal, einmal mit schweren Kugeln, einmal mit Körben an den Beinen.

Obwohl einst weltberühmt, verstarb Maria Spelterini völlig vergessen, weder Todesdatum noch Sterbeort sind bekannt.

Familie Stey

Die Steys gehören wie die Trabers wohl zu den ältesten Artistendynastien überhaupt. Der erste urkundliche Nachweis der Steys stammt aus dem Jahre 1437. Nach einer Quelle soll der Sohn des elsässischen Landesfürsten Meinrad von Stey eine Gauklerin geheiratet haben, deren Kinder wieder Artisten wurden; nach einer anderen Quelle soll es sich um einen aus England eingewanderten Gaukler gehandelt haben. 1582 wird in Basel wieder ein Stey mit artistischen Vorführungen urkundlich erwähnt.

Die Schweizer Linie Stey geht auf den aus dem elsässischen Obersulbach stammenden Heinrich Stey (gest. 1933) zurück. Er reiste mit einer Arena durch die Lande, und seine drei Söhne, Ludwig, Joe und Isidor (1887–1955), waren ausgezeichnete Hochseilartisten. Ludwig und Joe machten sich später selbständig, Joe, bekannt geworden als »Kapitän Joe« (Foto), reiste mit seiner Arena wieder im Elsaß. Die Kinder Isidors gründeten 1949 einen Zirkus, die Tochter Helen heiratete Ludwig Gasser, der in der elterlichen Arena am Hochmast arbeitete, sie machten sich 1959 mit dem Zirkus »Royal« selbständig. Mathilde, verheiratet mit dem Schreiner Willi Speichinger, leitete den Zirkus Stey, der heute, bereits wieder von den Kindern übernommen, wie der Zirkus Royal zu den bekannten Schweizer Mittelzirkussen zählt.

Ein Bruder Heinrich Steys, Alexander, ging mit seinen sechs Söhnen in die USA und gründete dort eine Hochseiltruppe.

Aus der Linie des Joseph Stey, verheiratet mit der ebenfalls aus einer Komödiantenfamilie stammenden Nannette Karoline Grasmuck, stammt Dominikus Stey, der – in der Schweiz und in Deutschland reisend – ebenfalls eine Arena mit Hochseildarbietungen und später einen Zirkus betrieb.

Meinrad Stey (geb. 1924) leitete eine (wie die Gassersche) »Adler-Truppe« firmierende Hochseildarbietung, mit der er u. a. in den Zirkussen Sarrasani und Strassburger gastierte. Über Barbara Stey, die »alte Traberin«, von der keine Daten vorliegen, und den in Neustadt a.d.H. geborenen Joseph Stey (1804 ?) sind die Steys eng mit den Trabers verwandt. Eine Stey-Truppe, im 2. Grade verwandt mit Gusti Stey, der Ehefrau Rudolfo Steys, reist heute vorwiegend in Italien.

Familie Strohschneider

Die Strohschneiders waren eine alte böhmische Künstlerfamilie aus dem damaligen Leitmeritz. Josef Strohschneider war ein bekannter Hochseilläufer, der vor allem in Deutschland und Österreich reiste. Sein Sohn Arthur wurde noch bekannter als sein Vater, er arbeitete im typisch österreichischen Anzug, Kniebundhosen mit Schnürstiefeln, und spannte sein Seil zwischen Gebäuden. Am 22. Oktober 1948 verstarb er plötzlich an Herzversagen.

Josefs Bruder Karl, ebenfalls ein ausgezeichneter Seilläufer, verstarb schon 1896 im Alter von 27 Jahren.

Karl (1870–1924) trat vorwiegend in Varietés auf, er war ein Adoptivsohn Anton Strohschneiders und verheiratete sich mit Elise Weitzmann.

Die Swirins

Die Brüder Swirin begannen ihre Zirkuslaufbahn als Akrobaten, bis sie 1934 mit einer Nummer als Hochseilartisten herauskamen. Nikolai Trifomowitsch (9. 5. 1906 bis 13. 10. 1972), Stepan (geb. 1. 12. 1909), Wassili (geb. 2. 2.1915–1943 gefallen), Nikolais Frau Maria Petrowna (14. 10. 1901–7. 6. 1970) und deren Tochter Inna Jakowlewna Wjasowskaja (geb. 22. 4.1926) wirkten in dieser Darbietung mit, die akrobatische und äquilibristische Spitzentricks auf dem Seil zeigte, so einen »Kopf-auf-Kopf-Stand«, eine Fünf-Mann-Pyramide, den Sprung auf den Kopf eines Partners. Die Hochseilnummer der Swirins bestand bis 1959. Nikolai und Maria verließen 1970 die Manege. Stepan arbeitete als Manegeninspektor in der Artistenschule, Inna wurde Jongleuse (im Duo mit Iwan Chromow). Stepans Tochter Olga (geb. 21. 5. 1944) setzt als Luftakrobatin die Tradition der Familie fort.

Arthur Strohschneider

Die Taschkenbajews

Die Seiltänzertradition dieser usbekischen Artistenfamilie reicht viele Generationen zurück. Igamberdy Taschkenbajew (3. 3. 1866 bis 9. 2. 1963) war der erste, der eine Truppendarbietung schuf. Bereits als Neunjähriger trat er mit seinem Vater auf dem Seil auf und zeigte die traditionellen Tricks, wie das Laufen auf Stelzen oder mit Kupfergefäßen an den Füßen, sowohl auf dem Hoch- wie dem Schrägseil. Daneben arbeitete er am Trapez. Bei einem Wettkampf in Taschkent wurde er 1908 als bester Seiltänzer mit einer Goldmedaille ausgezeichnet. 1936 brachte er als erster die Seilläuferkunst Usbekistans von den Marktplätzen in die Manege, dabei lag der besondere Reiz in der nationalen Eigenart des Auftretens der »Dorvosen«, wie die Seiltänzer in Usbekistan hießen. Dazu gehört auch der Auftritt eines Komikers (viele Jahre der berühmte Clown Akram Jussupow), der die Vorführungen der Artisten mit seinen Späßen würzt.

1939 erhielt er den Staatstitel »Volkskünstler der RSFSR«. Igamberdy stieg noch mit achtzig Jahren aufs Hochseil, und erst als Neunzigjähriger setzte er sich zur Ruhe. Er wurde mit dem Leninorden und anderen Auszeichnungen für seine Verdienste um die Zirkuskunst geehrt. 1942 begründete er das Usbekische Zirkuskollektiv. Auch seine Söhne Kadyrdshan (geb. 15. 4. 1889), Schakirdshan (1. 5. 1906–13. 4. 1965) und Abidshan (geb. 1. 1. 1915) wurden Seiltänzer, sie traten daneben auch als Kunstreiter auf. Abidshan leitete von 1949 bis 1965 die Truppe, dann übernahm Kamaldshan (geb. 28. 10. 1929), der von seinem Großvater Igamberdy ausgebildet worden war, die Leitung der Nummer »Usbekische Seiltänzer«. Heute sind vor allem Schakirdshans Sohn Irkin (geb. 18. 7. 1929) – dessen Mutter Marjam (1914–1963) die erste Hochseilläuferin Usbekistans war – und Abidshans Kinder Donachon (geb. 10. 11. 1938, mit ihrem Mann Podgajezki auch in einer Trapeznummer), Mamlakat (geb. 18. 11. 1940, neben Seilarbeit auch Trapez und Flugakt), Alimdshan (geb. 17. 1. 1945, Seiltänzer, exzentrischer Akrobat und Leiter der Nummer »Partnerflug«), Dshumabaj (geb. 25. 2. 1949, Akrobat und Kaskadeur), Alischer (geb. 18. 4. 1954) in der Seilnummer tätig, daneben arbeiten weitere Familienangehörige und Schüler der Taschkenba-

jews. Zu den herausragenden Tricks gehören die Spagatpyramide
(zwei Artistinnen im Spagat auf den Köpfen der drei Untermänner), Percheäquilibristik auf dem Seil (Viermannhoch, dreistu-
fige Pyramide, zwei Untermänner, zwei Mittelmänner, ein Obermann), ein Artist trägt eine Art Tragejoch auf den Schultern, an
dessen Enden Trapeze befestigt sind. Bei einem Dreimannhoch
springt der Mittelmann mit einem Salto aufs Seil, während der
Obermann auf den Schultern des Untermannes landet.

Franck Tescourt

Der Hochseilartist und Kaskadeur Tescourt (eigentl. Jean Poussard), am 8.4.1950 in St. Varent in den Deux-Sèvres geboren, begann als Zwölfjähriger mit dem Training des Seiltanzens. Da er am Risiko Gefallen fand, verpflichtete er sich mit 18 Jahren zu einer Fallschirmjägereinheit. Nach der Militärzeit ging er 1971 mit seiner Frau Marie Joëlle und dem einjährigen Sohn nach Paris und begann nun seine eigentliche Karriere als Hochseilartist. Daneben widmete er sich der Tätigkeit als Stuntman und wirkte in mehreren Filmen mit, u.a. in »Das wahre Leben des Generals Custer«. 1974 trat er als Hochseilartist und Kaskadeur in Theaterstücken auf, er erfand eine neue Spezialität: die Kaskade mit Schwertkämpfen zu Pferde. So entwickelte er 1978 eine einmalige Schwertnummer, die bis dahin als ohne Kameratrick undurchführbar angesehen wurde. Engagements an Theatern und Kabaretts, u. a. bei Jean-Marie Rivières »Le Paradis latin«, machten ihn bald bekannt. Im Frühjahr 1979 entschloß er sich zu einer Tournee mit dem Hochseil als »Aérial-Circus«, doch am 20.7.1979 stürzte er bei einer Probe mit dem Motorrad aus 15 m Höhe vom Seil und starb am folgenden Tag im Hospital von Rennes.

Familie Traber

Die Trabers gehören zu den nachweisbar ältesten Artistenfamilien im deutschen Sprachraum. Die Herkunft bleibt wohl im Dunkel. Das berüchtigte, von der bayrischen Polizei 1905 herausgegebene »Zigeunerbuch« weist mehrere Linien Traber nach, einer der Vorfahren war sicher der in Neustadt a. d. H. geborene Joseph Stey sowie Barbara Stey, genannt die »alte Traberin«. Daneben wird auch eine unverheiratete Philippine Traber genannt. Alle diese Genannten waren Artisten, sie hatten zahlreiche Kinder, die sich durch Heirat mit anderen Zirkusfamilien verbanden, so u.a. Anton Traber mit Monika Renz und Maria Traber mit Friedrich Wilhelm Weisheit.

Die im »Zigeunerbuch« angegebenen Geburtsorte weisen

Alfred und Henry Traber

nach, daß die Trabers zu Ende des 19. Jh. sowohl in Deutschland
wie auch in der Schweiz, in Österreich und im Elsaß reisten. Vor
dem 2. Weltkrieg wurde vor allem die Hochseiltruppe von Ludwig Traber bekannt, seine beiden Söhne Johann und Alfred wur-

den ebenfalls bekannte Hochseilartisten. Sie gründeten 1933 ihre eigene Truppe. Alfred überquerte im Juli 1953 zusammen mit seinem Sohn Henry das Höllental an der Zugspitze mit dem Motorrad auf dem Seil. 1928 hatte er bereits die Niagara-Fälle überquert, 1960 die Victoria-Fälle in Südafrika. Die Truppe Alfreds, die »Zugspitz-Traber-Truppe«, gastierte auch in der DDR, u. a. in Berlin im heutigen Stadion der Weltjugend und zwischen den Felsen der Sächsischen Schweiz. Alfred Traber zeigte dabei den Schrägseillauf. Alfons Traber arbeitete am 52 m hohen Mast, Alfred und Henry zeigten die Motorradfahrt auf dem Schrägseil.

Vorher, 1954, hatten die Trabers unter Leitung von Johann Traber zum 2. Deutschlandtreffen auf dem Berliner Marx-Engels-Platz gastiert und dort ihre Seile zum Dom gespannt.

Alfred Traber verstarb am 2. 10. 1980 in Mannheim, Johann Traber 1976 in Breisach.

Die heute in der BRD reisende Hochseiltruppe Traber steht unter der Leitung von Johanns Sohn, der ebenfalls Johann heißt. Die Truppe zeigt u. a. die Fahrt mit einem Auto auf zwei nebeneinander gespannten Drahtseilen, dabei verläßt der Fahrer auf dem Seil den Wagen durchs Dach. Falko Traber hat mehrfach Weltrekorde auf dem Hochseil aufgestellt, so u. a. das Dauersitzen von elf Tagen und Nächten auf dem Seil.

Die in der DDR reisende Traber-Truppe wurde von Johann Traber, einem Cousin des Johann Traber sen., begründet. Die Zweimanntruppe (Alfredo und Sohn Matthias) zeigt Balancen am 35 m hohen Mast, die Motorradfahrt auf dem Schrägseil und Hochseilarbeit, so u. a. den Stelzenlauf Alfredos.

Valentino

Javier L. Gómez wurde am 30. 11. 1951 in Cali (Kolumbien) geboren. Er kommt nicht aus einer Zirkusfamilie, interessierte sich aber schon als Kind für die Artistik und begann mit 14 Jahren als Hochseilartist aufzutreten. Er arbeitet grundsätzlich ohne Netz und Balancierstange. Sein Hochseil spannt er zwischen zwei Masten in 9 m Höhe, die er auf dem steilen Schrägseil erklimmt. Zu den herausragenden Tricks zählen seine ungewöhnlich hohen

Sprünge, Spagat, die Arbeit mit dem Schwungseil, Liegetricks und das Tanzen auf dem Hochseil ohne jede Sicherung. Valentino lebt und arbeitet in den USA.

Enrico Wallenda

Der Enkel Karl Wallendas, Sohn von Carla Wallenda, wurde am 8. 3. 1955 in Chicago geboren. Carla Wallenda hatte in der Wallenda-Truppe mitgewirkt, bis sich diese nach dem Absturz 1962 auflöste. Danach widmete sich Carla der Arbeit am schwingenden Mast. Ihr dritter Ehemann Chico, mit dem sie eine Hängeperche-Trapez-Nummer vorgeführt hatte, verunglückte 1972, als er seinem Schwiegervater Karl bei der Überquerung eines Stadions assistieren wollte. Als ihre Kinder Enrico (Ricky), Rietta und Valerie die Arbeit auf dem Seil übernahmen, schied Carla aus und arbeitet seitdem mit ihrem vierten Mann Mike auf dem Mast. Ihr zweiter Sohn Mario hörte mit der Hochseilarbeit auf, als Karl Wallenda abstürzte. Enrico übernahm die Leitung der Truppe, 1985 trennte er sich mit seiner Frau Debbie von ihnen, und sie treten seither als Duo auf. Der Höhepunkt ihrer Nummer ist, wenn Debbie als einzige Frau von den Schultern des Untermannes aufs Seil springt.

Steve Wallenda

Der Sohn von Gunther Wallenda und Enkel von Karl Wallendas Bruder Hermann wurde am 28.5.1949 in Sarasota (Florida) geboren. Der Familientradition entsprechend wurde er bereits in frühesten Kinderjahren artistisch ausgebildet. Seine Spezialität sind Seilläufe in großer Höhe über Stadien, Schluchten, Wasserfälle, Häuser etc. Seine Frau Angel tritt von Zeit zu Zeit mit auf, und sogar der kleine Steven (geb.14.6.1986) wurde schon als Neugeborener übers Seil getragen.

Steve Wallenda kann verschiedene Rekorde für sich beanspruchen, u. a. 1978 die längste Seilüberquerung in einem Vergnügungspark (550 m), 1979 die Bewältigung der größten Steigung eines Schrägseils (67°), 1983 die Überquerung eines 3842 m langen Seils in 3 Stunden, 31 Minuten mit den meisten Drehungen auf dem Seil, 1983 schnellste »Todesfahrt« vom Schrägseil mit 92 km/h (mit verbundenen Augen), erste Seilbalance zwischen zwei fahrenden Autos (mit Kopfstand auf dem Seil), längste Abfahrt auf dem Schrägseil (2450 m), als erster 1985 Seillauf auf einem 1,3 cm starken Kabel.

Steve Wallenda balancierte auf einem Kabel auf der Spitze der Golden Gate Bridge in San Francisco zugunsten der Naturschutzorganisation »Greenpeace«, 1984 organisierte er eine Veranstaltung zugunsten eines Organtransplantations-Fonds, bei der er sich 80 Stunden auf dem Seil aufhielt.

Neben seinen Seilüberquerungen arbeitet er auch am schwingenden Mast und mit dem Motorrad auf dem Seil.

Die weißen Condors

Gründer der Truppe war Willi Krüger-Cowler, geboren am 16.12.1910 im damaligen Breslau. Krüger, Sohn eines Arbeiters, war schon als Kind ein guter Turner, und so ging er nach Absolvierung der Mittelschule 1925 als Lehrling zur Luftakrobatentruppe der Wallendas. Dort lernte er alles, was zur Luftakrobatik gehört, Hängeperche, Deckenlauf, Haltestuhl, vor allem aber die Arbeit am fliegenden Trapez, sowie Doppelreck.

Bis 1931 blieb er bei den Wallendas, dann ging er zur Flugnummer der Leotaris. Ende 1934 gründete er mit Josef Scherer die Luftdarbietung Los Cherrloms, und von 1936 bis 1938 arbeitete er als Flieger bei den Les Amadoris. Als er sich 1939 gerade mit einer eigenen Solonummer selbständig gemacht hatte, unterbrach der Krieg seine Karriere. Zuerst wurde er als Zeichner in den Flugzeugbau dienstverpflichtet und dann doch noch zur Wehrmacht einberufen. 1946 begann er neu mit Schwungtrapez, Hochreck, Looping und Deckenlauf. Er gastierte u. a. im Friedrichstadtpalast und im Zirkus Barlay. 1949 erhielt er einen Wandergewerbeschein für die Durchführung artistischer Darbietungen in Sälen und im Freien, nach und nach baute er sich Apparate, und so entstand – zuerst mit einem Kollegen – eine Freiluftschau. Jedes Jahr verbesserte er seine Ausrüstung, bis die Hochseiltruppe »Die weißen Condors« (zeitweilig auch »Die Funkturmartisten Condors«) entstand. Krüger war der erste in der DDR, der mit Gittermasten reiste, zu seinen Darbietungen gehörten u. a. eine Flugnummer von Trapez zu Trapez, Schwungtrapez, rotierendes Doppeltrapez an der Mastspitze, Schrägseillauf, Motorradfahrt auf dem Schrägseil (u. a. die Dreier-Motorrad-Balance), Balancen am Hochmast.

Zu Krügers Mitarbeitern (in der Regel vier Personen) zählten u. a. die Artisten Will Haidar und später Werner Lauche.

Krüger brachte auch Balancen am Halbmond und an der Rakete heraus.

»Die weißen Condors« gastierten in der gesamten DDR, das letzte Gastspiel fand 1966 in Sebnitz statt, dann löste Krüger-Cowler aus Altersgründen seine Schau auf, er lebt heute als Rentner in Rostock.

Die Weißen Teufel

Die Familie Omankowsky stammt wie die Wallendas und die Třiškas, mit denen sie verwandt ist, aus Böhmen. Sie können ihre Hochseiltradition an die dreihundert Jahre zurückverfolgen. Rudy Omankowsky, der Chef der »Weißen Teufel«, wurde am 29.12.1909 in Prag geboren und wuchs in die Hochseilarbeit hinein. Er heiratete Anna Třišková, und mit ihr, den drei Kindern Berty (geb. 26.9.1933 in Plzen), Rudy (geb. 15.2.1937 in Prag) und Lilly (geb. 7.12.1943 in Magdeburg) und weiteren Verwandten baute er eine Hochseilnummer auf, die er »Die Weißen Teufel« nannte. Die Truppe gastierte vorwiegend in Deutschland, sowohl als Freiluftschau, aber auch in Zirkussen und Varietés, so im Berliner Wintergarten, im Berliner Zirkus Busch und im Schumann-Theater Frankfurt am Main. Zu den Spitzentricks gehörten damals u. a. der Sprung Mathias Třiškas mit Balancierstange über drei Personen. Ein Jahr lang reisten sie auch mit Camilio Mayer zusammen, von dem sie sich im März 1942 trennten. 1944 arbeiteten sie zusammen mit »Hoffmanns Luftsensationen«. Damals wurde auch bereits die Sieben-Mann-Pyramide gezeigt, ausgeführt von Karla und Josef Třiška sowie Rudy Omankowsky sen. und Tullio Nemecek als Untermännern, Karel und Mathias Třiška als Mittelmännern und Ruth Hempel – die spätere Camilla Mayer II – als Obermann. Während der Zeit des 2. Weltkrieges sicherten ihnen besonders Auftritte für das Rote Kreuz Arbeitsmöglichkeit und Gage. Die heranrückende Front überraschte sie in Oels in Schlesien, von wo sie am 20.1.1945 flüchteten und schließlich im tschechischen Hořice ankamen. Im Mai hatten sie dort bereits ihren ersten Auftritt. Bis 1948 blieben sie in der damaligen ČSR, u. a. gastierten sie in den Zirkussen Humberto und Aleso und längere Zeit auf dem Prager Letna. Dann gingen sie nach Frankreich und wurden später auch französische Staatsbürger. Die Eltern Omankowsky zogen sich von der aktiven Arbeit auf dem Hochseil zurück, die Familie Třiška ging 1948 in die USA, wo sie heute noch mit einer Hochseildarbietung reist. Rudy Omankowsky jr. übernahm 1957 die Leitung der Truppe, der Vater starb am 24.12.1978 in Fougères-sur-Bievre.

Ein wohl einmaliger Trick, den die »Weißen Teufel« in ihrer

alten Zusammensetzung gezeigt hatten, war die Siebenerpyramide mit Fahrrädern (drei Räder unten, zwei auf Schulterstangen darauf, in der obersten Reihe ein Artist mit einem Kind auf den Schultern). Das Kind wurde als dreijähriges Mädchen angekündigt, es handelte sich um den vierjährigen Rudy jr., der auf den Schultern seines fünfzehnjährigen Onkels Mathias Třiška getragen wurde. Rudy jr. wurde 1962 mit einem Weltrekord bekannt: der Lauf über ein 1250 m langes Schrägseil in 1 1/2 Stunden zu einer Höhe von 200 m (über den See von Gerardmer). Als sich 1953 Roger Decugièrs (geb. 22. 3. 1928) um die Hand von Berty bewarb, stellte Vater Omankowsky eine Bedingung: Er müsse Hochseilläufer werden. Ein Jahr später wurden die jungen Leute auf dem Hochseil getraut. 1983 ging die Nachricht von einem tragischen Absturz um die Welt: Beim Westberliner Sechstagerennen in der Deutschlandhalle waren die »Weißen Teufel« engagiert. Um Verträge zu bekommen, arbeiteten sie seit Jahren ohne Netz. Beim Auftritt am 19. 10. stürzte Berty Decugièrs ab und starb wenige Stunden später – das Rennen ging ohne Unterbrechung weiter. Die Truppe erfüllte nur noch die bereits abgeschlossenen Verträge und löste sich dann auf.

Rudy Omankowsky ist heute künstlerischer Leiter der staatlichen französischen Artistenschule in Châlons-sur-Marne.

Die Winn-Truppe

Hans Winn, 1930 in Kiel geboren, stammt aus einer alten Hochseil- und Zirkusfamilie. Sein Großvater Lemoine hatte eine bekannte Hochseilschau, die Urgroßmutter war eine geborene Nock.

Hans Winn begann mit drei Jahren auf dem Hochseil. Sein Vater Johann Winn besaß einen Zirkus und das Colonia-Varieté. Die Familie zeigte auf dem Hochseil u. a. Pyramiden, Fahrrad- und Motorradtricks. In den USA treten sie mit Schrägseil und Hochseil – u. a. auch mit zwei Motorrädern – und dem Space Wheel (einer Art Semafor) auf. Auch Hans Winns Söhne John (geb. 1959), Michael (geb. 1960) und Karl (geb. 1965) sowie Johns Ehefrau Tina arbeiten alle in der Truppe. Mike Winn stellte 1978 im Freizeitpark Knott's Berry Farm einen Rekord auf, als er das bisher steilste Schrägseil der Welt (45°) bestieg. Alle Söhne begannen die Hochseilarbeit im Alter von vier bis fünf Jahren zu erlernen. Der jüngste, Nickolaus (geb. 1975) repräsentierte die USA beim Pariser Nachwuchsfestival der Zirkuskünstler 1986 und erhielt dort für seinen Schrägseillauf den Preis für den jüngsten Teilnehmer. Die Winn-Truppe – Mutter Roberta war früher Artistin beim Zirkus Ringling Bros. and Barnum & Bailey – reiste in den USA mit allen größeren Zirkusunternehmen und wirkte auch in verschiedenen Fernsehsendungen mit.

Karl Winn brachte auch mit dem Semafor »Wheel of Destiny« Originaltricks heraus, so den Vorwärtssalto ohne Sicherung bei einer Drehung des Rades mit etwa 80 km/h.

1987 debütierte die Truppe mit schwankenden Zwillingsmasten, an denen die Artisten ihre Plätze tauschen.

Wittmany-Truppe

Die Familie Wittmann kann ihre Herkunft als Hochseilartisten bis zu Anfang des 18. Jahrhunderts zurückverfolgen. Die Wittmanns arbeiten auf dem hohen Schrägseil, das an Kirchen und Häusern gespannt wird. Sie sind in der BRD beheimatet, bereisten in den vergangenen Jahren aber fast ausschließlich Italien und Spanien.

Karl Wittmann sen. verunglückte bei einem Italiengastspiel in Fiorebzuola tödlich, als ihn der umstürzende Gittermast traf. Sein Sohn Karl jun. und sein Neffe Charly stürzten dabei vom Schrägseil ab. Bereits am 7. 12. 1953 war in Michelbach am Wald der zweiundzwanzigjährige Ludwig Wittmann vom Mast abgestürzt, auf dem er in 18 m Höhe auf einem Stuhl balancierte, er verstarb an den Folgen der Verletzungen.

Zu den Tricks der Wittmanys gehören u. a. Schulter- und Kopfstand von Reno und Silvio Wittmann auf dem Schrägseil und das Übersteigen des Partners mit verbundenen Augen.

Die Wittmanns befahren auch mit dem Motorrad das Schrägseil und zeigen dabei den Looping.

Die Wolkenstürmer

Diese Truppe wurde 1948 von dem in Döbeln ansässigen Werner Rinn gegründet. Zu ihr gehörten u. a. die 4 Weltons, Gu Menzellos, der fallende Mensch (Günter Menzel), Ferry Rolandas an der rotierenden Leiter, der einbeinige Sensationsartist Kapitän Tornado, Ernst Leinert und Ali Marino. Die Truppe reiste nur bis 1949, dann löste sie sich auf und ging teilweise in die »Luftkometen« über.

Werner Rinn war danach Geschäftsführer bei den »Luftkometen«, bei den Hochseiltruppen Ernst und Lorenz Weisheit und später auch bei den Zirkussen International und Rudolf Probst.

rotierende
Mast-Neuheit

Kapitän Tornado

Das Luftwunder

Die Wolkenstürmer

Auf dem hohen Seil durch die Jahrhunderte

Die Kunst, auf dem gespannten Seil zu tanzen, ist eine der ältesten Künste der Menschheit überhaupt. Schon lange vor unserer Zeitrechnung war bei den alten Kulturvölkern der Seiltanz nicht nur bekannt, sondern auch bereits hoch entwickelt. Erste Nachrichten darüber stammen aus dem antiken Griechenland um 1350 v. u. Z., es existieren Vasenbilder und Fresken mit Abbildungen von Seilläufern und ihren erstaunlichen Künsten. Das griechische Wort »acrobates« (wörtlich übersetzt mit »Zehenläufer«) bezieht sich offenbar auf die Seiltänzer. Am bekanntesten waren die Künstler aus der milesischen Kolonie Kyzikos am Marmarameer, nach zeitgenössischen Berichten sollen sie die eigentlichen Erfinder und ersten Meister des Seiltanzes gewesen sein.

Auch im alten Rom waren die Seiltänzer beliebt, und schon aus der Zeit des Kaisers Caracalla (176–217) gibt es eine Medaille, die auf der einen Seite das Bild des Kaisers und auf der anderen die Abbildung eines Seiltänzers zeigt, Beweis für die Popularität jener Kunst in der Antike. Das Seil war in der Regel schräg gespannt, und die Artisten verwendeten teilweise Balancierstangen. Sie trugen einen ledernen Kopfschutz, und es waren Netze unter dem Seil ausgespannt, was nach dem Kirchenvater Chrysostomus (um 345–407) auf eine Anordnung des Kaisers Marc Aurel (121–180) zurückgehen soll. Die Seiltänzer trugen, um ihre Produktionen noch schwieriger zu machen, statt der dünnen Schuhe manchmal hohe Kothurne an den Füßen – also eine Art Stelzen. Es sollen sogar Elefanten zum Seillaufen abgerichtet worden sein – wobei es sich dann zumindest um starke Doppelseile gehandelt haben muß und keinesfalls um ein Hochseil. Unter Nero soll ein Ritter auf einem Elefanten über das Seil geritten sein, und der römische Geschichtsschreiber Plinius (23–79) berichtet, daß sich Elefanten auf dem Seil vor- und rückwärts bewegt hätten. Erst in unserer Zeit hat es eine Wiederholung des seillaufenden Elefanten gegeben: 1941 im Schweizer Zirkus Knie (wo seitdem insgesamt fünf drahtseillaufende Elefanten dressiert wurden).

Die Seilläufer der Antike zeigten ihre Kunst bereits auch in großer Höhe, sie befestigten ihre Seile an den höchsten Gebäuden, so daß die späteren Bezeichnungen Turmseilläufer und Himmelreicher vollauf gerechtfertigt waren. Chrysostomus beschreibt ihre Auftritte: »Man konnte sich auf dem Seile nur auf- und abwärts bewegen; ein unsicherer Blick, ein Versehen aus Unachtsamkeit genügte, den Seiltänzer in die Tiefe stürzen zu lassen. Einige von ihnen kleideten sich auf dem Seile aus und an, als ob sie in ihrem Bette wären; viele der Zuschauer konnten sich dieses Schauspiel nicht ansehen, sie zitterten beim Anblick solches Wagestückes«. Ein anderer Schriftsteller berichtet von einer vierzigköpfigen Truppe, die im Orient reiste und auch Byzanz (Konstantinopel) besuchte. Einer der Artisten habe auf der Spitze eines Mastes balanciert, bald auf den Füßen, bald auf dem Kopf stehend, habe auf dem Seil Kniewellen und Riesenschwung ausgeführt und schließlich ein Kind auf den Schultern übers Seil getragen. Durch Unglücksfälle sei die Truppe schließlich auf die Hälfte ihrer Mitglieder zusammengeschmolzen.

Mit dem Untergang des römischen Reiches und den Völkerwanderungen gab es zwar eine Stagnation in der Entwicklung der Artistik, gleichzeitig kamen aber die Gaukler zu den germanischen Stämmen und fanden dort ein Publikum, dem diese Art Unterhaltung bis dahin fremd gewesen war. Insbesondere in Gallien, dem heutigen Frankreich, erlangten die Künste der Fahrenden bald große Bedeutung, und es gab kaum ein Fest, zu dem nicht die Gaukler zusammenströmten. Unter Karl V. (1337–1380) bewunderte ganz Paris die Künste eines Artisten, der sein Seil von einem Turm der Kirche Notre-Dame zum Dachfirst des Schlosses spannte und darauf mit solcher Schnelligkeit lief und Sprünge vollführte, daß er bald der »fliegende Mensch« genannt wurde. Als König Karl nach einiger Zeit erfuhr, daß der Künstler tödlich verunglückt sei, bedauerte er dies sehr und äußerte: »Es ist nicht anders möglich, als daß solchen Menschen, die ihrer Kraft und Geschicklichkeit zuviel zumuten, am Ende ein Unglück widerfährt.« Der Chronist Johann von Autun aus der Zeit Ludwigs XII. überlieferte um 1500 den Namen eines dieser kühnen Artisten: Georg Menustre, der in 50 m Höhe seine Tänze und waghalsigen Sprünge vollführte. Die Nürnberger Stadtchronik bietet aus dem Jahre 1504 den Bericht über den Auftritt eines französischen Seiltänzers, der »ein gar kostlicher maister. Item, er ging auch, Kugeln an die Füße gepunden, darauf. Item er ging auch auf scharfem schermesser darauf. Item auch in vollem plechharnasch. Item er tat auch so kostlich totenfreisprüng für sich und hinter sich und den affensprung und den vischsprung und sprung durchs vierhalb aimrig raiflein und totsprung über degen; man must im am ersten einer ein funferlein geben, ging drei tag darauf.« Aus dem folgenden Jahr berichtet die Stadtchronik vom Auftreten eines Artisten aus Köln, der ähnliche Kunststücke zeigte, Gewichte an die Balancierstange hängte, die Füße mit Ketten aneinanderband, mit verbundenen Augen sprang, mit einem Schwert focht, auf einem Bein balancierte usw. In den Fugger-Zeitungen werden die fünfzig Tage währenden Festlichkeiten zu Ehren Mehemeds, Sohn des Sultans Murad, in Konstantinopel im Jahre 1582 beschrieben. Neben vielen anderen Artisten produzierte sich auch ein Seiltänzer, der an beiden Armen einen Jungen trug, während an seinen Füßen angebunden ein dritter unter dem Seil schaukelte.

Die »Archeologica Britannica« berichtet von der Fahrt des Königs Eduard VI. nach seiner Krönung im Jahr 1537 durch London. Als der König bei der Paulskirche anlangte, »war ein Seil von der Dicke eines Schiffstaues nach den Zinnen der St. Paulskirche hinauf gespannt und am Ende mittels eines Ankers befestigt. In dem Augenblicke, als der König sich näherte, rutschte ein Seiltänzer auf dem Bauche liegend mit dem Kopfe voran und Arme und Beine weit ausstreckend pfeilschnell von den Zinnen der Kirche bis zur Erde das Seil herab; dann erhob er sich, trat zum Könige und begrüßte ihn mit einigen Worten. Hierauf bestieg er wieder das Seil, auf dem er nun die verwegensten Sprünge und sonstigen Kunststücke ausführte, dann wieder nahm er ein Seil, das er an das große Tau befestigte, knüpfte es sich ans Bein und machte einen Sprung in die Tiefe. Durch die Spannkraft des Seiles wurde er zurückgeschleudert und landete so mit beiden Füßen wieder auf dem Tau. Der König und sein Gefolge verweilten die ganze Zeit als Zuschauer«.

Ankündigungszettel – zumeist mit recht bombastischer Phraseologic – und Stadtchroniken jener Zeit vermitteln einen recht guten Eindruck von den Künsten der damaligen Seilartisten. Ein 1724 in Paris gedrucktes Büchlein von A. Bonnet »Histoire générale de la Danse, ses progrès et ses révolutions« beschreibt ausführlich die Kunststücke der Seiltänzer.

Waren bis zum Mittelalter die Seilkünstler meist allein gereist, so vereinigten sie sich später vorzugsweise zu Truppen. Im 14./15. Jahrhundert gab es innerhalb der Fahrenden bestimmte Spezialisierungen und Trennungen, die für die weitere Entwicklung der Künste – nicht nur der Artistik – wesentlich waren. Bis zum 13. Jahrhundert war das Bild der fahrenden Leute sehr bunt: Es reichte von den Musikanten, Spielleuten, Akrobaten, Taschenspielern, Kraftmenschen, Tänzern, Fechtern und Dresseuren bis zu den Quacksalbern und den fahrenden Schülern: stellungslosen Theologen, die ihren Lebensunterhalt durch Bettelei und Straßenraub erwarben. Und im Troß der Fahrenden zogen natürlich auch Dirnen und Bettler einher. Mit dem Verfall des Kaisertums und dem Erstarken der Städte und des frühen Bürgertums fand nun auch eine Polarisierung innerhalb der Fahrenden statt: Ein Teil, wie die Musikanten, Fechter und Dirnen, wurden seßhaft, andere blieben Vaganten. Das waren vor allem diejenigen, die wir heute als Artisten und Komödianten bezeichnen und die sich zumeist zu »Künstlergesellschaften« zusammenschlossen. Ihre Arbeitsplätze waren in erster Linie die Messen und Märkte, die in der frühbürgerlichen Entwicklung große Bedeutung erlangten. Es gab unter den wandernden Artisten-»Compagnien« drei Hauptgruppen: die Akrobaten, die Seiltänzer und später die Kunstreiter. Während sich aus den Kunstreitergesellschaften der Zirkus entwickelte, in dem die Akrobatik vom Jahrmarkt übernommen und integriert wurde, verblieben die Seiltänzer meist außerhalb des Zirkus. Das ist bis in die Gegenwart so geblieben, obwohl es natürlich viele Hochseilartisten gibt, die im Zirkus auftreten, und einige Truppen, die sogar – aufgrund ihrer Seilkonstruktion – nur im festen Bau arbeiten können (zum Beispiel die Wolshanskis). Es war durchaus auch die Entwicklung von der Seiltänzertruppe zur Zirkusgesellschaft möglich, dafür gibt es so prominente Beispiele wie die Knies in der Schweiz. Dieser Schritt – parallel zu dem der Kunstreitergesellschaften – war insofern nicht sonderlich schwierig, als die Kinder der Seiltänzer in der Regel eine umfassende akrobatische Ausbildung erhielten, die es ihnen gestattete, neben der Äquilibristik und Akrobatik auf dem Hochseil sich auch parterre oder auf anderen Geräten zu produzieren. So konnte eine Seiltänzerfamilie aus eigenen Mitteln durchaus in der Lage sein, ein Zirkusprogramm zu bestreiten. Das verweist auch auf ein anderes Problem: die Tradition des Vererbens des Artistenberufes von einer Generation zur anderen. Es gibt regelrechte Artistendynastien, die ihr Gewerbe bis ins Mittelalter nachweisen können und die natürlich zumeist durch Heiraten mit zahlreichen anderen »Komödiantenfamilien« verwandt sind. Solche Familien sind unter den Seiltänzern besonders häufig, so in Frankreich Féron und Ravel, in Italien Chiarini, in Deutschland Kolter, Weitzmann, Malmström, Traber, in der Schweiz Stey, Knie und Nock, oft bestehen sogar diese Verbindungen über Ländergrenzen hinweg.

Im 18. und Anfang des 19. Jahrhunderts waren die bekanntesten Seiltänzer in Frankreich zu Hause. Forioso, Ravel, Madame Saqui, die Malaga, später Blondin sind Namen, die zu jener Zeit nicht nur in ihren Heimatländern Berühmtheit erlangten. Sie traten sowohl auf dem horizontal gespannten Seil wie auf dem Schrägseil auf, zeigten Tänze und verwegene Sprünge, auch Tricks wie Hand- oder Kopfstand auf dem Seil, sie balancierten, jonglierten und stellten sogar ganze Szenen dar. Madame Saqui führte auf dem Schrägseil allein regelrechte Militär-Mimodramen auf, die vor allem dem Napoleonkult dienten und ihr die Verehrung des kaiserlichen Heeres einbrachten.

Doch auch in Deutschland, in der Schweiz und in Böhmen machten Seiltänzerfamilien von sich reden: Strohschneider, Stey, Knie, Traber, Omankowsky, Třiška, Kolter waren im 19. Jahrhundert bekannte Namen. Neben spektakulären Überquerungen besonders gefahrvoller oder langer Distanzen – die Niagarafälle waren das berühmteste, aber natürlich nicht das einzige Objekt – boten die Seiltänzer die traditionelle Arbeit auf dem Hoch- und Schrägseil mit Tanz-, Sprung- und Äquilibristiktricks und Balancen auf dem Mast. Beliebt waren solche Darbietungen wie das Abbrennen eines Feuerwerks auf dem Seil, das Eierkuchenbacken, das Schubkarrenfahren, Stelzenlauf, das Laufen mit verbundenen Augen, mit Körben oder scharfen Messern an den Füßen. Es handelte sich dabei aber fast immer um solistische Arbeiten (auch das Übertragen anderer Personen war ja keine echte Partnerarbeit). Die wirkliche Partnerarbeit, also Pyramiden jeder Art und Kolonnen (bis zum Viermannhoch!), wurde erst im 20. Jahrhundert allgemein üblich. Nun wurden auch solch sensationelle Tricks kreiert wie der von Louis Weitzmann 1921 mit seinen Partnern Karl Wallenda und Margarete Schumacher herausgebrachte: ein Kopfstand auf dem Seil mit dem Partner im Handstand auf den Füßen und der Partnerin im Zahnhang unterm Seil. Die Spitzentricks im Bau von Pyramiden auf dem Seil sind bis heute die Sieben-Mann-Pyramide (gezeigt u. a. von den Wallendas, den Omankowskys, den Weisheits) und die Fahrradpyramiden (die Omankowskys mit fünf Rädern, heute als Dreier-Fahrrad-Pyramide von den Weisheits vorgeführt) geblieben. Im Bau von Kolonnen (im Gegensatz zu den Pyramiden mit nur einem Untermann) sind die Abakarows, die Wolshanskis und die Manuilows gegenwärtig führend, bei denen ein Untermann mehrere Partner trägt. Aber die Entwicklung ging auch in anderen Richtungen weiter. Heute donnern Motorräder über Schrägseile, während die Artisten an den Maschinen akrobatische Tricks vollführen. Henry's läßt ein Auto auf zwei Rädern auf dem Seil fahren, die Trabers fahren mit einem Auto auf zwei parallelen Seilen. Mit einem auf dem Hochseil befestigten Schleuderbrett werden Artisten emporgeschleudert, um nach Salti auf den Schultern eines Untermannes zu landen − erstmals 1956 von den dagestanischen Artisten »Zowkra« gezeigt. Perchebalancen auf dem Seil gehören ebenso zum Repertoire wie Rollschuhabfahrten auf dem Schrägseil, Jonglagen und Balancen. Eine Reformation der uralten Seiltänzerkunst erreichte Wladimir Wolshanski mit seiner Entwicklung einer Seilkonstruktion, die es ermöglicht, die Höhe der Brücken zu verändern und auf diese Weise Horizontal- zu Schrägseilen oder gar zu Schwungseilen werden zu lassen.

Und sorgte einst Blondin mit seiner Überquerung der Niagarafälle für Schlagzeilen, so werden in der Gegenwart laufend neue Rekorde aufgestellt: das längste Seil, der größte Steigungswinkel eines Schrägseils, die größte Höhe, die schnellste »Todesfahrt« vom Schrägseil, der längste Aufenthalt auf dem Seil ... Die Artisten spannen ihr Seil über Flüsse, Seen, Straßenschluchten und Sportstadien, an berühmten Gebäuden wie Notre-Dame de Paris, dem World Trade Center, der Golden Gate Bridge, der Sydney Harbour Bridge oder zwischen zwei fahrenden Autos. Doch wie und wo auch immer, im Grunde sind die Seiltänzer geblieben, was sie – bewundert und geliebt von ihrem Publikum – seit über dreitausend Jahren waren: Menschen zwischen Himmel und Erde.

Gisela Winkler

Quellen- und Rechtsnachweis

Madame Saqui – Die Königin der Seiltänzer
Deutsch von Ute Harz
Nach dem Band Paul Ginisty »Mémoires d'une Danseuse
de Corde, Mme Saqui«
Librairie Charpentier et Fasquelle, Paris 1907

Blondin – Der Held der Niagarafälle
Deutsch von Gisela Winkler
Nach dem Band »Blondin. His Life and His Performance«,
edited by G. Linnäus Banks
Routledge, Warne and Routledge, London 1862

Louis Weitzmann – Akrobat, Seiltänzer, Zirkusdirektor, Clown
Nach dem Band Horst Kammrad »Auf dem Hochseil um die
Welt. Die Louis Weitzmann Story«
Selbstverlag, Berlin (West) 1966

Karl Wallenda – Ein Leben für das Hochseil
Deutsch von Gisela Winkler
Nach dem Band Ron Morris »Wallenda, A Biography of
Karl Wallenda«
Sagarin Press, Chatham 1976

Rabadan Hassanowitsch Abakarow –
35 000 Kilometer auf dem Seil
Deutsch von Hans-Joachim Grimm
Mit freundlicher Genehmigung der WAAP nach dem Band
Buta Butajew »35 000 kilometrow po kanatu«
Verlag Iskusstwo, Moskau 1971

Wladimir Wolshanski – Die Sternenläufer
Deutsch von Irene Weggen
Mit freundlicher Genehmigung der WAAP nach dem
Manuskript Natalia Rumjanzewa
»Portret Kanatochodza Wladimir Wolshanski«,
Moskau 1986

Rudi Weisheit – Auf dem Seil – die Geschwister Weisheit
Nach dem Originalmanuskript von Dietmar Winkler

Philippe Petit – Der Traum vom Seil
Deutsch von Ute Harz
Mit freundlicher Genehmigung des Autors nach dem Band
Philippe Petit »trois coups«,
Edition Herscher, Paris 1983

Die Titel der hier abgedruckten Biographien sowie die eingefügten
Zwischentitel wurden von den Herausgebern für diese Edition
neu formuliert. Die Beiträge wurden zum Teil stark bearbeitet.
Das Material für die Kurzbiographie stammt aus dem Archiv
Winkler.

*Die Herausgeber bedanken sich für die Unterstützung bei der
Erarbeitung dieses Bandes besonders bei Alexander Schnejer, Moskau,
Philippe Petit, New York
sowie bei zahlreichen Hochseilartisten des In- und Auslandes.*

Fotonachweis

ADN-Zentralbild (1), Christian Altorfer, Küsnacht (1), Claude Chaminot, France Soir, Paris (1), Michael Dombrowsky, Paris (1), Jean François Heckel, Paris (1), Michel Jacques, Paris (1), Andreas Franke, Karl-Marx-Stadt (1), Eberhard Klöppel, Berlin (1), Ludenia, Eisleben (1), Jean Pierre Masset, France Soir, Paris (1), Jim Moore, New York (1), Geri Kuster, Zirkus Knie, Rapperswil (1), Hans-Dieter Speck, Weißenfels (1), Dietmar Winkler, Berlin (3), Österreichisches Zirkus- und Clown-Museum, Wien (1), Archiv Zirkus Knie, Rapperswil (2), Archiv Roland Weise, Berlin (1), Archiv Dietmar Winkler, Berlin (98), Archiv Ziethen, Berlin (West) (1)
Je zwei Fotos wurden aus den Bänden Wallenda und Weitzmann reproduziert.

Die Vignetten wurden nach dem Briefbogen Philippe Petits gestaltet.

Register